高等职业教育物流管理专业系列教材
——江苏省精品教材

现代物流案例分析

（第 2 版）

主　编　沈　默
主　审　徐安喜
参　编　（按姓氏笔画排序）
　　　　王　爽　王　蓉　赵鹏飞
　　　　袁　艳　黄　河

东南大学出版社
·南　京·

内 容 提 要

本书从物流系统工程、流程管理和战略决策的角度出发,精选了近百例中外物流经典案例。我们在案例选择上既注重实用性、针对性和可读性,还要能反映现代物流发展的最前沿信息、最新动态和最新技术;在题材上既有企业成功的经验,又有可借鉴的教训;在结构上每一个案例分为案例介绍、案例点评和思考题三大部分。

本教材既可作为高职高专物流专业的课程教材(安排40课时左右)或辅助教材,又可作为各类、各层次学历教育和短期培训的教材,还可作为广大物流从业人员的学习参考用书。

图书在版编目(CIP)数据

现代物流案例分析 / 沈默主编. —2版.—南京:
东南大学出版社,2015.1(2022.1重印)
ISBN 978-7-5641-5486-8

Ⅰ.①现… Ⅱ.①沈… Ⅲ.①物流—物资管理—案例 Ⅳ.①F252

中国版本图书馆 CIP 数据核字(2015)第 023266 号

东南大学出版社出版发行
(南京四牌楼2号 邮编210096)
出版人:江建中
江苏省新华书店经销 苏州市古得堡数码印刷有限公司印刷
开本:700mm×1000mm B5 印张:21 字数:420千字
2006年9月第1版 2022年1月第2版第11次印刷
ISBN 978-7-5641-5486-8
印数:26 401—26 900册 定价:36.00元
(凡因印装质量问题,可直接向读者服务部调换。电话:025-83791830)

高等职业教育经济管理类专业教材编委会

主　任　宁宣熙

副主任　（按姓氏笔画排序）

王传松　王树进　迟镜莹　杭永宝

都国雄　钱廷仙　詹勇虎　王维平

秘书长　张绍来

委　员　（按姓氏笔画排序）

丁宗红　王水华　邓　晶　华　毅　刘大纶

刘金章　刘树密　刘葆金　祁洪祥　阮德荣

孙全治　孙　红　孙国忠　严世英　杜学森

杨晓明　杨海清　杨湘洪　李从如　吴玉林

邱训荣　沈　彤　张　军　张　震　张建军

张晓莺　张维强　张景顺　周忠兴　单大明

居长志　金锡万　洪　霄　费　俭　顾全棍

徐汉文　徐光华　徐安喜　郭　村　常大任

梁建民　敬丽华　蒋兰芝　缪启军　潘　丰

潘绍来

出 版 说 明

"高等职业教育经济管理类专业教材编委会"自2003年3月成立以来,每年召开一次研讨会。针对当前高等职业教育的现状、问题以及课程改革、教材编写、实验实训环境建设等相关议题进行研讨,并成功出版了《高等职业教育经济管理类专业教材》近60种,其中33种被"华东地区大学出版社工作研究会"评为优秀教材和江苏省精品教材。可以看出,完全从学校的教学需要出发,坚持走精品教材之路,紧紧抓住职业教育的特点,这样的教材是深受读者欢迎的。我们计划在"十二五"期间,对原有品种反复修订,淘汰一批不好的教材,保留一批精品教材,继续开发新的专业教材,争取出版一批高质量的和具有职业教育特色的教材,并申报教育部"十二五"规划教材。

"高等职业教育经济管理类专业建设协作网"是一个自愿的、民间的、服务型的、非营利性的组织,其目的是在各高等职业技术院校之间建立一个横向交流、协作的平台,开展专业建设、教师培训、教材编写、实验与实习基地的协作等方面的服务,以推进高等职业教育经济管理专业的教学水平的提高。

"高等职业教育经济管理类专业建设协作网"首批会员单位名单:

南京正德职业技术学院	南京工业职业技术学院
南京钟山职业技术学院	南京金肯职业技术学院
江苏经贸职业技术学院	南通纺织职业技术学院
南京应天职业技术学院	镇江市高等专科学校
无锡商业职业技术学院	常州轻工职业技术学院
南京化工职业技术学院	常州信息职业技术学院
常州建东职业技术学院	常州纺织服装职业技术学院
常州工程职业技术学院	南京铁道职业技术学院
南京交通职业技术学院	无锡南洋职业技术学院
江阴职业技术学院	南京信息职业技术学院
扬州职业大学	黄河水利职业技术学院
天津滨海职业学院	江苏农林职业技术学院
安徽新华职业技术学院	黑龙江农业经济职业学院
山东纺织职业技术学院	东南大学经济管理学院
浙江机电职业技术学院	广东番禺职业技术学院
南京商骏创业网络专修学院	苏州经贸职业技术学校
东南大学出版社	江苏海事职业技术学院

高等职业教育经济管理类专业教材编委会
2015年1月

序

高等职业教育是整个高等教育体系中的一个重要组成部分。近几年来,我国高等职业教育进入了高速发展时期,其中经济管理类专业学生占有相当大的比例。面对当前难以预测的技术人才市场变化的严峻形势,造就大批具有技能且适应企业当前需要的生产和管理第一线岗位的合格人才,是人才市场与时代的需要。

为培养出适应社会需求的毕业生,高等职业教育再也不能模仿、步趋本科教育的方式。要探索适合高等职业教育特点的教育方式,就要真正贯彻高等职业教育的要求,即"基础理论适度够用、加强实践环节、突出职业技能教育的方针"。为此,有计划、有组织地进行高等职业教育经济管理类专业的课程改革和教材建设工作已成为当务之急。

本次教材编写的特点是:面向高等职业教育系统的实际情况,按需施教,讲究实效;既保持理论体系的系统性和方法的科学性,更注重教材的实用性和针对性;理论部分为实用而设、为实用而教;强调以实例为引导、以实训为手段、以实际技能为目标;深入浅出,简明扼要。为了做好教材编写工作,还要求各教材编写组组织具有高等职业教育经验的老师参加教材编写的研讨,集思广益,博采众长。

经过多方的努力,高等职业教育经济管理类专业教材已正式出版发行。这是在几十所高等职业院校积极参与下,上百位具有高等职业教育教学经验的老师共同努力高效率工作的结果。

值此出版之际,我们谨向所有支持过本套教材出版的各校领导、教务部门同志和广大编写教师表示诚挚的谢意。

本次教材建设,只是我们在高等职业教育经济管理类专业教材建设上走出的第一步。我们将继续努力,跟踪教材的使用效果,不断发现新的问题;同时也希望广大教师和读者不吝赐教和批评指正。目前我们已根据新的形势变化与发展要求对教材陆续进行了修订,期望它能在几番磨炼中,成为一套真正适用于高等职业教育的优秀教材。

宁宣熙
2015 年 1 月

再版前言

2014年10月4日，国务院正式印发我国《物流业发展中长期规划（2014—2020年）》。规划中明确指出，物流业是融合运输、仓储、货代、信息等产业的复合型服务业，是支撑国民经济发展的基础性、战略性产业。加快发展现代物流业，对于促进产业结构调整，转变发展方式，提高国民经济竞争力和建设生态文明具有重要意义。目前，我国物流业总体发展水平与发达国家相比还存在一定差距，物流各层次人才都比较匮乏。鉴此，推进我国物流业人才培养是本教材编写和再版修订的初衷。

2006年，本教材出版以来，深受市场欢迎。2007年，本教材被评为江苏省精品教材。成功的案例值得借鉴，失败的案例起到警示作用。我们在传承原教材特色的基础上，结合国内外社会物流、企业物流发展的最新动态，结合物流技术创新与运用的现状，对教材进行了认真梳理。

本次再版的教材，注重反映物流业发展的新进展和热点问题，如物流金融、大通关、大数据、工业4.0、物流标准化、农产品物流、甩挂运输、物流政策与法规、电商新模式下物流等。在内容上或是用新案例替换原案例，或是对原经典案例的内容进行补充，或是对原案例的信息和数据进行更新，教材的更新率达到80%以上，使再版教材内容上与现代物流业发展同步，使案例更具有实用性、可读性，同时提供教材全套PPT。

全书共分11章，其中第1、10章由沈默编写；第2、5章由王蓉编写；第3、6章由黄河编写；第4、11章由赵鹏飞、王爽编写；第7、8章由沈默、袁艳编写；第9章由徐安喜编写；物流企业专家恽绵先生参与教材的审定，并且对教材再版提出了许多宝贵的意见。

感谢所有支持和关心本教材编写和再版的专家与同仁！

感谢广大读者的关心与关注！

编者联系方式：jsshenmo@126.com

编　者
2015年1月

目　　录

1. **第三方物流及物流战略** ………………………………………（1）
   - 1.1 宝供集团的成长与开拓 ……………………………………（1）
   - 1.2 天津港打造物流金融服务新品牌 …………………………（5）
   - 1.3 物流地产商普洛斯值得借鉴的成功经验 …………………（11）
   - 1.4 顺丰："物流最后一公里"突围之痛 ………………………（14）
   - 1.5 第三方物流企业的战略选择 ………………………………（18）
   - 1.6 日本降低物流成本的秘笈 …………………………………（23）
   - 1.7 美国联合包裹服务公司(UPS)的物流服务 ………………（26）
   - 1.8 埃森哲演绎康柏物流外包 …………………………………（29）
   - 1.9 沃尔玛就是拥有超级竞争力的物流公司 …………………（33）
   - 1.10 我国物流标准化的困局 ……………………………………（35）

2. **采购与生产物流** ………………………………………………（42）
   - 2.1 西门子：基于产品分析的采购策略 ………………………（43）
   - 2.2 海尔：基于信息技术的供应链工程 ………………………（46）
   - 2.3 一家饺子馆的物流实务 ……………………………………（49）
   - 2.4 集中采购的优势与阻力 ……………………………………（53）
   - 2.5 削减采购成本的有效方式——招标采购 …………………（55）
   - 2.6 供应商评估选定过程中的矛盾 ……………………………（57）
   - 2.7 中国石化 VMI 实施模式 ……………………………………（59）
   - 2.8 卢-马克公司的饼干生产 …………………………………（65）
   - 2.9 备受考验的日本丰田生产采购体系 ………………………（67）

3. **仓储与配送** ……………………………………………………（70）
   - 3.1 国外仓储管理值得借鉴的经验 ……………………………（70）
   - 3.2 大连恒新零部件公司配件出入库管理 ……………………（73）

3.3 先进的货物分拣系统提高物流效率 …………………………………… (75)
3.4 从传统仓储向现代物流的跨越——中储物流运作模式 …………… (77)
3.5 金融仓储的探索者——浙江金储 …………………………………… (80)
3.6 CMSC 汽车零部件配送中心业务优化 ……………………………… (85)
3.7 联华生鲜食品加工配送中心 ………………………………………… (90)
3.8 江西新华书店物流配送系统 ………………………………………… (93)

4 物流运输与包装 …………………………………………………………… (97)
4.1 大连港甩挂运输持续高位增长 ……………………………………… (98)
4.2 降低物流运输成本——"牛奶取货" ………………………………… (100)
4.3 汉堡集装箱码头迈向工业 4.0 ……………………………………… (104)
4.4 航运企业物流经营策略 ……………………………………………… (106)
4.5 多式联运是铁路货运改革的重要方向 ……………………………… (110)
4.6 危险化学品运输管理的"宁波经验" ………………………………… (114)
4.7 水路铁路无缝对接,防城港物流添劲加翼 ………………………… (118)
4.8 沃尔玛改进包装材料实现物流包装合理化 ………………………… (121)
4.9 改进包装生产线实现物流包装合理化 ……………………………… (123)

5 销售物流 …………………………………………………………………… (126)
5.1 美国连锁药店的经营销售方式 ……………………………………… (126)
5.2 宝洁:分销商管理体系变革 ………………………………………… (131)
5.3 TCL 销售网络的信息化改造 ………………………………………… (134)
5.4 联合利华的客户增值服务 …………………………………………… (137)
5.5 一家服装公司的客户关系管理 ……………………………………… (141)
5.6 销售物流的成本管理 ………………………………………………… (144)
5.7 从对乘客的服务水平看民航的"销售物流"效率 …………………… (146)
5.8 互联网时代的零售模式 ……………………………………………… (147)

6 供应链管理 ………………………………………………………………… (152)
6.1 苹果公司供应链解析 ………………………………………………… (152)
6.2 风神的供应链组织与管理 …………………………………………… (157)
6.3 宝钢整合供应链上下游 ……………………………………………… (161)

6.4 物美创新供应链管理信息技术 ……………………………………… (164)
6.5 美的零库存运动 ………………………………………………………… (167)
6.6 Dell 供应链管理带动高效物流 ………………………………………… (171)
6.7 海尔整合供应链,实现零库存 ………………………………………… (174)
6.8 某板材企业的供应链管理改造 ………………………………………… (180)

7 电子商务与物流 ……………………………………………………… (187)
7.1 转型后苏宁云商 O2O 业务模式 ……………………………………… (187)
7.2 亚马逊物流促销策略研究启示 ………………………………………… (192)
7.3 中远集团电子商务发展战略 …………………………………………… (195)
7.4 7—11 以电子商务为武器称霸日本零售业 …………………………… (198)
7.5 阿里与邮政牵手,让物流不再是电商发展的软肋 …………………… (203)
7.6 合众网:打造整合物流的 B2R 电子商务平台 ………………………… (207)

8 物流信息系统 ………………………………………………………… (210)
8.1 RFID 技术在汽车零部件物流的运用 ………………………………… (210)
8.2 联想物流:信息化带来高效率 ………………………………………… (213)
8.3 神龙公司生产领域计算机系统的应用 ………………………………… (217)
8.4 信息化:上海通用的驱驰之道 ………………………………………… (221)
8.5 美国特许连锁经营的成功经验及启示 ………………………………… (224)
8.6 DVIR:物流技术的一项重大创新 ……………………………………… (227)
8.7 大数据为 UPS 带来的经济效益 ……………………………………… (230)

9 物流法律、法规 ……………………………………………………… (233)
9.1 快递合同中"保价运输限制赔偿条款"的适用问题 ………………… (233)
9.2 如何确定公路货物运输承运人的赔偿责任 …………………………… (243)
9.3 航空货运代理合同与航空货物运输合同的区分 ……………………… (248)
9.4 发货托运人的法律地位及权利义务 …………………………………… (253)
9.5 水路货物运输承运人免责事由的判定 ………………………………… (259)
9.6 签单代理人对签发提单行为的民事责任 ……………………………… (263)
9.7 电放方式下承运人直接交付货物给记名收货人是否应承担责任 …… (267)

10 物流人才需求与培养 ……………………………………………… (271)
- 10.1 人才造就了沃尔玛的辉煌 …………………………………… (271)
- 10.2 互联网时代物流人才的特点 ………………………………… (275)
- 10.3 博士与老板联手,共创第三方物流企业盈利模式 ………… (277)
- 10.4 顺丰速运和FedEx员工管理文化比较 ……………………… (279)
- 10.5 员工素养的培养——5S管理 ………………………………… (283)
- 10.6 校企协同共创物流人才培养新模式 ………………………… (286)
- 10.7 Nike:最好的品牌需要最优秀的人才 ……………………… (290)
- 10.8 松下的70分人才观及其管理之道 …………………………… (293)
- 10.9 物流从业人员应具备的素质 ………………………………… (298)

11 物流服务管理 …………………………………………………… (301)
- 11.1 TNT运输保障服务管理 ……………………………………… (302)
- 11.2 企业物流外包后的质量管理 ………………………………… (304)
- 11.3 德国本土DHL一流的物流服务管理 ………………………… (307)
- 11.4 物流服务创新与物流服务一体化 …………………………… (310)
- 11.5 联邦快递企业客户关系管理 ………………………………… (313)
- 11.6 传统储运向现代物流转变,提高物流服务水平 …………… (316)
- 11.7 物流信息系统的服务管理 …………………………………… (321)

参考文献及网站 …………………………………………………… (324)

1　第三方物流及物流战略

【本章综述】

　　随着全球经济的一体化发展,科技的日新月异,信息技术的大量运用,企业面临的竞争日趋激烈。为了提高自己的竞争能力,企业不得不通过和其他企业合作,将原来属于自己的非核心业务,外包给专业企业完成,使自己专注于核心业务的发展。因此,专门从事物流服务的第三方物流企业应运而生,并且由此发展、壮大。近年来,世界上许多知名企业、集团已经从与第三方物流企业的合作中,挖掘到"第三利润源泉"(是继资源领域、人力领域之后的第三领域——物流领域的潜力)。

　　第三方物流(Third-Part Logistics,TPL)是指由供方与需方以外的专业物流企业提供物流服务的业务模式。作为提供物流服务的第三方物流公司,它可以是资产型的,也可以是非资产型的;它根据客户的需求,可提供物流全程服务,也可提供物流部分环节的服务;在为客户服务中,他与客户结成长期稳定的战略伙伴关系,始终贯穿"双赢"的新理念;在物流全程运作管理中,尽可能做到零逗留时间、零附加费用、零距离、零风险以满足客户的需求。

　　物流战略(Logistics Strategy)是为寻求物流的可持续性发展,就物流发展目标以及达到目标的途径与手段而制定的长远性、全局性的规划与谋略。

　　本章从物流供方与需方的战略角度及国内外第三方物流公司运作的成功案例中,精编了部分案例,从而有助于学习物流知识、了解物流战略的决策和实施、突破思维桎梏、提升解决问题和实际运作的能力。

1.1　宝供集团的成长与开拓

1.1.1　案例介绍

　　宝供物流企业集团是国内第一家注册1.3亿元成立的物流企业集团,以其超前的物流服务理念、遍布全国的运作网络、一流的质量保证体系、全程的信息服务优势、先进的物流管理模式、丰富的物流实践经验以及强大的学习型、知识型物流人才队伍,以秉承"不管大步小步,始终迈前一步"的创新理念,与国内外100多家(包括联合利华、宝洁、安利、红牛、中石油、福田汽车等)世界500强及国内大型制造企业结成战略联盟,为他们提供物流咨询、物流运作、增值服务、信息服务、资金服务等供应链一体化的综合物流服务。

目前,宝供物流企业集团在全国80多个城市建立分子公司和办事处,建有80个物流配送中心,形成了一个覆盖全国并向美国、澳大利亚、泰国、中国香港等国家和地区延伸的物流业务运作网络和信息网络。

宝供物流企业集团的业务范围包括物流咨询规划、货物运输、分销配送、储存、信息处理、流通加工、国际货代、增值服务等一系列专业物流服务。业务覆盖日用消费品、家电、软件和电子通信、食品和饮料、石油和汽车零配件、医药、连锁、电力和工程机械等八大主流行业。

2009年以来,宝供物流企业集团被评定为"国家高新技术企业"、"广东省省级企业技术中心",同时也获得"中国物流示范基地"、"中国5A级物流企业"、"广东省流通龙头企业"、"中国物流百强企业"、"中国民营物流企业10强"等称号。2010年"宝供"商标被国家工商行政管理总局商标局正式认定为中国驰名商标。

宝供还获得了国际著名的企业管理咨询机构麦肯锡及国际著名投资机构摩根斯坦利的评价,被认为是中国目前"最有价值的"和"最领先的"第三方物流企业。

1)机遇

1994年,美国宝洁公司进军中国市场,在广州建立了大型生产基地。对于刚刚进入中国市场的宝洁公司来说,产品是否能够及时、快速、保质、保量地运送到全国各地,是否能快速抢占中国市场是一个重要的环节。宝洁公司首先联系的是大型国有储存和运输公司,但是国有企业在计划经济体制下形成的经营作风是:单一的储或运、管理混乱、服务质量差、不能保证24小时服务。经过一段时期的合作和了解,宝洁公司最后选择了拥有良好声誉的民营货物转运站即宝供集团的前身,开始了第一次合作。

2)敬业

现任宝供物流企业集团总裁的刘武,1985年在汕头供销储运公司工作。1992年,刘武在广州承包了一个铁路货物转运站。他承担的货运任务多能及时完成,运输的质量比较好,仓库也比较干净,他的货运站也是当地唯一一家能够提供24小时货运仓储服务的企业。刘武承接宝洁公司的第一单生意,是4个集装箱,要求通过铁路从广州运到上海。宝洁公司提出了自己的标准和要求。刘武亲自"督战",对宝洁的货物呵护备至。他在把集装箱送上火车后,立即乘飞机去上海,一方面现场指挥,另一方面考察每个环节,保证以后发运的顺利进行,以满足客户的要求。这次虽然没有赚到什么钱,但是却得到宝洁公司的"高分",为刘武的货运站带来了发展机遇,从此宝供承包了美国保洁公司的物流。

3)发展

1994年10月18日,为了进一步满足客户需求和市场发展的需要,刘武注册成立了"广东宝供储运有限公司",并以北京、上海、广州等城市为中心构建全国性的运作网络体系,开始走向规模化、网络化的经营。刘武一直强调:通过跟"宝洁"的合作,宝供在管理上、经营上、服务上学到了不少东西。因为在合作过程中,"宝洁"会不断提出更高的目标、更新的要求,更重要的是,它很愿意帮助你提高。

1995年和1996年,刘武花了整整两年的时间,苦练内功,狠抓内部员工的培训和机构建设,全面提升物流质量和效率,开展规模化、标准化的"门到门"物流服务。

1997年,刘武率先在国内建立起一套基于Internet/Intranet的物流网络信息系统,实现物流数据的在线实时跟踪,使宝供的物流服务实现了又一次质的飞跃。

1998年和1999年,刘武全面加强企业信息化建设,相继在澳洲、曼谷、香港、北京、上海等国际、国内的大城市设立了分公司或办事处。1999年10月,经国家工商局批准,宝供物流企业集团有限公司注册成立。

2000年,宝供广泛应用现代物流管理的理念,建立了电子数据交换平台,进一步提升了与客户的电子数据交换水平,实现了数据无缝交换与连接。同年8月,宝供独家发起并出资设立了我国第一个由企业设立、面向物流领域的公益性"宝供物流奖励基金",每年出资100万元用于无偿奖励科技界、企业界和新闻界对中国物流业做出重要贡献的团体和个人。

2001年,宝供实现供应链上物流、资金流、信息流"三流一体化"管理。同时,为迎接加入WTO对国内物流业的挑战,宝供集团加快抢点布阵的步伐,开始在广州、苏州两地兴建大型现代化的、高效的物流基地。

2002年,宝供与IBM合作,进军供应链服务领域,为客户提供供应链一体化物流服务。这意味着宝供的主要业务变成了两个方面:一是与客户一起制定合理的供应链解决方案,不仅涉及他们的产品物流,还要将其销售、生产、采购的各个环节的物流业务作出综合性的规划,提供整体优化方案;二是通过宝供的物流服务来确保这个方案的实施。

2006年,宝供构建VMI物流系统,为丰田、比亚迪、吉利、福田提供汽车物流供应链一体化服务。

2008年,宝供成立危险品物流事业部,为客户提供危险品运输、仓储一体化物流服务。同年与李宁公司合作,让宝供成功介入服装物流行业。宝供提供的物流供应链服务,使李宁分销中心存储能力和收发能力同步提升3倍,还可以精确跟踪管理到每一件服装。

2009年,宝供顺应市场经济的发展及客户的需求,联合国内一流的金融机构,开展供应链金融服务。

4)新战略

面对物流市场日益增长的需求和国际、国内激烈的竞争环境,宝供制定出一系列新的发展战略：

（1）观念领先战略　宝供预计将投入一定的资金创办一流的物流学校和一流的物流研究中心。通过推动广泛的研究与学术交流，深入挖掘现代物流的深刻内涵，研究现代物流的运作模式，并指导物流实践，"用一流的观念，创造一流的物流服务"。

（2）科技支持战略　"知识化和科技化物流"将成为宝供服务的主要特征。宝供提出，专业化、细致化、科学化的物流知识将成为客户物流体系改革、整合、规划和设计的重要依据，现代科学技术如各种条码技术、自动识别技术、自动分拣技术、卫星定位技术、自动化技术、信息技术、物流仿真技术、辅助决策技术等，将成为物流运作的重要工具。

（3）服务创新战略　一方面，宝供引导其物流服务朝综合化、一体化方向发展，把物流诸多环节和服务类型进行系统整合，将不同货运公司、仓储公司以及社会资源进行资源整合，为客户提供长期的、专业的、综合的高效物流服务。另一方面，为适应21世纪个性化消费和个性化服务的需要，进一步强化宝供的物流服务特色，提高市场竞争力。

（4）人才效益战略　宝供遵循"以人为本"的经营理念，充分发挥"人才效益"优势，广泛汇集和吸引高层次专业人才，通过不断完善激励制度，增强企业的凝聚力，建设一支灵活精干、协作高效的学习型人才队伍。

（5）联盟发展战略　物流企业的并购行为使企业规模增大，运营成本降低，业务经营范围更为广泛，更能适应客户需求多样化的趋势。宝供强调在"供应链"的诸节点之间植入"优势互补、利益共享"的共生关系，实施企业联盟发展战略。宝供将在其他第三方物流企业、客户服务群、相关行业企业之间广泛寻找战略合作伙伴，通过联盟的力量获得竞争优势。

1.1.2　案例点评

宝供物流企业集团，从1994年成立至今，能在与众多的大型国有企业的竞争中生存、成长并逐步壮大，依靠的是什么？

它的经验是：不管是与国外知名企业还是与国内企业打交道，诚信和敬业是企业生存之本，企业家的超前意识和准确的市场判断是企业发展的基础，机遇是企业发展的助推器，不断创新是企业生机的源泉。

的确，宝供幸运地遇到了宝洁。宝供人爱说："没有宝洁，就没有今天的宝供。"宝供从最初的储运业务发展到现代物流，又从现代物流迈进到今天的一体化供应链管理，不仅是有宝洁这样一流的跨国公司对物流的需求引导促进了宝供的发展，更重要的是宝供人拥有锐意进取、不断创新的意识和顽强拼搏的精神，推动着宝供以变应变，不断发展。

1.1.3 思考题

(1) 宝供是如何赢得宝洁公司青睐的?

(2) 在市场竞争中,对价格竞争、服务竞争你有何看法?

(3) 一家破旧的转运站,是如何发展成为今天的"物流大鳄"的? 一间简陋的储运公司,是如何征服跨国公司的?

1.2 天津港打造物流金融服务新品牌

1.2.1 案例介绍

天津港提供的"港口物流金融服务"是一种金融与物流集成式的创新服务,物流金融服务的主要内容包括物流、流通加工、融资、评估、监管、资产处理、金融咨询等方面。业务模式多种多样,包括货物质押、仓单质押、集中授信、未来货权开证业务、未来货权融资业务(仓储监管模式)、保兑(备用信用证)业务等。物流金融服务不仅能为客户提供高质量、高附加值的物流与加工服务,还为客户提供间接或直接的金融服务,提高供应链整体绩效以及客户的经营和资本运作效率。

根据天津港四大产业战略发展要求,以不断提升港口核心竞争力为目的,以完善的物流管理体系及丰富的港口资源为基础,以散货交易市场建立的第四代交易平台为载体,以港口物流公司、客户及银行形成的"信用共同体"为纽带,积极推进物流金融服务各项工作的探索与实施。

在物流金融服务的构建与实施中,公司着力抓好实施前期的策划,充分进行风险分析及其对策的研究。组建的物流金融专营公司采取多种形式进行物流金融服务的市场开发及服务功能的推介。公司通过物流金融服务的拓展,扩大了港口的服务功能,提升了港口综合竞争力。天津港开展物流金融服务主要有以下做法:

1) 开展物流金融服务的前期策划

(1) 天津港开展港口物流金融服务的优势分析

① 天津港货类品种齐全,潜在的金融服务市场需求巨大。

② 天津港具有优越的仓储条件和完善的物流配套服务。

③ 天津港是海陆运输的枢纽,货物周转量巨大。

④ 天津港将建设成为"面向东北亚,辐射五大洲"的世界一流大港,具有庞大的资产规模、完善的管理体系和良好的经营信誉,深受国内外用户的信赖。

⑤ 天津港拥有庞大的客户群和丰富的物流信息资源,可与物流金融服务的各合作方信息共享,从而促进港口物流金融服务的发展。

(2) 开展港口物流金融服务的风险分析

① 内部管理风险:这是企业中普遍存在的风险之一,包括组织机构松散,管理体制和监督机制不健全,工作人员素质不高,管理层决策失误等。

② 运营风险:从事物流金融业务的公司,要深入客户产销供应链中提供多元化的服务,相对地扩大了运营范围,也就增加了风险。从仓储、运输、动态质量保证到与银行、企业之间的往来以及和客户、供销商的接触,都存在运营风险。

③ 技术风险:即物流金融提供商因缺乏足够的技术支持而引起的风险。比如价值评估系统不完善或评估技术水平不高,网络信息技术的落后造成信息不完整、业务不畅等。

④ 市场风险:主要针对库存质押物的保值能力,包括质押物市场价格的波动,金融汇率造成的变现能力改变等。

⑤ 安全风险:质押物在库期间物流金融提供商必须对其发生的各种损失负责,因此仓库的安全、员工的诚信以及提单的可信度都要加以考虑,还包括对质押物保存的设施能否有效防止质押物损坏、变质等问题。

⑥ 环境风险:指政策制度和经济环境的改变,包括相关政策的适用性,新政策的出台,国内外经济的稳定性等。一般情况下,中国的政治和经济环境对物流金融造成的风险不大,但国际环境的变化,会通过贸易、汇率等方面发生作用。

⑦ 法律风险:主要是合同的条款规定和质押物的所有权问题。因为业务涉及多方主体,质押物的所有权在各主体间进行流动,很可能产生所有权纠纷。另一方面,中国的《担保法》和《合同法》中与金融物流相关的条款并不完善,又没有其他指导性文件作为依据,因此业务合同出现法律问题的几率也不低。

⑧ 信用风险:包括货物的合法性、客户的诚信度等,同时信用风险还与上述运营风险、安全风险和法律风险等联系密切。

在具体开展金融物流业务时,应该结合上述的主要风险进行相应的风险管理。

(3) 组建港口物流金融服务的专营公司 2007年12月,天津港散货交易市场有限责任公司正式成立,并作为天津港开展质押监管业务的专营单位。天津港散货交易市场有限责任公司的客户采取会员制,客户作为交易市场会员,由此可以减少中间贸易环节,降低物流成本,加速货物周转率,提高资金使用效率和资金收益率,提高货物和资金的安全保障,杜绝恶意欺诈行为,因此,该项目具有良好的经济效益和社会效益。

2) 与国内商业银行建立战略伙伴关系

物流金融服务是港口与银行等金融机构共同为物流企业提供融资的渠道和平台,资金来源于银行等金融机构。在公司开展物流金融服务之初,即制定了与国内商业银行全面建立战略伙伴关系、共同开发港口企业客户的战略,因此公司首先与天津商业银行进行合作,签定战略合作协议,以取得银行的资金支持。

自从公司开展港口物流金融业务以来,先后与平安银行、天津银行、浦东发展银行、光大银行、招商银行、交通银行、中信银行、盛京银行、民生银行、滨海农村商业银行等20余家银行建立了战略伙伴关系,确立了散货交易市场公司在天津港集团内唯一监管合作单位的资质。其中平安银行作为国内动产质押融资的先行者,在金融界具有一定的先行优势。

3) 建立完整的风险控制体系

物流金融服务针对的对象是动产质押,作为金融机构的银行为了控制风险,就需要了解质押物,如质押物的规格、型号、质量、原价和净值、销售区域、承销商等,要查看权力凭证原件,辨别真伪。然而,这些工作超出了金融机构的日常业务范畴,银行在这些方面功能的缺失是制约银行扩大此项业务的瓶颈。

为了消除银行这方面的顾虑,公司领导通过多次拜访银行领导,了解银行对控制风险的要求和存在的顾虑,在此基础上公司结合天津港自身优势制定了一套完整的风险控制体系。

该体系主要包括计划申报管理体系,统一的衡重体系,门卫、卡口监察体系,天津港集团的治安体系,独特的内部管理体系。通过该体系的建立,公司有效地管控了动产质押货物可能丢失的风险,为银行解决了开展此项业务的瓶颈问题。

4) 推进港口物流金融服务功能,吸引客户参与

天津港在开展港口物流金融服务的过程中主要有三个创新点:

(1) 利用天津港完善的物流管理体系及丰富的港口资源,对质押监管货物实施有效监管,为银行监控风险。

(2) 利用交易市场公司建立的第四代电子交易平台,可以迅速地将存在风险的质押监管货物及时变现,为金融机构解除融资客户无法偿还贷款且货物变现困难的后顾之忧,从而规避了物流金融业务的行业风险。

(3) 采用"信用共同体"物流金融服务模式,即筛选有意向、有资质、守信誉的客户组建"信用共同体",交易市场公司作为实际掌控人,为其成员制定融资方案,并在融资过程中对风险进行预警和监控。合作银行给予"信用共同体"的客户贷款利息下浮、用款期限灵活、审批手续简便、放款快速等优惠政策。此项业务的开展受到了客户的广泛好评。

通过这三个创新点的实施,公司成功建立起客户企业在银行进行动产融资的桥梁。到目前为止,公司已与30多家物流企业建立了紧密的业务关系,为客户企业累计提供30亿元融资贷款,港口物流金融服务已步入良性发展的轨道。

5) 港口物流金融服务的实施

(1) 提供港口物流金融服务的方式

① 通过向银行介绍客户和为客户引荐银行,促成银行与客户的质押贷款关系,公司为银行监管质押货物取得盈利。

② 借鉴合作银行的原有模式,制定公司物流金融服务的业务流程及管理制度

体系,并通过工作实践将借鉴来的业务流程及管理制度与天津港的具体情况相结合,制定出天津港的业务流程及管理制度,形成具有天津港特色的完整的港口物流金融服务体系。

③ 天津港是综合性的枢纽港,除了煤炭、焦炭、矿石等大宗货物较适合进行质押贷款外,其他如钢材、废纸、废铜、锌锭、小麦、大豆、汽车等货类都具有不同的特性,这就需要结合实际不断创新港口物流金融产品。公司将与银行、货主共同合作探索创新物流金融服务的新模式,将物流金融服务拓展到天津港物流的各个环节。

④ 不断扩展适于开展"港口物流金融服务"的质押货类。散货物流公司与散货交易市场公司是从事大宗散货(主要是煤炭、焦炭、矿石等)的仓储、运输、加工、配送等业务的专业公司,同时天津港煤码头公司、天津港焦炭码头公司、天津港远航矿石码头公司、天津港石油化工码头公司的总经理均担任了天津港散货交易市场公司的董事,这样公司开展各种散杂货类的质押监管业务均具有天然的优势。

(2) 提供港口物流金融服务的实施步骤 自散货交易市场公司成立以来,港口物流金融业务的发展主要经历了以下几个阶段:

① 主要以摸索、实践、完善现货质押监管模式为主打好业务基础,货物质押目前主要有静态货物质押模式和动态质押监管模式两种。静态货物质押模式是指企业将自己合法所有的货物质押给银行后,银行委托监管公司对货物进行监管控制,并根据银行的指令处理每一笔放货业务。动态质押监管模式(亦称额定库存业务)是指企业将合法所有的货物质押给银行后,银行委托第三方(即天津港散货交易市场公司)对货物在银行确定的最低价值范围内进行监管,超过银行确定的最低价值的部分由监管方自行控制。采用货物质押融资模式可以帮助中小企业获得更加便利的融资,以动产进行质押,克服了传统担保财产范围过于狭窄的难题,盘活了企业存储货物的资金占用,加快了货物的周转,从而扩大企业贸易规模。

② 在熟练掌握现货质押监管模式的基础上,开发在贸易过程中采取预付款形式的公司,为其提供委托监管业务。委托监管业务模式是指买卖双方签定买卖合同并确定购买货物的品名、规格等基本信息后,委托监管方对货物数量进行监管,监管方保证其入库货物的数量或依据买方指令出库的监管模式。委托监管业务是基于买卖双方之间在交易中缺乏互相信任,付款交货存在一定的时间差,使贸易受到影响。而在公司推出的委托监管业务中,公司作为监管方以独立第三方的角色出现,以公平、公正原则对待买方和卖方,成为买卖双方的中介平台,减少了许多猜忌和信用调查工作,使买卖过程变得简单有效。目前已与公司开展委托监管的客户有10余家。

③ 积极探索将银行的业务产品与天津港的实际相结合,对外贸进口货物开展

未来货权融资业务。未来货权质押融资业务模式是指购货商向银行申请融资授信用于向供货商支付货物价款,供货商根据银行指令发货至公司所属的天津港散货物流中心,公司根据银行放货指令允许购货商提货的融资模式。未来货权融资可分为仓储监管(主要用于国内业务)和未来货权开证业务(主要用于进口业务),无论哪种模式都需要公司来进行风险控制。未来货权融资模式作为物流金融中较为先进的一种融资模式,突破了企业因现有财产不足以担保的障碍,在企业未取得货权的情况下获得融资,有利于企业利用较少资金获得较大订单,并享受较大订单的折扣优惠,同时有利于企业扩大经营规模。

④ 经过一年多的业务实践后,公司已具备了完善的现货监管和风险控制体系,取得了丰富的监管经验,并开始结合天津港的业务特点与银行共同研发港口物流金融服务的新产品———"信用共同体业务模式"。

在开展港口物流金融服务的实践过程中,公司发现传统质押监管融资业务普遍存在门槛过高、审批贷款周期长、贷款期限长等问题,不能满足中小型企业(尤其是经营焦炭、煤炭类货物小型企业)货物周转比较快、用款灵活的需求。

因此,公司与滨海农村商业银行经过市场调研、产品研发,共同推出信用共同体业务。由天津港散货交易市场与天津滨海农村商业银行以及天津港散货交易市场会员商户,秉承共铸诚信、协同发展之理念,按照平等、自愿、合作、共赢的原则,共同组建"天津港散货交易市场信用共同体"。

在"信用共同体"中,由散货交易市场公司作为实际掌控人,负责对市场内交易商客户进行调查走访,筛选出有意向、有资质、守信誉的客户,并为其制定融资方案,将客户推荐至滨海农村商业银行后,银行对企业进行放贷。公司为银行监控贷款企业提供的质押物(煤、炭),并依据自身信息优势,不断了解企业经营情况,对风险进行预警。信用共同体中贷款企业相比于传统的质押贷款,可以享受贷款利息下浮、用款期限灵活(按照实际贷款天数计算利息)、随借随还、审批手续简便、放款快速等优惠政策,此业务一经推出便受到了广泛的好评。第一批与公司开展信用共同体业务的客户就有5家商贸公司。

⑤ 在明确了天津"港口物流金融服务"未来潜力巨大之后,公司根据天津港具有品牌优势、资信程度高的特点,结合公司已积累的丰富的港口物流金融服务的经验,对港口物流金融服务未来发展模式进行了进一步的创新研发。不久,将推出"集中授信担保业务"。

集中授信是指天津港散货物流公司与交易市场公司按照企业信用担保管理的有关规定和要求,为有融资需求的港口企业向金融机构提供信用担保,金融机构把贷款额度直接授权给公司,由公司根据借款企业的需求和条件对企业进行审查,并对符合授信条件的企业进行质押贷款和最终结算,同时由借款单位用港口的仓储货物向公司进行反担保。

在此模式中,金融机构基本上不参与质押贷款项目的具体运作,只根据公司的审核意见对有融资需求的物流企业进行贷款。公司在提供质押融资的同时,还为有融资需求的物流企业在港口存放的质押物提供仓储管理服务和监管服务。

关于集中授信的法律关系,根据相关法律及司法解释,非金融企业之间的借贷原则上不受法律保护。所以集中授信业务是由企业向金融机构(主要是银行)申请授信,由天津港散货物流公司与交易市场公司对其进行资质审核,并由金融机构授信的业务,公司充当担保人的角色,同时由借款单位用港口的仓储货物向公司进行反担保,从而规避了交易风险。

在以往的实践中,银行往往根据物流金融服务企业的资信状况对其进行综合授信,给予一定的授信额度;物流金融服务企业在银行授信的额度内,自主审核企业的资信情况、财务情况、提供的担保财产等相关信息,审核通过后将企业上报授信银行,银行原则上并不对企业进行审查而直接予以贷款,物流金融企业作为担保人承担连带责任。

6) 天津港开展物流金融服务的效果

(1) 物流金融创新实现了天津港综合服务业的功能拓展　天津港作为中国北方的第一大港,一直以货物装卸、储存及港内水平运输为主业,近年来发展速度很快,港口吞吐量急剧攀升,同时与之配套的港口综合服务业亦得到了长足的发展,但从未涉足物流金融领域。天津港散货交易市场作为天津港开展物流金融服务的主体,经过近两年时间的不断探索和创新,根据银行和企业客户的不同需要,提供了多方面、多渠道、多品种的物流金融服务,填补了天津港综合服务业的一项空白,实现了天津港港口功能的拓展。

(2) 经济效益和社会效益　自开展物流金融业务以来,天津港散货交易市场先后与77家物流企业建立了紧密的物流金融业务关系,累计使客户获得了近48亿元的融资贷款,监管煤、焦炭、焦煤、矿石和木材等货类400余万吨,实现收入1 100余万元。实现了以功能开发带动市场开发,促进了天津港整体效益的提升。公司开展物流金融业务,理论测算可以每年为天津港稳固吞吐量850余万吨,大大拓展了港口客户特别是中小企业的融资渠道,帮助港口客户扩大生产,增强抵御风险能力。同时,港口物流金融业务的开展进一步丰富了天津港的服务功能,增强了对客户的吸引力,有效拉动了港口货源的增长,进一步提升了天津港的综合竞争力,从而为滨海新区的开发开放、为天津市的发展贡献力量。

7) 天津港物流金融业务未来的发展方向

以天津港物资集散枢纽港的优势地位为基础,通过创新研发物流金融产品为港口客户提供融资服务,并向物流供应链的上下游延伸,掌握物流资源,从而使天津港发展成为为港口客户提供整体供应链解决方案的第四方物流企业。

1.2.2 案例点评

天津港地处京津冀城市群和环渤海经济圈的交汇点,是中国最大的人工港,也是中国北方最大的综合性港口和重要的对外贸易口岸。港口主航道水深达21 m,可满足30万吨级原油船舶和国际上最先进的集装箱船进出港。2013年天津港货物吞吐量首次突破5亿吨,集装箱吞吐量突破1 300万标准箱。

作为现代港口,天津港在运输组织、装卸仓储、中转换装、临港工业、现代物流、口岸商贸、保税加工及配送、航运及市场信息、离岸金融和综合服务等功能的基础上,以适应市场需求、服务客户为宗旨,整合港口内外资源开展物流金融服务。

天津港通过打造物流金融服务的新品牌,扩大了港口的服务功能,提升了港口综合竞争力,产生了极大的经济效益和社会效益。

1.2.3 思考题

(1) 何谓"港口物流金融服务"?
(2) 天津港开展物流金融服务的基础是什么?
(3) 天津港是如何开展物流金融服务新模式的?
(4) 结合本案例,分析港口物流金融服务是如何创造经济效益和社会效益的。

1.3 物流地产商普洛斯值得借鉴的成功经验

1.3.1 案例介绍

普洛斯创立于1993年,现已发展成为世界领先的工业物流地产投资开发商,财富1 000强及标准普尔500家指数公司之一,管理全球20个国家的2 600多个项目,拥有价值344亿美元物流资产,服务客户数超过4 700家,为众多世界知名企业提供物流设施及工业厂房租赁服务。

2003年4月,普洛斯进入中国,总部位于上海。公司认为中国市场是世界上潜力最大的物流地产市场。截至2013年8月,普洛斯在国内34个主要城市投资,建设并管理着156个综合性园区,形成了一个覆盖主要物流枢纽、工业园区和城市配送中心等战略结点的高效物流网络。

1) 业务模式

普洛斯专注中国物流园的投资,重点发展临港物流园、临空物流园及加工基地。它的成功项目临港物流园有上海洋山深水港、深圳盐田港、青岛前湾港和广州南沙港;空港物流园有北京首都机场、广州白云机场、南京禄口机场和青岛流亭国际机场;加工基地有苏州工业园、天津经济开发区和杭州经济开发区等。

2) 战略布局

普洛斯设点布局主要集中在环渤海湾经济圈、长江三角洲和珠江三角洲经济发达地区的一二线城市。一线城市包括北京、天津、广州、上海等。二三线城市包括青岛、大连、南京、苏州、无锡、杭州、宁波、嘉兴、深圳、佛山、武汉、长沙、成都、重庆和沈阳。每个枢纽城市开发3～4个物流园区,形成一个物流配送网络。

3) 园区特点

物流园主要产品是单层仓库、双层仓库、集装箱堆场及办公室附属设施。普洛斯除了建普通物流园,还建保税物流园,充分运用国家扶持的政策,为客户提供一流的物流仓储设施服务,获取丰厚的回报。普洛斯建设的物流园一般规模都不大,平均建筑面积不到2万m^2,国内小型物流园占地约3～5万m^2,中型物流园在10～20万m^2,很少有上千亩的物流园,园区基本采用分期开发。

4) 客户定位

普洛斯的客户分为三大类:一是物流业,如 UPS、DHL、联邦快递和马士基等;二是制造业,如通用汽车、大众、卡特彼勒和雀巢等;三是零售业,如沃尔玛和欧尚等。跨国企业一般都租用普洛斯遍布全球的多项仓储设施,世界1 000强企业中近半数是其客户。

5) 开发模式

普洛斯物流园的开发选址,基本上是在城市周边临近机场、海港和高速公路等交通枢纽的地方。它获取土地主要是通过直接投资和间接投资组合的方式,其中直接投资项占35%,与其他机构合资的项目占65%。例如,它与中国最大的仓储物流企业——中国物资储运总公司(简称中储)合作成立合资公司,双方各占50%的股权,中储出资以土地使用权和仓储设施注入,普洛斯以现金注入。合资公司进行土地开发、物流仓储及综合设施方面合作以及新土地资源投资。合资建设的仓储中心出售给普洛斯旗下的产业基金,再由中储向该基金租赁仓储中心,进行经营运作;或者不出售给产业基金,而是直接由中储进行经营,客户将由普洛斯提供。

6) 盈利模式

普洛斯只做物流地产投资开发和物业管理,物流业务仍由客户管理。普洛斯的盈利来自三大业务部门:地产开发部门、地产运营管理部门和地产基金管理部门。

(1) 地产开发部门　对土地进行一级开发,并把开发建成的物流园出售给普洛斯基金或第三方以获取溢价,或交付地产管理部门用于出租。该部门收入在主营业务收入中占60%左右,是公司收入最主要的来源,贡献30%的主营业务利润。

(2) 地产运营管理部门　将"地产开发业务"部门开发建成的"物流地产"出租,获取租赁收入。该部门收入在主营业务收入中虽然只占30%,但贡献50%以上收益。

(3) 地产基金管理部门　组织投资者募集资金、收购地产、设立基金,由普洛斯作为基金经理管理基金以及基金旗下的地产,获取基金管理费收入和基金分红收益。普洛斯地产基金主要通过向地产开发部门收购或是向第三方收购获取地产。该部门的收入在主营业务收入中占6%,但贡献14%的主营业务利润,是普洛斯盈利性最强的资产之一。

物流地产的最大优点在于稳定。物流地产资金投入大,投资回报周期长,一般在10年左右,没有暴利,追求的是一种缓慢而稳定的利润回报。由于客户租赁期相对较长,即使是市场波动非常大的情况下,对租金收入的影响也相对比较小。

7) 客户管理

普洛斯所管理的全球客户网络与市场网络能保证项目以很快的速度找到好的客户,以其认可的租金出租,并且尽可能地实现长期租用。普洛斯的这些项目一般无需做太多的招商推广工作。

普洛斯在客户管理方面的秘密武器是ProLogis Operation System(普洛斯运营系统,以Oralce系统为主),这一系统囊括了对内部流程和对客户服务的所有管理,该系统从分析客户的需求和选址入手,对施工过程进行严格的成本控制、预算管理以及施工建造过程管理,从而使物流设施建设方面的成本降到最低。在项目交付使用后,系统还将进行客户管理和物业管理,将每个客户签的租约输入系统,在评估收益风险后再签定租约,最大可能地保证投资的安全性。

1.3.2　案例点评

世界领先的物流地产投资开发商普洛斯值得借鉴的成功经验有以下几点:

(1) 只专注发展物流园,提供标准化物流设施,开发通用型物流仓储设施。

(2) 投资布局选择经济发达、交通便捷的沿海地区主要城市,临港、临空建物流园区。

(3) 强大的融资能力,为普洛斯的全球扩张战略打下良好基础。

(4) 普洛斯所管理的全球客户网络与市场网络,保证项目能以很快的速度找到好的客户,以其认可的租金出租,并且尽可能的实现长期租用。

1.3.3　思考题

(1) 普洛斯物流园区是如何选址、布局的?

(2) 针对物流园区建设投资较大,普洛斯采取了哪些融资建设方法?

(3) 请调研我国物流园区建设的现状,借鉴普洛斯的经验,提出你的建设建议。

1.4 顺丰:"物流最后一公里"突围之痛

1.4.1 案例介绍

中国民营企业快递之王顺丰速运公司(简称顺丰),试图用自营便利店的模式去冲击"物流最后一公里"的问题,结果并不成功。这是一个失败的案例,但是失败的案例往往给人们带来更多的启示。

从大洋彼岸的美国,到一水相隔的日本、台湾地区,"快递+便利店"的模式已经遍地开花。顺丰也在2012年开始探路"快递+便利店"模式,但情况却不容乐观,推出没多久,北京的便利门店要么宣告停业,要么放弃便利店业务,只单纯作为一个快件收发点。在顺丰总部深圳,顺丰决定试点20家便利店,两年过去了,这个数字几乎没有发生变化。

刚推出便利店时,顺丰雄心勃勃想在全国布局1 000家便利店,但在第一批便利店面世后,顺丰却没能如愿进行扩张。是这种模式水土不服?还是顺丰学艺未精?

在自建自营便利店之前,顺丰一直在与便利店合作,无论是7-11这样的便利店大佬,还是千惠这样的地头蛇,都是顺丰的合作伙伴,并且合作得还不错。同样是"快递+便利店"模式,在经历和原有便利店授权合作及自营便利店探路不顺后,是要自建自营便利店?还是想要将触手伸入自己从未涉足的零售行业?顺丰其实有他自己的道理。然而,失败的原因有哪些呢?

1) 社会化物流不够强势

全球著名快递公司FedEx,拥有占据美国80%以上的数码快印市场份额的联邦金考,依靠金考遍布全美众多社区的门店,其业务覆盖面积十分惊人。2004年,FedEx以24亿美元收购了以一站式文件处理和商务服务闻名的金考快印公司。被收购之前,金考就依靠美国强大的社会物流体系打造了强大的经营网络,所以FedEx并不需要自己再去跨界经营此业务,渠道的拓展都交给"联邦金考"这个子公司自己经营,只是把原有的收发件业务整合到金考的日常工作中去而已。无独有偶,DHL、UPS都通过收购大型社区连锁门店,完成了深入社区、直达客户的"快递+便利店"布局。

曾有这样一个类比,"顺丰就是中国的FedEx",但顺丰却有着一个与FedEx完全不同的发展背景,在自营便利店这一模式上,顺丰恐怕需要付出比FedEx更多的努力才行。

对比中美两国电商和物流的发展,不难发现一个有趣的特点:美国是先建立起非常成熟和强势的物流产业之后才出现网购和电子商务,物流业在美国已经成为一个寡头之间竞争的产业,最近一次出现的黑马也是诞生于1971年的FedEx,与物流产业相匹配的基础设施和相关法律法规早已形成,而后出现的一系列电商企业都可以依托业已成熟的物流产业进行商业运作。而中国的物流业,特别是快递行业,基本是随着一炮而红的淘宝网购的井喷而爆发的,其发展一直处于被动状态。

追根溯源,由于社会化物流不够强势,中国没有类似美国这样依托强大社会物流体系发展出的社区门店体系,没有全国性连锁经营的强大零售企业,即使顺丰想收购也不可得,只好产生了自建自营便利店的想法。

2) 授权合作发展的瓶颈

"快递＋便利店"模式要行之有效,其网络布局需要形成规模效应,快递订单的分散性需要广泛的连锁便利店网络。在没有合适收购对象的条件下,顺丰只能选择与现有的连锁便利店合作。由于国内并没有形成类似日本社会中强势的便利店品牌(如7-11),更没有形成主导性的经营地位,因此授权合作的问题日显突出:

(1) 同顺丰合作的7-11便利店多布局在一线城市,二线城市的便利店产业基本被本土品牌掌握,一些城市还没有形成强势连锁便利店企业,这让顺丰必须和分散的、不同品牌的便利店企业进行合作。不同的便利店企业又难以提供统一标准的合作服务水平,服务质量不同、经营时间不同,顺丰也就难以保证统一的服务质量,更无法保证消费者的消费使用体验。

(2) 如果顺丰通过便利店配送包裹,那么负责收发业务的工作人员就是直接参与顺丰"最后一公里"配送业务的门面,他们的服务水平直接决定了消费者的用户体验及满意程度。而与顺丰合作经营的便利店门店由于盈利分配方式不同,涉及快递业务的工作人员没有什么工作积极性,也缺少相关的专业培训,那么"最后一公里"的服务效果就可想而知了。

(3) 由于为顺丰进行收发件业务会占用便利店的人力物力,合作的便利店会抽走一部分利润以维持这样的合作关系,这让顺丰本来就不多的利润空间再次被压缩。

3) 自营便利店的优势

顺丰选择自营便利店除了遇到以上的难题,更因为自营便利店能为顺丰带来各种好处。

(1) 配送范围　A.T.Kearney咨询公司对国内主流快递公司做的评估报告显示,顺丰无论在哪个测试方向上都属于第一梯队,但相对于其服务水平,其服务覆盖范围稍显劣势。既有的便利店网络是便利店企业按照自身企业量身定做的,不一定能与顺丰的客户分布区域重叠,不足以满足顺丰的营业网点覆盖面需求。

这些让顺丰发现,还是需要自己挖掘可能的经营空间,铺设更为广泛的末端配送网络,才能更接地气地将触角深入自己的终端客户中间,更贴近消费者,从而通过培养消费习惯,来打造一批坚实的忠诚客户。

(2) 增加订单量 2013年12月,顺风与易迅确定合作之前,顺丰的整体业务中保留了很大一部分以文件合同递送为主的高端业务份额,来源于电商的发货量只有8%。与易迅的牵手,表达了顺丰期望更多地吃到电商这块蛋糕的愿望,但能否真正从"四通一达"手里抢到美味蛋糕,结果还不得而知。如果顺丰通过开发便利店网络,挖掘居民区订单,再结合其电商发展战略,则可以大大扩大营业范围,而且不可忽视的一点就是,很多小型淘宝卖家正是扎根在社区的。

(3) 配送反应时间 "最后一公里"是众多快递企业的死穴,高成本、效率低、管理弱,大量包裹卡在了末端环节。顺丰在产业链的末端也未能寻找到一种行之有效的创新配送方式。如果顺风想在"四通一达"与淘宝商家的亲密无间中寻求更大的利润,必须拥有长于其他快递长处的地方。

物流配送环节中有一个"时间窗口"的概念,即消费者预订了明天上午10点至12点取货,快递则必须安排快递员工在10~12点之间上门配送,而这两个小时就是此次配送的"时间窗口"。随着服务水平的提升,消费者所要求的时间窗口会越来越短、越来越精准。

随之而来的就是配送车辆的路径问题、快递公司与员工之间的统筹安排问题,以及如何在一次配送中尽可能多地收发包裹的问题。对于快递,特别是顺丰这样有"收一派二"高要求的企业,配送的"时间窗口"对造成重复配送有很大的影响(特别是要直达消费者手中,不允许寄存小区物业)。设定配送时间的消费者很多,会有不同的时间窗口设定,因为大部分客户的工作时间比较统一,所以很多时间窗口是相互覆盖重叠的,这样快递企业就必须设计配送的路线。

设立一个面对周边小区的配送点(便利店)就能很好地解决这一系列的问题。面对愿意接受自提包裹服务的消费者,只需要提早一个时间段将可配送包裹运送到相应的便利店,消费者便可以在最合适的时间去提取包裹。一次无效派送,便是成本成倍的增加。

物流交付期意味着完成一次订单配送所需要的最短时间,消费者订货周期意味着消费者愿意为一次物流服务花费多久的等待时间。将交付期控制在订货期以内,才能算一次成功的物流配送服务。面对日益提高的消费者预期,缩短物流服务交付期,延长消费者订货周期,建立依托于便利店的快递配送站,无疑会大大提高物流服务水平。

4) 自营便利店铩羽而归

自营便利店既有经营模式面临的难题,又有着诸多优势,顺丰打造自营便利店似乎是大势所趋。顺丰以局外人的身份跨界入局,其目标本就不在零售经营,更多的是想以便利店销售网为基础,打造宽广的收发配送点,服务于其快递业务,经营便利店的收入也主要为实现收支平衡,扩大配送范围和降低配送成本,提高配送反应速度。

但是，套用一句业内人士的话，"别看便利店体积小，却是最难经营的零售实体。"

便利店已经是一个薄利而竞争激烈的技术密集类产业，相比超市，便利店商品品种少但更新快，以应急性商品为主。建立一个便利店网络的成本远远超过了顺丰的预期，零售业的复杂程度和竞争激烈让顺丰只能浅尝辄止：一是区域资源有限，选址困难；二是单店投入近百万元，初期投入过高；三是没有形成规模效应，单品价格高，消费人群低。这三点明显地影响着顺丰在一线城市开设试点便利店的发展，也让顺丰开设1 000家便利店的计划一直搁浅，未能实现扩张。

5）连通线上线下的O2O

对比欧洲的"最后一公里"配送环节，中国最大的不同是出现了小区物业或者是大院传达室这样的代收环节，他们免费代替快递企业完成了包裹存取这一服务。在瑞典斯德哥尔摩，极少有专职的物业存在，快递包裹基本是发到最近的邮政存储点。

随着国内电商的不断发展，包裹的数量和种类都会大大增加，物业并没有承担该项服务的义务。现在一些网购包裹很多的小区，已经开始出现拒收快递的现象，一些物业开始进行有偿服务，比如按件收取代收费用，费用由快递公司支付。而擅长零售的便利店了解消费者所需的服务模式，它们占据了为消费者服务的最适宜的地理位置，能在一定的门店密度下获得最高的业务覆盖面积。

2013年12月，顺丰与武汉中百超市和好邦便利店签订合作协议，它们可以收发顺丰快递。武汉中百超市有600多家门店，而且80%以上分布在社区，好邦便利店则可以提供24 h的服务时长。顺丰的自营便利店虽然未再进行扩张，但之前布局在北京、广州、深圳、东莞、厦门等地的便利店依然存活，与其他便利店的合作也在加强。

目前，顺丰进入电商领域，其切入点很巧妙，也很大气。选择对物流服务水平要求最高的生鲜B2C、高端食物等需冷链物流的品类。顺丰自己的物流能力也有保证，安排货到付款（COD）也完全可以实现。也许顺丰想说的是"中国物流发展已经过了拼价格，抢运单量的时代，现在要拼的是技术和运输能力"。

做生鲜宅配，最终都会对物流系统提出很高的要求，而顺丰又是为数不多拥有高质量物流服务能力的企业，在这个大蛋糕还没有被切掉的时候，顺丰依托自己的物流能力杀入电商行业也是很好理解的。一旦消费习惯被培养起来，生鲜宅配业务会具有很大的消费者粘度，而且预订的频次也很高，回过头来反哺快递配送业，越大的订单量催生越大的消费人群，雪球滚动之下，将是越来越大的规模效应，越来越小的运送成本。

马云曾就电商能否占有整个零售业份额50%而定下赌约，这也是电商能否取代传统店铺经营的赌。现在,最难被电商取代的就是生鲜食品类产品,而顺丰积极搭建的便利店收发网络是否为了配合其生鲜宅配的电商大发展呢?是否将来除了制造业和消费者,中间只剩下电子商务和物流服务了呢?这个猜想太遥远,但顺丰提前为这样的消费模式搭建基础,并不意外。

冷链物流,新鲜 B2C,顺丰优选搭配的高品质物流水准,能够成为顺丰的核心竞争力。中国作为发展速度最快,且消费者密度最高的新型经济体,最新的消费模式也最有可能在中国出现,以后在网上预订第二天所需的食品,下班回家时在小区的便利店直接提取昨天就已买好的产品回家,这样的消费模式难道不够吸引人吗?

1.4.2 案例点评

追根溯源,由于社会化物流不够强势,中国没有类似美国这样依托强大社会物流体系发展出的社区门店体系,也没有形成类似日本社会中强势的便利店品牌(如7-11),更没有形成主导性的经营地位,顺丰只好产生了自建自营便利店的想法。

建立一个便利店网络的成本远远超过了顺丰的预期,零售业的复杂程度和竞争激烈让顺丰只能浅尝辄止,所以,顺风加强与品牌便利店合作。

目前,顺丰依靠自己强大的物流能力进入电子商务领域,开辟连通线上线下的O2O 服务,它的服务定位是物流服务水平要求最高的生鲜 B2C、高端食物等需冷链物流的品类,提供货到付款业务。

1.4.3 思考题

(1) 何谓物流配送的"时间窗口"?
(2) 分析顺丰冲击"物流最后一公里"之痛的原因。
(3) 简述"O2O 模式"及其优势。
(4) "失败是成功之母",顺丰经历了"痛"之后,采取了哪些对策?

1.5 第三方物流企业的战略选择

1.5.1 案例介绍

除了高度垄断的行业,单体企业很难改变其所处的市场环境,那么其成功的决定因素就在于如何适应市场环境并采取正确的发展战略。按照国际上比较流行的市场营销理论,企业主要的竞争战略选择有三种:一是成本领先战略;二是集中化战略;三是差异化战略。

这个理论基本可以覆盖或解释其他竞争理论,物流行业的竞争战略也可以用这个理论框架来解释。

1) 成本领先战略适合有实力的企业

当企业与其竞争者提供相同的产品和服务时,只有想办法做到产品和服务的成本长期低于竞争对手,才能在市场竞争中最终取胜,这就是成本领先战略。在生产制造行业,往往通过推行标准化生产,扩大生产规模来摊薄管理成本和资本投入,以获得成本上的竞争优势。

而在第三方物流领域,则必须通过建立一个高效的物流操作平台来分摊管理和信息系统成本。在一个高效的物流操作平台上,当加入一个相同需求的客户时,其对固定成本的影响几乎可以忽略不计,自然具有成本竞争优势。那么,怎样才能建成高效的物流操作平台呢?

物流操作平台由以下几部分构成:相当规模的客户群体形成的稳定的业务量,稳定实用的物流信息系统,广泛覆盖业务区域的网络。

稳定实用的信息系统是第三方物流企业发展的基石,物流信息系统不但需要较高的一次性投资,还要求企业具有针对客户特殊需求的后续开发能力。企业可以根据自身的需求选择不同的物流系统,但任何第三方物流企业都不可能避开这方面的投入。

对于一个新的第三方物流企业,除非先天具有来自其关联企业的强大支持,一般不大可能直接拥有广泛的业务网络和相当规模的客户群体,万事开头难,能否在一定时间内跨越这道门槛是企业成功的关键。对于一个第三方物流企业来讲,这是企业发展的一个必经阶段。如果能够在两三年中完成业务量的积累和网络的铺设,企业将迎来收获的季节;如果不能达成,往往意味着资金的浪费和企业经营的寒冬。对于一个全新的企业,主要通过三个途径完成这一任务:

第一个途径是在严密规划的基础上,采用较为激进的方式,先铺设业务网络和信息系统,再争取客户。这种方式较为冒险,只有资金实力非常强的企业才可能这样做。一些外资公司就声称要在很短的时间内在全国成立几十家分公司或办事处。

第二个途径是与某些大公司结成联盟关系,或成立合资物流公司以获取这些大公司的物流业务。在国内家电行业和汽车行业都有这类案例。这种方式较为稳妥,使企业在短期内获得大量业务,但这种联盟或合资物流由于与单一大企业的紧密联系,会在一定程度上影响其拓展外部业务的能力。

最后一种途径是建立平台,它是更为缓慢的方式,边开发客户,边铺设网络。走这条道路的企业,必须认真考虑企业竞争的第二种战略,即集中化战略。

2) 集中化战略适合有一定自身优势的企业

集中化战略就是把企业的注意力和资源集中在一个有限的领域,这主要是基于不同的领域在物流需求上会有所不同,如 IT 企业更多采用空运和零担快运,而快速消费品更多采用公路或铁路运输。每一个企业的资源都是有限的,任何企业都不可能在所有领域取得成功。第三方物流企业应该认真分析自身的优势所在及所处的外部环境，确定一个或几个重点领域，集中企业资源，打开业务突破口。在物流行业中，我们不难发现，BAX Global、EXEL 等公司在高科技产品物流方面比较强，而马士基物流(Maersk Logistics)和美集物流（APLL）则集中于出口物流，国内的中远物流则集中在家电、汽车及项目物流等方面。集中化战略也告诉我们，在国内企业对第三方物流普遍认可以前，第三方物流企业必须集中于那些较为现实的市场。应该强调的是，这种集中化战略不仅仅指企业业务拓展方向的集中，更需要企业在人力资源的招募和培训、组织架构的建立、相关运作资质的取得等方面都要集中，否则，简单的集中只会造成市场机遇的错过和资源的浪费。

3）起步较晚的新企业最可取的是差异化战略

差异化战略是指企业针对客户的特殊需求，把自己同竞争者或替代产品区分开来，向客户提供不同于竞争对手的产品或服务，而这种不同是竞争对手短时间内难于拷贝的。企业集中于某个领域后，就应该考虑怎样把自己的服务和该领域的竞争对手区别开来，打造自己的核心竞争力。如果具有特殊需求的客户能够形成足够的市场容量，差异化战略就是一种可取的战略。在实际市场拓展中，医药行业对物流环节 GMP 标准的要求，化工行业危险品物流的特殊需求，VMI 管理带来的生产配送物流需求，都给物流企业提供差异化服务提供了空间。其实，对于一个起步较晚的新企业，差异化战略是最为可取的战略。

当然，并不是说其他企业就不能使用差异化战略了，下文详细介绍一下该战略使用。

4）物流企业差异化战略选择的基本思路

物流企业不仅要考虑选择差异化战略，而且要考虑选择什么样的差异化战略。战略选择的焦点在于，一是要维护预期战略目标的实现，另一个是要清醒地避免和缩小由于战略选择可能带来的风险。选择差异化战略可能带来的一个结果是客户群缩小和单位成本的上升，从而导致服务价格的攀升。因此在差异化战略中要十分注意以优质的独特服务来降低客户的价格敏感性，以差异化独特性的深化来阻挡替代品的威胁而维护客户的忠诚，并通过差异化品牌的创建来集中和壮大客户群，在企业效益不断提高的同时，实现单位服务成本和单位服务价格的下降。为此，在物流企业差异化战略的选择中，定位差异化和服务差异化是可供参考的两条基本思路。

（1）定位差异化　定位差异化就是为客户提供与行业竞争对手不同的服务与服务水平。通过客户需求和企业能力的匹配来确定企业的定位，并以此定位来作为差异化战略的实质标志。差异化战略是以了解客户的需求为起点，以创造高价值满足客户的需求为终点。因此在企业决定其服务范围与服务水平时，首先要考虑的是客户究竟需要的是什么样的服务和服务要达到何种水平。

企业可以先选出在物流行业内客户可能比较关注的服务要素,如价格、准确性、安全性、速度等要素。然后根据这些要素来设计调查表,每个要素设计 0～10 之间的 11 个分数等级,让客户根据自己的期望和要求给各个要素打分。目的是找出大多数客户普遍认为重要的要素、不重要的要素以及企业提供的多余的因素。调查表的最后要设计两个开放性问题:

A 您认为还应该提供哪些重要的服务项目?

B 您认为应该去掉哪些冗余的服务项目?

这样企业可以明确了解到客户需要哪些服务以及哪些服务要素对客户来讲最重要。

接下来企业要对自身的能力进行评估,看看自己能为客户提供哪些服务。满足客户的需求必须要与自己的能力相匹配,否则要么满足不了客户的需求,而这种提高了客户的期望值又实现不了的承诺反而会让客户感到更加失望。要么就是虽然是满足了客户的需求,但成本却太高让企业得不偿失。根据客户的需求与企业自身能力的协调匹配,让企业明确自己可以在哪些方面有所为和有所不为。

在决定企业的服务方向后,企业要制定自己的服务水准。服务水平的制定要根据客户对服务要素重要性的感知程度和竞争对手所提供的服务水平相结合来考虑。如果是客户认为重要的关键的服务要素,企业就应努力把自己的服务提高到行业最高水平之上。客户认为是必要的但不是关键的服务要素,企业就只需保持在行业的平均水平。对客户认为是锦上添花的服务要素,企业可保持在行业平均水平之下,因为这些服务并非是客户所看重的。而那些客户认为是可有可无的服务要素,企业完全可以取消,以此来降低成本。因此,在决定整体定位差异化的时候,必须要把客户的需求、企业自身能力与竞争对手的服务水平三个要素综合考虑。要做到三者的协调统一。

(2)服务差异化 服务差异化就是对不同层次的客户提供差异化的服务。定位差异化强调的是与竞争对手不同,而服务差异化则强调的是客户的不同。对客户再怎么强调他的重要性也丝毫不会过分。因为客户是有差异的,想要以一种服务水平让所有客户都满意是不可能的。客户本身的条件是各不相同,对满意的期望自然也各不相同。因为每个客户对企业利润的贡献也各不相同,所以不同的客户对企业的重要性也不会完全一样,并且重要的客户对企业利润贡献大,自然他们要求企业提供的服务水平也要高。由于企业选择差异化战略,因此企业差异化的不同,它对重要客户的认同,也会不一样。每个企业都会因其差异化战略而确定其重要的客户群,并且企业在实施差异化服务中与不同重要性的客户建立不同的客户关系,提供不同水平的服务。一般来说,物流企业依据其差异化战略可以把客户分为三类。第一类是对企业贡献最大的前 5% 的客户;第二类是排名次之的后 15% 的客户;第三类是其余的 80% 的客户。根据著名的帕托累 20/80 原理,20% 的客户创造了企业80%的利润。所以保留住这两类客户就可保留住企业大部分利润来源。可见第一类客户是企业最重要的客户,第二类客户也是很重要的客户,而第三类客户则是相对次要的客户。对于这三类客户分别采取差异化的服务方针。

对第一类客户提供VIP服务,对第二类客户提供会员制服务,对第三类客户提供标准化服务,从而形成物流企业的服务差异化战略。

对第一类客户的VIP化服务就是企业与这类客户保持最紧密的联系甚至结成战略联盟,采取主动积极的服务甚至作出一些超前的服务设想和服务储备。企业可以在组织结构业务流程等多方面去适应对方,为对方提供专人专项的服务,尽最大的努力去满足对方的需求。可以为客户提供一体化的物流服务,从客户角度出发为客户设计系统的物流流程,来降低总的物流成本和提高客户满意度。

1.5.2 案例点评

物流战略是指企业为寻求物流的可持续发展,就物流发展目标以及达成目标的途径与手段而制定的长远性、全局性的规划与谋略。企业制定物流战略目标,最终要实现以下目标:

(1) 成本最小　成本最小就是在保持服务水平不变的前提下选出成本最小的方案。在物流运作中,主要指降低运输和仓储的可变成本。例如,对物流网络系统的仓库选址规划,运输方式的选择决策等。

(2) 投资最少　投资最少是指对物流系统的直接硬件投资最小化,从而获得最大的投资回报率。在保持服务水平不变的前提下,我们可以采用多种方法来降低企业的投资,例如,不设库存而将产品直接送交客户,选择使用公共仓库而非自建仓库,运用JIT策略来避免库存,或利用TPL服务等。

(3) 服务改善　服务改善是提高竞争力的有效措施。随着市场的完善和竞争的激烈,客户在选择物流公司时除了考虑价格因素外,及时准确的到货也越来越成为公司有力的竞争筹码。当然高的服务水平要有高成本来保证,因此权衡综合利弊对企业来说是至关重要的。服务改善的指标值通常是用客户需求的满足率来评价,但最终的评价指标是企业的年收入。

1.5.3 思考题

(1) 物流企业的主要战略有哪几种?它们分别适合那些类型的企业?

(2) 何谓"定位差异化"?何谓"服务差异化"?

(3) 物流企业依据其差异化战略把客户分为哪三类?如何提供差异化服务?

(4) 分析你所熟悉的物流企业,简述期所采取的物流战略。

1.6 日本降低物流成本的秘笈

1.6.1 案例介绍

日本物流的历史并不算长,但是发展速度却很快。如今,日本凭借先进的物流技术、现代管理方式、社会化的物流运作模式等,很好地控制了物流成本,成为全球物流领域先进的国家之一。

相对美国,日本物流行业的起步较晚,但是仍然早于中国。通过几十年的发展,日本的物流行业取得了卓越成效,很多技术和衡量物流行业的指标数字都非常亮眼。

关注成本,是日本企业几十年如一日在做的事情。那么,日本企业又是如何降低物流成本的?

1)物流成本占比率低

在国际上,通常用社会物流总费用与GDP的比率,来衡量一个国家物流的发展水平,用企业物流成本占产品销售额的比重来衡量行业的物流发展水平。

2013年,中国社会物流总费用与GDP的比率为18%,与上年基本持平。中国物流与采购联合会的分析报告指出,这一比率高于日本9.5个百分点左右,高于全球平均水平约6.5个百分点。与日本这样的物流发达国家相比,我国的物流成本比率明显偏高。

从日本物流行业的数据来看,从1995年到2003年,日本物流全行业的企业物流成本占产品销售额的比重,逐步下降了近一个百分点,从2003年以后,维持在5%左右的稳定水平,如图1.1所示。而美国在2012年企业物流成本占产品销售额的比重数据为7.87%,2013年企业物流成本占产品销售额的比重为8.41%,高于日本且呈现上升趋势。

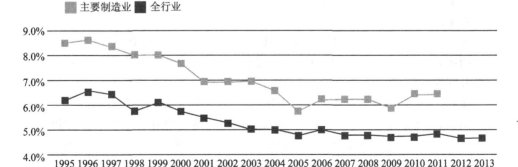

图1.1 日本物流成本占产品销售额的比重

从制造行业来看,2013 年,日本陶瓷、土石、玻璃、水泥这类行业的物流成本占产品销售额比重最高,为 8.69%;排在第二位的是需要通过冷链运输的食品行业,比重为 8.57%;而可以常温运输的食品行业,比重为 6.01%。

进一步分析具体的成本构成,以卡车运输为例,从日本国土交通省自动车局和全日本卡车协会在 2011 年的调查数据来看,运输人工费用占比高达 45.9%,考虑这一数据形成的原因:其一,日本的人工成本费用普遍较高;其二,非人工的成本已经尽可能的被压缩了。

2) 从自动化和信息系统提升

不同的时代,每个行业都会有不同的呈现,面临不同的问题,从而也促生了相应背景下的解决方案。

在 19 世纪 60 年代的日本,企业的生产量和销售量激增,导致了物流量的激增。不仅如此,通货膨胀导致物价上升,企业人工成本上涨。

为了缓解这两大问题,日本物流行业在这一时期采用增加机械化,提升物流处理能力,减少人工的办法。立体自动化仓库正是在此时出现,实现仓库高层空间的合理化运用以及实现自动化存取货物。

如今,立体化仓库已经成为一门独立的学科,并在日本迅速发展。从 19 世纪 80 年代末期开始,日本的立体化仓库从制造业开始遍及农业、仓储业、批发零售业、银行保险业等行业,物流的自动化得到了广泛的应用。目前,日本已经成为当今世界上应用自动化立体仓库最广的国家。

1973 年,中国开始研制第一座由计算机控制的自动化立体仓库,该系统于 1980 年投入运行。据粗略统计,到 2010 年底,中国自动化立体仓库的保有量超过 1 000 座。但是随着中国社会的发展,尤其是电商的发展使得物流量激增,中国物流行业迫切需要更多的类似"自动化立体仓库"这样的自动化设备来提升物流处理能力,解放人力。

除了自动化设备之外,日本物流行业在 19 世纪 70 年代开始通过信息系统来提升效率。

第一次石油危机以后,日本经济高速增长的时代终结,物流量开始稳定下来,提升物流处理能力的需求也相对变弱。这样的时代背景下,日本物流行业开始注重提升物流的效率。

在此之前,日本物流行业的信息系统尚没有普及,依靠传统的方式处理效率较差。例如,日本的销售部门一般将入库、发货、库存等信息在月末做成月报提交给总公司,总公司不能快速实时地根据销售网点的信息,修改生产方案或者进行其他的一些调整。

从 19 世纪 70 年代后期,物流信息网络开始飞速发展,将各个网点以及生产、销售等各个相关部门整合在一个系统中,实现了实时在线的物流信息处理和交互,大幅提升了效率。

导入信息系统,从短期来看,是增加了导入和维护成本,但从长远来看,节省了沟通成本和时间成本,避免了由于信息不对称导致问题引发的费用。随着经济的发展,日本物流行业的信息系统变得越来越完善。

3)降低物流成本三大招

虽然日本的物流行业已经处于领先的水平,但是他们仍然在挖空心思的降低成本。

根据公益社团法人日本 Logistics system 协会发布的《2013 年日本物流成本调查报告》中对日本 182 家公司进行的调查显示,在 2013 年,日本企业采用的前三位的降低物流成本方式依次为:提升装载率,削减库存以及重新规划物流结点。事实上,这是近几年来日本企业为了降低物流成本而持续使用的方式。

(1)提升装载率 在物流行业里,装载率是评估营运效率的方法。从物流成本上看,运输成本占了约六成,小批量、多频次的运输会导致效率低下。提升了装载率,就可以减少使用的车辆等运输工具的数目,进而降低运输成本,这便是日本致力于提升装载率的动力所在。

之所以物流装载率低,很大程度上源自重量和体积的矛盾。例如,当货物已经堆满,但重量却不到能承载重量的一半,而物流公司一般是按重量收取运费的,会造成车辆吨位资源的浪费,需要更多的车辆来运输,运输成本上升。

因此,如何合理搭配货物进行运输对于降低物流成本非常重要。在进行货物搭配运载之前,对各个送货地址的路线、配送时间、重量、体积、包装、物流网络、装载方法等因素的相关数据进行详细分析,有利于合理化运载,提升装载率。

看似简单但实际操作较为复杂,且由于日本国内将客户需求放在第一位,并受 JIT 生产方式的要求,提升装载率的难度不容忽视。可见,日本物流业已经进入一个精耕细作的时期。

(2)削减库存 在库产品数量的减少,有助于降低存管费用,改善资金流,同时可以让出入库作业更加方便,但是库存并不能随心所欲的减少,会牵一发动全身,需要考虑多方面的问题。例如,物流中心放置的货物是不是和热销货品一致?

此外,由于日本企业国际化程度高,很多企业已经把生产据点放在海外,并在国外进行产品销售。在这样背景下,一旦库存不足,需要补货,将要面临更多的运输成本和时间成本。

目前,从供应链整体的视角来预测精确预测库存的需要量,合理化设定库存,被视为库存管理的核心。目前,清理死库存、整理品类、库存据点集约化、缩短生产准备时间、提升销售预测精度等是较常用的削减库存方法。

(3)重新规划物流结点 受到日本社会老龄化、人口减少等问题的影响,物流需求量随之减少,日本公司对于物流结点进行再规划,对物流结点进行整合,以减少物流结点的数量。甚至不少日本公司开始采用工厂直送的方式。

1.6.2 案例点评

(1) 社会物流总费用　国际上通行的核算方法是,社会物流总费用＝运输环节的费用＋保管环节的费用＋管理环节的费用。各环节的费用由各环节的物流业务规模乘以相应的物流费用率得出。而各环节的物流业务规模和相应的物流费用率则通过相关统计调查获得。

(2) 物流成本　物流活动中所消耗的物化劳动和活劳动的货币表现。

(3) 立体仓库　采用高层货架配以货箱或托盘储存货物,用巷道堆垛起重机及其他机械进行作业的仓库。

(4) 自动化仓库　由电子计算机进行管理和的控制,不需人工搬运作业而实现收发作业的仓库。

从 2003 年以来,日本社会物流总费用与 GDP 的比率,维持在 5% 左右的稳定水平。

中国物流与采购联合会在武汉第五届全球公共采购论坛上发布了《中国采购发展报告(2014)》。报告显示,2013 年我国社会物流总费用 10.2 万亿元,同比增长 9.3%,占 GDP 比重的 18.0%,是美国 8.5% 的 2 倍多,是日本的 3 倍多。

我国物流费用占 GDP 的比重不仅高于美国、日本、德国等经济发达国家,而且跟经济发展水平基本相当的金砖国家相比也偏高,例如,印度为 13.0%,巴西为 11.6%。

这警示着,我国相关部门必须在提高物流水平,降低物流成本上狠下功夫。

1.6.3 思考题

(1) 国际上常用什么指标衡量一个国家物流发展水平和行业物流发展水平?

(2) 简述日本降低物流成本三大招式。

(3) 收集近 5 年我国物流发展水平的统计值,分析不合理原因,给出合理化建议。

1.7　美国联合包裹服务公司(UPS)的物流服务

1.7.1　案例介绍

1907 年,美国 19 岁的詹姆斯·凯西(James Casey)借了 100 美元,与几个朋友在西雅图创办了一家投递公司,当时主要为西雅图百货公司送货。1919 年更名为"联合包裹递送服务公司(UPS)",业务拓展到全球。UPS 总部位于美国加州亚特兰大市,全球网址为 http://www.ups.com,2011 年营业收入 531 亿美元,全球雇员人数 39.8 万,年递送 39 亿件包裹和文件,服务区域达 200 多个国家和地区,现在已拥有 15.7 万辆汽车,269 架飞机(世界上第 9 大航空公司),租赁飞机 305 架,服务的机场数国内 402 家、国际 498 家,18 个空运中转中心,2 400 个包裹分拣中心。

1988 年,UPS 与中国的大型公司进行合作,组建了自己的办事处。2008 年,UPS 成为了北京奥运会的物流与快递赞助商。随后,UPS 在中国市场有两个重大的投入项目,一个是在上海投资建设"上海国际转运中心",另一个是在深圳投资建设"深圳亚太转运中心",现在这两个转运中心都已经投入了运营。

主要业务:物流与配送、运输(包括空运、海运、路运、铁路运输)、货运代理、国际贸易管理和清关代理。

特别业务:服务零配件物流、技术维修和配置、供应链设计和计划、退货管理和紧急零配件递送。

1) 包裹业务及电子跟踪系统

UPS 为不同重量、形态、要求的包裹提供"量身订做"的服务,为客户的包裹提供耐冲击、耐挤压、耐震动的测试服务。它的全球清关系统,在收到包裹时,把一切资料输入电脑,提前报关,当飞机载着包裹出境时,一切海关手续均已办妥,节省了报关时间。

UPS 每天跟踪 130 万件包裹的运送情况。公司卡车司机人手一部"信息获得器",能同时接收和发送送货信息。

(1) 客户一旦签单寄包裹,信息便通过电子跟踪系统传送出去。客户随时可以登录"联合包裹"的网站,查询包裹抵运情况。有时甚至可查询到包裹已送达收货人,卡车司机还没回到座位上。

(2) 电子跟踪系统随时发送信息给司机,告诉他将经过路段的路况或某收货人要提前收包裹。用 GPS 定位,随时通知司机更新行车路线。

2) JIT 服务

投资 10 亿美元扩建其设立在肯塔基州路易斯维尔的航空枢纽。路易斯维尔航空枢纽附近的物流部门为惠普等计算机公司提供这样的服务:每天晚上在 3～4 h 的时间内,一共 90 架飞机降落在占地面积 500 公顷的这一航空枢纽。从这些飞机上卸下有故障的电脑部件以及笔记本电脑等,并以最快速度运到距离航空枢纽只有几英里远的物流部门。在那里,60 名电脑修理人员赶在"联合包裹"的头班飞机起飞前利索地干完 800 件活,并完工。

3) 通过物流业务进入电子商务

1998 年圣诞节期间,"联合包裹"几乎垄断了美国因特网零售公司的承运业务,美国人在此期间网上订购的书籍、袜子和水果蛋糕,大约有 55% 是由这家公司运送的。

Nike 公司的网上零售公司成了"联合包裹"的最大客户。"联合包裹"在路易斯维尔的仓库里存储了大量的 Nike 鞋及其他体育用品,每隔 1 h 完成一批订货,并将这些 Nike 用品装上卡车运到航空枢纽。"联合包裹"设在圣安东尼奥的电话响应中心,负责处理 Nike 的客户订单。这样,Nike 公司不仅省下了人头开支,而且加速了资金周转。

"联合包裹"的另一家客户时装网站 Boo.corn,他甚至连仓储费都不用掏,"联合包裹"将这家公司的供应商的货物成批运到物流中心,经检验后,打上 Boo.corn 的商标,包装好即可运走。

"联合包裹"的物流部现在已经是公司业务增长最快的部门,过去两年增长了70%以上,而且今后3年仍可望有35%的年增长率。

4)金融服务

1998年 UPS 成立了"联合包裹金融子公司"(拥有流动资金30亿美元),提供信用担保和库存融资服务。这使得"联合包裹"在电子商务活动中同时充当中介人、承运人、担保人和收款人四者合一的关键角色。

例如,UPS 与美国电器连锁销售公司 Gateway 的合作,UPS 将货物派送到客户手中后,代替 Gateway 收取货款,然后直接存入其指定的银行账户。Gateway 每年有8%的销售额属货款到付业务。同样,在电子商务高速发展的今天,网民在网上订购、网上拍卖和电视购物的行为越来越盛行,但是消费者却苦于在支付货款时无法亲身感受货物的品质,而 UPS 这一项服务正好迎合了消费者的需求。

又如,洛杉矶的某时装公司向马来西亚的面料供应商订购货物。UPS 收到马来西亚供应商交运的货物后,可以即时向其支付高达80%的货款。货物送交到洛杉矶的收货人手中后,由 UPS 收取货款,再将余额向马来西亚公司付清。这种方式对马来西亚的卖主来说,回款速度比信用证支付要及时、有效得多,而对洛杉矶的买主来说,交货期的可靠性就有了保证。对 UPS 而言,其服务网络遍及全球,尤其是在美国进口快递市场,UPS 占有70%的市场份额,熟悉所有买主,因而对往来商业的信用查询能力远远胜于一般的银行。况且货品在 UPS 手中运送,UPS 掌握了货物的运输权与控制权。因此,其低风险的融资优势是任何银行无法与之匹敌的。

"联合包裹"的担保业务和库存融资服务恰好解决了电子商务活动中现金支付和信用的问题。

5)企业形象

"联合包裹"的企业形象可以从卡车司机的形象看出来。"联合包裹"的卡车司机(兼做送件人)不能留长发、蓄胡须,外套只能打开最上方的第一个纽扣,在客户面前不能抽烟。送件时只能疾行,不许跑步。皮鞋只能是棕色或黑色,而且必须始终光可鉴人。他必须始终用右手小指钩住钥匙串,以免满口袋找钥匙时耽误时间。登车后,必须用左手系安全带,同时马上用右手将钥匙插入油门发动引擎。司机每天工作前必须经过3 min 的体能测试,这一传统从公司创始开始保留至今。飞行人员头天工作完毕必须清理桌面,以免第二天凌晨登机时耽误时间。高层经理人员每人工作桌下常备擦皮鞋用具。所有这一切细枝末节,都将保证公司的高运营效率,在客户面前树立值得信赖的良好形象。

"联合包裹"的员工队伍相当稳定,稳定率保持在90%以上,许多人一干就是几十年。高层管理人员有的就是从司机、装卸工一步步升上来的。公司首席执行官凯里的衣橱里至今还挂着28年前在"联合包裹"兼职当一名司机时穿的棕色套装。"联合包裹"上市后,一下造就了数百名百万富翁,这就更增强了员工对公司的向心力。

1.7.2 案例点评

"联合包裹",是一家典型的资产型物流公司,拥有飞机、机场、汽车等设施和设备,还拥有先进的车辆跟踪和信息查询系统;除了经营物流业务活动,还经营技术维修和配置、供应链设计和计划,并且融物流、信息流、资金流于一体。它的典型服务特点有:

1)准时制(Just-In-Time,JIT)

它的全球清关系统,在收到包裹时,把一切资料输入电脑,提前报关,当飞机载着包裹出境时,一切海关手续均已办妥。它以最快的速度为惠普等计算机公司提供计算机维修和运送服务。

2)柔性化服务

为不同重量、形态、要求的包裹提供"量身订做"的服务。

3)延伸服务

凭借其资金实力,开辟了信用担保和库存融资服务,承担了电子商务下的物流配送服务。

1.7.3 思考题

(1) UPS是从哪些方面提高它的物流竞争力的?
(2) UPS是怎样做到"三流合一"的?
(3) UPS的创业精神对你有哪些启示?

1.8 埃森哲演绎康柏物流外包

1.8.1 案例介绍

埃森哲(Accenture)是一家注册于爱尔兰的全球领先管理咨询、信息技术及外包服务机构,为遍布120多个国家的客户提供专用化服务。《财富》全球100强企业中有92家是埃森哲的长期客户。埃森哲帮助客户制定战略、演绎外包、优化流程、集成系统、引进创新、提高整体竞争优势,从而成就卓越绩效。截至 2014 年 8 月 31 日结束的财政年度,公司净收入达 300 亿美元。

康柏公司历史及概况:1982 年康柏公司成立;1986 年收入达 5.039 亿美元,个人电脑销售达到 500 000 台,创美国商业纪录,进入全球财富 500 强;1987 年第一百万台个人电脑售出;1992 年推出第一台打印机;1995 年取得全球范围内第一大 PC 市场份额;2001 年宣布惠普和康柏合并。

Exel 公司是英国一家世界级的供应链管理公司,业务遍及美洲、欧洲及亚洲。作为物流管理需求者的战略伙伴,Exel 公司提供全方位的物流服务,包括仓储及商品分发、运输经营及管理、销售定位、供应链管理、JIT(just-in-time)服务及全球市场物流管理。

而埃森哲的一个著名的物流管理案例就是成功地演绎了康柏物流外包。具体操作如下:

1) 准备

(1) 埃森哲对康柏进行细致深入的调研后,确定物流外包的建议 1998 年,康柏公司在欧洲请埃森哲规划其电脑维修和回收上的物流管理,借以缩减公司在这一方面的成本,提高康柏在供应链管理上的竞争力。埃森哲在为康柏做了将近一年的咨询以后,向康柏提出了外包这一块业务的建议,理由是:康柏在这方面的管理及成本都不具备竞争优势,业务外包可以提高其维修和回收上的管理能力,提升客户服务水平。

(2) 标书制作 在康柏同意了埃森哲的建议以后,埃森哲就着手为康柏拟订招标书。

① 拟订标书的前期分析:因为好的招标书是招标工作成功的首要因素,所以企业先要想清楚自己要干什么,希望物流公司怎样来配合自己,然后才能让投标公司拟定符合自己要求的投标书。在招标以前,康柏在荷兰和比利时有 2 个大型维修中心,负责从欧洲各地送来的康柏机器的维修,中心所需的维修零件则来自于设在各地的分库,分库的零件又来自康柏的设在欧洲、中东和北非的 3 个中央大库。

② 埃森哲划分物流外包的环节:埃森哲为康柏列出了整个维修和回收上需要外包的 5 个环节,分别是维修中心、中央大库、分库(Forward Side Location)、回收系统(Material Return Operation)和运输。

③ 根据所划分的物流环节,埃森哲拟订标书:埃森哲拟订的标书非常详尽,对康柏在 5 个环节上的要求做了具体的说明。以维修中心的招标为例,标书中包含了对需要外包的物流服务的描述和质量要求,对康柏现有的信息系统和理想中的信息系统做了细致的说明,标书分别陈述了外包协议中物流企业和康柏各自需要承担的责任,列明了物流外包项目的实施方法和时间安排,最后则是对物流企业的投标书中应包含的集中维修这一功能环节做了具体说明。为了让竞标公司了解康

柏的业务全貌，埃森哲所拟的标书中还包括对康柏保留的相关业务和外包业务之间关系的说明。

标书另有一部分是对物流公司投标书的要求。标书要求投标公司能逐一说明如何满足康柏的物流需求，还要求投标公司对自身的信息系统、组织结构、资历和以前的成功案例都有详细的说明，同时要求物流公司说明目前为康柏公司提供服务的年收入金额及占物流公司整体年收入的比例，以此来估测康柏在这一竞标公司业务体系中的重要性。标书另外还要求投标书包含未来成本预测、外包绩效管理、报价等多项内容。

④ 标书投放：标书投放不久，TNT、DHL、Exel、UPS等多家物流公司纷纷投标。

(3) 埃森哲为康柏评标

① 埃森哲评标过程：评估过程包括解决方案评估、公司整体评估、信息系统评估、商业条款评估和财务状况评估5个部分。埃森哲的评估人根据招标的5个环节分为5个小组，分别对各家投标公司在每个环节上的能力——评测，遴选出几家在各个领域表现较好的公司，然后由所有评测人员做出整体评估，尽量选出能满足所有5个要求的公司。经过小组审批、团队审批和总部批准，最后评测小组会选出2～3家公司，这时招标就进入最后的议价阶段，埃森哲需要具体考虑投标公司的信息系统能否和康柏的系统对接、成本核算方式是否有效、物流公司在业务接收过程中对康柏本身的业务会有多大影响等各种细节上的问题，还要和投标公司商议一个最终能让康柏接受的价格。

② 埃森哲为康柏招标的经验：埃森哲在欧洲为康柏所做的这一招标的成功之处在于招标企业对于供应链的规划和对物流外包意图的清晰描述。招标企业一般倾向于选择服务范围广、地理覆盖面大的第三方物流公司外包整个流程。

2) 选择与实施

最终，埃森哲为康柏选择了Exel(英运物流)，这是因为：

(1) Exel具有很好的整体解决方案　因为Exel在仓储、运输、计划、单据、财务和调配多方面都有很好的整体跨区域解决方案，康柏通过Exel能把对客户服务的质量提高上去。

(2) Exel对康柏中央仓库的管理　外包过程完成以后，康柏的中央大库缩减至荷兰1个，其中的人员和设施交由Exel管理，Exel对大库的工作人员有完全的控制权，可以裁员也可以增员。维修中心的设施由Exel管理，但维修人员和仪器还是由康柏管理。

(3) Exel对康柏分库的管理　Exel根据实际需要对分库做了调整。Exel公司本身就有很好的仓库系统，在整合康柏的分库以后，Exel将许多自己的仓库辟为康柏的维修分库。各个分库和中央大库间及分库和维修中心间的运输灵活机动，Exel可以自行决定是由自己运输还是由其他快递公司运输，其中的标准当然是以高效率和低成本为判断依据。下面结合两个流程图来了解一下其物流运作流程。零部件向外物流图,如图1.2所示;零部件反向物流图,如图1.3所示。

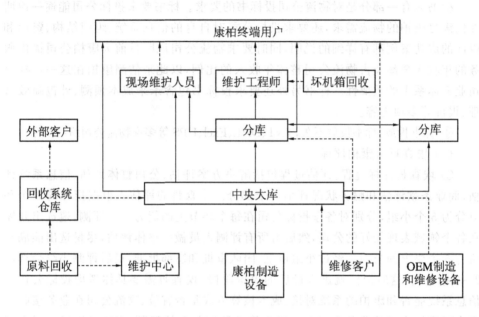

图1.2 零部件向外物流图

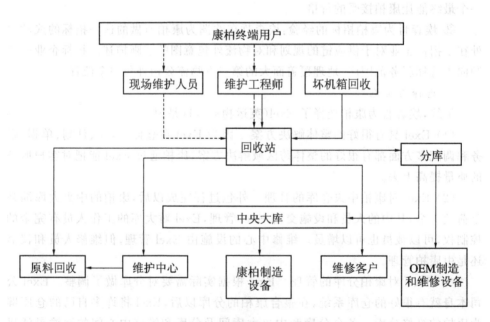

图1.3 零部件反向物流图

康柏物流经过外包,在客户服务这一端上的成本节约了20%左右。由客户服务往上衍生,埃森哲还和康柏在采购、供应链管理等多个方面进行咨询合作,为康柏节约了更多的成本。

康柏的例子只是埃森哲众多成功案例中的一个,它对物流业的介入也正在深化。

1.8.2 案例点评

本案描述的是埃森哲公司从市场调研、标书设计、评标与选择等方面为康柏演绎物流业务外包的过程。实际上是为康柏制订并实施了一个完整的物流方案。

(1) 埃森哲作为一家管理咨询公司,它只是给客户提供供应链解决和实施方案,给客户设计规划流程和系统配置,同时也给需要物流业务外包的公司寻找第三方物流企业,在客户和物流企业之间牵线搭桥。康柏的例子很好地说明了埃森哲在客户和物流公司间所起的作用,也很好地说明了只有那些能提供全方位、整体化、跨地区服务的物流公司才能在竞争中取胜。

(2) 在康柏的招标过程中,埃森哲为康柏准备标书、组织招标,标书是根据埃森哲的供应链管理思想和康柏的具体情况来制订的。当拿到竞标者的投标书时,埃森哲也要根据康柏的需要和埃森哲制订的标准来选择物流公司。在整个过程中,埃森哲其实起到了一个类似于建筑监理的作用。埃森哲既不是越俎代庖,又做到全面参与。埃森哲的做法很值得我们的咨询公司借鉴。

(3) 埃森哲通过对其整个供应链的设计与组合,减少整个供应链的运作损耗,提高效率,增强了整条供应链的竞争力。

1.8.3 思考题

(1) 埃森哲怎样成功地演绎了康柏物流?

(2) 企业物流业务外包是一个不可逆转的趋势。我国的许多非物流企业都热衷于将物流业务作为新的利润增长点或是作为企业的核心竞争力之一,因而不愿把物流业务外包出去。请谈谈你的看法。

(3) 客户对第三方物流公司的要求不断提高,只有那些能提供全球化服务的物流公司才能在未来的竞争中脱颖而出。你认为中国物流企业如何发展才具备国际竞争力?

1.9 沃尔玛就是拥有超级竞争力的物流公司

1.9.1 案例介绍

美国沃尔玛百货有限公司成立于1962年,经过50多年的发展,沃尔玛公司已经成为世界最大的私人雇主和连锁零售商,多次荣登《财富》杂志世界500强榜首及当选最具价值品牌。每周,超过2亿名客户和会员光顾沃尔玛在27个国家拥有的69个品牌下的10 994家分店以及遍布10个国家的电子商务网站。2014财政年度(2013年2月1日至2014年1月31日),沃尔玛销售额达到4 730.76亿美元,全球员工总数约220万。

沃尔玛于1996年进入中国,在深圳开设了第一家沃尔玛购物广场和山姆会员商店。目前,沃尔玛在中国经营多种业态和品牌,包括购物广场、山姆会员商店、中型超市等,截至2014年4月30日,已经在中国21个省、自治区和4个直辖市的约170个城市开设了400多家商场、7家配送中心和9家鲜食配送中心。

1) 先进的通讯网络

熟悉沃尔玛的人都知道,它拥有世界上一流的、高效率的物流配送系统,正是这样一个配送系统,使沃尔玛能够战胜其他竞争对手,稳居世界零售业之首,也成为沃尔玛倡导的"天天平价"卖点的最有力的支撑。

沃尔玛配送系统的精华就在于其先进的通讯网络。早在上世纪80年代中期,沃尔玛投巨资购买了一颗休斯公司的人造卫星,建立了自己的全球商业卫星通讯系统。该系统的应用使得沃尔玛总部、全球各地的配送中心和各商店之间实现了双向声音和数据传输,全球5 311家沃尔玛分店都能够通过自己的终端与总部进行实时联系。在短短数小时内便可完成"填妥订单、各分店订单汇总、送出订单"的整个流程,大大提高了营业的高效性和准确性。

2) 令人瞠目的高效货物配送中心

在全球各地,沃尔玛商店几乎85%的商品来自于各区域的配送中心,沃尔玛在美国拥有100%的物流配送系统。目前,沃尔玛在全球的配送中心达110多个。

在沃尔玛的总部阿肯色州的本顿维尔(Bentonville)配送中心,面积有24个足球场大小,室内净高12.5米,各种传送带总长度达21公里,共有264个进货和发货用的汽车装卸口,24小时连续作业,这家配送中心共支持周边500公里范围内的120家沃尔玛店(其中每家商店每天平均送货两次)。

配送中心的基本流程是:供应商将商品送到配送中心后,经过核对采购计划、进行商品检验等程序,分别送到货架的不同位置存放。商店提出要货计划后,电脑系统立即将所需商品的存放位置查出,并打出印有商店代号的标签。整包装商品直接由货架上送往传送带,零散商品由工作人员取过后也送到传送带上。各种各样的商品从四面八方汇到一起,就像是一条商品的"河流",也极像洛杉矶交错贯通的高速公路,但与洛杉矶高速路最大的不同就是,在这样繁忙的运输过程中,没有"塞车",更没有"交通事故"。这个配送中心一共有6万多种商品,每天都有20多万个商品箱被有条不紊地送出,而且误差率极低。

公司6 000多辆运输卡车,全部装备了全球卫星定位系统(GPS),每辆车的即时位置、所载货物、目的地等信息,总部可以一目了然,以便设计出最合理的运量和路程。作为世界第一大公司,沃尔玛向我们展示了一个最大限度发挥物流优势、避免浪费、降低成本、提高效率的楷模。难怪有人说沃尔玛本身就是一家拥有超级竞争力的物流公司。

3) 高效率低成本的运营总部

在全球第一大公司沃尔玛总部,两排狭窄简单的业务谈判室里摆放着一些"成本优先"的折叠椅,没有饮水机,没有沙发,没有装饰画,甚至没有草稿纸。身置其中,唯一让人们感觉到这里是沃尔玛而不是某一家中小型企业业务洽谈室的就是墙上挂着的沃尔玛创始人山姆·沃尔顿(Sam Walton)以及公司发展历史的照片,公司的政策也赫然在目,当然其中包括沃尔玛广为人知的员工不允许接受供应商任何形式礼品与招待的严格规定。

曾经公司的高层管理人员 Kevin 一行应邀到中国某公司访问,在进餐上,他们坚持一定要自费购买食堂普通的快餐,而我方餐厅精心准备的美食只能自己慢慢享用。细细体味这项看似不近人情的规定,其实蕴涵着老 Sam 希望企业的百年基业长青永存的良苦用心。即使再伟大的事业也需要由一支有强烈归属感、文化认同感的优秀员工队伍在点点滴滴中去积累完成。

1.9.2 案例点评

"天上一颗星、地上一张网",正是这些先进的设施、设备在沃尔玛的信息管理上起到了决定性的作用,也为沃尔玛的物流管理提供了强大的支撑和保障,也是沃尔玛倡导的"天天平价"卖点的最有力支持体系。据说,沃尔玛的 IT 系统规模在美国仅次于五角大楼,甚至超过了联邦宇航局。沃尔玛总部,在管理成本控制方面始终保持勤勉节俭之优良作风和管理政策。

1.9.3 思考题

(1) 为什么沃尔玛能倡导"天天平价"?
(2) 你是怎样理解沃尔玛本身就是一家拥有超级竞争力的物流公司?
(3) 沃尔玛的创业精神对我国零售业有哪些启示?

1.10 我国物流标准化的困局

1.10.1 案例介绍

"虽然很多人都关注并且有很多人都在参与物流标准化工作,但物流标准化的现状仍然混乱。"从物流标准化提出来便积极参与、主持制定了《物流术语》国家标准的中国物流技术协会理事长牟惟仲先生对记者说。他认为,如果缺少国家法律法规、多头管理与多数物流企业发展水平不足这三个瓶颈不突破,那么,目前看似热热闹闹的物流标准化工作产生的实际作用将十分有限,更多的作用在于为几年以后物流标准化的真正推行做准备。

1) 法律法规缺失

"没有法律法规为依据,推进标准化工作就很难。"牟惟仲表示。可以说,缺少有强制效应的法律法规可算物流标准化过程中最大的软肋。

目前,我国只有卫生标准、安全标准与环保标准被纳入国家强制性标准范畴。现有的物流标准只是在推荐性标准中设定强制性条款。例如,物流业的基础标准比如《物流术语》国家标准,虽然很多企业都认同并执行,但并不是强制性标准。

以交通运输中的安全管理标准为例,目前全国物流标准化技术委员会正在组织制定。其中会规定物流运输过程中必须按照什么要求装车,必须怎么运输,必须使用什么材料捆绑等操作规范。以前在这些环节,没有任何法律法规或者标准可参照执行。比如在运输钢板的时候,都是用钢丝绳从钢板中间勒住,勒住的地方会形成凹痕,影响产品质量,造成浪费。这种捆绑方式和采用的材料显然不合要求。又如运输电冰箱等电器,按规定如果包装箱没损坏而电器有损坏由厂家责任,如果包装箱有损坏而电器也有损坏,责任在运输企业。通常运输企业都是用绳子两头一系就可以了,运输中绳子很容易勒坏纸制的包装箱,这时候,电器本身出现问题难以追究责任,厂家与运输企业容易互相扯皮。其实,运输过程中的标准,其主要目的是为了保证货物运输的安全。比如运输车在刹车、转弯甚至翻车时,按照标准规范执行的货物应该跟随车体一起晃动,而不会由于惯性脱离车体,造成危险或损失。

事实上,这类涉及安全的标准相当重要并且急需,但是国家没有相关法律法规进行要求,只是作为推荐性标准,而非市场准入标准,所以企业并不重视。原因很明显,使用普通草绳或者钢丝绳包装捆绑比使用规定的特别材料要便宜得多,企业不会自动给自己增加成本。

法律法规的缺失对物流标准化中的设备标准化影响也很严重。设备标准化主要包括货架标准化、托盘标准化、叉车堆垛机标准化等内容。以货架为例,现行标准对货架强度的要求主要从承重量上作出了规定,例如承重 500 kg 不变形,这算一个强制性条款。但在实际运作过程中,企业对此有自己的想法。现在国内有几百家货架企业,市场竞争这么激烈,只要客户不明确提出要求,货架企业就不会主动在承重等安全性能方面下工夫,毕竟这需要厂家在材料、形状和加工等环节重新考虑与投入,而成本上去后竞争优势就降低了。此外,一些货架企业还抱着这样的想法,货架质量好不好,没有一年半载或者几年时间是看不出来的,等到货架坍塌时,早过了企业定下的保质期。这无疑为货架安全埋下隐患。

有一家外资货架企业的总经理就对国内货架安全标准提出了质疑。他认为,由于国内货架检测方法没有实现标准化,不同企业采用的标准就会产生较大的差异。例如,有些国内企业生产的货架标示的安全系数与真实情况不相符,如果按照他们采用的国际标准来检测,比如承重量 500 kg 的货架,可能需要从各个方向施于更大的力量直到其变形来确定货架可以承受的极限重量,各种检测至少要两三天时间才能完成。他抱怨国内货架企业在进行承重量检测时,只是放了 500 kg 的货物到货架上,只要货架还完好就算达标了。可见,不同标准下的检测方法无论对货架强度的要求还是对生产企业的要求都存在不小的差距。

牟惟仲认为,应该将货架分为几大类,规定承重多少吨以上的货架强度必须达到多少,然后在此基础上规定安全系数,日本的安全系数为 4,美国为 3,欧洲为 2。我国可以根据实际情况定 2 或 3,一旦定下安全系数就成为国家标准,所有企业都必须同样执行。因为执行低系数的企业肯定比高系数的企业省工省料。不过我国目前还没有这类标准,各种技术要求参差不齐。

所幸,货架的标准问题开始受到业内企业的自觉重视。2007 年 10 月,全国物流标准化技术委员会在南京召开了"货架标准编制研讨工作会议"。南京音飞货架制造有限公司、南京诺德实业有限责任公司、江苏六维物流设备实业有限公司等主要的货架企业主动参与。"货架术语"、"货架分类及代号"、"仓储移动式货架设计规范"、"仓储货架生产管理要求"等 4 个物流行业标准的主要内容已确立,上海国宝物流系统工程有限公司参与的"托盘货架"、"贯通式货架"两个行业标准主要内容已确定,南京音飞货架制造有限公司参与的"组合式工业货架设计与计算"、"工业货架规格和额定重量载荷"两个国家标准正在申报。

作为另一个常用的物流器具,托盘的各项标准目前也在确定中。受到业界广泛关注的中国托盘规格标准,究竟是采用日本的 1 100 mm×1 100 mm 标准还是欧洲的 1 000 mm×1 200 mm 标准成为主要分歧点。实际上,托盘的标准化之争某种程度上是贸易之争、利益之争。抛开经济上的因素,单纯从保障安全的技术角度分析,物流装备行业专家李守林先生认为,1 000 mm×1 200 mm 的托盘更稳定一些,因为在此规格托盘上堆放的货箱为矩形,码放第二层货箱时可以调换长宽方向,从而错开上下层货箱与旁边的货箱形成同一个缝隙,而 1 100 mm×1 100 mm 的托盘上货箱为正方形,则无法错开。

叉车等工业车辆的国内标准相对成熟,但也有企业认为现在的叉车标准太多太细,比如连气膜厚度等都作了规定。他们认为管理部门只需要将涉及安全、环保的标准及其检测方法规定下来就可以了,至于其他方面是企业随成本的调节灵活处理的细节,不必完全一致。

2) 多头参与协调难

物流是个新兴行业，物流标准化也是一个新话题，也同样存在多头组织、多头制定、多头管理的麻烦。

20世纪90年代，国内物流行业有明显的发展。到90年代后期，整个国家都开始关注物流，其实早在那时，物流标准化的话题就已经被相关部门提上日程。

物流是个新行业，因此还没有一个统一的国家管理部门，而是由相关行业的管理部门负责相应方面的管理，同时各部门抽掉人员组成联席会议进行部门之间的统一协调。比如管理部门，国家发改委、交通部、铁道部、民航总局、商务部等都参与物流行业管理。物流设备领域的管理也大体如此，交通工具属于交通部管理，生产和运输的一些轻型设备属于机械工业部管理，物流信息系统属于信息产业部管理等。每个管理部门都在制定标准，比如，条码标准的归口管理单位是中国物品编码中心，集装箱标准的技术归口单位是交通部科学研究院，托盘标准的归口管理单位是铁道部科学研究院。

"参与的组织多了，难以协调各方负责范围，标准的制定反而变得更加复杂。"牟惟仲如此认为。

3) 目前主要有三方在负责物流标准的制定

第一方是中国物流与采购联合会的标准化部与全国物流标准化技术委员会。2003年，国家标准化管理委员会同意由中国物流与采购联合会牵头筹建"全国物流标准化技术委员会"。全国物流标准化技术委员会直属国家标准化管理委员会，秘书处挂靠在中国物流与采购联合会，主要负责物流基础、物流技术、物流管理、物流服务方面的标准化工作。他们与中国物流与采购联合会的标准化部参与制定的物流管理标准相对较多。

第二方是北京起重运输机械研究所标准化室与全国起重机械标准化技术委员会以及机械工业物流仓储设备标准化技术委员会。全国起重机械标准化技术委员会是由原国家技术监督局于1997年6月批准成立的一个跨部门（交通部、建设部等）的专业性技术委员会，秘书处设在北京起重运输机械研究所。2005年，中国机械工业联合会同意成立机械工业物流仓储设备标准化技术委员会，秘书处设在北京起重运输机械研究所。机械工业物流仓储设备标准化技术委员会主要负责有轨巷道堆垛机、无轨巷道堆垛机、桥式堆垛起重机、搬运车辆、出入库输送设备、剪叉式升降台、垂直提升机、自动导向车、货架、分拣设备、拆码垛机器人等物流技术领域国家及行业标准制修订工作。他们参与制定的物流设备的技术标准相对较多。

第三方是全国物流信息管理标准化技术委员会。2003年，国家标准化管理委员会批准成立了"全国物流信息管理标准化技术委员会"，秘书处设在中国物品编码中心。全国物流信息管理标准化技术委员会主要负责物流信息基础、物流信息系统、物流信息安全、物流信息管理、物流信息应用等领域的标准化工作。他们参与制定的物流信息技术相关的标准较多。

这三个物流领域的标准委员会负责的范围互相有所交叉和覆盖,虽然在人事方面三方人员互相兼任,但在具体的标准制定上,作为不同的组织,仍然各自争取自己作为主导方。

比如货架标准,以前一直没有一个权威的部门负责,现在全国物流标准化技术委员会和机械工业物流仓储设备标准化技术委员会都认为这属于自己的范围。

比如冷链物流标准,全国物流标准化技术委员会认为冷链物流如同危险品物流,属于物流中的特殊种类,标准应由其负责,同时全国物流标准化技术委员会还了解冷链物流的管理过程,制定标准更合理。但是中国制冷学会也认为这属于他们的范围,因为他们对制冷技术更了解,并且他们认为冷链设备标准归属物流相关组织没有先例。据透露,中国物流与采购联合会上报成立冷链物流专业委员会的申请因此搁置下来。

不过所幸,在标准制定前各方争取主导权,一旦标准制定下来,各方基本没有争议,都会协同执行。

4)行业发展桎梏

物流行业本身处于发展初期,大多数物流企业也处于发展初期,对标准不够重视也是致使物流标准化工作难以快速推进的重要原因。

技术标准通常是从行业自发需求中产生的,标准化的真正动力应该来自于市场而非政府的行政手段。但在国内,物流概念的兴起也不过是最近20年的事情,行业内的大型企业除了中外运、中储等为数不多的国有企业和外资企业外,绝大多数都是民营或国有的中小企业,在物流设备制造领域更是如此。据称,在一些地方,找一块地拿铁丝网一围便是储运公司,搞辆车便叫运输公司,不明白什么是物流,管理手段落后,运作水平较低。在这种堪比物流作坊式的企业里,谈何标准化。

实际上,大型国有企业和较大的民营企业对标准化都很重视,所谓的企业对标准化工作反应不积极,是由于物流行业处于发展初期的中小企业占绝大多数所造成。中小企业尤其中小民营企业,本身文化知识的积累不够,操作理念比较陈旧,技术水平低;另一方面,相关的标准缺失或者已经落后于时代要求,加上法制宣传也不够,所以企业不重视标准化。牟惟仲认为,只有等到行业整体进一步发展,多数企业成长起来后重新定位自己的战略,考虑到长期发展时才会慢慢重视标准化与规范化。例如,有些企业已经认识到未来的市场竞争就是标准之争,参与制定相关标准能使自己在今后的竞争中占据有利地位。大型企业和外资企业对此认识得更加清楚深刻。一家日资叉车企业生产总经理就表示,不管每次标准化会议讨论的标准真正的技术含量如何,他们都必定到场,并且竭力参与。他所谓的"竭力参与"指的是竭力将本企业采用的标准推荐为行业标准。如果他们缺席某次标准化会议,他便担心某些对自己不利的标准有可能成为行业标准,到时候遵守对自己不利的标准可能需要重新设计产品、调节生产等,并由此产生一系列成本;如果不遵守的话,又会感觉自己被边缘化并且竞争时缺少一项资本。

为了便于标准的普及应用,牟惟仲表示,标准的制定者和推行者在制定标准时需要顾及行业内多数企业的实际发展情况,不能照搬日韩或者欧美标准,需要根据具体产品、具体情况参考适合的国际标准,制定符合中国国情的标准。比如货架安全系数的确定,日本标准的安全系数通常较高,欧美相对低一点,而安全系数每提高 0.5,可能需要重新选材、重新设计、改造加工工艺等。这对于工业发达国家企业而言,是件不太费力的事情,但是对我国目前的制造业水平来说,可能很吃力。这种高标准不太适合国情,我们取其中比较接近国内实际情况的参数更好。实在需要一个高标准的话,可以分类区别对待,比如货架,规定多少米以下是一个安全系数,以上是另一个更高的安全系数。

何时物流行业标准化建设才能逐渐完善,各项标准齐备并得到企业的全面普及?牟惟仲认为,这跟经济发展水平相辅相成,行业发展到一定程度,自然就会产生相应的标准,起到规范市场、引导企业发展的作用,这是根本。其次,行业人才知识技能的提高和国内企业与国际市场接轨也会促进标准化。同时,国家的法律法规制定部门也会逐渐认识到物流的需求。比如超载,当国家对此立法后,超载现象马上得到有效遏制。无法否认,法律法规的出台需要长时间的酝酿,而物流行业至少还需要等待 3~5 年时间。在这个过程中,除非出现重大事故,就像危险品运输一样,比如某地的大型仓库里的货架垮塌,影响恶劣,引起了社会的广泛关注和政府重视,否则照目前的状态平稳发展,法律法规的出台就比较缓慢。尽管很多人关注而且很多人在参与物流标准化工作,但是安全的标准缺少法规做依托难以制定,一些急需的标准由于多方参与主导难以出台,所以牟惟仲认为业界目前的工作只能是为今后物流标准的出台作准备而已。

1.10.2 案例点评

标准对国家经济与行业发展的重要性早已不容置疑。在经济全球化与国际贸易日益繁荣的情况下,传统的贸易壁垒已逐渐被更为隐蔽的新壁垒所取代,其中就包括以标准为代表的技术壁垒。

可以说,掌控了标准,就掌握了主动权。不仅国际贸易如此,标准对于国内经济以及行业的发展、市场的规范以及企业的发展都同样至关重要。

目前,我国物流行业已经逐渐由起步阶段进入发展阶段,而相关标准缺失或者滞后问题却越来越突出。发达国家的经验表明,标准越早出台越有利于行业的规范发展。因此,我国物流标准制修订工作应当受到更多重视并加快进行,以更好地促进行业、市场、企业的健康发展。

1.10.3 思考题

(1) 目前,我国主要有哪三方在负责制定物流的标准?

(2) 目前,我国物流业成熟的标准有哪些?

(3) 讨论尽快完善、制定我国物流标准,推进物流标准化的意义。

2　采购与生产物流

【本章综述】

　　过去采购常常被认为只是发挥服务职能。采购的职责就是通过购买活动满足生产制造职能或其他内部职能的需求,这种片面的理解极大地限制了采购职能对组织的贡献,更忽视了采购物流的优化所能节约的巨大成本。随着竞争的逐步加剧,企业或组织逐渐认识到提高采购效率和采购效果的重要性。在很多组织中,采购活动覆盖的范围在扩大,采购活动方式也在发生变化。采购活动自身的变化及对采购活动重要性的认识也反映出了采购物流活动在公司运作中的地位和职责的变化。采购物流又称供应物流,是指为生产制造企业提供原材料、零部件或其他物品时,物品在提供者与需求者之间的实体流动。作为企业物资资料的总入口和生产经营的起点,它是企业生产经营正常进行的先决条件和保障条件。

　　而生产物流是指生产过程中,原材料、在制品、半成品、产成品等在企业内部的实体流动。生产物流是制造产品的企业所特有的,它与生产流程同步。生产物流的均衡稳定,可以保证在制品的顺畅流转,缩短生产周期。

　　随着商业环境的不确定性因素的增加,许多重要产品的采购决策变得越来越复杂,而且这些决策的影响也越来越持久。将采购与生产乃至企业的整体战略结合起来,采用供应链的思想分析并更新企业的传统物流已经成为各大企业努力的方向。

　　供应链,就是将供应商、制造商、分销商、零售商,直到最终用户连成一个整体,进行价值创造的管理模式,是不同企业的集成,也是提高集成价值或整个行业效益的管理模式。提到采购和生产物流不得不提到供应链,当今的企业合理缩减成本追求利润的目的大多是通过建立有效的供应链达到的,这种关系最明显地体现在采购和销售环节。而信息技术作为帮助达到这一效果的支撑环节,也发挥了非常重要的积极作用。

　　对于企业这个新的利润增长点,本章将采用多个案例从几个方面来帮助读者理解。

2.1 西门子：基于产品分析的采购策略

2.1.1 案例介绍

西门子股份公司(简称西门子)是世界最大的电气和电子公司之一,1847 年由维尔纳·冯·西门子建立。如今,它的国际总部位于德国慕尼黑。西门子是在法兰克福证券交易所和纽约证券交易所上市的公司。2005 年,西门子在 190 个国家和地区雇用员工 460 800 人,全球收入为 754.45 亿欧元。在 2013 财年,西门子中国的新订单总额达 66.1 亿欧元,与上一财年相比增长了 9.8%。公司总营收与 2012 年基本持平,达 61.4 亿欧元,占西门子全球营收的 8%。

西门子仅在中国就拥有超过 43 000 名员工,是在华拥有员工数最多的外商投资企业之一。西门子在世界范围内拥有大约 12 万家供应商,其中的 2 万家供应商被指定为第一选择(首选供应商)。这些供应商的信息和数据都被存储到了西门子内部的电子信息系统中。西门子的采购策略如下:

1) 供应商管理

(1) 西门子将所需的供应商的产品分为以下四类:

① 高科技含量的高价值产品,如电力供应、中央处理器(CPUs)的冷却器、定制的用户门阵列(Gate array,一种封装在一个芯片里的许多逻辑门的几何结构,制造时可以在内部把门相互连接起来去执行一种复杂的操作,因而可以作为标准产品使用。一种经编程后可以实现某种特殊目的的门阵列通常称为用户门阵列)。

② 用量大的标准化产品,如印刷电路板、集成电路存储器(ICs)、稀有金属、镀锌的锡片。

③ 高技术含量的低价值产品,如需要加工的零件、继电器、变压器。

④ 低价值的标准化产品,如金属、化学制品、塑料制品、电阻器、电容器。

(2) 西门子与供应商关系的性质和密切性程度由这四种分类来决定。

第一,技术合作型。针对高科技含量的高价值产品供应商,西门子采取技术合作型战略。其特点是:① 与供应商保持紧密关系,包括技术支持和共同负担研发经费;② 长期合同;③ 共同努力以实现标准化和技术诀窍的转让;④ 集中于制造过程和质量保证程序,如内部检验;⑤ 通过电子数据交换(EDI)和电子邮件实现通信最优化的信息交流;⑥ 在处理获取基础材料的瓶颈方面给予可能的支持。

第二,优化市场潜力型。对于本公司用量很大的标准化产品,西门子采取以下形式:① 全球寻找供应源;② 开发一个采购的国际信息系统;③ 在全世界寻求相应的合格供应商;④ 列入第二位的资源政策;⑤ 安排接受过国际化培训的最有经验、最称职的采购人员承担采购。

第三,有效经营型。对于高技术含量的低价值产品,公司希望能通过以下几点保证该部分产品供应链采购环节的有效运作:① 严格的质量审查和专用的仓储设施;② 保有存货和编制建有预警系统的安全库存计划;③ 战略性存货(保险存货);④ 在供应商处寄售存货;⑤ 特别强调与供应商保持良好的关系。

第四,保证供应型。对于低价值的标准化产品采购来说,采购战略的目的是实现供应的稳定和可靠性。其特点是:① 通过电子信息系统减少采购加工成本;② 向那些接管常规物流工作(如仓储、编制必备需量的计划、报告等工作)的经销商或供应商外购产品;③ 增加对数据处理和自动订单设置系统的运用;④ 准时制生产;⑤ 努力减少供应商和条款的数目。

(3) 除了产品特点以外,西门子还依据以下两个方面对供应商进行分类和评估。

① 供应风险:这是按照供应商的部件的技术复杂性和实用性来衡量西门子对该供应商依赖程度的标准,即考虑:"如果这家供应商不能够达到性能标准,那对西门子意味着什么?"对一个特定供应商的供应风险的衡量标准所包括因素有:

a. 供应商有多大程度的非标准性;

b. 如果我们更换供应商,需要花费哪些成本;

c. 如果我们自行生产该部件,困难程度有多大;

d. 该部件的供应源的缺乏程度有多大。

② 获利能力影响或采购价值:影响西门子的供应商关系的底线的衡量标准是与该项目相关的采购支出的多少。

在第四种分类中,西门子把首选供应商的地位授予了从总共80家经销商中遴选出的3家。经过协商,经销商将负责提供仓库、预测和保管存货、向西门子报告存货和用货量。

2) 采购管理

(1) 除了完成采购职能的一般任务之外,西门子还有一个专设的团队进行采购营销。他们的一项主要职能就是使西门子成为潜在供应商的一个最有吸引力的客户。他们会以这种身份涉足市场研究,找出新的供应商并进行评估,还会与现有的供应商研究新的合作领域,这样做对双方的利益都有好处,例如,依照最节省成本的生产批量对订单要求的数量加以排列,这将会使双方获益。另外,供应商可能会应邀对西门子的产品设计和生产方法进行技术考察,目的是减少特殊部件的数量,同时增加标准部件的数量,因为标准部件更易于仓储和生产。通过这种方式,供应商提高了效率并且将通过提高效率带来的这部分利益传递给西门子,使它能够在自己的市场上进行有利的竞争。

(2) 西门子还对它的采购经理们对时间的利用很感兴趣,他们正在监测每个采购员将10万德国马克用于购买八种不同的分类目录下的供应品分别需要花费多少时间,例如,这种监测会显示,在生产一种产品的工厂里采购经理购买10万德国马克的集成电路将花费1.7小时,而在另一个工厂里,类似的采购活动却可能要用去3倍的时间。这类分析也可能不会产生大回报,但是它却能够促使适当地质疑采购资源的分配并使这些资源集中在正确的方向上。

西门子的采购战略不但对其自身有积极意义,任何一个有望成为西门子供应商的公司都必须认真地考虑西门子会如何对其产品进行归类。正如上面所描述的,对于一个供应商而言,西门子公告的政策在维持双方关系的可能性方面具有相当大的暗示。发展协作伙伴关系取决于客户与供应商双方。因而必须以某种方式通过差别化使客户对产品的感知得到提高,进而促进西门子与其形成首选供应商的关系。这不啻于给这些供应商们引入一个强有力的竞争机制,导致优胜劣汰,促进其科学发展。当然这种合作的最终结果是形成高效运转的供应链,大家共同缩减成本,分享利润,并能将一部分实惠转移给消费者。

2.1.2 案例点评

在采购的前期,最重要的事情就是从提供所需产品的众多供应商中遴选出最好的供应商。在公司的多种采购品中,有些是常规性的,有些是非常规性的;有些购买量大,有些购买量小,如果忽视对供应商和采购策略的选择,阻碍生产率提高以及占用成本的不科学的采购行为将会日益突出。为了公司自身的利益,同时尽量争取"双赢"的结果,合理选择供应商是尤其重要的。

公司的管理者必须首先识别所需采购物品的所有潜在的供应商。下一步就是给每一个供应商指定一套评估指标,运用这套指标对每个供应商进行评估。选择供应商的方法很多,没有特定的对所有公司都适用的最好的评估办法,各个公司或组织应该根据自身的特点和环境慎重选择。最重要的是,科学的评估方法确定以后,最好一直使用同一套评估体系,以增加评估的客观性,更有效地建立合作关系。科学的评估方法可以使公司采购管理决策正规化,通过这一过程还能发现很多潜在的问题并予以及时修正。

实施良好的供应商评估方法能有效减少供应商数量,改善与供应商的关系。能否选择一个好的供应商对公司的客户服务水平有着直接且长远的影响。

2.1.3 思考题

(1) 西门子对供应商分类的依据是什么?

(2) 西门子将供应商的产品分为哪几种?对提供不同产品的供应商如何进行分类管理?

(3) 对供应商的分类和评估对双方来说有哪些好处?

2.2 海尔：基于信息技术的供应链工程

2.2.1 案例介绍

海尔集团是世界白色家电第一品牌、中国最具价值品牌。海尔在全球建立了29个制造基地、8个综合研发中心、19个海外贸易公司，全球员工总数超过6万人，已发展成为大规模的跨国企业集团。

海尔集团在首席执行官张瑞敏确立的名牌战略指导下，先后实施名牌战略、多元化战略和国际化战略（如图2.1所示）。2005年底，海尔进入第4个战略阶段——全球化品牌战略阶段。创业24年的拼搏努力，使海尔品牌在世界范围的美誉度大幅提升。2009年，海尔品牌价值高达812亿元人民币，自2002年以来，海尔品牌价值连续8年蝉联中国最有价值品牌榜首。海尔品牌旗下冰箱、空调、洗衣机、电视机、热水器、电脑、手机、家居集成等19个产品被评为中国名牌，其中海尔冰箱、洗衣机还被国家质检总局评为首批中国世界名牌。

图2.1 海尔发展战略创新的4个阶段

作为我国乃至世界上很有影响力的家电制造厂商，海尔集团一直面对着国内外同行业的激烈竞争，制造成本降低的可能已经非常有限，为了保证企业的生存和发展，物流能力的开发与提升成为海尔新战略的一个重要组成部分。

海尔物流成立于1999年，依托海尔集团的先进管理理念以及海尔集团的强大资源网络，整合了28个产品事业部的采购、原材料配送及成品分拨，并先后经历了物流重组、供应链管理、物流产业化三个发展阶段，构建了海尔物流的核心竞争力，为全球客户提供最有竞争力的综合物流集成服务，成为全球最具竞争力的第三方物流企业。

新经济时代,海尔的 5 个字母"HAIER"被赋予新的含义:

H——Haier and Higher,代表海尔越来越高的发展口号;

A——@网络家电,代表海尔未来的产品趋势;

I——Internet and Intranet,代表海尔信息化发展的网络基础;

E——www.ehaier.com(Haier e-business),代表海尔电子商务平台;

R——代表 haier 的世界名牌的注册商标。

海尔物流注重整个供应链全流程最优与同步工程,不断消除企业内部与外部环节的重复、无效的劳动,让资源在每一个流动过程中都实现增值,使物流业务能够支持客户实现快速获取订单与满足订单的目标。

1) 海尔物流的新发展

(1) 内向物流　海尔市场链流程再造与创新过程中,JIT(Just-In-Time,准时制)采购配送中心整合海尔集团的采购与配送业务,形成了极具规模化、网络化、信息化的 JIT 采购及配送体系。

① 海尔物流 JIT 采购管理体系:实现为订单而采购,降低物流采购成本;推行 VMI(Vendor Managed Inventory,供应商管理库存)模式,建立与供应商的战略合作伙伴关系,实现与供应商的双赢合作。目前,JIT 采购面向包括 50 余个世界 500 强企业的供应商实施全球化采购业务,在全面推进实施寄售采购模式的同时可为用户提供一站到位的第三方物流服务业务。

② 海尔物流 JIT 配送管理体系:提高原材料配送的效率,"革传统仓库管理的命",通过建立两个现代智能化的立体仓库及自动化物流中心及利用 ERP 物流信息管理手段对库存进行控制,实现 JIT 配送模式。从物流容器的单元化、标准化、通用化到物料搬运机械化,再到车间物料配送的"看板"管理系统、定置管理系统、物耗监测和补充系统,进行了全面改革,实现了"以时间消灭空间"的物流管理目标。

目前,JIT 配送全面推广信息替代库存,使用电子标签、条码扫描等国际先进的无纸化办公方法,实现物料出入库系统自动记账,达到按单采购、按单拉料、按单拣配、按单核算投入产出、按单计酬的目标,形成了一套完善的看单配送体系。

利用先进的 JIT 采购及配送管理体系、丰富的实践运作经验、强大的信息系统,海尔 JIT 采购配送中心将打造出新时代的采购配送流程。

(2)外向物流　海尔物流使用 SAP、LES 系统进行全球物流运作管理。整个系统分为以下几个部分:

① 资源管理:资源统一管理和调配,降低物流成本。

② 订单管理:订单信息同步共享,提高订单响应速度。

③ 运输管理:配送、运输系统监控,在途库存监控。

④ 仓库管理:库存信息共享、实时查询,库存报警。

⑤ KPI 分析：物流节点 KPI 自动取数，提高了效率。

（3）VMI 模式

① 提高运作效率：供应商送货到 VMI-HUB，剩下的全部由海尔物流来做，减少了送货环节，实现送货零等待，更重要的是避免了 T-1 不到位索赔。

② 减少运作环节：物流 VMI 是独家可代理供应商向外检报验的机构，把最头疼的报验环节外包，减轻供应商负担。

③ 降低运作成本：当供应商在 VMI 的库存低于安全库存时，系统自动报警通知供应商补货，按批次不必按订单集中送货，减少送货频次，降低供应商成本。

④ 提高管理水平：通过 VMI 的信息系统，供应商不但可以随时查询自己的库存和出入库情况，同时实现了 JIT 一直要求的 T-2 备货共享信息，成为真正合格的供应商。

2) 先进的信息支持平台

作为国内最大的家电集团之一，海尔集团的信息化建设一直走在行业的最前列，并被国家信息产业部列为全国信息化示范性工程，成为众多国内企业学习的榜样。

海尔集团在 2007 年新年伊始，下决心启动了第二波信息化工程，对原来应用多年的信息系统进行全面提升。

随着企业的不断发展壮大，海尔集团已经发展成为世界级知名品牌。为了适应企业全球化发展战略和更加规范的管理要求，海尔集团利用美国寰通商务科技公司的技术，对原来应用多年的信息系统进行全面提升。寰通科技利用公司经过多年研发的 DCMS 系统来全面提升海尔原有的供应链管理系统。

海尔第二次信息化浪潮，首先从协同供应链的角度重新整合了海尔集团外围的资源，力争通过集团协同供应链平台，打造崭新功能的"海尔商务平台"。与此同时，海尔集团还能有效采集到各级经销商、专卖店、关键客户、零售终端等不同渠道的销售和库存信息，从而进一步把握销售信息的及时性、准确性和可用性，将供应信息与销售信息结合，实现海尔对所有供应渠道的更大力度管控。海尔利用此平台技术实现高效运作和资源最优化利用，协同打造具有世界级竞争力的"海尔商务圈"，增强海尔合作伙伴的实力，同时也进一步提升了海尔的核心竞争优势。

2.2.2 案例点评

计算机和信息技术被用来支持物流已经有多年的历史，随着 20 世纪 80 年代初微型计算机的引入，物流发展迅速，信息技术被视为影响物流增长与发展的关键因素。信息流的速度和质量对总成本和效率有直接影响。通信的缓慢和失误将导致客户丧失或运输、库存和仓储成本加大，并且，由此引起的生产线频繁变动也可能导致生产的低效。没有信息化支持的物流不能称其为现代物流，信息化不仅仅是在采购和生产环节上起着重要的作用，在改善整体物流绩效方面同样具有相当大的潜力。

另外,在信息技术的基础上,一些简单的决策支持系统(Decision Support System,DSS)也在这里发挥着作用。为了支持基于时间的竞争,组织越来越多地运用信息技术,将其作为竞争优势的来源。一些系统,例如快速响应、准时制、有效客户响应正在将一些基于信息的技术整合在一起,致力于缩短订货周期、加快反应速度和降低供应链库存。

JIT是一种理念,而不仅仅是某种具体的技术。JIT理念的核心就是要在制造系统内部识别并消除浪费,促使组织持续改善。而JIT采购是一种完全以满足需求为依据的采购方法,企业实施JIT采购可以大幅度减少库存,使得库存趋近零,又缩短采购时间,节约了采购过程所需的资源,而且提高了企业的劳动生产率,增强了企业的竞争力。它是一种比较科学、比较理想的采购模式。

VMI是目前国际上领先的供应链运作模式。其以用户和供应商双方都获得最低成本为目的,在一个共同的协议下由供应商或第三方管理库存,并使库存管理得到持续改进的合作性策略。这种库存管理策略体现了供应链的集成化管理思想,在大型制造企业中的作用尤其重要。

在家电业激烈竞争的环境下,海尔集团在战略上不断寻求新的、更有利的经营途径。在关键的物流与供应链管理环节,海尔结合信息技术实现了供应链全流程最优与同步工程。

在企业内部以及与外部连接的平台上,各种先进的物流技术和计算机自动控制设备的运用不但降低了人工成本、提高了劳动效率,还直接提升了物流过程的精细化水平。计算机管理系统搭建了沟通海尔集团内外的信息高速公路,将电子商务平台上获得的信息迅速转化,以信息代替库存,达到零营运资本的目的。同步模式的实现得益于海尔的现代集成化信息平台。

2.2.3 思考题

(1) 电子信息技术在现代采购中起到了什么作用?
(2) 什么是JIT,什么是VMI?
(3) 信息化在推进JIT和VMI实施过程中主要做了哪些贡献?

2.3 一家饺子馆的物流实务

2.3.1 案例介绍

几年前,H经理在某地开了家饺子馆,如今生意还算火爆。不少周围的小区住户常来光顾小店,有些老客户一气儿能吃半斤饺子。H经理说,"别看现在生意还不错，开业这一段时间，让我头疼的就是每天怎么进货，很多利润被物流吃掉了。"

刚开始卖出一客10个烤饺子，定价为5元钱，直接成本为饺子馅、饺子皮、调料和燃料，每个饺子成本大约2角钱。虽然存在价差空间，可是H经理的小店总是赚不了钱，原因在于每天都有大量剩余原料，这些采购的原料不能隔天使用，算上人工、水电、房租等经营成本，饺子的成本都接近4角钱了。

H经理很有感慨，如果一天卖出1 000只饺子，同时多余500个饺子的原料，相当于亏损了100元左右，每个饺子的物流成本最高时有1角钱，加上当时粮食涨价，因此利润越来越薄。

关键在于控制数量，准确供货。其实做饺子的数量挺难掌握。做少了吧，有的时候人家来买没有，也等不及现做，眼看着要到手的钱飞走了；做多了吧，就要剩下。

从理论上说，一般有两种供应方式：每天定量供应，一般早上10点开始，晚上9点结束，这样可能会损失客流量；另外一种，是根据历史做大概预测。时间序列是个重要因素，对于面粉等保质期较长的产品，一般做周预测，周末进行订货、补货，每天的饺子馅采取每日预测方法，然后根据BOM进行展开采购，并JIT一日两次采购，下午可以根据上午的消耗进行补货计划，晚上需要采购第二天的需求。根据以往的经验作预测，面粉每天的用量比较大，因为不管包什么馅儿都得用面粉呀，所以这部分的需求量相对比较固定。

后来H经理又开了两家连锁店，原料供货就更需统筹安排了。饺子馅的原料要根据头天用量进行每日预测，然后根据原料清单进行采购。一日采购两次，下午会根据上午的消耗进行补货，晚上采购第二天的需求量。

麻雀虽小，五脏俱全。一个饺子馆的物流管理同样容不得差错。H经理咨询了一些物流专家，这是波动的需求和有限的生产能力之间的冲突。在大企业里，他们通常会提高生产柔性去适应瞬息万变的市场需求。

可是对于经营规模有限的小店来说，要做到这点太难。所以有些人建议想办法调整客户的需求以配合有限的生产能力，即平衡物流。比如用餐高峰期大概在每天12:00—13:00和19:00—20:00这两个时段，H经理就选择在11:00—11:45和18:00—18:45推出9折优惠计划，吸引了部分对价格比较敏感的客户，有效分散了需求。

如果碰到需求波动比较大的情况，也就是说某一种饺子的需求量非常大的时候，比如客户要的白菜馅儿没有了，H经理就要求店员推销牛肉馅儿或者羊肉馅儿，同时改进店面环境，安上空调，提供杂志报纸，使客户在店里的等待时间平均从5分钟延长到10分钟。

几年的水饺生意下来，每个饺子最初大约分摊1角钱的物流成本逐年下降。由于做饺子的时间长了，需求的种类和数量相对固定下来，每个饺子的物流成本得到有效控制,主要就是采购人工、运输车辆的支出。

2.3.2 案例点评

任何生产系统都是为了适应社会对某种产品的需求而形成的。也就是说,向社会提供一定的产品是生产系统存在的必要条件。生产系统为了制造产品,必须占据一定的生产空间,拥有一定数量的生产设备、人员、运行方式以及特定的管理模式。产品从材料采购到生产再到供应,不但包括积极的物流支持,而且需要积极的物料需求的计算预测和控制,即物料管理。

一般地,任何一个企业都可以看做是将原材料转化为产品的系统。在这个系统中,生产产品所需的各种资源是关键的部分,如机器、工人、厂房和其他固定资产等等。按照通常的假设,在设计一个企业时,可以尽量使生产过程中各阶段的生产能力协调一致,即达到能力的平衡。而物料管理涉及原材料、在制品库存、产成品从初始点到消费点的高效流动。这是物流管理过程中的一个必不可少的环节。低下的物料管理水平可能导致在销售方面出现缺货,轻则使客户寻找替代品或到竞争厂商处购买,在医疗等服务业中,缺乏所需物料可能使检查或关键治疗拖延,甚至威胁到病人的生命。物料管理新旧观点对比如表2.1所示。

表 2.1 针对物料管理的新旧观点对比

项目	旧 观 点	新 观 点
市场	卖方市场,低度竞争,出口受限制	买方市场,激烈竞争,全球发展
产品	差异小,生命周期长,低技术	差异大,生命周期短,高技术
生产	满负荷,灵活性低,大批量,前置期长,高成本,以产定需	满负荷,灵活性高,小批量,前置期短,低成本,以需定产
服务水平	服务水平高,高库存,物流速度慢,运输时间长	服务水平高,低库存,物流速度快,运输时间短
企业战略	生产导向	市场导向

物料管理通常由以下4项基本活动组成:
① 预测物料需求;
② 寻找货源和获得物料;
③ 把物料引入组织中;
④ 把物料作为现有资产,监控其状态。

物料管理负责人(物料经理)的职能包括:采购、原材料和产成品库存控制、接受货物、仓储、生产进度安排,以及运输。综合集成的物料管理叫做一体化物料管理,其目标如图 2.2 所示。

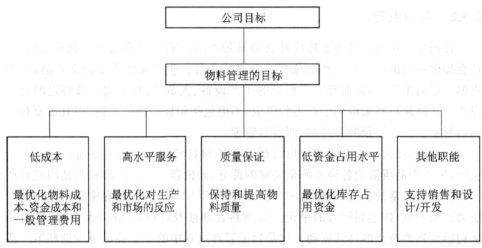

图 2.2　一体化物料管理的目标

BOM (Bill Of Material)又叫物料清表,用于生产管理中,又称为产品结构表或产品结构树。在某些工业领域,可能称为"配方"、"要素表"或其他名称。BOM作用于计算机识别物料、接受客户订单、编制计划、配套(装配)和领料、加工过程跟踪、采购和外协、成本计算、报价参考、物料追溯、改进产品设计等等。根据使用的计算原理和方法不同,BOM 也会各有不同。

对物流的合理规划可以有效降低成本,这已成为公认的事实。物料管理是其中分厂关键的一块,有很多系统的开发是以它为中心的,比如 MRP(Material Requirements Planning,物料需求计划),MRPII(Manufacturing Resource Planning,制造资源计划)乃至 ERP(Enterprise Resource Planning,企业资源计划)。

从一个饺子馆的物流管理上,我们看到物流不仅仅是大企业才需要考虑的事情,所有商家都能从一条顺畅、廉价的物流链条中获利。特别是在现今各种物流要素涨价的压力下,商家必须寻找快捷路径,合理调配运力和控制进货数量;努力降低物流成本,提高物流效率。

2.3.3　思考题

(1) 你如何看待小企业或商家的物流管理?
(2) 考虑如果你开一家花店,在鲜花的采购方面应该怎样有效缩减成本?
(3) 物料管理在企业生产经营中占有何种地位?

2.4 集中采购的优势与阻力

2.4.1 案例介绍

在美国的美好生活俱乐部已经有了十几年的历史。创办人吉姆是来自奥斯汀的一名商学院的学生,25岁时,他在奥斯汀开办了第一家健身中心,现在中心已逐渐发展壮大,目前在得克萨斯一共有19家连锁健身中心。

萨莉·牛顿,24岁,结束了在奥斯汀一所大学心理学课程之后,她就加入了美好生活俱乐部,成为一名采购人员。她的工作包括对采购的管理和对库存的控制。在大学之前,她曾经有几年的工作经历。尽管她做过多种不同的工作,但是没有一种与采购或库存控制有直接关系。正如她所说的,"这是我在这一领域从事的第一份工作"。

对美好俱乐部原先的采购管理方式,一名职员是这样评价的:"如果说在萨莉来之前美好俱乐部真有什么采购体系的话,我只能说它是非常松散的。"

为了维持各健身中心的运作,美好生活俱乐部需要很多不同的东西,包括机器和设备的部件,如自行车配件和磨砂灯泡以及办公用品和卫生用品。萨莉进入美好生活俱乐部之前,每一家健身中心负责自己的采购事项。绝大多数的中心不保持库存而是随需随买。在总部,曾经有一个兼职人员来负责采购和库存控制。不过她只负责总部的工作,不负责其他18家健身中心的物品采购,仅仅作出记录。

到美好生活俱乐部的第一个星期,萨莉查阅了她所接替的那名兼职工作人员留下的两本记录。她对于俱乐部所使用的以健身中心为主的随需随买的采购体系感到诧异,认为这种情况下使用集中化采购会更有效。她向老板谈了想法,老板鼓励她深入地调查研究一下。

于是,她就着手对这一问题进行了一些调查研究工作,结果发现,集中化采购系统确实可以为俱乐部节省一大笔开支。例如,她找到了一家供应商。如果俱乐部向其批量购买卫生用品的话,这家供应商可以把价格降低一半左右。于是,在寻找更多的提供不同物品的供应商的同时,萨莉开始制定集中化采购体系的细节。

萨莉设计的集中化采购体系基本上将所有的采购集中到了总部。健身中心的经理们不能再像原来那样购买各自中心所需的物品。如果有需求,他们要填一份请购单然后传真到总部。这一工作的最后期限是每星期一的下午5点钟。在下个星期一,各中心所请购的物品将被送达。萨莉发现各中心所请购的物品不合适时,有权力对之加以否定或是减少采购量。不过,每一个中心有100美元的现金用于应付可能发生的紧急需求。

萨莉的这一计划立即得到了老板的同意。接着,她以备忘录的形式向所有的

19个中心解释了新采购体系的实施原因和具体细节。

在新计划实施一个月之后,萨莉受到了挫折,因为有几个健身中心的经理对这一计划加以抵制。最棘手的是达拉斯的三家健身中心经理"联合"起来拒绝接受新的采购体系。

萨莉认为,在她发出备忘录之后,这三家达拉斯健身中心的经理就会过面,并决定在达拉斯联合起来采购其所需的物品,而不采用萨莉的集中采购体系。她的这一猜测没有证据证明,但她确实也没有从达拉斯的任何一家健身中心接到过采购申请。

至于其他的健身中心,萨莉不知道是否其所需的所有物品都是由她来采购。她从每一家健身中心都收到过请购单,而且也尽力满足这些采购申请。可是,她为所有的采购申请所设的一个星期的周转期在实际当中也不是都能达到。为了满足所收到的各种不同的采购申请,她常常忙得焦头烂额。因此也没有时间静下心来评判一下集中化采购体系的运作效果。

2.4.2　案例点评

作为增强企业竞争力的一个有效手段,集中采购早已成为方方面面人士关注的一个热门话题。集中采购是指中心采购负责人在一定时间内将众多采购方的采购计划进行集中,整合形成一个统一的采购计划。由中心采购负责人与供应商进行洽谈,统一完成采购方的采购计划。物资的集中采购既能够以批量优势降低采购价,又可以统一调配,合理利用物资资源。不但可以强化购买方的物流管理,从而降低总采购成本,提高企业的经济效益,增强其竞争能力,而且也给供应商带来了批量更大更稳定的订单。集中采购的科学使用可以达到"双赢"的效果。

对于实行物资集中采购所能带来的好处,早已形成了一致的观点,也已被很多国内外企业集团的有效运作而证实。但在具体实施过程中,还存在许多实际问题。最典型的正如案例所介绍,很多企业或组织的子公司或分支机构早已习惯了单独订货的随意与便利,在接受这种规范化集中采购的新方式时有很大的抵触情绪。

2.4.3　思考题

(1) 三家健身中心经理"联合"起来拒绝接受新的采购体系的原因是什么?
(2) 如果你是萨莉,将会如何应对这种局面?
(3) 对本案例你有什么体会?

2.5 削减采购成本的有效方式——招标采购

2.5.1 案例介绍

削减生产成本是企业提高效益的至关重要的环节。在2000年1月1日《中华人民共和国招标投标法》正式实施以后,中国各大企业都很希望有效利用这一方式,最大限度地削减成本,从而进一步扩大利润。

中国长城计算机深圳股份有限公司(以下简称长城深圳公司)在过去传统物流时代采购物料和零部件时,谁的物料质量好、价格便宜就用谁的。而现在PC制造业利润越来越薄,扩大利润的重点就转移到了优化过去的传统采购方式,最大限度地压缩成本。

目前长城深圳公司在物料采购时进行多家供应商比价,即采用招标比价的方式。简单说来,就是首先对所有的生产物料进行质量认证,然后对各供应商进行评定。入围参与招标比价的物料供应商一般至少有三四家,谁的价格低,谁的供应配额就大。供应商也愿意在公平、公开、公正的条件下竞争。

现在长城深圳公司已把招标采购方式推广到所有物料的采购过程上。如果生产量很大,比如每个月1亿的采购额,如果能使价格下降1%甚至0.1%,节约的成本将相当可观。

通过过去一年的招标采购运作,长城感到受益匪浅。

首先,通过招标采购,企业掌握了市场物价及其变化,降低了物料成本,通过招标采购,企业能以最接近市场的价格购买物料;

其次,通过多家供应商同时的比价竞标,不仅降低物料成本,还可以做到采购过程的公开与透明。

在通过比价实现招标时,长城必须预先掌握投标参与商历年的经营资料。投标商参与资格的认定标准主要是其产品质量,一旦哪家供应商的产品在长城出过质量事故,就立即出局。另外一项是看积累的资质,投标商在此之前向哪些商家供货,是否有出口产品,在国际上的排名情况等等。

长城的招标和拍卖并没有设置专门的部门,但是有一个公正机构,这主要是为了减少运作成本。招标机构由公司的财务部、质量部、审计监察部和招标办一个常务秘书组成。在质量合格的基础上,供应商最主要的评估指标是产品价格,为了保证投标的公正和便捷,长城开设了三台传真机,卖方可以把价格同时传给长城的三个相关部门,三个部门收齐报价后开会,大家把各投标商的价格拿出来比价。哪位供应商的价格最合理长城就给它最大的订单,比如80%;相对价格稍高一些的,并不直接取消合作,而是分析它在其他绩效指标上的优势,暂时给它稍小一些的订单,比如20%,这样就通过比价分出了主要、次要的供应商。

通过招标,可以推动上游产品价格的降低。招标可按最接近市场的价格购买物料,提高招标率是一个渐进的过程。货源越单一,价格刚性就越大;货源越多,价格就越透明。同时,货源垄断性越低,招标率越高。认证率越高,参与招标的比率就越大。长城深圳的副总经理杜和平说:"招标的目的并不是引发恶性竞争,通过招标只是取得一个更透明的价格。"

长城公司对两个以上货源物料的采购招标,并没有明确的期望值和有计划地制定降价幅度。物料招标的最终结果是以最接近市场价格购买物料。招标并非就是降价,随着市场波动,当物料供应市场货源紧缺、总体价格提升时,招标价格也随之提升,反之货源充裕、总体价格下降时,招标价格也相应下降。比如有一年台湾地震,货源不足,价格提升。总而言之,"通过招标,货比三家,可以按最合理的市场价格采购物料,杜绝腐败。"杜和平说。

通过供应链调整,对于原来单货源供货的现在要发展到两家或两家以上,这样就能实现比较,另外如果供应商出现质量问题,买家也还有随时调整的余地;再者可以充实供货渠道。未来长城要实现产品出口,物料供应商也需要调整,要求供应商有规模、有品牌。长城的物料招标采购的主攻方向有二:一是对单一货源一定要改成两家以上来进行比价。二是一季度一次招标就行,但要求第二季度的价格比第一季度价格低些,第三季度的价格比第二季度价格低些,形成一个原材料采购价格向下的趋势,这样才真正实现了成本控制。

长城深圳公司在加强内部管理,采用招标采购方式降低生产成本以后,长城的产品售价也就相应降低。例如,长城"飓风4999"行动率先把品牌电脑的价格下降到4 999元,一部分利润转移到消费者身上,使得其产品销量也获得了大幅度的提升。

2.5.2 案例点评

招标采购是指企业作为招标方,事先提出采购的条件和要求,邀请众多企业参加投标,并按照规定的程序和标准一次性地从中择优选择交易对象的一系列程序。由于招标采购最大特点是公开、公平、公正和择优,对于采供双方而言,增加了透明度,客观上也杜绝了腐败现象,真正体现了市场竞争优胜劣汰的原则,从而达到保证物料采购质量,降低产品总成本,提高经济效益的目的。

本案例介绍了中国长城计算机深圳股份有限公司采用招标采购削减生产成本的情况,着重分析了实施招标采购给企业带来的好处。

2.5.3 思考题

(1) 通过招标采购主要能为企业带来什么益处?

（2）长城深圳公司具体怎样组织招标活动？
（3）长城深圳公司供应链中供应商的调整主要关注哪些方面？

2.6 供应商评估选定过程中的矛盾

2.6.1 案例介绍

圣安医院拥有24家手术室和910张病床。在过去十年中，同大多数医院一样，圣安医院大幅度地削减了预算，但仍有较大的财务压力。

为了对财务成本加以控制，医院通过制定外科医生每年的手术预算，来加以限制用于支付人员工资以及设备和医疗用品的费用。这项政策极大地引起了医生们对成本的重视，因为一旦预算用完后，他们就无法再进行手术，因此也就不会赚到任何佣金。

哈尔·沃金斯是圣安医院的采购负责人，准备为一次性外科手术巾选定供应商。圣安医院的两个供应商都认为这份合同会落在他们手中。

采购部门共15人，职责是购买医院所有的医疗和非医疗用品。每年手术用的医疗用品价值达150万美元，其中大约价值80万美元的用品从泰勒医疗用品公司采购，50万美元的用品从阿尔法产品公司采购，其余的用品由另外两家医疗产品供应商提供。

在选择医疗用品时，圣安医院依据两种评价：有关医护人员的临床评价以及采购部门的财务评价。从传统上说，临床评价在采购决策中起主要作用。如果医生想要某种产品，采购部门就订购这种产品。在这种体制下，医院分别从大量供应商中采购相对很少的数量。

但是现在，由于预算紧缩，情况发生了变化，圣安医院已经使用了《主要供应商协议》。与阿尔法公司的协议两个月前已经到期，现在正在重新谈判中；与泰勒公司的又续签四年。在这些协议的规定条款下，在购买协议中规定的产品时，供货商将提供1.5%~2%的折扣；而作为交换条件，供应商享有这些产品的优先或独家供货权。

由于订货是靠数量来获取折扣的。采购部门不得不说服医生们使用协议中规定的产品，而不是像以前那样使用他们所选择的产品。采购部门实现这一做法是通过将折扣的金额返还到医生的手术预算中，这样，医生可以把这些钱用在其他方面。

具体到采购的产品，以手术巾为例：

手术巾是在手术中用来遮盖病人的。这是很大的一块布，在某处会剪掉一小块（切口），以便在那里进行某种外科手术。过去，圣安医院一直使用重复可用的麻布手术巾,但现在觉得换用最近新开发的一次性手术巾可能会节约成本。

尽管财务分析对一次性手术巾很有利,但最终决定前还必须进行临床评价,圣安医院决定对一次性手术巾进行试验,选择的是阿尔法产品公司的产品。

临床评价也对这种一次性手术巾给予肯定,所以圣安医院决定转用一次性手术巾。这时,医院通过市场招标来决定哪个公司能获得这份价值40万美元的合同。虽然圣安医院在选择阿尔法公司的手术巾做试验性产品时,并没有明确表示会从他们那里进货,但阿尔法公司还是对圣安医院公开招标的做法很不满意。他们认为,既然他们的产品在临床评价中效果满意,他们就应该得到这份合同。

当哈尔·沃金斯六个月前就任采购经理时,招标已经过去两个月仍然没有确定谁中标。他的第一个任务就是检查一次性手术巾的物料、审查《主要供货商协议》,并且评价投标公司。哈尔发现泰勒公司的投标价比较低,并且觉得他们的产品临床上也可以接受,所以应该被选中。四个月前,他征得手术部门主管人员的同意,对泰勒公司的产品进行为期三个月的试用。

使用结束,对泰勒公司产品的评价喜忧参半,它满足了手术巾的最基本的要求,能够盖住病人而且切口的位置也比较合适。可是护理人员更愿意用阿尔法的产品。他们觉得阿尔法公司的产品更容易展开。而且他们认为泰勒公司的产品切口处经常破裂,从而使无菌区域受到损害,所以他们经常扔掉这种手术巾。

此时,哈尔接到了阿尔法公司新修改的《主要供货商协议》的最后条款,阿尔法公司的折扣已经作了很大的让步。在新的条款下,阿尔法公司对一次性手术巾合同的投标价格尽管仍然高出5%,但它看起来却更有竞争力。

哈尔不知道该怎样做。在这个阶段出现这条新信息,他感到很难做出决策。在原来投标的基础上,尽管医护人员偏爱阿尔法公司的产品,但泰勒公司显然会获胜,因为价格的差别实在太大。而且,泰勒公司已经知道试用的结果,由于其产品能以低得多的价格满足要求的规格,所以他们期望得到这份合同。

另一方面,由于阿尔法公司已经提出新的《主要供应商协议》,因此,也更有能力在这一产品上同泰勒公司竞争。哈尔知道,医护人员希望选用他们偏爱的产品,这确实也是一个很大的压力。

哈尔就任采购部主任已经六个月了。他上任时面临的大多数问题,现在都已经解决。哈尔迫切希望这个问题也能得到解决,他知道,阿尔法和泰勒公司都期待着很快从他这里听到好消息。

2.6.2 案例点评

这是关于供应商评估与选定的一个非常具体的问题。企业或组织是应该选择质量好、价格偏高的产品供应商,还是选择质量仅能够达到一定标准,但价格有优势的产品供应商,是确定一个独家供应商,还是要求他们按比例供应,这就需要分析企业或组织的总体战略和物流战略了。

2.6.3 思考题

(1) 为什么两个供应商都认为他们应该得到这份合同？医院内部的意见是什么？

(2) 采购管理有何要改进的地方？

(3) 如果你就任哈尔的位置，将会如何处理这件事情？

2.7 中国石化 VMI 实施模式

2.7.1 案例介绍

中国石油化工股份有限公司（以下简称中国石化）是一家上、中、下游一体化，石油石化主营业务突出，拥有比较完备的销售网络，境内外上市的股份制企业。作为中国最大的一体化能源化工公司之一，中国石化主要从事石油与天然气勘探开采开发以及石油化工产品的生产分销。中国石化在中国交易市场已经有非常骄人的业绩：它是中国最大的石油产品生产商和分销商（汽油、柴油、喷气燃料等的批发商和零售商），是中国主要石化产品最大的生产商和分销商（包括石油化学中间产品、合成树脂、人造纤维和化学肥料），是中国第二大原油生产商。

中国石化的目标是凭借其卓越的核心竞争力、质量品质、多元化的资产结构、创新的技术、先进的管理和良好的金融操作实践成为国际上具有竞争力的跨国公司。截至 2013 年年底，中国石化拥有 13 829 亿元的总资产；2013 年度的营业收入更是高达 28 803 亿元，比 2012 年增长 3.4%，而 2013 年度营业利润 964.53 亿元，比 2012 年增长 9.7%。

中国石化按照中国相关的法律法规，对于所属公司实行统一编码的集中决策管理。中国石化现有全资子公司、控股和参股子公司、分公司等共 80 余家，包括油田勘探开发企业、炼油及化工企业、销售企业及科研、外贸等单位。

中国石化实行集中决策、分级管理和专业化经营的事业部制管理体制，在物资管理体系中，中国石化采用的是集中管理和分散控制相结合的体制，物资管理组织结构如图 2.3 所示。

在图 2.3 中可以看到物资装备部在中国石化的供应链中起着综合一体化的作用。中国石化的采购量非常大，平均每年的采购成本超过 1 000 亿元，有 2 万多家合作供应商。中国石化物资装备部拥有超过 2 万人的庞大供应基础，它的主要职责是高效率、低成本、低风险地保障中国石化生产运营所需的非原料物资的供应。非原料物资总共有 56 个大类，有高价值物资（精密仪器、钢材、煤炭等）和低价值物

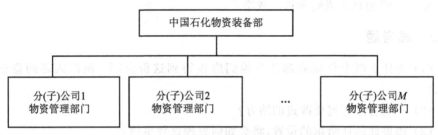

图 2.3 中国石化物资管理部门组织结构图

资(例如小阀门等)。由此可见,中国石化物资装备部在提高中国石化运营绩效、保持中国石化竞争优势等方面起着非常关键的作用。

1) VMI 模式的实施

中国石化物资装备部在多种物资采购中获得了丰富的操作经验,已经形成了如下三种主要的采购供应模式:

(1) 由中国石化物资装备部直接集中采购　中国石化物资装备部首先集中所有分(子)公司的需求,进行统一集中购买,然后将这些所需物资分配到各分(子)公司物资装备部门,这种采购操作主要是通过中国石化采购电子商务网与供应商共同完成的。

(2) 由中国石化物资装备部组织集中采购　中国石化物资装备部负责做统一采购决策,例如确定可能的供应商以及确定采购价格的范围(尤其是价格上限),然后各分(子)公司物资装备部门将会基于产品规格、价格偏好、地理位置、供应商信用等级等因素,选择最适合自己的供应商实施采购。

(3) 分(子)公司自行采购　此种模式是各分(子)公司的采购决策完全独立于中国石化物资装备部。

伴随着 VMI 模式理论的日趋成熟和完善,中国石化物资装备部早在公司刚创建的 2000 年就决定尝试这一库存管理方式。中国石化物资装备部尤其想将 VMI 模式融进第二种采购方式——中国石化物资装备部组织集中采购中。中国石化希望通过实施 VMI 模式达到如下效果:

(1) 减少物资库存量,提高存货周转率。

(2) 优化业务流程,减少内部作业成本。

(3) 延长付款周期,改善现金流量,使财务获利。

(4) 降低采购订单、发票、付款、运输、收货等交易成本。

(5) 与供应商建立更为密切的合作关系,提高需求的响应度。

为了提高库存管理的有效性,中国石化在实施 VMI 模式过程中,物资装备部的职责是负责计划、管理、控制和推进各分(子)公司实施 VMI 模式,还负责针对各分(子)公司所需商品寻找可能的供应商以及确定价格范围。而在此过程中,中国石化各分(子)公司具有两部分的职责:首先,基于时间、成本、地理位置、质量以及其他因素选择最适合的供应商;然后与选定的供应商签订具体实施协议,与供应商实现物资需求信息共享。

在应用 VMI 模式时,中国石化物资装备部希望通过整合供应商和中国石化分(子)公司之间的业务功能,计划在操作最复杂的部分——非原料采购中,将被选定供应商与中国石化分(子)公司的职责相互替换,将大多数库存委托供应商管理,供应商一直享有库存物资的所有权,直到它们被运送到中国石化分(子)公司指定的仓库。供应商凭借连续跟踪中国石化分(子)公司的库存状态,及时调整自身的生产和对中国石化分(子)公司的供货,从而快速地响应市场的需求,降低供应链库存费用,减少物资的采购供应成本,避免物资缺货,提高服务水平,缩短采购提前期,提高库存周转率,提高需求预测的精确度,最终达到提高中国石化整体供应链的竞争力,实现各成员企业间的互赢互利。

中国石化最初的 VMI 模式实施计划如图 2.4 所示。订单管理计划和需求预测由中国石化分(子)公司与其供应商通过共享信息共同完成,得到的信息帮助供应商确定他们的生产计划和补货计划,供应商会以此为依据以 JIT 的方式将物资配送到位于分(子)公司内部的指定仓库中。

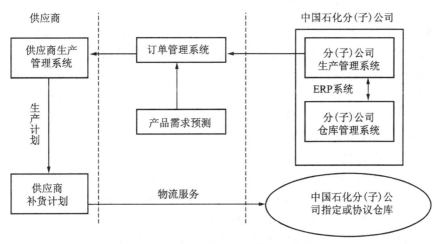

图 2.4 中国石化最初 VMI 模式实施计划

2004 年 3 月 10 日至 2005 年 6 月底,中国石化的 Y 分公司共与 41 家供应商签订了 VMI 协议,协议品种 1.5 万余种,结算金额 5 200 万元,VMI 类物资发料占总检维修发料费用的 15%。通过 VMI 的实施,Y 分公司确实得到了一些好处,例如降低了采购物资的单价,降低了补货频率,缩短了采购提前期,提高了产品质量性能。Y 分公司与供应商的合作不仅促进了供应商与企业之间的交流,而且降低了采购订单、发票、付款、运输和收货等交易成本。继而,与 Y 分公司处于 1 小时都市圈中的其他 8 家分(子)公司也希望从 VMI 模式中获益,于是为了促使这一新流程的顺利运转,中国石化实施了如图 2.5 所示的分散式供应模式,供应商同时为几家中国石化分(子)公司设置和管理库存,提供 VMI 服务。

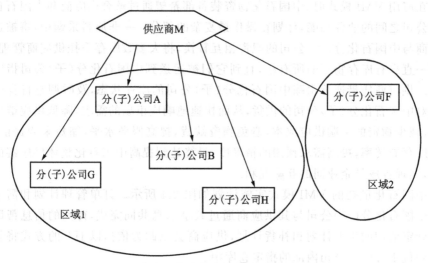

图 2.5　中国石化当前实施的分散式 VMI 模式

但是,通过调研发现:VMI 模式中的总库存量比未实施前增加了 20%,并且出现了同一物资 9 家分(子)公司家家都存的现象,使供应商持有库存成本增加;另一方面,由于供应商直达现场配送方式的减少,使分(子)公司内部二次配送的成本增加,从而抵消了一部分由 VMI 模式实施带来的收益。总之,中国石化的 VMI 模式开展得并不成功,部分非原料物资的采购供应成本并未得到明显的降低,并没有真正获得实施 VMI 模式的优势。

2) 实施 VMI 模式存在的问题

虽然中国石化按照规范设计 VMI 实施计划,并且认真仔细地去执行计划,但是在实施了 VMI 模式几年后,并没有达到中国石化预期的效果。以下是中国石化实施分散式 VMI 模式存在的两个主要问题:

(1) 没有与供应商实现相互信任和信息共享　VMI 模式运作的一个关键的、必备的条件,是参与双方的相互信任和有效的信息共享。如果供应商与下游生产企业双方的信息无法及时传递和共享,或者由于彼此之间的不信任,都会丧失实施 VMI 模式的优势。

自开始实施 VMI 时,中国石化分(子)公司和供应商之间就缺乏相互信任和信息共享,尤其长期的、传统的"大库存保供应"的思想根深蒂固,即使这些分(子)公司在 VMI 实施之前都受过相应的培训,但他们还是会怀疑 VMI 的效率,担心会有物资价格过高或缺货的风险。例如,部分中国石化分(子)公司的物资管理部门员工强调：如果上游供应商缺乏诚信，实施 VMI 模式对下游中国石化分（子）公司的危害是显而易见的。在市场景气的情况下，不诚信的供应商可能会对下游的中国石化分（子）公司提出过高的供应价格，如果对方不接受，它就会将物资提供给市场上愿意出高价的其他客户，造成中国石化分（子）公司缺货。另外，分（子）公司也怀疑供应商的能力以及履行 JIT 配送的承诺。结果，VMI 的实施实际上增加了双方的忧虑感。物资管理者仍然要求供应商提供比实际需求更多的 VMI 物资，而供应商在竞争和需求量的压力下，也愿意遵从买者的意愿要求。

(2) 与供应商缺乏系统集成和协作沟通　根据调研反馈得知，VMI 模式在中国石化的实施结果显示了中国石化分（子）公司的物资装备部门员工在实施 VMI 模式过程担心两个问题，表现得并不完全合作。第一个问题是这些分（子）公司担心他们有价值的需求信息可能会被流落到竞争者手里。第二个问题是这些分（子）公司担心实施 VMI 模式会导致供应商供应垄断，由于缺乏竞争对手，会导致供应服务水平和供应质量有所下降。结果，没有真正建立起供应商与分（子）公司之间的信息共享机制。与分（子）公司凭借便捷的 ERP 系统进行内部交流不一样，没有适当的软硬件平台提供给供应商与分（子）公司进行交流，相当有限的一些分（子）公司需求信息和生产进度计划信息只能通过共用文件来共享。

3) 实施 VMI 模式的改进方案

对于中国石化这样的大型生产企业集团实施分散式 VMI 模式不能充分发挥 VMI 的优势，不能真正减少供应商和分（子）公司之间的重复库存操作而实现供应链管理体系中的库存优化控制，中国石化物资装备部正在考虑应用下面两种选择方案进行改进：

(1) 继续应用当前分散的 VMI 模式，但是采取多种方式来改善参与方之间的协作，如加强参与方之间的相互信任和相互交流以及改善信息共享机制等措施。

(2) 改变当前的供应网络，通过引进第三方物流企业作为联结供应商与中国石化分（子）公司的纽带，将实施的分散的 VMI 模式转变成一个集中的 VMI 模式。

在第 2 个选择方案中，供应商不需要在自己或每一个分（子）公司设置库存，可以依赖于一个第三方物流公司来提供仓储和运输服务的形式在此区域内统一设定一个配送中心。也就是说，在集中式 VMI 模式中，供应商、第三方物流公司、中国石化分（子）公司组成了一个合作团队，第三方物流公司受中国石化委托，负责和供应商一起协调运输、存货、补货、对产品进行检验等工作，充当了中介角色。

相对于中国石化目前实施的分散式 VMI 模式而言，集中式 VMI 模式就是将原来分散式模式中的一个从供应商到中国石化分（子）公司的物流环节划分成两个环节：从供应商到第三方物流公司，再从第三方物流公司到中国石化分（子）公司。通过设立第三方物流公司这个节点，可以将中国石化分（子）公司与供应商间分散的物流需求整合起来，共同分担配送的成本，各自的物流费用均会降低。

很明显,以上所提两种可选方案都需要大量的投资和资源的重新分配,必须仔细透彻地对两种可选方案进行成本效益分析。为了确保成功,中国石化正在认真考虑如何进行改革以及采取何种措施。

2.7.2 案例点评

作为一种库存控制方法,VMI 在过去 10 年里已经引起业界的实践潮流和众多学者的关注。在欧美等发达国家,VMI 在 20 世纪 90 年代至今的时间里已经发展成为一种成熟的库存管理模式,已经在众多企业获得成功。大型零售商,如 Wal-Mart,Kmart,Dillard Department Stores 以及 JCPenny 都是实施 VMI 的先驱者;通讯业巨头朗讯的大部分原材料管理系统已转变为 VMI 系统;IT 业的戴尔、惠普也是成功实施 VMI 的典范。

与传统的库存管理模式完全相反,VMI 努力使下游生产企业和上游供应商之间建立一种基于共同前景和利益的合作关系,合作双方不断监督协议执行情况和修正协议内容。在这种新的关系下,生产企业将库存决策权委托给供应商,由供应商代替企业行使库存管理和订货决策。一方面,供应商被允许能够进入到下游生产企业的数据库得到有关生产进度安排的信息,以便供应商能够很好地预测到未来的需求。通过 VMI 这种方式,供应商在生产企业的协助下能够更有效地制定生产供应计划;另一方面,在一个合作协议下,供应商全程管理和拥有库存直到生产企业耗用完毕。

VMI 本质上是将多级供应链问题变为单级库存管理问题,供应链库存的完全透明化使得在不同供应链环节的多余安全库存量得到减少。即使供应商比原来拥有更多的权力和职责,但他们对有关生产制造商的产量和采购需求也了解得更多。因此,供应商在作出库存决策时,更有动力去努力预测未来需求。VMI 模式具体给供应链各方带来的价值详述如下:

1) VMI 对生产企业的价值

(1) 降低生产企业管理库存和管理供应商的成本,可以集中培育其核心能力。

(2) 降低缺货率和积压率。

(3) 供应链库存环节成本的降低带来最终产品价格降低,可以提高企业竞争力。

2) VMI 对供应商的价值

(1) 掌控下游需求信息,得到更为准确的预测,使生产企业所需货物能够及时到达。

(2) VMI 模式增加了供应商与生产企业之间的交流,相互合作有助于提高产品的质量、减少不确定性和库存持有成本。

(3) 与下游生产企业发展长期合作的战略关系并进行有效沟通,有利于供应商的长期发展战略,使其在激烈的竞争中保持市场份额。

中国石化实施 VMI 模式的案例说明了一个成功的 VMI 模式实施不仅依赖于过硬的硬件技术,而且很大程度上也依赖于一些其他因素,例如:强有力的合作伙伴关系、积极有效的沟通、信息共享、高级管理层的支持以及持续改进的方法。任何一个因素的失败都将会导致不如意的结果。另外,有关中国石化的一个特殊之处是传统价值观、实践观和文化观都深深地影响了领导者和中层执行经理的行为、改变现状的积极性以及改变现状的方式。而且,因为中国石化是尝试在中国运用 VMI 模式的先例之一,它们在当地也找不到可以模仿学习的案例。不过,为了得到 VMI 更好的实施效果,中国石化正在努力探索进一步改善当前 VMI 实践的方法。

2.7.3 思考题

(1) 什么是 VMI?公司实施 VMI 的目的是什么?

(2) 成功实施 VMI 必须具备哪些条件?中国石化都具备吗?欠缺的方面应该如何补救呢?

(3) 你认为中国石化在改善当前 VMI 方案时应该采取哪种策略?为什么?

2.8 卢-马克公司的饼干生产

2.8.1 案例介绍

卢-马克烘烤公司(Lew-Mark Baking Company)位于纽约州西部的一小城镇。卢和马克弟兄俩刚开始经营的是烘烤食品店。当他们购买了 Archway 饼干公司(Archway 品牌产品以其红色的包装和耐嚼的饼干而闻名)特许权后组成了这一公司。有了在纽约和新泽西的专营权后,它成了拥有最大 Archway 特许权的公司。该公司雇员不足 200 人,主要是蓝领工人,气氛很融洽。

该公司唯一的产品是软饼干,有 50 多种。Archway 饼干不含任何添加剂和防腐剂。高质量的饼干确立了其在市场上的稳固地位。

饼干在遍布纽约和新泽西的便利商店或超市中销售。Archway 因其无添加剂和防腐剂的特色而给其饼干冠以"好食品"的形象来销售,而这吸引了市场上有健康意识的客户群。许多年龄在 45 岁以上的客户喜欢软而不甜的饼干,有小孩的家庭也买这种饼干。

该公司有两个大烘炉用来加工饼干,饼干的生产过程被称成批量加工系统。公司一收到经销商的订单就开始安排生产。在每一轮班开始时,当天要制造的饼干清单就送到了负责搅拌的人手中。该负责人检查一下主单,将上面写明的每一种饼干所需的配料输入计算机。于是计算机根据订购数量确定出每一配料的需要量,并把这一信息传达到位于厂外的仓库,那里存放有主要的配料(面、糖及糕点粉)。这些配料被自动送往大型搅拌机,在那里这些配料要同适当数量的鸡蛋、水和调味品混合。当配料搅拌好后,这一糊状物被倒入切片机中,在这里被切成单个的饼干。接着这些饼干滴落到传送带上,穿过其中一个烘炉。充填饼干,比如填入苹果、枣和草莓,需要另外的工序。

不充填的饼干采用斜切。斜切的饼干比直切的饼干需要的空间少,结果可使生产率更高。另外,该公司最近将每个炉的长度增加了 7.5 m,这也使生产率得到进一步提高。

饼干从炉中出来后就被输送到高 6 m、宽 0.9 m 的螺旋形冷却架上。当饼干离开冷却架后,工人们就用手把他们放到箱子中,捡出在生产过程中碎裂或变形的饼干。接着箱子被自动打包、密封并贴上标签。

大部分饼干被立即装上卡车运到经销商那里,一小部分被暂时存放在公司仓库中。但由于它们储存期限不长,所以必须在短期内发运走。其他库存包括饼干箱、运输箱、标签及用于打包的玻璃纸。标签要经常小批量地续订,因为 FDA 商标规定易变,而公司不希望买一大堆不能用的标签。仓储一周要补充两三次,视用料快慢而定。

饼干要按一定的顺序来烘烤,以使用于清洁处理的停工时间最短。例如,浅色饼干要在深色饼干之前烘烤,燕麦片饼干应该在葡萄干饼干之前烘烤。这就使公司避免了每次在生产一种不同饼干前对加工设备必须进行的清洁处理。

该公司以其饼干的质量而自豪。当饼干离开生产线时,由质检员随意对它们进行抽检,以确保味道和色泽令人满意以及烘烤得恰到好处。生产线上的工人负责将发现有缺陷的饼干拣出来。同时,该公司还在生产线上安装了 X 光机,以探测在生产过程中可能混入饼干中去的小金属屑。采用自动设备运输原料和搅拌面糊使得保持无菌生产过程更加容易。

该公司的运作效率很高,很少有碎屑。例如,如果一批配料不合理,将作为狗的饲料销售。不完整的饼干用在燕麦片饼干上。这些做法减少了配料成本,节省了在废物处理上的开支。该公司还采取了热能回收,把两个红炉中散出的热能集中起来,用来烧水供热。在搅拌过程中采用了自动化,同以前的手工操作相比也减少了废物量。

2.8.2 案例点评

这是一个针对具体生产过程的案例。该公司有许多地方需要改进,首先就是他们希望将饼干装箱这一操作自动化。尽管劳动成本不高,但过程自动化可节省资金并提高效率。但到目前为止,他们并没有采取这一改进措施,原因是他们认为雇佣30名员工是对社区尽的义务。另一个可以做的改进是由距工厂更近的供应商供料。这将减少订货间隔期和运费成本,但公司领导不相信当地供应商能提供同样好的原料。除此以外,也有人提出很多建议,但他们担心那样做会影响到产品的质量。

2.8.3 思考题

(1) 简述饼干的生产过程,在这一过程中物料管理应该注意哪些内容?
(2) 你认为该公司不采用饼干自动化装箱的决策是正确的吗?为什么?
(3) 该公司提高生产率的方法是什么?你还能提出哪些可能的建议?

2.9 备受考验的日本丰田生产采购体系

2.9.1 案例介绍

如果美国汽车之王亨利·福特今天还活着,我敢肯定他一定会做和我们的丰田生产系统一样的事。
——Taiichi Ohno

日本,丰田城——暗指"日本做法"。专家对商业与政治之间的密切关系以及日本高级技术工人的雇主忠诚度已经做了大量的研究工作。丰田管理者坚称自己制造汽车的方式比其他任何人的都要好。首席生产执行官 Taiichi Ohno 1978 年曾在自己的书里写到,亨利·福特行为下充满活力的预测规划使他们感到有点儿尴尬不安,但丰田人仍然是 Ohno 先生称之为"丰田生产系统"的信徒。

20多年前,丰田汽车公司以其产品的高质量、低成本和低油耗占领北美市场,对美国3大汽车公司形成咄咄逼人的态势。丰田生产方式创造的奇迹引起美国实业界和理论界的关注。一些研究者纷纷奔赴日本,考察丰田生产方式,总结出准时制(Just-in-Time, JIT)、零库存(Zero Inventories)等生产管理思想和运作方法。这种方式对丰田公司渡过第一次能源危机起到了突出的作用,现在这一方式与源自日本的其他生产、流通方式一起被西方企业称为"日本化模式"。

然而随着市场形势的变化,依然完全坚守原来的生产及采购模式显然是不现实的。在全球金融危机的大背景下,日本丰田公司2008年年底宣布可能会修改其JIT制造体系以避免可能的供应商破产而中断生产。然而2009年的8、9月,丰田汽车接连在中国及美国市场遭遇的大规模召回事件更是将其原来光芒万丈的生产体系推向了风口浪尖,一时间曾被业界一致推崇的"丰田生产方式"(TPS)及其代表的日系供应商"体系联盟"饱受质疑。

2009年9月29日,丰田公司宣布:计划召回在美国销售的380万辆汽车,原因是驾驶座位脚垫可能卡住油门踏板从而引发事故。这也是迄今为止丰田在美国市场施行的最大规模的召回。而就在此前1个月,丰田在它日益依赖的中国市场亦创造了一项纪录——近70万辆整车被召回,原因同样是零部件存在质量缺陷。

和美国召回事件一样,对于1个月前发生在中国市场的近70万辆车的召回,丰田同样没有向外界透露这些缺陷零部件厂家的名字,理由很简单:"我们必须保证我们的零部件供应商的利益。"这是在中国市场发出召回通告后,丰田中国工作人员告诉记者的。

事实上,这是不言而喻的事情。对以丰田为代表的日系整车制造企业来说,使用自己体系内的零部件配套企业,在业界已不是什么秘密。而最大限度地保护这些零部件配套企业的利益,在某种程度上就是保护自己的利益。

1) 大丰田汽车战略

在2008年进入全球500强的汽车零部件企业中,日本电装、爱信精机、丰田自动织机被外界称为"丰田汽车的三驾马车",丰田汽车持有这三家全球汽车零部件巨头的股份。其中,丰田还是电装的最大股东,而电装公司超过60%的业务都来自于丰田。

业界把丰田的这一业务模式称为"大丰田汽车战略",意即包括了除整车制造之外的零部件业务。"大丰田汽车战略,尤其庞大的整车及供应链利益共同体的模式,是罪魁祸首。这也是昔日丰田汽车高速发展的引擎。"对于频频爆出的因零部件质量缺陷引发的召回事件,盖世汽车网CEO陈文凯的观点一针见血。

2) 金字塔结构

"丰田和其他日系整车企业的零部件配套模式是典型的'金字塔'结构。"中国汽车技术研究中心副总工程师张正智对这一模式作了形象的比喻。

所谓"金字塔"形,是以业务层层转包为基础,整车厂和零部件企业之间关系密切,整车厂只与一级供应商有配套的关系。一级配套商数量少,只有十几家或几十家,具有产品开发能力,是总成系统、模块供应商;一级与二级之间有协作配套关系,二级与三级之间也有协作配套关系,一般有四级甚至五级协作配套关系。"厂家数量逐级增多,最终形成'金字塔'形整(车厂)零(部件企业)关系。"

3) 资本整合

丰田按供应商所生产部件的重要性程度将供应商分为三类:核心部件供应商、特色部件供应商和商品部件供应商,并建立了协丰会和荣丰会两个级别的供应商组织,对属于不同供应商组织的供应商,丰田与其建立不同的股本关联关系。协丰会成员均为核心供应商,丰田会持超过30%的股份;荣丰会成员均为特色部件供应商,丰田会持10%的股份;对于商品部件供应商,丰田一般不持股份。

"这种整车制造商与主要供应商之间的资本关系,对于加强双方信任和整车制造商对于供应商管理和技术方面的支持、提升供应商忠诚度和生产率都有极大的促进作用。"在国家信息中心信息资源开发部主任徐长明看来,这种垂直的金字塔式的供应商体系还能最大限度保证整车产品质量。这种紧密的垂直式的供应体系造就了日系汽车的飞速发展。调查显示,金融危机前的美国三大汽车公司的采购成本平均比日本丰田等公司的采购成本高8%,这是日本整车企业盈利能力高的关键所在。

然而,这一看似完美的供应体系却在金融危机来袭中出现了"不和谐"之音。不愿意牺牲关联企业利益的丰田汽车,将不得不承受利润增长和庞大支出的压力。当丰田汽车自顾不暇时,其零部件供应商的质量关就难免有疏漏。

虽然丰田强调:"(这)与供应体系的架构无关。我们正在重新审视品质管理、控制。"但不可否认,以丰田为代表的日系垂直配套模式正面临极大的挑战,它将何去何从,我们拭目以待。

2.9.2 案例点评

丰田作为最先进的生产系统的代表,其取得的成绩有目共睹,其生产模式一直是各大企业学习的对象,甚至连波音公司也要向丰田学习。因为丰田生产方式(TPS)可以让企业减少浪费、更高效地运作。

一直以来,丰田以其高度紧密的集团成员供应商体系闻名。与美国公司"同时选择2~3家供应商,使之互相竞争"的模式不同,丰田汽车建立了与供应商密切合作的关系,甚至持有核心零部件商部分股份。这种独特的零部件采购方式让丰田的采购成本低于竞争对手。但是就像一个硬币有两面一样,其生产方式也给丰田埋下了祸根——虽然减少零部件和供应商数量可以降低原料成本,大大简化操作,但当生产关键零部件的某家战略性供应商出现问题时,整个企业将遭到重大破坏并付出沉重代价。

丰田汽车是"日本制造"最闪亮的一颗明珠。丰田汽车创造了"丰田不败"的神话。当前,丰田的问题不在尖端技术方面,主要在管理方面,该事件对我们有哪些警示呢?

2.9.3 思考题

(1) 丰田的传统生产与采购体系的优缺点分别是什么?
(2) 为什么在丰田"召回门"发生之前,丰田就宣布要修改其JIT生产体系?
(3) 该事件对中国企业有什么启示?

3 仓储与配送

【本章综述】

物流的研究最初是从解决"牛鞭效应"开始的,从研究合理的安全库存开始,到改变流程,建立集中的配送中心,以致到改变生产方式,实行订单生产,将静态的库存管理转变为动态的 JIT 配送,实现降低库存数量和周期的目的。在这个过程中,仓库越来越集中,仓库覆盖的服务范围越来越大,仓库吞吐的物品越来越多,但是仓储的周期越来越短,成本不断递减。

配送(Distribution)是物流系统的末端环节,在现代化市场经济竞争中,为了满足不同客户或收货人的需要,尤其是"多品种、小批量、多批次、高频率"的物流服务需要,流通企业或物流企业必须对资源(包括运输、仓储、信息等)进行科学、合理地配置,从而以低成本、高质量的配送服务满足客户的需要。

3.1 国外仓储管理值得借鉴的经验

3.1.1 案例介绍

我国仓库资源规模较大,仅流通领域的仓库面积就达 3 亿多平方米。但我国仓库普遍功能不强,大多只有商品储存功能,很少有物流配送功能,而且分散在各个企业中,仓储管理社会化程度不高。由于我国仓储管理落后,仓储设施资源利用率平均还不到 40%,导致物流效率普遍低下。在我国整个商品生产销售中,用于加工制造的时间仅为 10%左右,而物流过程占用的时间几乎为 90%。因此,我国要发展现代物流,必须借鉴国外仓储管理经验,对传统仓储企业进行整合和改造,以提高物流服务水平和资产利用效率。

1) 日本仓储管理的变革

日本物流的发展,是与仓储管理的变革紧密相关的。丰田汽车制造公司在创业初期,为提高管理效率,降低生产成本,就着手对仓储管理进行改革。丰田在日本有许多联合生产厂家,原来每个厂家生产的零部件都存放在各自管理的仓库中,按一定时间运送到丰田汽车的总成品安装车间所属的仓库。后来,公司把仓库从单个生产厂家中分离出来,成立专门的仓储中心,集中存放和管理零部件,直接供应总成品安装车间。这一变革意义十分重大,它促使日本出现了专门从事仓储管理的社会化物流中心,大大推进了物流的发展。

物流中心上游连接制造企业或进出口免税仓库,下游延伸到分散的各种店铺,日本物流协会(JILS)常务理事稻束原树先生将它形象地比喻为"人的心脏"。日本物流中心的设计一般强调立体化和自动化。

Aotobacks是日本规模最大的物流中心之一,拥有一整套自动化库存管理、高效率分拣传输设备和及时配送的物流系统,每天处理250个店铺近10万份物流配送服务订单。物流中心连老板加在一起不到100人,通常这样的物流系统在发达国家至少需要400人。Aotobacks一个重要的服务理念,就是尽可能减少店铺工作量,让店铺更加专注为客户服务。因此,物流中心按照店铺的要求,将90%的商品包装拆开,以保证货物到店铺后能够迅速上架。

2) 美国的仓储增值服务

今天,除了经济利益和服务利益外,仓库还必须提供其他的增值服务,以保持其竞争能力。这种情况对于公共仓库和合同仓库的经营人以及私有仓储的经营人来说,是千真万确的。仓库增值服务主要集中在包装或生产上。

最普通的增值服务与包装有关。在通常的情况下,产品往往是以散装形式或无标签形式装运到仓库里来的,所以,这种存货基本上没有什么区别。一旦收到客户的订单,仓库经营人就要按客户要求对产品进行定制和发放。有关这方面服务的例子与一家汽车电池制造商有关。他把未做标志的产品装运到仓库中去,而已经出售的电池需要向仓库经营人提供有关商标牌号的待印图案。一旦接到订货、要求使用特定的标志时,仓库经营人就把该标志图案印制到电池上,然后用定制的盒子将产品包装起来。所以即使该产品在仓库里存放时是没有区别的,但是该客户实际收到的是已经定制化了的产品和包装。由于支持个别客户需求所需要的安全储备量较少,使该制造商可以减少其存货。与此同时,还可以相应地减少市场预测和生产计划的复杂性。

此外,仓储可以通过优化包装来提高这种增值服务,以满足整个渠道的客户需求。例如,仓库可以通过延伸包装(Stretch Wrapping)和变换托盘来增值。这种做法可以使制造商只处理一种统一的产品,与此同时延期包装,以使包装需求专门化。另一个有关仓库增值的例子是在产品交付给客户以前,去除保护性包装。在大型器械的情况下,这是一种有价值的服务,因为有时要客户处理掉大量的包装是有困难的,因此,去除或回收包装材料是提供的增值服务。

仓库经营人还可以通过改变包装特点来增值,诸如供应商将大批量的防冻剂装运到仓库,然后仓库经营人对该产品进行瓶装,以满足各种牌号和包装尺寸的需要。这类延期包装使存货风险降到最低程度,减少了运输成本,并减少损坏(即相对于玻璃瓶包装的产品而言)。

仓库还能够完成生产活动,以延迟产品的专门化和优化产品的特点。有时,在仓库里进行装配还可以纠正生产中的问题。例如,可以将汽车引擎装运到仓库里去,如果汽化器发生了质量问题,它们就可以在仓库里更换,无需将每一个装置都退回到引擎厂去。在这种情况下,仓库是作为生产的最后阶段进行作业的。

另一个增值服务是对诸如水果和蔬菜之类的产品进行温控。仓库经营人可以依赖储存温度,提前或延迟香蕉的成熟过程。这种产品可以按照市场的需求来控制成熟的进程。

增值的仓储服务还能够提供有关的市场机密。例如,进口商可以为私人牌号的客户重新给产品加标志。这种重新加标志的活动是在该产品进入美国以后才完成的,以防止供应商识别进口商的最终客户。

提供增值的仓储服务,使仓库经营人或配送中心经理对监督合同的履行承担特别的责任。尽管外源活动及其经营管理可以提高存货的有效性和作业的效率,但它也要承担厂商控制范围外的责任。例如,仓库包装需要仓库经营人严格符合厂商内部所适应的质量标准。因此,仓库必须按相同的质量运作,并作为外源厂商的服务标准。

在美国国内的配送服务面临种种挑战的同时,全球市场的活跃也增加了种种机会。当货物的装运将经历更长的供给线时,增值服务在仓库层次的重要性也随之增加了。解除管制已给物流供应商提供了新的机会,使他们能够通过多种经营迎接市场挑战。其实,物流服务供应商已经对这种挑战作出了反应,并且很有可能将继续利用他们的创造力去开发新的方法,对仓库层次的产品进行增值。

3.1.2 案例点评

仓储业随着经济的发展、生产力的提高而不断发展。尤其是中国经济高速发展的今天,中国正从一个制造大国走向制造强国。在这一过程中,如何实现仓储业的高效化显得越来越重要。我国储运企业虽分属不同行业和部门,但在经营上较早地打破了行业和部门的界限,经营品种、服务对象和服务功能发生了巨大的变化,企业管理水平也有较大提高。这些实践是现代物流企业重要的管理基础。但同时我们也应看到,传统储运向现代物流企业转变还存在许多障碍,仓储业总体上还比较落后,不能满足高速经济建设的需要。

社会经济的发展和客户要求的不断提高使得仓储企业或部门正在承受越来越多的挑战,这种挑战性的动态环境的核心是要看仓储主管应该如何做出反应。到目前为止,典型的情况是仓储主管对客户的需求做出被动的反应,随着客户新需求的提出,仓储主管试图找到一种方法以满足这些需要。事实上,新需求出现的速度远远超过了反应的速度,这种传统的方法已经越来越不奏效了。现在需要的是主动而非被动的反应,这种提供给客户的主动的反应必须以不增加成本及提供无限的选择权为条件。因此,仓储企业只有不断地探索,主动提供越来越多的适应客户需求的仓储增值服务项目,才能在日益激烈的市场竞争中获得一席之地。很明显,这种主动追求客户化仓储的企业必将是今天乃至将来的成功者。

增值物流服务(Value-Added Logistics Service)旨在完成物流基本功能的基础上,依据客户的需求而提供的各种延伸业务活动。

3.1.3 思考题

(1) 简述仓储在物流系统中的作用和地位。
(2) 将包装或后续生产延迟到仓库进行有何好处?
(3) 结合我国仓储业的现状,分析存在的不足。
(4) 分析我国传统仓储业如何结合自身特点寻求可能的发展方向。

3.2 大连恒新零部件公司配件出入库管理

3.2.1 案例介绍

大连恒新零部件制造公司(以下简称恒新公司),隶属于大连市政府,是大连市五十家纳税大户之一。作为大连市重点企业,恒新公司原材料需求很大,每年采购额约4亿元,所以如何对库存进行管理和控制对企业的发展至关重要。

恒新公司在总结多年实践经验的基础上,制定出下述的出入库管理制度,取得了很好的效果。

1) 验货接运

到货接运是配件入库的第一步。它的主要任务是及时而准确地接收入库配件。在接运时,要对照货物运单认真检查,做到交接手续清楚,证件资料齐全,为验收工作创造有利条件。避免将已发生损失或差错的配件带入仓库,造成仓库的验收或保管出现困难。

2) 验收入库

凡要入库的配件,都必须经过严格的验收。物资验收是按照一定的程序和手续,对物资的数量和质量进行检查,以验证它是否符合订货合同的一项工作。验收为配件的保管和使用提供可靠依据,验收记录是仓库对外提出换货、退货、索赔的重要凭证。因此,要求验收工作做到及时、准确,在规定期限内完成,要严格按照验收程序进行。验收作业程序是:

验收准备→核对资料→实物检验→验收记录

(1) 验收准备 搜集和熟悉验收凭证及有关订货资料,准备并校验相应的验收工具,准备装卸搬运设备、工具及材料;配备相应的人力,根据配件数量及保管要求,确定存放地点和保管方法等。

(2) 核对资料　凡要入库的零配件,应具备下列资料:入库通知单;供货单位提供的质量证明书、发货明细表、装箱单;承运部门提供的运单及必要的证件。仓库需对上述各种资料进行整理和核对,无误后即可进行实物检验。

(3) 实物检验　主要包括对零配件的数量和质量两个方面的检验。数量验收是查对所到配件的名称、规格、型号、件数等是否与入库通知单、运单、发货明细表一致。需进行技术检验来确定其质量的,则应通知企业技术检验部门检验。

(4) 验收记录　如果配件验收准确无误,相关当事人在入库单上签字,以确定收货。如果发现配件验收有问题,则应另行做好记录和签字,并且交付有关部门处理。

3) 办理入库手续

经验收无误后即应办理入库手续,进行登账、立卡、建立档案,妥善保管配件的各种证件、账单资料。

(1) 登账　仓库对每一品种规格及不同级别的物资都必须建立收、发、存明细账,它是及时、准确地反映物资储存动态的基础资料。登账时必须要以正式收发凭证为依据。

(2) 立卡　料卡是一种活动的实物标签,它反映库存配件的名称、规格、型号、级别、储备定额和实存数量。一般是直接挂在货位上。

(3) 建档　历年来的技术资料及出入库有关资料应存入档案,以备查阅,积累零配件保管经验。档案应一物一档,统一编号,以便查找。

4) 出库

为保证配件出库的及时性、准确性,使出库工作尽量一次完成。同时,要认真实行"先进先出"的原则,减少物资的储存时间,严格按照出库程序进行。出库程序是:

出库前准备→核对出库凭证→备料→复核→发料和清理

5) 配件出库前的准备

仓库要深入实际,掌握用料规律,并根据出库任务量安排好所需的设备、人员及场地等。

(1) 核对出库凭证　仓库发出的配件,主要是车间所领用,有少部分对外销售、委托外单位加工或为基建工程所领用。为了确定出库配件的用途,计算新产品成本,防止配件被盗,出库时必须有一定的凭证手续。严禁无单或白条发料。配件出库凭证主要有:领料单、外加工发料单等。保管员接到发料通知单,必须仔细核对,无误后才能备料。

(2) 备料　按照出库凭证进行备料。同时变动料卡的余存数量,填写实发数量和日期等。

(3) 复核　为防止差错,备料后必须进行复核。复核的主要内容:出库凭证与配件的名称、规格、质量、数量是否相符。

(4) 发料和清理　复核无误后即可发料。发料完毕,当日登、销料账、清理单据、证件,并清理现场。

仓库出、人库工作的好坏直接影响企业的秩序,影响配件的盈亏、损耗和周转速度,因此,仓库应努力做好出、人库工作。

3.2.2　案例点评

仓库运作流程是从仓库接收仓储任务开始,在库场准备、接收、堆存、保管、交付的整个作业过程,仓库作业既有装卸、堆垛、搬运、分拣等操作过程,同时也有货物的储位安排、货物验收、单证记录、货物分拣等管理事务。此外,还有着商业活动的收费结算、货物交接等商务作业内容。

仓库出、人库环节多,手续多,数据多,容易出现差错。如何高质量、低成本地做好工作是仓储企业需要考虑并实施的事情。国外很多现代化的仓储服务给我们树立了榜样,其优秀的管理模式、完善的信息系统、先进的设施设备在仓库管理中发挥着巨大的作用。

配件的出、人库是仓库业务管理的重要阶段。人库是物资存储活动的开始,这一阶段主要包括接运、验收和办理入库手续等环节;而出库则是仓库业务的最后阶段,它的任务是把配件及时、迅速、准确地发放到使用对象。我们不仅要有严格的操作程序,还要有先进的操作系统,尤其是信息技术的应用,如条码技术、仓库管理信息系统(WMS)等等。

3.2.3　思考题

(1) 恒新公司的配件出入库管理有何优点?
(2) 恒新公司的配件出入库管理还有哪些地方需要改进?

3.3　先进的货物分拣系统提高物流效率

3.3.1　案例介绍

在传统的货物分拣系统中,一般是使用纸制书面文件来记录货物数据,包括货物名称、批号、存储位置等信息,等到货物提取时再根据书面的提货通知单,查找记录的货物数据,人工搜索、搬运货物来完成货物的提取。在这样的货物分拣系统中,制作书面文件、查找书面文件、人工搬运等浪费了巨大的人力、物力,而且严重影响了物流速度。随着企业竞争的日益加剧,人们对物流的流动速度要求越来越高,这样的货物分拣系统已经远远不能满足现代化物流管理的需要。今天,一个先进的货物分拣系统,对于系统集成商业、仓储业、后勤管理业等都是至关重要的,因为这意味着比竞争对手更快的物流速度,更快地满足客户的需求,其潜在的回报是惊人的。建立一个先进的货物分拣系统,结合有效的吞吐量,不但可以节省数十、数百、甚至数千万元的成本,而且可以大大提高工作效率,显著降低工人的劳动强度。使用这样的货物分拣系统,完全摒弃了使用书面文件完成货物分拣的传统方法,采用高效、准确的电子数据的形式,既提高了生产效率,又节省劳动力;使用这样的货物分拣系统,不但可以快速完成简单订货的存储提取,而且可以方便地根据货物的尺寸、提货的速度要求、装卸要求等实现复杂货物的存储的自动进库、出库、包装、装卸等作业,大大降低了工人的劳动强度,提高了生产效率;使用这样的分拣系统,结合必要的仓储管理条件,可以真正实现仓储的现代化管理,充分实现仓库空间的合理使用,显著提高企业的物流速度,为企业创造并保持市场竞争优势创造良好的条件。

顶峰(Zenith)电子公司是位于亨茨维尔市的 160 000 ft^2(1 ft = 0.304 8 m)的仓库,采用自动识别技术改进了货物分拣系统,从出货到装船,实现了全部自动化操作,显著改善了该公司的物流管理水平。这套系统在基于 Unix 的 HP9000 上运行美国 ORACLE 公司的数据库。服务器由 4 个 900 MHz 的 Norand RF 工作站组成,它连接各个基本区域,每个区域支持 20 个带有扫描器的手持无线射频终端。订单从配送中心的商务系统(在另一 HP9000 上运行的)下载到仓储管理系统(WMS),管理系统的服务器根据订单的大小、装船日期等信息对订单进行分类,实施根据订单分拣与零星分拣两种分拣策略,并且指导分拣者选择最佳分拣路线。

1) 根据订单分拣货物

如果订单订货数量比较大,可以根据订单,一个人一次提取大量订货。货物分拣者从他的无线射频终端进入服务器,选择订单上各种货物,系统会通过射频终端直接向货物分拣者发送货物位置信息,指导分拣者选择最佳路径。货物分拣者在分拣前扫描货柜箱上的条形码标签,如果与订单相符,直接分拣。完成货物选择后,所有选择的货物经由传送设备运到打包地点。扫描货物目的地条码,对分拣出的货物进行包装前检查,然后打印包装清单。完成包装以后,在包装箱外打印订单号条码(使用 CODE-39 条码)。包装箱在 UPS 航运站称重,扫描条形码订单号,并且把它加入到 UPS 的跟踪号和重量信息条码中,这些数据,加上目的地数据,构成跟踪记录的一部分上报到 UPS。

2) 零星分拣货物

小的订单(尤其是 5 磅以下的货)的分拣或者单一路线货物分拣,则采用"零星分拣货物"的策略来处理。信号系统直接将订单分组分派给货物的分拣者,每个分拣人负责 3~4 个通道之间的区域。货物分拣者在他负责的区域内,携带取货小车进行货物分拣,取货小车上放置多个货箱,一个货箱盛放一个订单的货物。如果货架上的货物与订单相符,就把货物放进小车上的货箱,并且扫描货箱上条形码序列号。在货物包装站,打印的包装清单既包括货物条码也包括包装箱序列号。

这一系统方案为顶峰电子公司遍及全美的服务区域提供了电视、录像装备,实现远程监控与订货,装船作业在接到订单 24～48 小时内完成,每日处理订单达到 2 000 份。同时,应用这一系统,顶峰公司绕过了美国国内 60 个,国外 90 个中间商,把产品直接输送到个人服务中心,缩短了产品供应链,大大降低产品的销售成本,显著提高顶峰公司企业的市场竞争能力。

新的货物分拣系统使装船准确率增长到 99.9%,详细目录准确率保持在 99.9%;货物分拣比率显著提高,以前,货物分拣者平均每小时分拣 16 次,现在是 120 次。由于这一系统的运用,劳动力减少到原来的 1/3,从事的业务量增加了 26%。尽管公司保证 48 小时内出货,实际上 99% 的 UPS 订货在 15 分钟内就能完成,当日发出。

3.3.2 案例点评

现今的仓库作业和库存控制作业已十分多样化、复杂化,靠人工记忆去处理已十分困难。如果不能保证正确的进货、验收、质量及发货,就会导致浪费时间,产生库存,延迟交货,增加成本,以致失去为客户服务的机会。采用条码技术,伴以数据的存储、传输、智能软件、计算机技术以及通信网络等。不论物流流向哪里,我们都可以自动记录下物流的流动情况。

先进的货物分拣系统不仅提高了生产效率,节省了劳动力,降低了成本,更重要的是加快了物流速度,减少了物流差错,极大地提高了客户服务的水平。

信息技术能够帮助我们合理地、有效地利用仓库空间,确保库存量的准确性,保证必要的库存水平及仓库中物料的移动,与进货发货协调一致,保证产品的最优流入、保存和流出仓库,从而以最快速、最正确、最低成本的方式为客户提供最好的服务。

3.3.3 思考题

(1) 案例中"订单分拣货物"和"零星分拣货物"两种模式各有何特点?
(2) 该案例对我国传统的仓储业有何启示?

3.4 从传统仓储向现代物流的跨越——中储物流运作模式

3.4.1 案例介绍

中国物资储运总公司(以下简称中储)成立于 1962 年,20 世纪 90 年代就借鉴国外发达国家的经验,提出了从传统储运企业向现代物流企业转变的发展战略。

经过多年的发展,它已从传统仓储企业发展成为中国最大的以仓储、分销、加工配送、国际货运代理、进出口贸易及相关服务为主的综合性物流企业之一。

1) 综合物流

(1) 仓储业务　中储是国内仓储行业龙头企业,拥有多家交易所指定交割库。中储在全国主要城市拥有各类库房、货场、铁路专用线等物流设施,拥有龙门吊、汽车吊、叉车、正面吊等装卸搬运设备,为客户提供货物的储存保管服务。

中储的仓储品种遍及黑色金属、有色金属、煤炭、塑化、橡胶、汽车、家电、纸张、服装纺织品、日用百货等。中储是上海期货交易所、郑州商品交易所、大连商品交易所、全国棉花交易市场的指定交割仓库。

(2) 公路运输　中储拥有大件运输、冷藏运输、集装箱运输、普通货运等各类运输车辆,主要从事超市配送、区域配送、干线运输、大件运输。拥有大型物件运输最高资质,具备了承运长度在 40 m 以上、宽度在 6 m 以上、高度在 5 m 以上、单件重量在 300 t 以上大件设备的运输能力。

(3) 现货市场业务　中储坐拥各地区最大的生产资料实体交易市场。依托得天独厚的仓储配送优势,集商流、物流、信息流、资金流于一体,前厅后库的经营模式,提供工商、税务、银行、结算等一条龙服务,享受政府重点市场优惠政策,是各类商家交易的理想场所和物资集散地。中储目前已建成金属材料、建材、机电、木材、日用百货等各类现货交易市场 17 个,年交易额 1 650 多亿元。

(4) 国际货运代理业务　中储货运代理业务遍布全国各主要港口,专业化的国际国内货运代理网络遍布全国主要港口、中心城市,形成了以多种运输方式覆盖全国、辐射海外的综合货运代理服务体系。以此为基础,为客户提供报关、报检、保险、租船订舱、港口中转、监装监卸、拼装拆箱等多环节服务和"门到门"服务,提供陆运、海运、空运及多式联运服务,做到"一票在手,全程服务。"

(5) 加工业务　中储拥有国内一流的加工剪切设备,实现供应链一体化服务。国内一流的数控开卷校平和线材拉直剪切线,可对冷热轧钢卷、镀锌钢卷、彩钢卷、不锈钢卷板和各类线材等进行开卷、整平、定尺、连续剪切(横切、分条)成不同规格板材和线材,不出库即可实现卸车、剪切、配送一次完成。

(6) 集装箱业务　中储充分利用上海、天津、青岛、大连等港口的物流基地,专业化的集装箱装卸设备和运输车队,可实现拆、装、拼箱,分拨、发运、集港等配套服务。利用铁路专用线优势,开展铁路集装箱的到达和发运业务。

2) 金融物流

中储已与 20 家银行签署了总对总框架协议,合作开展金融物流服务,业务包括动产监管、质押监管、抵押监管和贸易监管,中储还提出了金融物流业务创新模式,将原有提单模式、保兑仓模式、供应链模式等融入其中,并逐步开发新的业务模式。

监管品种包括黑色金属材料及其矿产品、有色金属材料及其矿产品、煤炭、石油、化工、汽车、家电、轮胎、玻璃、化肥、纸业以及农产品等12大类。截至2010年，中储质押业务已推广至全国27个省份，年质押监管规模超过600亿元。

3）国内国际贸易业务

中储依托物流功能和资源优势，可提供全程综合物流贸易。依托覆盖全国的仓储、物流实体网络，中储正逐渐形成以贸易为先导，以物流和套期保值为保障，以金融物流为支持的物流贸易业务模式。中储贸易大力开发关联配套增值服务，满足客户多样化需求，由传统的贸易商不断向综合服务商转变。

国内业务经营范围包括钢材、有色金属、化工等，拥有强大的营销网络和客户群体。国际贸易业务专业定位，主营铁矿石、煤炭、镍矿、锰矿、铬矿等炉料商品的进口业务。

4）物流开发

随着国内物流企业逐步发展壮大，国家放开国内物流政策后，生产型企业、国家重点工程项目逐渐依赖大型的第三方物流企业，向其寻求包括上下游在内的多层面物流服务。

物流开发是中储为适应现代物流发展变化需要，调整、整合系统资源成立的专业经营业务，主要是通过承接大型企业的第三方物流项目，以物流服务业务为纽带，组织系统相关单位，通过内部资源整合，充分体现公司网络、经营、品牌和综合服务优势，积极参与国家重点工程建设，不断扩大中储在高端物流市场的份额。

截至2010年，中储已与新疆天业、厦门象屿、中化集团等大型企业签订了总对总物流协议，服务范围涉及系统多家单位。

5）电子商务

中储电子商务（天津）有限公司（www.cmstecc.com）成立于2010年，是集网上现货交易、行业咨询、交易融资、物流服务、网络技术服务等为一体的全国性综合服务企业，是中储发展股份有限公司的全资控股子公司。

公司的成立标志着传统的大宗物品交易向第三方B2B电子商务交易转变的交易平台已经上线运营。

6）小额贷款

中储小额贷款（天津）股份有限公司是2011年12月31日经天津市人民政府金融服务办公室批准筹建的准金融机构，公司成立于2012年6月29日，注册资本为1亿元人民币，由中储发展股份有限公司作为主发起人，联合中储上海物流有限公司等8家单位共同出资组建。经营范围主要包括：在天津市域范围内办理各项小额贷款、票据贴现、贷款转让、贷款项下的结算以及与小额贷款相关的咨询业务。

中储小额贷款公司业务主要依托中储股份现有成熟的货押和现货市场盈利模式，以完善中储物流链功能为目的，在政策等条件允许的前提下为中储上万家上下游客户提供金融服务,其业务发展前景非常广阔,是母公司中储股份重点培育发展的业务板块。

3.4.2 案例点评

现代物流企业中的相当一部分是由传统储运企业发展而来,发达国家的许多现代物流企业就是在原有仓储运输企业的基础上经过职能扩张成长起来的。在我国发展现代物流的进程中,同样应当利用好传统储运企业的基础优势,以加快我国现代物流的发展。中储是国有大型储运企业向现代物流企业转化的佼佼者,中储的转化发展战略是值得许多同类企业在转型时期借鉴的。

传统储运公司的主要职能就是运输和储存,而现代物流中,运输与储存仍是核心职能,其他职能,如流通加工、配送、装卸、包装、信息服务、货运代理等都是在这个核心职能的基础上逐步发展和深化的。因此,储运业有着向现代物流发展的先天优势和业务继承性。如果能拥有便利的交通条件、较大的占地面积、库房、货场、水电气设施、铁路专用线及运输装卸设备等,与新建物流企业相比,就将获得较大的投资与成本竞争优势。从宏观上看,新中国成立后的三十几年时间里,我国已经建成了具有相当规模的储存、运输体系和网络,如果这些分散在全国各地的储运企业,大多能转型为具有现代理念和运作方式的现代物流企业,实质上是实现了一次规模巨大的、低成本投入下的高收益。

同样,用现代营销理念考察,传统储运企业经过多年的实践,已建立起自己独有的客户群。如果能不断满足客户多元化、个性化的需要,提高服务质量,开发新的客户群,将能加快向现代物流企业转变的步伐。

3.4.3 思考题

(1) 物流的价值源于服务和服务中的增值,中储的增值活动有哪些?
(2) 如何看待物流企业涉足贸易和金融?
(3) 分析传统储运业向现代物流业转型的必要性和可行性。

3.5 金融仓储的探索者——浙江金储

3.5.1 案例介绍

在中小企业"融资难",而银行又"不敢贷"的今天,如何解开这个两难的"魔咒"?浙江涌金仓储股份有限公司(以下简称浙江金储)总裁童天水给出了一个令人鼓舞的答案。

两难的"魔咒"源于如下现实:中小企业经营规模小,品牌信誉度差,占有不动产等社会资源少,无法取得信用贷款和不动产抵质押贷款。因此,中小企业只有用原材料、半成品、产品等动产资源向银行抵质押贷款。过去,银行管理抵质押品的办法是自备仓库雇人看守,不仅不专业,也没精力,同时又面临着动产价值认定问题和动产管理与价值监控问题,处于一种想做—难做—不好做—不敢做的矛盾中,影响了动产质押业务的普及和发展。如果有专业公司将中小企业抵质押给银行的动产进行第三方保管和监管,从而解除了银行对动产抵质押品风险的后顾之忧,信贷资金安全有了保障,银行开展动产抵质押业务的积极性也就有了。

基于此,童天水提出了解决"魔咒"的法宝——"金融仓储"。童总认为,金融仓储是服务于金融业,为银行信贷提供第三方动产抵质押管理仓储服务的商业模式。金融仓储除了一般仓储的存放、配送、保管、维护等基本功能外,还具有贷款抵质押品价值发现、抵质押价值维持与价值实现等功能。其担保模式主要是动产(三方)监管和标准仓单,这是金融业与仓储业的交叉创新。

童总介绍说,金融仓储的具体业务主要有四个方面:一是动产抵质押存放、保管与价值评估;二是动产抵质押价值标准设计,如标准仓单,为银行开展动产抵质押贷款业务夯实基础;三是动产抵质押品价值动态监控与风险提示(包括对金融仓储专用仓库中抵质押品的价值监控和借款企业自身仓库中抵质押品价值的远程监控),根据国际、国内价格走势,向贷款银行及借款企业出具抵质押品价值动态监控报告和风险提示,同时,根据三方协议对抵质押品实施最低价值动态"补差"管理;四是受银行及借款企业委托,开展动产抵质押品变现操作或提供动产抵质押品变现信息和操作建议。

浙江金储从2008年成立以来,已与中国工商银行、中国农业发展银行、华夏银行、广发银行、平安银行、上海浦东发展银行、恒丰银行、渤海银行、杭州银行、上海银行、杭州联合银行、浙江稠州商业银行、浙江泰隆商业银行、嘉兴银行、长兴联合村镇银行、嘉善联合村镇银行等近20家银行开展了动产监管业务合作。监管的物品涉及黑色和有色金属、造纸、化工、纺织、食品、建材、电子机械、交通、农产品、石油、能源等多个行业的产品和原材料,仅2009年就做了16亿元授信。"如果不采取金融仓储模式,这16亿元的资金'甘霖'就洒不到中小企业'干旱'的田地,"童总说,"今年我们预计能做到50亿元的授信。"金融仓储有效地解决了中小企业"融资难"困境。

1) 金融仓储解决"魔咒"的第一把钥匙——"动产(三方)监管"

2008年6月,杭州的一家金属材料企业找到恒丰银行杭州分行,准备贷款1 000万元。让恒丰银行犯踌躇的是,这家企业既无不动产可供抵押,也没找其他企业担保,能作担保物的仅有当时市值1 666.67万元的动产——冷轧钢板。当年冷轧钢板的国际市场价格波动剧烈,要确保贷款安全,恒丰银行必须逐日紧盯冷轧钢板市场行情,同时还得将冷轧钢板拉到自备仓库,雇专人看管。如此高昂的成本和不可控风险,银行显然缺乏积极性。

天无绝人之路,浙江金储前来救驾了。恒丰银行、金属企业与浙江金储经协商,共同签订了《浮动抵押仓储监管三方协议》。金属企业将存放在自家仓库内的1 666.67万元冷轧钢板移交给浙江金储;浙江金储在第一时间派出自己的仓库监管员对金属企业仓库中的货物实施24 h现场监管,并通过视频远程实施监控。浙江金储接管完毕后,恒丰银行就给金属企业发放抵押物6折的贷款——1 000万元。同时,浙江金储以货物初始值设定监管的安全货值线,组织专业人员逐日掌握市场行情,确保仓库中货物价值在每个时点都不低于安全货值线。此外,浙江金储还逐月向银行管理部门提供监管报告,实行严格的监管+补货机制。

2008年10月,国际钢材价格下跌了55%。按照协议,货物价格跌幅大于6%,浙江金储就必须向银行反馈信息,提醒银行调整抵质押物品价格。同时,还必须督促企业及时补货,以防止仓库内抵押品实际货值低于安全货值。从2008年6月到2009年6月1年中,根据浙江金储的监管报告,银行5次调整了抵押物价格,未出现任何风险。2009年6月25日,金属企业如期归还银行贷款本息,银行通知浙江金储解除监管,一笔动产监管业务至此结束。

2) 金融仓储解决"融资难"的第二把钥匙——"标准仓单"

2009年11月27日,绍兴县一家纺织企业把价值661万元的白坯布存放到浙江金储的自备仓库。浙江金储根据抵押物60%放款的原则,在对货物进行验收后,签发了6张标准仓单。企业拿着6张仓单到杭州银行瓜沥支行质押申请了6个月期的366万元贷款。半年到期后,如果企业及时归还了贷款,那么银行就会将标准仓单归还给企业,企业凭标准仓单到浙江金储仓库将货提走;如果企业无法偿还贷款,则银行可以凭标准仓单到浙江金储仓库提货,也可以委托浙江金储按市价将货物变现偿贷。绍兴的这家纺织企业对标准仓单模式称赞有加:"为了货源和价格,我们经常会提前备料,比如一次采购可供一年生产的原材料。这样,我们仓库里就会有一半原材料闲置半年以上,等于半年以上流动资金'死'在库里。有了标准仓单,既可以质押贷款,又加快了资金流转;既节约成本,又扩大了再生产,真是感到方便。"

3) 有利于银行信贷,降低银行信贷风险,解决了银行"不敢贷"疑虑

在杭州召开的"中国金融仓储发展高峰论坛"上,金融仓储模式引发了与会人士的热议。业内人士认为,我国当前银行信贷担保方式多以不动产抵押和企业互保为主,不利于信贷风险的分散。特别是企业互保形式,不是风险的化解,而是风险的累积,累积到一定程度,会产生银行风险的传递与扩散。浙江金储以金融仓储方式开展的动产抵质押贷款,既有充足的动产作为担保,系自偿性信贷产品,又有专业化的金融仓储企业监控动产物资和市场价格波动,还有完善的"补差"机制,保证了抵质押品的"足量、足值"。动产抵质押贷款主要分散于不同的中小企业,可以

降低信贷集中度,分散信贷风险。另外,金融仓储业务还可促进银行信贷以及与之相对应的结算、保险等金融业务的创新与发展。

恒丰银行杭州分行负责人认为,银行动产质押业务之所以一直难以推广,根源在于银行既不可能对所有抵质押品的价格逐日盯盘,也不可能对放在中小企业仓库中的抵押物进行 24 h 监管。有了专业公司做"管家",降低了风险,动产质押业务可以迅速做大。中国人民银行研究局副局长刘萍说:"目前国内(在动产担保物权方面)创新模式有三个方面:一个是客户资源的创新,另一个是客户经营关系的创新,第三是现金流的创新。其中客户资源创新包括了仓单质押、存货质押担保以及相关联的供应链融资等。当初我们研究存货能不能抵质押的条款时,最大的一个问题就是动产易动、价值易失,如何锁定其风险,这是立法者非常关心的问题。今天看到金融仓储将动产担保当中的很多疑点都解决了,以金融化的理念来挑战传统仓储业,这是大胆有益的创新之举。"

要使金融仓储模式常态化,发展成为一个朝阳产业,童总不仅是金融仓储理论的探索者,也是金融仓储实务的拓荒者,他最大的心愿就是将金融仓储商业模式发展成为一个产业,营造一片森林。目前,我国中小企业数量已经超过 4 600 万家,市场容量不容小觑。他感慨地说:"仅仅靠一两家金融仓储公司,能解决多少中小企业的融资难题呢?如果是一个庞大的产业群,那会产生怎样的力量啊!"

童总的想法得到了银行业的认可,中国人民银行杭州中心支行行长刘仁伍认为:"实践证明,金融仓储作为金融机构和中小企业间安全、畅通的桥梁和'黏合剂',其创新与发展对促进我国经济持续健康发展具有非常重要的意义。虽然现阶段我国金融仓储业务规模还很小,但从我国总体环境上看,已经具备了产业化发展的条件。"

童总的想法得到了行业协会的支持。中国仓储协会会长沈绍基在"中国金融仓储发展高峰论坛"上表态,中国仓储协会愿意和其他相关协会一道在深入开展调查研究的基础上,借鉴国外经验,组织制订《仓单》与《动产质押监管条件与规范》两项国家标准,也考虑在条件成熟时组建金融仓储专业委员会,共同推动我国金融仓储的产业化、规模化与规范化。

童总的想法得到了政府方面的共鸣。杭州市市长蔡奇在第四次服务业市长例会上表示,浙江金储实现了在杭州、浙江乃至全国金融业的一种创新,对解决无固定资产、无土地、无房产的小企业融资难问题发挥了独特作用,填补了金融的空白,是为政府和社会分忧的新生事物,政府应当大力扶持。国务院改进小企业金融服务调研组也对金融仓储作用予以充分肯定,认为该模式是小企业融资的有效途径之一,有很大的发展空间。

在采访行将结束时,童总向记者表示:"当前,我国金融仓储还面临着若干挑战。全融仓储像个步履蹒跚学步的孩子,需要政府和社会各界给予更多的呵护和支持;金融仓储和仓储融资市场份额很弱小,尚未形成产业氛围和品牌影响,需要银行业、企业界形成更普遍的共识;在传统仓储业兼营副业环境中,动产监管缺行业标准,市场营销秩序亦不够规范,影响着产业发展,需要环境的优化和完善。我相信'沉舟侧畔千帆过,病树前头万木春',金融仓储这个新生事物必将冲破一切艰难险阻,在我国大地上开花结果、春色满园。"

3.5.2 案例点评

物流金融是为物流产业提供资金融通、结算、保险等服务的金融业务,它伴随着物流产业的发展而产生。在物流金融中涉及三个主体:物流企业、客户和金融机构。物流企业与金融机构联合起来为资金需求方企业提供融资,物流金融的开展对这三方都有非常迫切的现实意义。由于国内中小型企业存在着信用体系不健全的问题,所以融资渠道贫乏,生产运营的发展资金压力大。金融物流服务的提出,可以有效地支持中小型企业的融资活动。另外,金融物流可以盘活企业暂时闲置的原材料和产成品的资金占用,优化企业资源。对于第三方物流企业而言,金融物流可以提高企业一体化服务水平,提高企业的竞争能力,提高企业的业务规模,增加高附加值的服务功能,扩大企业的经营利润;对于供应链企业而言,金融物流可以降低企业的融资成本,拓宽企业的融资渠道,可以降低企业原材料、半成品和产品的资本占用率,提高企业资本利用率,实现资本优化配置。

据统计,全国范围的动产(存货)资产量达到 70 万亿元人民币,如果其中 10% 适用于放贷,则市场容量达到 7 万亿元人民币。国内一般制造业资本存货比在 10%~20%,商贸业的资本存货比在 30%~50%,甚至更高,而目前全国抵质押物贷款比重不高,动产抵质押贷款则是刚刚起步。

浙江金储的仓储金融服务为第三方物流企业,尤其是仓储物流企业拓宽经营思路和经营渠道做出了很好的示范。我国中小企业数量庞大,融资需求众多,金融仓储市场具有巨大的拓展空间。

3.5.3 思考题

(1) 物流金融的创新模式有哪些?
(2) 何谓金融仓储?有哪些模式?
(3) 质押物资的选择条件有哪些?
(4) 质押物资的监管方式有哪些?
(5) 金融仓储存在哪些经营风险?
(6) 物流企业、客户和金融机构如何实现共赢?

3.6 CMSC汽车零部件配送中心业务优化

3.6.1 案例介绍

南京长安民生住久物流有限公司(CMSC)是一家新型的现代化第三方物流企业,公司于2007年7月26日成立,注册资金1亿元人民币,是由重庆长安民生物流股份有限公司、日本住友商事株式会社合营组建。

公司主要为汽车生产厂商及相关汽车零部件供应商提供第三方物流服务,服务内容主要包括:国内外零部件运输、散杂货运输、大型设备运输、仓储管理、生产配送、模块化分装、厂内物料操控、保税库管理、商品车仓储管理及发运、售后件仓储及发运、物流方案设计、包装规划设计制作等全方位的物流服务。

CMSC零部件配送中心(以下简称CMSCL-DC)主要为客户提供仓储、装卸搬运、分装、换装、分拣、JIT配送、空盛具管理、质检以及包装设计等综合一体化的物流服务。CMSCL-DC的上游为南京本地及外地的汽车零部件供应商,通过送货上门和主动取货模式将零部件配送给下游整车厂或进入配送中心暂存。下游主要为长安马自达汽车有限公司(以下简称CMA)和长安福特马自达发动机有限公司(以下简称CFME)提供及时准确的汽车零部件配送服务,如图3.1所示。

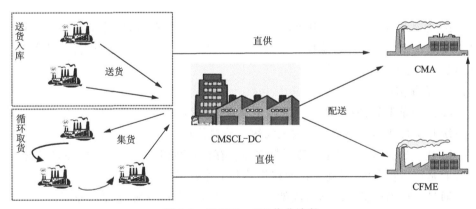

图3.1 CMSCL-DC作业流程

CMSCL-DC在多年的运营实践中,善于发现、分析并修正业务流程和操作方法存在的问题。以下就配送中心入库、在库及出库三个环节回顾其优化措施。

1)入库业务分析与优化

零部件入库是DC的第一个作业环节,根据供应商的地理位置不同,入库采用供应商送货(外地供应商)和循环取货(本地供应商)相结合的方式。

(1)送货入库流程分析与优化 供应商送货入库作业流程为:车辆入厂→核

对信息→叉车卸货→核对货物→运往储存区→打印收货单→签字核对→开出门证→车辆出库。分析整个流程各环节平均作业时间,如图3.2所示。

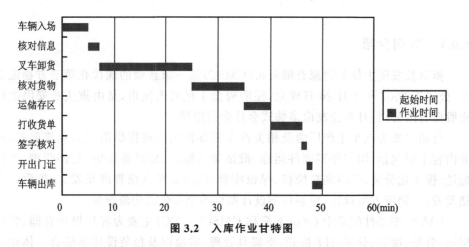

图3.2 入库作业甘特图

上图说明整个作业时间约为50 min,其中卸货到打印收货单用时较长。

① 流程存在的问题

a. 验收繁琐:车辆到达卸货,叉车每叉一托货,收货员都要核对货物信息,并且是人工纸记操作,工作效率低,错误率大,还导致整个卸货作业流程缺乏连贯性,耗时长。

b. 无暂存区:由于场内用地紧张,没有设立货物暂存区,因此叉车每叉一托货都需要送往储存区储存。这样导致的问题有:叉车卸货作业缺乏连贯性,叉车在途耗时长,影响送货车及时返回。

② 优化措施

a. 使用条形码:零部件实行条码化管理,收货员扫描到货条形码,信息录入信息系统并实行共享。扫描条码大大缩短了核对信息与核对货物的时间。

b. 建立暂存区:通过建立巧固架立体暂存区,使货物不需要经过长路程运往储存区而是放在暂存区,提高了作业连贯性和工作效率。

通过条形码信息系统和巧固架立体暂存区的建立,作业流程从原来的9个步骤缩减到现在的8个步骤:车辆入厂→扫描条码→叉车卸货→运往暂存区→打印收货单→签字核对→开出门证→车辆出库。

优化后平均作业时间为23 mim左右,比以前的50 min节省了27 min。所以条形码信息系统化和巧固架暂存区的建立很好地解决了入库作业耗时长、效率低、成本高的问题。

(2) 循环取货流程分析与优化 循环取货(Milk-run)模式是配送中心用同一运输车辆从多个供应商处装载零配件的模式。具体运作方式是在固定的时刻,卡车从整车厂出发,到各个特定供应商处,依照特定的线路,装载特定的货量。目前,南京地区的零部件供应商有几十家,CMSCL-DC 可以循环取货方式,取货入库或直接配送给下游生产商。

① 存在的问题

南京本地的循环取货流程是:单据制作→派单扫描→车辆跟踪→供应商交货→交付扫描。目前该流程实施时存在的主要问题是:

a. 车辆标准不统一:南京地区循环取货业务外包给 4 家承运商,各承运商车辆来源复杂,尺寸不统一且经常变动。为了满足取货需求以及提升车辆的装载率,需要对车辆内径定期测量。

b. 驾驶员扫描不及时:派单扫描是确保车次准确跟踪的前提。有时出现驾驶员未将单据交操作员扫描或不及时扫描,影响后续车次的跟踪。

c. 供应商出货不及时:主要原因有 DC 未及时告知供应商取货计划或变更计划,供应商因设备等故障未及时生产,供应商装卸速度慢。

② 优化措施

a. 统一车辆标准:公司商务部与外包商签订合同时必须明确车辆的车型、尺寸以及车况,便于调度派车作业,保证取货质量。

b. 自助派单扫描:采用可视化电子看板操作,驾驶员自主取单和交单,不仅节约了操作员扫描时间,而且可直观地看到不同线路的取货情况(单据蓝联是已交付的回收单据,白联是未取的装箱单)以及是否存在延迟。

c. 与供应商及时沟通:取货计划通常是 DC 制作好后以邮件形式发送给供应商,DC 需要根据零件的数量、种类及交付期给予供应商足够的生产提前期,确保供应商及时交货。遇有计划变更,要及时电联供应商做好应急准备。供应商无法准时出货时,DC 可协调供应商自送给生产厂。

2) 换装业务分析与优化

换装是 DC 最基础的作业,其职能是按照 CFME 和 CMA 的订单计划进度及零部件供应商提供的作业指导书进行一次性包装(供应商到货原包装)转换成生产循环包装的操作。

(1) 换装业务流程分析与优化 换装业务流程为:单据核对→打钩确认→进行换装→贴上标签→打包暂存。

首先换装员需要将需换装的零部件明细与实物进行核实,然后在需换装的零部件明细上打钩确认,接着进行换装,最后将标签贴在已经换装完毕的箱子上,打包,结束换装。

优化措施:

换装过程中经常会出现箱子的外标签与箱内的实物不符,为了防止供应商到货有误,增加"首件核对"环节,优化后流程为:单据核对→首件核对→打钩确认→

进行换装→贴上标签→打包暂存。

通过"首件核对"可以及时发现供应商的到货错误问题,也能减少换装作业过程中的单货不符现象。

(2) 换装业务操作分析与优化

① 换装组在实际操作过程中存在的问题

a. 混装、短装或溢装现象:换装过程中汽车零部件的相似件较多,经常会出现相似件混装的现象;零部件到达主机厂后有时会发现箱内货物多装或者少装的现象。

b. 进度不快:换装的进度有时赶不上交付的进度。

c. 零件损伤:DC换装作业使用的工具为美工刀,比较锋利,汽车零部件尤其是油管之类的部件容易被划伤。

② 优化措施

a. 相似件隔离:为了有效地减少混装现象,可以将相似件放至不同的换装区域进行换装。

b. 分头换装:换装的过程要改变之前所有换装人员同时换一种零件的状况,这样经常会出现换装交付不上的现象。要将同一时间节点上的货物及时交付,换装人员需在不同时间点去换装不同的货物。

c. 改善换装工具:为了防止多装或者少装的现象出现,可以在空盛具上进行改变,给空盛具添加内衬,规定好每个空盛具需放入的数量,这样换装人员可以一眼看出零部件是否多装或少装;为了防止美工刀的开箱过程中会划伤汽车零部件,可以将美工刀改成平口剪刀。

3) 配送业务分析与优化

CMSCL-DC发运组主要职责是根据CFME和CMA的订单信息完成小批量、多品种、多批次的准时配送,以帮助CFME和CMA实现零库存的目标,减少零部件的占地面积。

(1) 配送业务流程分析与优化 发运组的配送业务流程如下:调度员备货→扫描出库→调度装车→检查装车。

调度员在备货区清点箱数,核对装箱单与实物是否相符;订单员将扫描卡信息扫描录入WMS系统并打印出装箱单,核对扫描卡信息是否与装箱单一致;调度拿到装箱单后,指挥叉车进行货物的装车,核对实物与装箱单是否一致;装车完成后,根据装车标准进行检查,及时调整装车不规范的货物,从而降低运输途中的风险。

优化措施:

CMSCL-DC主要为CMA和CFME提供汽车零部件配送服务,两家公司都在南京市江宁区,当每家送货量不足整车时,可借鉴"循环取货"方式实行"循环送货"(急件除外)。

为了保证对 CFME 和 CMA 的需求计划进行 JIT 循环配送,必须将送货时间、运输时间、装载时间、卸货时间等设置、协调好,并严格执行与控制。上下游信息必须及时传递与共享,当 DC 接到 CFME 或 CMA 发出的确定订单时,按照"循环送货"模式制订分拣、备货、换装及调度发运计划,同时生产商收货组按到达时间点和货物明细做好接货准备。循环配送结束将周转空料箱随车带回 DC。

(2) 配送业务操作分析与优化

① 发运组在实际操作过程中存在的问题:

a. 零部件混发:配送过程中会出现零部件混装车的现象,例如:FN1 的货物送至了 FN2 的卸货口。

b. 应急响应差:面对汽车零部件急件时,不能及时配送到主机厂。

c. 延迟交付:部分汽车零部件经常出现延迟交付的现象。

② 优化措施

a. 备货标识化:在备货环节中,调度员不仅需要清点箱数,而且还挂上指示牌,将不同卸货口的货物用不同颜色的标识牌标识。急件用红色显目表示,这样可以提示调度员优先发货,还可以减少混装车并很好地处理急件。

b. 零部件分类管理:为减少 DC 的部分货物经常出现的延迟交付现象,发运组可以根据延迟交付情况对零部件进行 ABC 分类管理,高度关注 A 类货物,如表 3.1 所示。

表 3.1 零部件 ABC 分类

分类	分类原则	关注度
A	经常延迟交付的零部件	高度关注,要求 A 类货物提前一天送至发运备货区
B	偶尔延迟交付的零部件	中度关注,要求 B 类货物提前半天送至发运备货区
C	一直正常交付的零部件	低度关注,要求 C 类货物提前 2 小时送至发运备货区

3.6.2 案例点评

汽车制造厂商普遍采取的是外协零部件、流水线式装配生产模式。汽车制造所需的零部件有上万种,因此汽车零部件物流涉及面广、技术性强、复杂程度高。汽车制造厂商通常是将物流外包给第三方物流服务商。物流商零部件配送中心作业的有序性、及时性和准确性直接影响到整车厂的生产,也关系到自身的经营效益。

流程优化是对现有工作流程的梳理、完善和改进的过程。流程优化不仅仅指做正确的事,还包括如何正确地做这些事。为了解决企业面对新的环境,在传统以职能为中心的管理模式下产生的问题,必须对业务流程进行重整,以便在当今衡量绩效的关键(如质量、成本、速度、服务)上取得突破性的改变。

流程优化是物流企业发展的一项重要策略,只有不断改进、完善、优化业务流程才能保持企业的竞争优势。本案例通过对 CMSCL-DC 业务流程和业务操作的分析,找出该零部件配送系统的从货物入库、在库换装到出库配送三个环节存在的一些不合理地方,进而提出了相应的优化措施。作为第三方物流供应商的配送中心,只有不断地创新和改善,提升作业流程和作业方式的科学性、合理性和先进性,向精细化和专业化方向发展,才能持续提升企业的经营效益和客户满意度。

3.6.3 思考题

(1) 简述汽车零部件配送中心的主要业务环节。
(2) 配送中心配送模式有哪些?分别适用何种情况?
(3) 何谓循环取货?使用的条件和注意事项有哪些?
(4) 何谓流程优化?简述业务流程优化的工作过程。
(5) ABC 分类管理可运用于配送中心的哪些业务中?

3.7 联华生鲜食品加工配送中心

3.7.1 案例介绍

上海联华生鲜食品加工配送中心是我国国内目前设备最先进、规模最大的生鲜食品加工配送中心,总投资 6 000 万元,建筑面积 35 000 平方米,年生产能力 20 000 吨,其中肉制品 15 000 吨,生鲜盆菜、调理半成品 3 000 吨,西式熟食制品 2 000 吨,产品结构分为 15 大类约 1 200 种生鲜食品;在生产加工的同时配送中心还从事水果、冷冻品以及南北货的配送任务。连锁经营的利润源重点在物流,物流系统好坏的评判标准主要有两点:物流服务水平和物流成本。

生鲜商品按其秤重包装属性可分为:定量商品、秤重商品和散装商品;按物流类型分:储存型、中转型、加工型和直送型;按储存运输属性分:常温品、低温品和冷冻品;按商品的用途可分为:原料、辅料、半成品、产成品和通常商品。生鲜商品大部分需要冷藏,所以其物流流转周期必须很短,节约成本;生鲜商品保值期很短,客户对其色泽等要求很高,所以在物流过程中需要快速流转。两个评判标准在生鲜配送中心通俗的归结起来就是"快"和"准",下面看联华生鲜配送中心是如何做的。

1) 订单管理

门店的要货订单通过联华数据通讯平台,实时的传输到生鲜配送中心,在订单上制定各商品的数量和相应的到货日期。生鲜配送中心接受到门店的要货数据后,立即到系统中生成门店要货订单,按不同的商品物流类型进行不同的处理:

(1) 储存型的商品。系统计算当前的有效库存,比对门店的要货需求以及日均配货量和相应的供应商送货周期自动生成各储存型商品的建议补货订单,采购人员根据此订单再根据实际的情况作一些修改即可形成正式的供应商订单。

(2) 中转型商品。此种商品没有库存,直进直出,系统根据门店的需求汇总,按到货日期直接生成供应商的订单。

(3) 直送型商品。根据到货日期,分配各门店直送经营的供应商,直接生成供应商直送订单,并通过EDI系统直接发送到供应商。

(4) 加工型商品。系统按日期汇总门店要货,根据各产成品或半成品的BOM表计算物料耗用,比对当前有效的库存,系统生成加工原料的建议订单,生产计划员根据实际需求做调整,发送采购部生成供应商原料订单。

各种不同的订单在生成完成或手工创建后,通过系统中的供应商服务系统自动发送给各供应商,时间间隔在10分钟内。

2) 物流计划

在得到门店的订单并汇总后,物流计划部根据第二天的收货、配送和生产任务制订物流计划。

(1) 线路计划。根据各线路上门店的订货数量和品种,做线路的调整,保证运输效率。

(2) 批次计划。根据总量和车辆人员情况设定加工和配送的批次,实现循环使用资源,提高效率;在批次计划中,将各线路分别分配到各批次中。

(3) 生产计划。根据批次计划,制订生产计划,将量大的商品分批投料加工,设定各线路的加工顺序,保证和配送运输协调。

(4) 配货计划。根据批次计划,结合场地及物流设备的情况,做配货的安排。

3) 储存型物流运作

商品进货时先要接受订单的品种和数量的预检,预检通过方可验货,验货时需进行不同要求的品质检验,终端系统检验商品条码和记录数量。在商品进货数量上,定量的商品的进货数量不允许大于订单的数量,不定量的商品提供一个超值范围。对于需要重量计量的进货,系统和电子秤系统连接,自动去皮取值。

拣货采用播种方式,根据汇总取货,汇总单标注了从各个仓位取货的数量,取货数量为本批配货的总量,取货完成后系统预扣库存,被取商品从仓库的仓间拉到待发区。在待发区配货分配人员根据各路线各门店配货数量对各门店进行播种配货,并检查总量是否正确,如不正确向上校核,如果商品的数量不足或其他原因造成门店的实配量小于应配量,配货人员通过手持终端调整实发数量,配货检验无误后使用手持终端确认配货数据。

在配货时,冷藏和常温商品被分置在不同的待发区。

4) 中转型物流运作

供应商送货后先对商品预检,预检通过后方可进行验货配货;供应商把中转商品卸货到中转配货区,中转商品配货员使用中转配货系统按商品所在路线、所在门店的顺序分配商品,数量根据系统配货指定的指令执行,贴上物流标签。将配完的商品采用播种的方式放到指定的路线门店位置上,配货完成统计单个商品的总数量或总重量,根据配货的总数量生成进货单。

中转商品以发定进,没有库存,多余的部分由供应商带回,如果不足在门店间进行调剂。

三种不同类型的中转商品的物流处理方式：

（1）不定量、需要称重的商品。设定包装物皮重;由供应商将单件商品上秤,配货人员负责系统分配及其他控制性的操作;每箱商品上贴物流标签。

（2）定量的大件商品。设定门店配货的总件数,汇总打印一张标签,贴于其中一件商品上。

（3）定量的小件商品(通常需要冷藏)。在供应商送货之前先进行虚拟配货,将标签贴于周转箱上;供应商送货时,取自己的周转箱,按周转箱标签上的数量装入相应的商品;如果发生缺货,将未配到的门店(标签)作废。

5) 加工型物流运作

生鲜的加工按原料和成品的对应关系可分为两种类型：组合和分割,两种类型在 BOM 设置和原料计算以及成本核算方面都存在很大的差异。在 BOM 中每个产品设定一个加工车间,只属于唯一的车间,在产品上区分最终产品、半成品和配送产品,商品的包装分为定量和不定量的加工,对于称重的产品或半成品需要设定加工产品的换算率(单位产品的标准重量),原料的类型区分为最终原料和中间原料,设定各原料相对于单位成品的耗用量。

生产计划或任务中需要对多级产品链计算嵌套的生产计划或任务,并生成各种包装生产设备的加工指令。对于生产管理,在计划完成后,系统按计划内容出标准领料清单,指导生产人员从仓库领取原料以及生产时的投料。在生产计划中考虑产品链中前道与后道的衔接,各种加工指令、商品资料、门店资料、成分资料等下发到各生产自动化设备。

加工车间人员根据加工批次加工调度,协调不同量商品间的加工关系,满足配送要求。

6) 配送运作

商品分拣完成后,统一先堆放在待发库区,按正常的配送计划,这些商品在晚上送到各门店,门店第二天早上将新鲜的商品上架。在装车时按计划,根据路线、门店顺序进行,同时抽样检查准确性。在货物装车的同时,系统能够自动算出包装物(周转箱)的各门店使用清单,装货人员也据此来核对差异。在发车之前,系统根据各车的配载情况打印出各运输的车辆随车商品清单及各门店的交接签收单和发货单。

商品到门店后,由于数量的高度准确性,在门店验货时只要清点总的包装数量,退回上次配送带来的包装物,完成交接手续即可,一般一个门店的配送商品交接只需要5分钟。

3.7.2 案例点评

生鲜食品是超市吸引客流、提高贵客光顾的重要品类,同时也是损耗最大和消耗人力最多、销售成本较高的商品。

生鲜食品的加工配送历来是配送中心的一个难题。生鲜食品大部分需要冷藏,所以其物流周转周期必须很短,才能节约成本;生鲜食品保质期很短,消费者对其色泽等要求很高,所以在物流过程中需要快速流转;生鲜食品的加工又涉及配料问题,加工计划和成本很难控制。

上海联华采用生鲜食品分类管理,制订不同的物流计划,大大缩短了生鲜食品的物流周转周期,提高了食品的保鲜度,降低了库存,减少了生鲜食品的加工混乱现象,有效地控制了物流成本。

3.7.3 思考题

(1) 食品配送模式有哪些?简述其流程。
(2) 配送中心的类型有哪些?各有何特点?
(3) 联华生鲜食品加工配送中心的作业流程有何特点?

3.8 江西新华书店物流配送系统

3.8.1 案例介绍

王晨是江西省新华书店联合有限公司下属的一家连锁书店的进货员,他每天的采购流程十分简单:登录江西新华的网站,输入连锁店用户名和密码,查看当日最新书目、本店和总店各类图书的销售和库存情况,填写网上订单并确认,总部在24小时内就能够完成配货。或者,王晨还可驱车4公里,来到南昌市京东开发区宽敞的连锁物流信息中心展示大厅挑选陈列样书,把通过PDA掌上电脑无线订货系统传送的配货信息,上传到总部的计算机中心。同样的,24小时内图书将准确配货到位。

这种全新的采购方式得益于2003年9月正式运行的江西省新华书店联合有

限公司(以下简称"江西省店")连锁物流配送系统。上述订货信息经过商流系统软件(NVS 软件)与物流系统软件(EXCEED 软件)的数据转换,自动在各库区形成拣货单,进而在电子标签的引导下快速执行拣货和配货。入库上架的商品由物流系统进行管理,采用了储位管理的方法——所有储位以储位码为作业判断的依据,物流系统收到商流系统转来的批销单进行确认,作业人员根据电子标签进行拣货作业。

这套现代化的物流系统使得江西省店在面对新的市场竞争时有了底气。

1) 迫不得已的连锁

目前全国各地的新华书店虽然使用同一个注册商标,但其实大都没有产权关系,全国拥有独立法人地位的新华书店就有 2 700 多家。同一个省、市、县,招牌完全相同的新华书店,却可能没有任何隶属关系。实行连锁经营不仅能够提高新华书店在业内的竞争力,对于维护品牌也有重要意义。

1999 年 10 月,江西省新华书店、省外文书店和南昌市新华书店 3 家合并,组建了江西省新华书店联合有限公司。如今江西省店已经与全省 11 个中心门店和部分县店建立了跨地区的直营连锁经营关系,与 40 余家符合条件的书店建立了加盟连锁关系,还有行业外的加盟店 3 个,初步建立了江西省新华书店系统连锁经营体系。

目前,全国绝大多数新华书店的销售收入和利润有一半以上都来自于中小学教材以及辅导材料。以江西省店为例,教材类占其总收入的 60% 以上,而一般图书及音像制品的收入还不足 40%。

2001 年开始,我国已经在安徽、福建、重庆等地进行中小学教材招标试点工作,而今年下半年教材招标仍会继续。对于新华书店而言,这项举措意味着要将一块大肥肉拿出来分给大家,以后如果想要有好日子过,就必须能够在公平的竞争中把这块肥肉抢回来。

2) 建立新的物流平台

销售一般图书看似有巨大的折扣空间,但是由于运作成本极高,去年整个行业的利润率仅为 4.3%。消费者对于图书的偏好差异很大,对时效的要求也很高,书店往往需要有大量的储备才能满足各种不同人群的需要,而且新书超过一定时期以后就不会再有人来买。所以,书店对于图书的快速周转要求相当高,新书要能在最短的时间出现在货架上,过期的难以销售的图书要尽快从货架上撤下退还给出版商。

实施连锁经营后,江西省店的连锁门店的进货权被取消。由于信息不畅通,总店的业务部门无法了解连锁门店的实际需求与销售动态,对所配发的图书品种是否对路、数量是否恰当都不太了解,只能凭臆想办事,造成销售量下降。此外,配送不快捷、退货不及时都严重制约着连锁店的销售,有的店面一天营业金额甚至只有

1 000 元左右。

涂华深知,要彻底解决这几大瓶颈问题,只有通过建设现代化的物流配送系统,使商流、物流、信息流在同一个系统中有效集成。但他也看到,光凭新华书店自身的力量很难建设一个优良先进的现代化系统,于是萌发了借助外力的想法。

在《中国图书商报》组织的一次论坛上,涂华结识了第一次来内地的台湾诚品开发物流股份有限公司执行副总经理李介修,并了解到诚品书店与诚品物流的运营模式及经验。如获至宝的涂华在与公司领导班子碰头后,马上打电话给正在台北高速公路上开车的李介修,急切地表明了合作意图。刚巧那天正好是李介修的生日,答应起来自然爽快。事后李介修还开玩笑说两家公司蛮有缘分的。为了表明诚意,2003 年 3 月 18 日李介修再次来到南昌洽谈合作事宜。随后的一切都异常顺利,双方共同进行了连锁物流系统的规划设计、系统引进、整合、上线工作。

最终,一个集商流、物流、信息流、资金流"四流合一"的现代化经营平台——连锁物流配送系统于 2003 年 9 月正式上线成功。目前,这个连锁物流中心已经具备了 20 万个流转品种、30 亿元人民币的年出版物处理能力,不仅完全满足了全省新华书店系统连锁经营的需要,还可以为省内外出版社提供商品储存、理货配送、退货处理、信息交流在内的各类物流代理服务。江西省店还打算逐步延伸服务范围和领域,开拓行业外市场。

上了系统之后,各连锁店的作业效率得到了大幅提高,总部与连锁门店销售猛涨,库存下降,资金周转加速,退货率、差错率大大降低。现在,总部收到连锁门店的订单,正常情况下 24 小时内保证发货,退货率平均控制在 20% 以内,差错率几乎可忽略不计。外地连锁门店的进货员只需轻点鼠标,即可完成进货工作,省去了出差时间和成本不说,还加强了精确度。此外,公司的每一项成本都有据可查,包括员工的工作量都实行数字化管理——数据录入员准确录入 1 条信息 1 角钱,录错 1 条信息罚款 10 元钱。可以说这套物流系统的使用,使得江西省店完成了从粗放型管理到精细化管理的转变。

这项系统的投资包括物流中心土建部分 7 000 万元,信息系统及关键设备 2 600 万元,总计将近 1 亿元。江西省店平均每年的销售额也就十几个亿,去年是 13 亿元,税前利润为 3 080 万元,上交 33% 的所得税后每年留下来的净利润大概只有一两千万。这次投资花掉了江西省店几年来的结余,但是涂华觉得非常值得。

3.8.2 案例点评

在连锁经营中,信息一体化是非常重要的,要实现统一采购、统一结算、统一配送,离不开统一的信息实时共享平台的支撑。信息系统就像一根绳子将总部、门店、配送中心的各项业务串了起来。

随着我国图书事业的蓬勃发展,图书物流市场的前景格外诱人。江西新华书店连锁物流配送系统的成功运行,为我国的新兴图书、出版领域的物流服务树立了典范,希望该系统能对我国图书物流服务的发展起到良好的示范和推动作用。

3.8.3 思考题

(1) 简述信息技术在物流配送中的重要性。
(2) 案例中的连锁物流配送系统起到哪些作用?
(3) 除了信息系统,你认为图书物流还有哪些工作要做?
(4) 面对信息系统的巨大投资,如果你是老总,该如何考虑和决策?

4　物流运输与包装

【本章综述】

　　货物运输是企业物流工作的核心业务之一,也是整个物流链运作与管理不可缺少的重要环节。从物流系统的功能看,运输实现物品空间位置的转移,并创造物流的空间效用。物流活动的其他各环节都是围绕着运输和储运而进行的。从经济体系的角度看,运输业是国民经济的一个重要经济部门,是实现物流系统输送功能的产业。

　　目前,在我国运输活动中,主要有铁路运输、公路运输、水陆运输、航空运输和管道运输等运输方式。随着现代物流运输业的不断发展,运输设备、运输方式也正朝着简便、高效、高适应性和标准化的趋势发展,以集装箱作为运输单位进行货物运输的现代化运输方式被越来越多的应用在物流运输业,集装箱运输的发展有效地提高了运输质量,降低了货运成本,提高了装卸效率,简化了货运手续,增强了运输的连续性,同时促进了国际多式联运的发展。

　　企业物流系统运作中,合理运输非常重要,运输合理化的影响因素很多,起决定性作用的因素主要有五个方面:运输距离、运输环节、运输工具、运输时间、运输费用,它们被称为合理运输的"五要素"。综合来说,就是从物流系统的总体目标出发,运用系统理论和系统工程原理和方法,选择合理的运输路线和运输工具,以最短的路径、最少的环节、最快的速度和最少的劳动消耗组织好运输活动。

　　现代物流观认为:包装是生产的终点,物流的始点。作为生产的终点,即最后一道工序,包装标志着生产的完成;作为物流的始点,包装完成后便具有物流的能力,在整个物流过程中包装要发挥对产品的保护作用。

　　大部分商品在通过综合物流系统时需要保护。包装不仅仅有助于防止盗窃和损坏,而且也有助于推销商品,使客户得知产品信息。包装还与生产有关,包装的大小、形状和材料极大地影响着劳动生产效率。尽管包装不像运输一样昂贵,但包装占了综合物流成本的10%。物流业务中,可以通过协调包装模数与物流模数;采用机械化包装作业;采用大型化和集装化包装;采用轻薄化包装;实行标准化包装作业;实现包装的循环利用;采用周转包装等办法实现物流包装的合理化。

4.1 大连港甩挂运输持续高位增长

4.1.1 案例介绍

作为近年来一种新兴的物流模式,甩挂运输(Drop and pull transport)因为显著降低运营成本、符合国家节能减排政策,呈现出快速增长势头。大连港集团有限公司(以下简称大连港)抢抓机遇,放大自身优势,全力发展甩挂运输,通过确立先发优势,实现差异竞争,提升了港口核心竞争力。连续3年,出港的甩挂车辆增长超过70%,2013年更是同比增长165.3%。近几年,大连港一直瞄准甩挂运输,全力做大做实这一新兴物流,经过前期的渠道建设、设施完善等打基础工作后,甩挂运输开始崭露头角,形成了一条高速增长曲线,成为大连港转型发展中一个新的增长点。

国内甩挂运输兴起于20世纪80年代,其作业方式是牵引车头将载有货物的挂车牵引到客货滚装船上并甩下,然后车头下船。挂车经船运到目的港后,再由对方牵引车头将挂车拖运下船,从而完成货物的海运。

甩挂运输与传统的客货滚装运输方式相比,具有时间短、货物装载效率高、车辆运力周转快、企业运营成本低等多重优势,因而成为近年来增长迅速的物流模式。目前发达国家的大型货运企业几乎无一例外地采用甩挂运输。

据有关部门测算,如果在中国现有的海上运输载货汽车中全面实行甩挂运输,货运企业可削减一半以上的牵引车购置成本,而车辆平均运力可提高将近一倍,运输成本可降低近一半。

正是因为符合国家的节能减排战略,甩挂运输成为政策鼓励的物流模式。大连港相关负责人表示,大力发展陆海联运的甩挂运输,做大做强客滚板块,不仅是企业顺势而为,也是港口提升内在核心竞争力必要手段,在市场竞争中实现差异化竞争和先发优势的必然选择。

自2007年烟台至大连航线首次陆海甩挂运输尝试成功,2008年,大连港集团客运总公司就率先在烟大航线开展了陆海联运、甩挂运输项目试点。2011年,该项目被列入国家级试点项目。2012年,大连港加快了老港区改造和战略调整,将客货滚装功能逐步由临近市中心的老港区向距高速公路出入口最近的大连湾港区进行转移,并改扩建了4个可以靠泊大型滚装船的泊位和占地3万 m^2 的物流园起步区。

新的功能布局为滚装运输和甩挂物流的发展提速创造了良好条件。依托东北腹地及环渤海经济圈,大连港客运部门先后走访了龙江集团、长春一汽等东北多家甩挂运输专业公司,并积极拓展辽鲁两地甩挂运输业务,搭建甩挂物流平台。

2013年,大连湾物流园成功将大连连屿货运、烟台鲁辽甩挂物流、烟台运联物流、大连晓荣水产等 4 家企业引入物流园区。同年 10 月,大连港与烟台打捞局签订了长期战略合作框架协议。统计数据显示,2013 年大连港客运总公司共完成进出港甩挂车 1.3 万辆,其中出港 0.7 万辆,甩挂运输量连续 3 年实现高速增长。2014 年 1 至 7 月份,大连港已完成累计出港甩挂车 0.57 万辆,较 2013 年同期相比增长 43.4%。预计全年可完成的进出港甩挂车将突破 2 万辆。

业内预计,甩挂运输仍有巨大的增长空间。大连港客运总公司已经制定了"一三一三"战略,全力发展甩挂业务,加快港口的转型发展。其中包括吸引更多甩挂企业驻港合作,积极争取甩挂基地节能项目尽快落地,力争甩挂企业国家试点立项,大力推进以甩挂运输和分拨配送为重点的大连湾临港综合物流园建设,扩大与渤海湾各港口、船公司在业务及资产层面的合作。

2014 年 8 月,大连港集团在甩挂运输上实现了新的突破。其旗下的客运总公司加入了由 40 家港航企业、货运企业联合组成的鲁辽吉黑物流甩挂联盟。由于该联盟成员涵盖了东北腹地的主要货运企业、鲁辽两地港口和船舶公司,通过结盟,联盟成员可共享货源、站场、运力、信息等资源,不仅可有效地破解以往制约甩挂物流发展的货源不均衡、车型不统一、物流设备不标准等难题,还能促进整个东北和山东两地甩挂市场的繁荣与活跃,提升行业整体的市场竞争力。

尽管甩挂运输的发展目前存在一些问题,如东北腹地甩挂货源较为匮乏,辽鲁两地尚未形成均衡流动;船公司积极性有待提高,"两港一航"的甩挂运输优势需要进一步整合和加强;政府部门针对甩挂运输的财政补贴政策、资金扶持力度与山东尚存在一定的差距等。但基于对甩挂运输发展前景的分析,大连港仍信心满满,并明确了未来定位:以大连湾和尚岛东港区的滚装作业区为核心服务区域,建设渤海湾乃至全国示范性甩挂运输核心基地。

大连湾是大连港重点发展的"一岛三湾"中的一湾,港区交通体系十分发达,公路、铁路可直通港区,是进行聚集、运输、配送等物流业务的最佳位置之一,也是大连港未来发展滚装甩挂业务的主要港区。依托大连湾物流园,大连港目前正不断加大招商力度,充分利用现有的场地资源,集聚人气,集聚客户,形成集群式快速发展规模,形成"三步走"的发展策略。

短期内,大连港集团客运总公司在物流园起步区的基础上加大招商力度,同时利用现有的客户资源,研究开发商品现场贸易,与鲁辽甩挂开展配货业务,与港兴甩挂开展配载和吊装业务,与晓荣水产研究海产品零售业务等。

在中期,大连港将建设以"货滚运输、分拨配送、配货运输、商品交易、仓储、整车物流"为集成的大型综合体,成为东北地区最大的海上货滚物流基地。未来这个基地将具备交易、信息、专业运输、专业化仓储、流通配送、转运和技术与生活服务等 7 大中心功能,客运总公司也将转型为从货物源头到客户终点的全程物流商。

待整体市场环境条件成熟后,大连港将全面推进与东北腹地甩挂运输企业的合作,拓展东北腹地的货源。

随着大连金普新区获批,新一轮东北振兴的启动,与腹地经济紧密相连、前景看好的甩挂物流将迎来更好的发展机遇。大连港表示,将努力把甩挂运输作为港口转型升级的新货种和新亮点,实现华东、东北地区"物畅其流",助推大连东北亚国际航运中心建设。

4.1.2 案例点评

甩挂运输是指用牵引车拖带挂车至目的地,将挂车甩下后,换上新的挂车运往另一个目的地的运输方式。

甩挂运输缩短了车辆装车的时间,降低了空驶率,单车的使用效率大大提高,节能减排的效益也相当显著。据专家测算,甩挂运输的单车载重行驶里程可提高82.84%,而货物周转率较传统模式提高89.15%。如在"济南-青岛"线路上运用甩挂运输方式,单车百吨每公里节约燃油0.191升,节油率为11.87%,同时大大减少了二氧化碳的排放。

虽然我国甩挂运输取得了一定成效,但是现有的甩挂运输基本为一线两点间甩挂,而循环甩挂、网络甩挂等高端模式还非常少见,甩挂运输的效益无法进一步显现。

由于国家相关技术标准没有统一,货运市场中牵引车和挂车车型众多,导致经常出现"挂不上、拖不了"的现象,制约了大范围的灵活甩挂作业。

甩挂运输需要专业化的甩挂作业站场,提供摘挂、停车、装卸等专业服务。对于中小型物流企业来说,甩挂运输所需的技术升级和设施、设备的改造要投入巨额资金,一般难以承受。

4.1.3 思考题

(1) 简述甩挂运输的作业机理。
(2) 简述甩挂作业在公路运输中的优势。
(3) 调研欧美甩挂运输的现状,对我国甩挂运输业的发展提出对策。

4.2 降低物流运输成本——"牛奶取货"

4.2.1 案例介绍

1) "牛奶取货"简介

"牛奶取货(Milk Run)",也叫循环取货或集货配送,是一种制造商用同一货运车辆从多个供应处取零配件的操作模式。最初源于英国的牧场为解决牛奶运输问题而发明的一种运输方式,很多售点需要牛奶,每个售点都需要不多,采用一辆车配送,一条线路覆盖各个售点,给每个售点补货,卡车按照预先设计好的路线依次将装满牛奶的奶瓶运送到各售点,原路返回牛奶加工厂时,再将空奶瓶收集回来。这种方式逐渐为企业所借鉴,并逐步发展成现在成熟的循环取货模式。

具体运作方式是每天固定的时刻,卡车从制造企业工厂或者集货、配送中心出发,到第一个供应商处装上准备运发的原材料,然后按事先设计好的路线到第二家、第三家,以此类推,直到装完所有安排好的材料再返回。循环取货是一种先进的供应物流取货模式,在国外汽车行业已经开始广泛应用,对汽车行业精益物流的发展起到了很大的推动作用。

2)"牛奶取货"的特点与优势

"牛奶取货"的优点非常突出,配送资源得以有效利用,使得物流费用大幅度降低。除此之外,"牛奶取货"还具有如下特点与优势:

(1)闭环式物流运作模式、严格的窗口时间与规划线路、优化的取货路线使卡车的运输装载率有很大提高,卡车的运输里程比传统方式大幅度减少,同时循环模式也提高了物流包装器具的周转效率,这些就是精益物流消减浪费的关键。

(2)循环取货是"多频次、小批量、定时性"的JIT式物流网络运输,是指物料在买方和卖方之间小批量高频次地移动。它是一种高频次、小批量的拉动式的取货模式,以高频次、小批量的取货充分降低零部件库存,以固定的窗口时间的及时性的拉动保证对生产线需求的及时响应。

(3)循环取货一般是由第三方物流公司(Third Party Logistics,3PL)运作,可以充分利用3PL专业化、规模化、信息化以及安全性等方面的优势,使及时响应式供货得到更充分的保证。企业可以利用与3PL的信息共享平台实现目视化管理,同时通过对全球卫星定位系统(GPS)的运用,提高对运输环节的实时监控,降低卡车运输途中的风险,进而降低由供应停顿带来的整车厂停线风险。

(4)提高整个供应链效率。通过装载率的提高、库存的降低、物流容器的循环、标准化的作业等方面的改善,循环取货可以提高企业供应链的效率,从而降低企业的管理成本和物流方面的投资,最终提高整个供应链的效益。

3)上海通用"牛奶取货"案例

在国外,大众、本田、宝马、通用和丰田等汽车公司对"牛奶取货"模式进行了深入细致的分析,包括送货成本、运费及保险的责任划分、行车路线与库存关系的探讨以及距离长短对卡车的选定等。

国内最早实施"牛奶取货"的是东风和上海通用,随后广汽也开始实施"牛奶取货"的物流配送方式。其中上海通用实施"牛奶取货"具备较好优势。其一,上海通用的供应商大多集中在江、浙、沪一带,为循环取货的实施创造了有利条件;其二,零件供应商供给的车型较为平衡,稳定了"牛奶取货"的路线,并创造了较好的装载率。

上海通用的"牛奶取货"项目采取的是外包管理的模式,外包公司负责路线设计前数据的收集、路线规划设计、所有窗口时间的设定、运输物料数量与物料连接计划、操作程序与流程、路线网络重设计和调整、项目的实施、物料运输状态追踪、每天对路线运作监控等日常管理、路线绩效分析和报告等。

在完全实施循环取货方式后,上海通用每年节约零部件运输成本 300 万元人民币(上海通用的财务分析)。2001 年 9 月份,上海通用开始试运行第二条路线,运输成本节约 30%(上海通用的财务分析),送货准时率、正确率都明显提高,没有因物料短缺的原因造成上海通用生产线停工。

4) 实施"牛奶取货"遭遇的问题

同样是汽车制造企业,有些实施"牛奶取货"后有效地降低了成本,优化了供给物流运作,而有些则未取得预想的效果。而实际上,国内已声称应用"牛奶取货"模式的企业除了上海通用和上海大众外似乎都没有尝到甜头,他们大多遭遇到以下问题:

(1) 制造厂生产计划不连贯 在正常的情况下,制造厂根据市场需求和工厂实际制造能力制定出月/周/日生产计划,再将之转化为生产物料的需求或送货月/周/日计划,然后按计划去各供应商处取货。但是由于市场预测不准确或生产内部的缺陷等导致无法制定连贯的生产计划,进而物料需求时间、数量和种类经常毫无规律地变化。

(2) 信息共享不充分 供应链的良好运行需要整体协作,制造商在生产预测、计划和组织上的变化或问题应及时通知供应商,以便其对自身的生产计划进行调整。同时制造商也需要了解供应商在生产制造方面的更多信息,以安排生产计划。第三方物流企业也需及时把握双方的信息,否则无法为客户进行适当的运输、仓储等物流服务。在国内,实施"牛奶取货"的制造企业要么信息化程度不高,要么是自身的信息化基础尚好但其众多的供应商信息化建设没有跟上,信息的交互出现断层;另一方面国内企业之间往往缺乏信任,出于商业机密的考虑或担心信息过多透露导致在谈判中利益受损而对信息共享较为保守。

(3) 供应商不配合 "牛奶取货"支持下的 JIT 供给使得中心制造企业的库存可降至最低,而作为强势的制造企业往往会要求供应商抬高安全库存以保证每次顺利地取货。另一方面,供应商原先自行送货时很多都拥有自己的运输车队,运费都打在货物的价格里,不需要供应商承担,很多小供应商的自备车基本上是大制造商在供养。而制造企业实行"牛奶取货"后,运输作业由制造商委托第三方物流商或者制造商自己来执行,供应商自有车队的车辆设备以及人员等的处置问题较为棘手,因此供应商对此的态度不积极。

(4) 货物的质量检验问题 循环取货条件下,由于供货时间规定得较严格,而车辆配载的要求令制造商不可能派质检员去取货,同样供应商也不会派人随车入厂交付,因此货物品质检验和责任就经常出现纠纷,假如有第三方物流商参与的话这个问题就更加复杂。一旦出现质量有问题的物料,供应商和物流作业方很可能会互相推卸责任,更重要的是,由于质量问题导致交货延迟会带来生产停顿的较大损失,同时既定的运输计划使不合格物料的回收或返修变得很难处理。

(5) 交通状况不佳　循环取货对取货、到货的时间要求得很严格,否则难以良好地支持制造企业的 JIT 计划。然而在国内,尤其是一些较大的城市,道路设计不合理,车辆遵守交通规则意识差,交通拥堵严重,这样的路况对于计算精确到货时间来说比较困难,到货时间无论是早到还是晚到都会对生产及库存产生影响。

5) 实施"牛奶取货"的基础

"牛奶取货"是一项新兴的物流配送方式,为企业提供精细化生产的保证。同时,它的实施也需要一定的条件才能将其效用发挥到最大。

(1) 物流管理标准化　大量的物流标准化的工作是保证"牛奶取货"项目实施成功的前提和基础,其中包括:取货物流模式标准、包装及容器具标准、运作流程标准、装卸标准、应急方案及联络体制等。

(2) 通畅的信息协同　企业间信息的共享和信息系统水平的不断提高是供应链管理的关键所在,也是"牛奶取货"的必备条件。制造厂、零配件供应商和第三方物流商间建立长期的合作关系,加深相互间的信任,同时,通过信息共享操作平台的建立和不断优化来提高信息的准备和可视化,包括运输时间、运输量、到货时间、运输费用等信息一目了然,使彼此配合紧凑、职责分明。

(3) 均衡的生产节拍　平滑而稳定的生产节拍既是企业生产的基本要求,也是"牛奶取货"模式运作的关键。只有企业保证均衡的生产节拍,才能将小批量、多批次、定时性的"牛奶取货"模式的作用发挥到最大。

(4) 对物流商的有效管理　物流商是整个"牛奶取货"的实施者,连接着供需双方的物料供应和需求,决定着"牛奶取货"的整体绩效。同时,物流商也是过程的执行者,制造商和供应商间需要首先达成运输协议,明确双方合作条款,清晰划分责任界限后再对物流商就运输费用、保险成本、赔付方式等进行约定。

4.2.2　案例点评

中国制造业的"低成本优势"已逐渐消失,目前处在转型期。

精细化生产是中国制造业的必然趋势。精细化生产离不开现代物流的支持。拉动式生产、拉动式的供应物流也将成为未来的趋势。

因此,"牛奶取货"这种新型的现代物流模式在未来将具有极其强大的生命力。

4.2.3　思考题

(1) 何谓"牛奶取货"?

(2) 简述"牛奶取货"是如何降低运输成本的。

(3) 分析我国"牛奶取货"存在的问题,应当采取哪些对策?

4.3 汉堡集装箱码头迈向工业4.0

4.3.1 案例介绍

一艘万吨巨轮停靠在岸边,几台30多米高的起重机稳稳地抓起船上的集装箱,另一侧,一辆辆自动导引车就像机器人一样,训练有素地"排队"上前接住集装箱,然后快速驶离——这是记者不久前在德国汉堡阿尔腾威尔德尔全自动集装箱码头见到的场景。由于采用了智能化和自动化技术,它被评为世界上最先进的集装箱码头之一。

1) 智能网络系统是港口有效管理的关键

码头上看不到人影。自动导引车没有司机,却似乎长着"眼睛",行驶起来平稳有序。原来是车头装上了天线,地下铺设有1.5万个感应器,两者"对话"后,导引车能自动选择最便捷的运行路线:需要通过火车转运的,搬到靠近火车道的堆场;集装箱内是生鲜食品,则运到插电冷柜堆场;如果交货时间紧张,则运到最方便卸货的堆区。自动导引车停靠误差不超过3 cm。

拉到堆场后,轨道式门式起重机"接班"。每个堆存区配备一高一矮两台起重机,可以同时作业,相互穿越。这种安排在提高效率的同时,还可以避免一台起重机出故障影响另一台工作。虽然同集装箱素未谋面,但通过远程数据中心的"介绍",起重机已经知道自己的任务。它们将集装箱一个个堆起来,最高可垒5个。

运营方——汉堡港口仓储物流有限公司的公关部经理苏珊·施密特问了大家一个问题:"谁能猜到在这里工作的员工有多少?"我们有的答几个,有的答几十个。答案出乎意料:630多人,只不过电脑工程师取代了原先的搬运工,其中光在电脑控制室就有100多位员工。他们操作的电脑系统,就是自动导引车和门式起重机的"耳朵"与"眼睛"。另外,集装箱进场和离场环节仍需人工参与。将集装箱从货轮上卸下来时,需要工人操作岸边起重机(又称岸桥)。当集装箱卡车来提货时,也还需要熟练工人操作。为了卡车司机的安全,他们使用摄像头来观测吊箱位置,然后拨动手柄完成装车。

德国正在大力发展工业4.0战略,其中一个基本因素是工业流程智能化。汉堡港务局局长延斯·迈尔对本报记者表示,智能网络系统是港口有效管理的关键。因此港口方面很重视运用信息技术建造智能港口。在可预见的未来,港口使用者和管理者都将能实时观测货物流动情况,从而选择最佳运输路线和方式。

2)向可再生能源转型的"露天实验室"

码头另一个特点是绿色环保。84台自动导引车中,有10台使用电池,于2011年投入使用,它们也是全球集装箱码头使用的首批电池重型货车。根据德国能源转型计划,今后北部的风电将成为绿色能源的主要来源。但德国用电大户在南部,同时风能产出不均衡,多余电能怎么办?各方研究的重点是将其就地转化成电池储存起来。

在联邦经济技术部门牵头下,阿尔腾威尔德尔码头和相关研究所、大学合作,把码头变成德国能源转型的"露天实验室"。充电系统和当地智能电网保持通讯,通过预测用电曲线,在低谷期给自动导引车的电池充电。目前自动导引车电池一次充满需要6 h,然后可连续运营12 h,最大载重70 t。下萨克森州能源研究中心主任汉斯·于尔根·阿佩尔拉特博士认为,这项研究对公交系统中的电动大巴和机场服务车辆都有借鉴意义。

堆场起重机也是由可再生风电驱动的,这些轨道式起重机每天行驶里程56 km。苏珊·施密特说,港口制订了一项2020规划,即到2020年把港口的二氧化碳排放在2008年基础上减少30%。到2012年,排放量已减少了24.5%。

3)汉堡港四个集装箱码头,1/3吞吐量同中国有关

阿尔腾威尔德尔码头建成于2002年。在两德统一以及中国进一步改革开放影响下,港口管理方意识到汉堡的贸易量将快速增加,但新建码头面临两个挑战:一是汉堡作为内河港,土地面积有限;二是德国的劳动力成本在欧洲较高。设计方最终采用了三环节结合的自动化方案。岸桥采用上海振华重工开发的双小车系统,自动导引车负责将集装箱拉到堆场,堆场门式起重机采取一高一矮双配置。双小车系统岸桥是整个集装箱码头自动化的第一步。该系统在靠海一侧和靠码头一侧各有一辆小车转运集装箱,靠码头一侧的小车装有射频识别系统,会自动扫描集装箱上的标签,然后将相关信息传回数据中心,安排自动导引车来"接送"。

作为欧洲对华贸易最大的集装箱枢纽港,汉堡拥有4个集装箱码头,年吞吐量900万标准箱,其中1/3同中国有关,每周26条集装箱班轮航线往来于汉堡和中国各港口之间。汉堡负责对外关系的国务秘书沃尔夫冈·施密特对本报记者说,汉堡港口是德中经贸关系的一个缩影。从货物种类看,汉堡运往中国的集装箱商品包括机械设备、化工产品、车辆零部件、电子设备、金属和基础化工品等。中国经汉堡输出的商品主要包括消费产品、服装和皮革、食品以及电子设备等。这些商品既有互补性又有关联性。特别是电子设备同时出现在主要进出口商品中,体现了德中在产业链上的合作以及良性竞争。

4.3.2 案例点评

(1)工业4.0(Industrie4.0)　源于2011年汉诺威工业博览会,是德国政府《高

技术战略2020》确定的十大未来项目之一,并已上升为国家战略,旨在支持工业领域新一代革命性技术的研发与创新。

德国学术界和产业界认为,工业4.0概念即是以智能制造为主导的第四次工业革命或革命性的生产方法。该战略旨在通过充分利用信息通信技术和网络空间虚拟系统——信息物理系统(Cyber-Physical System)相结合的手段,将制造业向智能化转型。

工业4.0项目主要分为两大主题:一是"智能工厂",重点研究智能化生产系统及过程以及网络化分布式生产设施的实现;二是"智能生产",主要涉及整个企业的生产物流管理、人机互动以及3D技术在工业生产过程中的应用等。该计划将特别注重吸引中小企业参与,力图使中小企业成为新一代智能化生产技术的使用者和受益者,同时也成为先进工业生产技术的创造者和供应者。

(2) 中德经贸 据德国联邦外贸与投资署统计,目前有500家中资企业落户汉堡,550家汉堡企业同中国有着密切的业务往来。

沃尔夫冈·施密特表示,汉堡致力于打造欧洲同中国交往的桥头堡,除了海上运输,郑新欧国际货运班列也已开启。中欧正在建设丝绸之路经济带,智能快捷的物流基础设施将是汉堡最有力的竞争点。

4.3.3 思考题

(1) 何谓集装箱?何谓标箱?
(2) 何谓工业4.0?
(3) 德国汉堡集装箱码头为什么能称为世界上最先进的集装箱码头之一?
(4) 汉堡港口建设对我国港口建设有何启示?

4.4 航运企业物流经营策略

4.4.1 案例介绍

当前航运企业提供物流服务有两种方式:一是航运企业参与物流服务的需求方或供给方构建的物流链,成为其中的一个环节,帮助物流经营者完成水路运输过程并从中获取利益;二是航运企业独自作为物流经营者提供物流服务,即成为第三方物流经营人,通过提供全面的物流服务获取整体利益。作为第一种选择,所需要的再投入资源较少,又可以通过这种方式提高自己提供物流服务的能力,但在具体运作中会在一定程度上受制于人,对于规模小或物流运作经验不足的企业来说不失为一种较好的方式;相对而言,后者所需要的资源投入较大,由此带来的经营风险也较大,但可以获得较大幅度的发展和由提供整体服务所带来的收益,对于具有相当基础的企业来说是一个可行的选择。

1) 以自身优势定目标市场

准确、及时地找到目标市场是任何一个企业生存和发展的关键。航运企业由于业务范围、企业资源、网络规模等诸多因素的限制,使其不可能随心所欲地开展业务,并且物流业务的开展需要较大的资源投入,如果没有正确的市场定位,就会对企业的发展甚至生存造成威胁。

(1) 内河航运 主要用于能源和原材料供应物流。对于像长航这样的大型企业来说,它提供的是长江大宗物资的运输和配送服务,并参与产业和流通领域的物流供应链。同时长航也在集装箱多式联运、商品车物流、冶金企业物流等方面展开实践。如在已有商品车滚装运输服务的基础上,通过分析内外部环境,总公司联合武汉长江轮船公司和重庆轮船公司出资组建专门的汽车物流公司,整合集团分散在长江流域和沿海地区的运输、仓储、码头和汽车销售、检测、维修、保养等资源,统一经营集团内相关汽车物流资产,建立较具规模且规范化运作的汽车物流企业。另外,长航还和中石化共同组建了长江石油产品物流服务企业,对长江流域内的石油及其产成品的物流进行统一的作业。

(2) 沿海航运 主要用于沿海工业区间的工业品、能源以及南北方农产品的物流。由于我国主要工业区和主要原材料、能源产地的重合度小,沿海地区原材料和能源的运送将为沿海航运企业创造极大的市场。国内煤炭、油料、矿石、钢材的沿海运输市场为沿海航运企业提供了一个很好的发展机会。

在沿海南北之间的农产品运输中做得最出色的当属中海,中海根据海南省农产品北上的物流需求,结合市场实际情况,决定构建农业物流供应链。2001 年,中海与海南永青共同组建的海南中海永青现代农业有限公司,开辟了海口港(含洋浦港)至秦皇岛、天津、大连等地的"海上绿色通道",据实际统计,经由"海上绿色通道"的运输时间比陆路运输快 2 天,而运价却降低了 1/3,使北方的居民能食用新鲜而价廉的海南农产品。另外,中远集团广州远洋运输公司也积极参与了海南省西部海上绿色通道的建设。

(3) 远洋航运 主要用于国际物流。国际间贸易中有 80% 的货物是通过海运完成的,远洋航运企业在国际贸易中扮演了极为重要的角色。航运企业除了拥有庞大的运输能力之外还具备了从事国际物流业务所需的管理经验,在国外拥有众多网点,有固定的运输设备,这些都有利于国际物流业务的开展。但是产生国际物流需求的企业大多是跨国公司和国内优质企业,它们具有较好的营运状况,对物流的需求较高。对于那些已经在我国国内设立公司的跨国企业来说,如果国际物流业务做好了,就有机会开展全面的合作。参与并提供国际物流服务有利于物流企业占领高端市场,对于远洋航运企业来说为这些国际著名企业提供物流服务能充分锻炼和丰富企业对物流运作过程的管理能力,能迅速提高知名度,为以后的业务开展创造机会。在这方面做得成功的有马士基、APL、NYK 等,他们在全球范围内为客户提供完善的物流服务。远洋航运企业在以后的发展过程中应该加强与国际知名物流企业、加工型企业的合作,完成以市场为导向的经营体系和客户服务体系;选择国内行业中处于领先地位的厂商建立稳定的全面的物流业务合作关系,抢夺制高点,进而与国际著名的物流公司建立战略联盟,引进先进的管理经验,成为一个全球物流服务商,为跨国企业提供全程物流服务。

2) 成本决定运作模式

航运企业从事物流业务时,要具备多样化的服务档次或标准,不能一味地追求公司的品位搞"大一统",在提供某种物流服务以及服务标准之前要首先测算成本与收益是否达到了预定的目标,以决定是否付诸实施。

通过成本测算,有时我们会得到下面这种结果:即使物流企业自身的物流需求,从成本效益上讲有时都不应该由自己满足。例如中远,它的所属船舶在我国沿海港口所需的设备零件就是由另外一家公司提供的;再如汉莎航空货运在全球 200 多个网点所需的电子产品零配件和飞机维修设备的物流是由英国的一家物流公司为其提供服务的。它们是不能满足自己的物流需求吗?当然不是,只是这样做对公司的整体运作和效益更为有利。

3) 注重应急措施的程序

能把所有可能的危险在事前加以避免是一个理想状态,但实际上总会发生意想不到的事情,尤其在物流作业过程中牵涉到多个操作环节和各种复杂的外部环境,任何一个环节出现差错都会造成整个物流运作过程的停顿或中断。外部环境的变化,如道路、天气、社会治安、国际关系等,都会给物流运作带来意想不到的后果。这时一个物流经营者需要具备较强的解决突发事件的能力,这种能力在很大程度上是在设计物流作业流程时预留的,例如设计应急措施程序,这样可以在最大限度上减少因不良后果所造成的损失。如海湾局势日趋紧张之时,上海航运企业已经制定了比较周密的应急预案,像中海集团的方案甚至细化到了联运的方式,例如,一旦发生港口封锁,或者大型船只不让进港,他们就准备在货物到达迪拜后,把集装箱打开拆成散货,用散货小船走海路,或者通过拖车走陆路将货物送达目的地。

4) 加强内部资源的整合

由水上承运人向物流经营人的成功转变,既需要合适的外部环境,更需要企业自身正确、积极地制定战略并加以实施。航运企业不能被动地由外部环境来引导企业的发展,要由内部产生驱动力。世界上各大航运公司都在积极介入物流业,并成立了专门的物流公司,使全公司的资源和设施能有效地发挥整体作用。在这方面,许多国外航运公司已经取得了较大的发展,如日本商船三井(MOL)在 2001 年把原来独立运作的空运代理公司和其他一些子公司整合为 MOL 物流公司;NYK

今年设立了 NYK 物流公司,并计划扩展其物流业务,在未来 4~5 年内,物流业务在集团整体营业额中的比重将增至 40%~50%;APL 物流业务营业额在母公司东方海皇集团(NOL)中的比重正在增大,最终将成为 NOL 主要的创收业务;马士基物流在世界范围内为其客户提供物流解决方案,能随时加以实施,被 WAL-MART 评为"最佳承运人",这也可以从一个方面说明马士基物流的服务能力。

5) 实施合作双赢策略

合作的开展将不仅是物流运作流程上下游之间,有时甚至是竞争对手之间的合作。对于企业来说,利益和发展是同样重要的。

我国的航运企业要充分利用国内服务网络和已有的客户群资源,联合国内流通企业或大型工业企业合资或合作建立物流服务体系,如海南中海永青的建立和运营;中远和上海通用的合作;中远与厦华电子的合作,中远与科龙、小天鹅合资成立的安泰达;长航与中石化合资成立的中石化长江燃料有限公司等,这些都是我国物流业中上下游企业合作的典型例子。

纵观世界航运业和物流业的发展,其间充满联合、联盟、合并、重组等各种形式,其中联合化实体有:铁行渣华、马士基海陆等;航运联盟有:伟大联盟(哈-劳箱运、马来西亚国际航运、日本邮船、东方海外、铁行渣华)、新世界联盟(APL、MOL、现代商船、东方海皇)、CHYK(中远、韩进海运、阳明海运、川崎、德国胜利)、马士基—海陆等。还有各个公司在具体航线上的箱位合租,如中远和四方联盟(川崎、日本邮船、MOL、铁行太古)建立的澳线互租舱位的协议,川崎和阳明在太平洋航线和欧亚航线上的舱位共享协议。通过船公司之间的联合,能有效地降低企业的营运成本,提高舱位利用率,加快货物的流通速度,为客户提供更及时准确的服务,加快客户的资金流转速度,为相关各方带来利益。

4.4.2 案例点评

(1) 航运企业主要从事水上货物运输。水运作为一种重要的运输方式,与铁路、公路、航空等一起构成交通运输网络。与其他几种运输方式相比,水运的最大优势是成本低、运距长、批量大、安全性好,不仅货物周转量独占鳌头,约占 5 种运输方式总量的一半以上,也是外贸运输的主要手段。目前,我国 85% 以上的外贸货物是通过水路运输的,每年大量的国内生产生活物资也需要经过港口进出。据统计,国际上著名的物流中心一般都依港而设。不论船舶还是港口都是实现物流全球化的必要条件和前提,港口是现代物流网络中的重要节点和枢纽。

一艘 2.5 万 t 级的运煤船,就相当于 12 列运煤火车或上万辆运煤汽车的载货量。水运的运输成本为铁路运输的 1/25~1/20,公路运输的 1/100。

(2) 根据 Alphaliner 最新运力数据显示,截至 2014 年 7 月 1 日,全球班轮公司运力 100 强中前 30 强依次是:1 马士基,2 地中海航运,3 达飞,4 长荣,5 中远集运,

6赫伯罗特,7中海集运,8韩进,9美国总统,10日本商船三井,11东方海外,12汉堡南美航运,13日本邮船,14阳明海运,15现代商船,16川崎汽船,17太平船务,18以星航运,19阿拉伯联合航运,20智利南美航运,21万海集装箱,22 X-Press feeder 集团,23伊朗航运,24高丽海运,25荷兰尼罗河航运,26海丰国际,27丹麦UniFeeder海运,28智利航运,29德翔航运,30土耳其 Arkas Line/EMES。

4.4.3 思考题

（1）水上货物运输有何特点？
（2）你对企业间"合作"与"双赢"是如何理解的？
（3）不同的航运企业如何定位？如何制定发展战略？

4.5 多式联运是铁路货运改革的重要方向

4.5.1 案例介绍

铁路运营"客赔货赚"、铁路运量"客涨货缩"是近年来铁路运输的真实写照。因为铁路承担着公益性运输,在国家财政未能对客运进行补贴之前,客运业务可能一直处于赔钱状态,不过,这并未妨碍铁路货运业务的赢利。但是货运量增速的停滞乃至萎缩对铁路总体收入及赢利状况带来的冲击无疑是巨大的。据统计,2013年上半年客运旅客发送量同比增加10.9%,铁路货运总发送量同比下降2.8%,国家铁路货物发送量同比下降4.4%,国家铁路周转量下降3.9%。2013全年,我国铁路客运市场保持加快增长态势,而铁路货运需求进一步萎缩。

中国铁路改革面临的挑战是巨大的,中国铁路总公司2013年自6月15日发起的货运改革只是在服务上有所提升,但是所有的努力难以扭转铁路货源不足的颓势。总体而言,全国货运量增速指标已经大大低于2012年,只是铁路运输的指标还差强人意。"新型城镇化"配套投资计划迟迟未出,新一届政府不再对经济采取刺激政策,宏观经济增速放缓,工业生产对石油、煤炭等原材料的需求进一步减少,使得铁路运输货源萎缩,货运总需求进一步减弱。

传统意义上铁路货物运输的物资总量提升无望更是趋势性特征,而非周期性因素所致。我国铁路基本上以大宗货物运输为主,诸如煤炭、石油、建材、矿石、粮食、化肥等。这些物资是维持国民经济发展的必要支撑,其运量变化也是我国经济发展的"晴雨表"。经济结构调整、资源环境约束、发展模式的转变等一系列因素使得大宗货物的运输不会再现类似前些年的增长势头。

除了中国铁路总公司进行的货运改革,原铁道部也在货运组织改革上进行了多方面的努力和探索。如2011年5月,原铁道部与交通运输部进行了铁水联运方面的试点示范工作,并提出了明确的目标。原铁道部也多次对集装箱化进行了体制和业务上的改革,如在全国建立18个铁路集装箱物流中心,但效果并不明显,铁路集装箱运输依然是运输通道中最薄弱的一环。这既有铁路内部分工不明确、满足市场能力差的原因,也有铁路与港口衔接性差等方面的因素。我国进出口贸易在国民经济中的比重较高,在很多年份都超过了GDP总量的一半以上。然而,国际贸易中集装箱货物的运输基本上以公路集疏为主,江海联运为辅,铁路集疏量微乎其微。我国铁路集装箱运输比例不仅大大低于发达国家的水平,而且连一些发展中国家也不如。

如此大的物流量,如此高比例的公路集疏港运输本身就造成了物流成本的增加和对城市交通的干扰。条块分割、体制不顺、"最后一公里"等严重制约了物流运输市场资源的有效配置,也大大降低了物流运输的效率。

大力发展多式联运,尤其是国际集装箱联运早已成为业界共识,并有望成为铁路运输上量增收的亮点。交通运输部统筹规划为铁路与其他交通运输的有效衔接带来了便利条件。随着我国铁路客运专线的陆续开通,货运能力和速度得到极大释放,由于客运对货运速度、效率等造成的不利因素正大大降低,这为货运的及时性、便利性、可直达性创造了良好的外部条件。

我国东西跨度以及南北距离都在 5 000 km 以上,资源分布不平衡、区域经济发展不平衡,生产力布局的特点决定了铁路在中长距离运输上的优势和地位,铁路技术的发展和突破也决定了它是一种经济且快捷的交通运输方式。根据美国的数据,铁路运输的燃油效率是公路运输的 4 倍。大力发展集装箱在中距离运输上与公路运输进行合理分工、各取所长是当今和未来发展的趋势和要求。

我国交通运输中,依托铁路进行的多式联运比例不高,从事货物运输的附加值不高,难以带来良好的收益和新的增长点。美国自从 20 世纪推出标准集装箱运输以来,铁路集疏比例持续走高,超过了进出口总量的 50%。集装箱运输货物种类繁多,不仅围绕着生产企业进行,也围绕着商贸流通企业进行。大到家具,小到名片信封等大都通过铁路集装箱运输。铁路集装箱运输收入成为仅次于煤炭运输收入的重要组成部分,占总收入的 22.7%。即使是发生金融危机,铁路多式联运也是受到冲击最小的业务范围。过去,以铁路为依托的多式联运主要是满足国际贸易的需要,现在则逐步向国内的生产和消费领域渗透。这是因为运输市场上公路运输面临困境,更主要的是铁路运输所带来的经济和效率所致。

大力发展多式联运,推进铁路多式联运不仅是交通运输部的职责所在,也是中国铁路总公司争取未来经济增长点的方向。不过,对中国铁路总公司而言,需要克服的困难和障碍仍很多,涉及服务观念的转变,基础设施的进一步完善,是在铁路内部培育多式联运市场主体还是允许外部资本进入,政策环境的支持力度以及立法对相关方权利和义务的明确界定。

铁路投资,相当大份额是进行筑路建设投资,铁路运输过去虽然也十分重视重载技术,但较少围绕多式联运进行投资。经历了铁路建设的"跨越式发展",积极探索多式联运业务才是未来发展的曙光。近年来随着多条国际集装箱业务线在中国和欧洲城市之间的穿梭,相信也会为中国铁路总公司的业务转型提供机遇。

4.5.2 案例点评

1) 中国:铁路货运改革

我国拥有全世界第二大的铁路运输系统,规模仅次于美国。但是,我国铁路货运服务方面存在着办理手续繁杂、运输组织与市场需求脱节、运输收费不规范和运力分配不够透明等问题。中国铁路总公司2013年6月6日宣布将实施货运组织改革方案,推出简化受理、改革运输、清理收费、提供"门到门"服务等一系列具体措施。

(1) 简化受理、改革运输组织方式 即拓宽渠道,敞开受理,随到随办,根据客户的运输需求编制运输计划。以往客户通过铁路办理货运要用一个"请"字,不仅要申报请求车计划、月度计划,还要联系货物的受理和装车;不仅要找铁路货运部门,还要联系铁路调度和运输部门,计划色彩浓厚,手续相当繁琐,其中各个环节都存在寻租空间。

(2) 从"站到站"变成"门到门" 大力发展铁路"门到门"全程物流服务,推动铁路货运加快向现代物流转变。中国铁路总公司直属的三大货运公司——中铁快运、中铁集运和中铁特货进行重组,其运力资源划拨给各地方铁路局。有铁路相关人士称,未来趋势是"站到站"的业务划拨给各个铁路局,"门到门"的业务保留在三达货运公司。以往铁路提供的一般仅是"站到站"服务,而从仓库到车站、车站到仓库的接驳往往要货主自行解决。而此次货改提出要实现"门到门",即是说铁路公司要全面参与现代物流竞争,与其他运输形式争抢货源。

(3) 实现市场化定价 中国铁路部门一直没有运价决策权,此前货运价格大约每年调整一次,是铁路部门提出建议性的运价,再依次上报发改委、国务院批示。然而,货运市场化改革实施后,定价机制上的政府定价已明显与市场化方向不适应,必须尽快推进货运定价机制改革,允许经营主体根据成本、运量变化自主调整运价,才能保证货运改革顺利展开。

(4) 挤压价外收费空间,减少寻租,避免乱收费,明码标价、空开透明 以往的铁路收费项目有很多项:运费、铁路基础设施建设基金、电气化附加费用,各个铁路局自行收取的延伸服务费用,等等,货主往往要多头缴费,不但诸多不便,而且收费项目不规范,乱收费频发。

(5) 推广集装箱运输 集装箱运输是铁路货运融入现代物流系统的重要条件,使用集装箱转运货物,有利于实现多种运输方式的接驳,以实现"门到门"服务。

目前,中国铁路集装箱运量占全路货物发送总量不足3%,大量的适箱货物仍以铁路整车等方式运输,而在美国这一占比约为40%,因此中国铁路货运的集装箱运输还有很大提高空间。

2)德国:收购兼并公路、卡车等公司,重视多式联运

1991年1月1日,德国铁路控股公司成立了自主经营的德国铁路货运公司(以下简称德铁货运公司)。2001年6月,德铁货运公司将物流服务部门划归装车运输部,以便更好地为该部门各市场单元提供物流运输方面的支持。2004年6月,德铁货运公司已形成15个不同地区的德国铁路货运中心和6个运输管理公司。2006年,德国铁路公司又单独成立了物流部,探索出一条德式"门到门"公铁联运方法,促进了德国铁路物流和多式联运的发展。

在物流业运作上,德国铁路公司采取收购和兼并的措施,以弥补自己物流运作方面经验的缺乏。德国铁路公司除了铁路运输外,还涉及公路运输,拥有专门的卡车危险货物运输公司,组建了以国内铁路运输、国际铁路运输、公路运输和联运为支柱的货运集团公司。

(1) 加强货运中心的建设　德国认为,建设货运中心可以提高铁路在货运市场的盈利,同时可以缓解公路的压力,减少环境污染。截至2008年,德国已规划了40个货运中心,其中33个货运中心已经建成并投入使用。经过20多年的发展,德国铁路已经初步形成了覆盖面广泛的货运中心体系。

(2) 重视多式联运的发展　德国铁路建设货运中心的初期就考虑在连接多种交通方式的枢纽地区发展货运中心,同时重视发展多式联运。

(3) 注重仓储设施的建设　德国非常注重仓储设施设备的建设,如德国鲁尔工业区的哈根卷钢现代化物流仓储中心,该仓储中心可以为附近的客户提供从运输、仓储到订购、配送的整套物流服务。这里的仓储中心已经不是传统意义上的仓库,而是一种流通型的现代化的仓储中心。

3)美国:运价灵活,可上市融资

美国货运铁路均为私营铁路,不享受政府的财政支持,经营活动由行业协会协调。美国货运铁路公司按年营业额分为3类:年营业额大于2.5亿美元的为Ⅰ级铁路,年营业额在0.2亿~2.49亿美元为Ⅱ级铁路(地区铁路),年营业额小于0.2亿美元的为Ⅲ级铁路(地方铁路)。目前,美国Ⅰ级铁路名义上还有7家。

除了大宗商品运输外,联合运输在美国铁路货运占据重要位置,即通过铁路完成城间运输,而由汽车完成"门到门"运输。联合运输已成为美国铁路增长速度最快的产品,联合运输收入已占铁路运输总收入的17%。

美国铁路运价比较灵活,在按照货物类别、距离、重量等确定的基本运价的基础上,铁路可以与货主协商签订运输合同。

美国Ⅰ级铁路均为上市公司,可以发行和出售股票来获取资金支持。各公司

每年还可以发售债券来募集资金,长期债券的期限可达 30 年。美国政府虽然不对铁路投资,但每年都提供一定额度的贷款担保。

4) 日本:"客网合一、货网分离"

1987 年,日本国铁解体为 6 家客运公司和 1 家货运公司,采用"客网合一、货网分离"的运营模式。其中的一家货运公司即为日本货物铁路股份有限公司(简称日本货物铁道或 JR 货物)。

截至 1997 年 3 月,JR 货物在全国共有 353 个货运办理站,其中办理集装箱的车站有 156 个。由于日本铁路改革施行了"客网合一、货网分离",JR 货物虽然拥有部分货运专线,但两端有客运路线连接的货物线、有计划客运化的路线和已经决定的废止的路线,都属于管辖该区域的客运铁道公司所有,JR 货物需要向这些公司支付道路使用费。

4.5.3 思考题

(1) 何谓多式联运?
(2) 集装箱在多式联运中的作用是什么?
(3) 我国铁路货运市场做了哪些改革?
(4) 关于发达国家铁路货运的经营管理,谈谈你的体会。

4.6 危险化学品运输管理的"宁波经验"

4.6.1 案例介绍

宁波是华东地区重化工基地和液体化学品集散地,共有危险化学品(简称危化品)运输企业 110 家,危化品运输车辆 2 690 辆,占全省危化品运输车辆总数的 22%,总吨位 6.02 万 t,年运输量约达 1 200 万 t。其中,镇海区拥有占地面积 56 km^2 的国家级化工园区,而且全国最大的液体化工码头与液化品交易市场也在镇海。

面对如此巨大的危化品运输量和如此复杂的危化品运输安全问题,宁波是如何把牢安全关,保证危化品运输行业持续健康发展的呢?全国交通运输物流研讨会 2013 年在宁波市召开,宁波市运管处及多家相关企业在会上介绍了他们在危化品运输安全管理上一整套创新且富有成效的做法,获得了全国业内人士的赞赏,也引发业内的极大关注。

1) "安全阀"规范各项管理制度

宁波金洋化工物流有限公司是宁波危化品运输的代表企业,承担着宁波大部分剧毒品的危化品运输任务,公司车辆年平均行驶约 1 000 万 km。该公司保持着连续 8 年未发生重大伤亡事故的优秀记录,2009 年以来连续 4 年获全国"安康杯"

优胜企业荣誉。企业是如何把住危化品运输"安全防线"的呢？

据了解，该公司按照中石化等标准建立了 HSE(安全、健康与环境)等管理体系，制订了一整套严密、科学的安全管理制度。比如，公司牢把人员、资质、硬件等准入机制；每月举行 4 次安全培训，一旦有司机不能参加，在月底领工资时，到安环部再进行一次补充培训，确保培训率 100%；健全安全管理机构，做到责任到人、层层把关；全部签订安全行车责任状等。另外，公司经常性开展防御性培训、安全工作交流会，组织应急事故演练，建立应急物资库，健全安全考核激励机制。

这样的成绩当然离不开政府部门的有力推动和监管。在危化品运输监管方面，宁波市运管部门严格把好企业、车辆、从业人员的资质关，强化安全培训，紧密联系企业等，创新性地实现"黄、橙、红"三色预警及分级管理机制。

每年，运管部门都会对所有危化品运输企业进行不定期检查，按照标准逐一打分，如果得分低于 90 分的就予以黄色预警，低于 80 分的予以橙色预警，低于 70 分的则予以红色预警。对被预警的企业，运管部门会出具督察通知书，告知企业整改。整改完成后，企业撰写整改报告，通过复查后，方可撤销三色预警。如果整改不彻底，三色预警还会逐级上升，被"红色预警"的企业整改不达标的话，就直接面临停业危险。

另外，宁波市道路运输管理部门开展了 2013 年度道路运输企业安全管理人员培训工作，市三区及部分县(市)、区道路运输企业负责人、安全管理人员等共计 300 余人参加了培训。像这样的定期、不定期的安全培训宁波每年都在举行。

2)"双保险(放心保)"专用道路专人管理

今年，镇海对危化品运输专用通道进行改造，拟完成专用通道沿线路口的标线修补和标志牌设置工作，新增 6 个和改造 7 个路口信号灯、电子警察、卡口，进一步强化路上监管。"危化品运输车辆风险很高，一旦发生事故，不仅造成交通拥堵，还会危及周边居民安全，造成严重环境污染，"镇海区运管所所长王夏国说，"针对我区危险品运输车辆多、出入频繁的现状，实施'危险品道路运输专用通道'可全面提升安全系数。"

据了解，该通道以化工区主干道为主线，向东连接威海路、雄镇路及招宝山大桥；向南连接庄俞公路、宁波绕城高速、北环东路、东外环路和明州大桥；向西连接化工区通海路及 329 国道，避开了城镇居民集聚区的城区主干道，减轻了对城区和人口密集区域的环境和安全压力。

为了给危险品道路运输再上一道"安全锁"，镇海区专门组建了一支由交警、运管、路政共同组成的道路运输安全稽查大队，并依托专用通道的三个安全登记点对沿线的危化品运输车辆进行全程管控。

从 2011 年 4 月成立到 2013 年 4 月，该大队共检查登记危化品车辆 62 万余辆，查处超载、不按规定路线行驶、未经许可从事危化品道路运输等违规违章行为

606起,有效遏制了非法危化品运输行为。

两道专业的管理"关卡"就像"双保险",牢牢控制着非法危化品运输经营的源头,这一模式也逐渐被业内人士认可,将在全国性的危险品运输管理现场交流会上作为"镇海经验"向全国推广。

3)"信息化"GPS全程实时监控

近年来,宁波运管处大力进行信息化建设,要求危化品运输企业实行公共平台与企业管理系统的接口连接,实现信息互通共享。

镇海区作为宁波率先试点区,积极推进危险品运输车辆GPS监控指挥中心的建设,对全区危险品运输车辆的GPS都实行了联网升级改造,并在车辆多个位置安装远程视频监控设备,实现对766辆危化品运输车辆全天候、实时视频监控。

GPS监控不仅实现了变静态管理为动态监管,还有效强化了应急响应。

市运管处副处长钟敏鸣说:"将企业GPS监控终端接入统一的监控信息平台,运管部门就能及时发现危险货物运输车辆超速驾驶或未按规定路线行驶等违法行为,准确掌握有关运输任务的时间、车号、货物名称等信息,一旦发生事故,可及时实施救援。目前,我市危化品运输车辆全部都安装了GPS系统。信息化是安全管理的技术支撑,危化品运输行业公共信息平台的搭建不仅有助于部门的有效监管,也为企业安全标准化管理、业务运作安全监控、安全应急预案管理等一体化的安全技术和管理提供了保障。"

4)运管、质监联合整治汽修市场

市运管处与市质监部门综合执法大队组成联合执法检查组,对老三区及鄞州区的汽车维修市场进行执法检查,重点对汽车维修企业的车辆维修配件质量进行联合大整治。

为确保行动的统一性,联合执法检查组分两组对老三区和鄞州区企业开展突击检查。检查内容包括:汽车维修企业维修使用配件是否取得许可,配件是否具有3C认证标志,配件采购渠道是否正规、合法等。当场查处违规企业4家,另有5家待取证后做进一步处理。

2013年12月3日,第一组联合执法检查组对江东某汽车修理厂进行突击检查。经过检查,执法人员发现其部分汽车配件无包装、无3C认证、标注信息不详,有的配件甚至是影响机动车使用安全的重要部件。另外,执法人员还发现,该修理厂维修检验操作不规范,检测人员没有相关的质量检验证书。对此,执法人员对该维修厂进行了记录和告知,接下来将对其做进一步处理。

通过此次联合执法检查,一方面增强了汽车维修企业对假冒伪劣配件的辨别能力,另一方面通过对违规企业的惩处,在行业内起到了警示作用,进一步净化了宁波市汽车维修行业的市场环境,确保了汽车维修、维护的安全性。

4.6.2 案例点评

1）危险品及危险品运输

凡是在流通过程中,由于本身具有的燃烧、爆炸、腐蚀、毒害及放射性,或因为摩擦、震动、撞击、暴晒或者温湿度等外界因素的影响,发生危及生命、财产损失危险的物品都属于危险品。

危险品运输是特种运输的一种,是指专门组织或技术人员对非常规物品使用特殊车辆进行的运输。一般只有经过国家相关职能部门严格审核,并且拥有能保证安全运输危险货物的相应设施设备,才能有资格进行危险品运输。

2）危险品运输安全操作

(1) 从事运输危险品的驾驶员必须具有高度的责任感和事业心,牢固树立对国家、企业、人民生命财产负责的观念。

(2) 从事危险品运输的驾驶员必须持有公安消防部门核发的在有效期内的"危险品运输证"。

(3) 运输化学、危险物品要事先掌握了解货物的性能和消防、消毒等措施,对包装容器、工具和防护设备要认真检查,严禁危险品漏、散和车辆带病运行。

(4) 在运输、停靠危险区域时,不准吸烟和使用明火。

(5) 凡危险品的盛装容器发现有渗漏、破损等现象,在未经改装和采取其他安全措施之前,易引起氧化分解、自燃或爆炸现象,应立即采取自救,向领导、厂方、当地消防部门报告,尽快妥善处理解决。

(6) 易燃危险品在炎热的季节应在上午 10 时前、下午 3 时后运输。

(7) 严禁将有抵触性能的危险物品混装在一起运输,各种机动车进入危险品库区、场地时,应在消声器上装卸阻火器后方能进入。

(8) 装运危险物品的车辆不准停在人员稠密、集镇、交通要道、居住区等地,不准将载有危险品的车辆停放在本单位车间、场内。如确因装卸不及、停车或过夜修理等,应向领导或负责值班人员报告,采取必要的防护措施。

(9) 危险品运输的车辆,应及时进行清洗、消毒处理,在清洗、消毒时,应注意危险品的性质,掌握清洗、消毒方法知识,防止污染、交叉反应或引起中毒等事故。

(10) 凡装运危险品的车辆需过渡口时,应自觉报告渡口管理部门,遵守渡口管理规定。装运危险品的车辆应严格遵守公安消防部门指定的路线行驶。

(11) 装运危险品的车辆,应配备一定的消防器材、急救药品、黄色三角旗或危险品运输车辆标志等。

(12) 危险品运输驾驶员除遵守上述安全操作规程之外,还需遵守汽车驾驶员的安全操作规程。

3) 危险货物托运人在办理托运时必须做到的几点

（1）必须向已取得道路危险货物运输经营资格的运输单位办理托运。

（2）必须在托运单上填写危险货物品名、规格、件重、件数、包装方法、起运日期、收发货人详细地址及运输过程中的注意事项。

（3）货物性质或灭火方法相抵触的危险货物，必须分别托运。

（4）对有特殊要求或凭证运输的危险货物，必须附有相关单证，并在托运单备注栏内注明。

（5）托运未列入《汽车运输危险货物品名表》的危险货物新品种，必须提交《危险货物鉴定表》。

凡未按以上规定办理危险货物运输托运，由此发生运输事故，由托运人承担全部责任。

4.6.3 思考题

（1）何谓"危险品"？

（2）危险品有哪些种类？

（3）简述危险品运输安全操作事项。

（4）调研分析危险品事故及其危害，讨论危险品管理的重要性。

4.7 水路铁路无缝对接，防城港物流添劲加翼

4.7.1 案例介绍

在区域整合加快步伐、区域竞争日趋激烈的背景下，加快推进北部湾经济区现代物流体系建设，不仅是完善经济区空间经济布局，破解产业集聚难题，对构筑经济区综合竞争能力，将经济区打造成为区域合作新高地和沿海经济发展新一极，都具有非同寻常的意义。经济区发展现代物流受到货源和运输方式等多种因素的制约，目前，北部湾经济区正在加强公路、铁路、水路建设，增强交通对物流的促进作用。

近日，一艘"好望角"货船进到防城港集装箱专用码头，货物很快装到火车专列，这批专列是由防城港务集团与昆明和贵州的铁路、物流公司共同协调组织的货运火车，从防城港站启程直接驶向昆明南站，这是防城港近年来实施"无缝对接"物流的一个缩影。

1) 打造运输"无缝对接"物流

尽管防城港连接区外的铁路是单线，而且港口货物吞吐量每年以25%的速度递增，但货物疏运基本上满足了客户需求，这得益于防城港务集团公司近年来开展

的以水路铁路联运为主的"无缝对接"物流业务。

防城港务集团副总经理廖晓华说,"无缝对接"物流是将运输、仓储、装卸、配送、通关、检验、信息等方面有机结合,形成完整的供应链,为用户提供多功能、一体化的综合性服务。物流企业也可打破部门、地区和所有制的界限,实现港口与铁路和物流企业的"无缝对接",发展现代化物流。

以运往昆明、贵州和攀枝花的集装箱水路铁路联运为例,防城港务集团与铁路局、物流公司合作,形成3个专组,每个组10个车皮,每周三从昆明发运一趟化肥等货物至防城港,然后从港口直接装卸集装箱至昆明、贵州和攀枝花等西南地区,覆盖的主要站点比原来增加20%,这些专列不但实现港口与陆地的无缝对接,还实现了双程货。这是利用铁路网络资源和水铁联运直通关服务的便利优势,为客户提供箱货管理、拆装箱、货物仓储和物流信息咨询、集装箱发运、内陆短途运输等服务的无缝对接物流,货主可在内陆场站直接办理报关、检验和检疫等手续。

为发展水路铁路"无缝对接"物流,防城港市2010年通过了《加快发展集装箱运输的若干扶持政策和措施》《扶持建设大型商场、大型专业物流市场暂行办法》等一系列促进物流业发展的政策文件,给发展水铁联运提供了强有力的政策支持。防城港市商务局局长黎江影说,这几年主要在三个方面加强建设:一是港口设施,将建3万~5万t级码头10个以及4500 m的5万t级航道。二是交通设施,在建的南防铁路、防钦铁路扩能改造及东湾大道将在今年年底竣工,同时兴建三个大型货车停车场,即宏基停车场、其沿停车场和北部湾大货车停车场。三是兴建中外运东湾仓储基地、防城港泰港仓储物流加工基地和新亚联粮食仓储等项目。这些项目均于2013年底全部建成并投入运营。

2) 亟待突破瓶颈,实现"大通关"

虽然这几年水路铁路"无缝对接"发展较快,但仍然滞后于防城港货物吞吐量的发展。

廖晓华分析说,发展滞后的原因,首先是铁路运力不足、航线少,虽然政府对港口运力倾斜,但仍不能满足市场需求,而且像集装箱运输对时效性的要求比较高,而防城港目前的外贸航线只有13条,这在一定程度上影响了"无缝对接"物流的发展。

其次,路港信息不畅通,妨碍了港口与铁路的无缝衔接。目前,港口、航运及货主企业可通过集装箱运输电子信息传输系统(EDI)随时查到船期、运价、订舱、运输状态等信息,但是货主、港口只能查到很少一部分铁路系统的相关信息,导致不能及时制定装卸计划而影响水铁联运。

再次,由于水路铁路"无缝对接"涉及部门广、协调环节多、难度大,货物到港后需要"大通关",在"通关"过程中,涉及边检、海关、商检等10多个部门。由于海关、边检、商检等有各自的考核标准,协调起来有很大难度。

针对这些问题，防城港务集团和不少企业希望政府从创新服务机制出发，消除各行业固有的条条框框，从政策、运力等方面向水铁联运倾斜，开通更多的沿海港口集装箱定点班列，港口与铁路要在运作机制、装卸设备、信息管理等方面搞好对接，建立具有网上受理、实时查询、全程追踪、物流方案制订等功能的水铁联运信息平台。届时，货主足不出户就能实时查询货物运输信息，按"一次装箱、一箱到底、全程服务"的模式，货主可实现一次托运、一次计费、一份单证、一次保险，运输链上的各个环节都应通过体制机制、运作模式等方面的改革、创新，主动拆除历史形成的工作壁垒。

4.7.2 案例点评

1) 现代港口

港口是物品流通过程中实施不同的运输方式或同种运输方式联合运输的作业节点，通常称为多式联运站、集装箱中转站、货运中转站，等等。其主要功能是：① 不同的运输工具间货物装卸中转；② 货物集疏与配载；③ 货物仓储及其他服务。

然而现代港口扮演的不仅仅是物品流通链上一个节点——货物中转站的角色，而是依托其独特的地理位置，与所在城市相匹配的运输系统、发达的工业基础、完善的金融体系、先进的信息系统和尖端的科技文化相结合展示者它的凝聚功能和辐射功能。通常在港口区域内聚集着流通加工中心、配送中心、商务中心、保税仓库、海关、银行、货运代理和保险公司等机构，为进出港货物提供运输、仓储、配送、包装、加工、拆拼箱、金融、保险、大通关和信息处理等一系列综合物流服务和增值服务，即构成了物流、商流、信息流、资金流、技术流和人才流为一体的大流通场所，港口的边缘也变得越来越模糊了。

2) 大通关

大通关是提高口岸工作效率工程的简称。2001年10月，国务院办公厅下发了《关于进一步提高口岸工作效率的通知》，明确指示"实行'大通关'制度，提高通关效率"。2004年，在全国提高口岸工作效率现场会上，国务院进一步指示各地、各部门积极推进大通关工作，提高口岸工作效率。

"大通关"是指口岸各部门、单位、企业等，采取有效的手段，使口岸物流、单证流、资金流、信息流高效、顺畅地运转，同时实现口岸管理部门有效监管和高效服务的结合。它是涉及海关、外经贸主管部门、运输、仓储、海事、银行、保险等各个国家执法机关和商业机构的系统。

"大通关"把一般意义上的口岸通关扩大了外延，丰富了内涵，它把进出口货物到离港（站）所需的装卸作业、代理服务、口岸查验的过程视为通关的有机整体。

"大通关"可以界定为三个环节：货物或交通工具代理人服务环节；查验环节（查验单位有海关、出入检验检疫局等）；港区、航站的装卸作业环节。

4.7.3 思考题

(1) 何谓"无缝对接"物流？
(2) 联合运输与多式联运的区别是什么？
(3) 结合本案例,分析水路铁路"无缝对接"需要哪些硬件和软件支持。
(4) "大通关"对内地企业货物进出口流通带来哪些便捷？

4.8 沃尔玛改进包装材料实现物流包装合理化

4.8.1 案例介绍

谈及成功之道,艾文纳介绍,沃尔玛有六条基本原则：抓住做生意的本质,即客户需要什么,要给客户提供正确的产品；如果希望客户到你的店里来,价格必须是合理的；要使购物对客户来讲变得简单,客户没有很多时间,他们一定要最快找到自己所需的产品；要根据不同的地点销售不同的产品；需要适当数量的产品,也就是说不能出现没有货的情况；要保证质量,才能赢得客户的信任。沃尔玛每天都在按照这六条基本法则运营。沃尔玛还有自己所谓的山姆哲学。其哲学理念之一就是提供最好的服务,如果做不到,就索性不提供这种服务。沃尔玛百货有限公司总裁兼首席执行官李斯阁曾说："山姆·沃尔顿为我们留下了一份遗产。他创立了一个鼓励我们取得非凡成就的公司与环境。"

据了解,沃尔玛现在使用的包装材料有70%是RPC(可回收塑料包装筐),而不是瓦楞纸箱,这主要是由于纸箱没有统一的占地标准和展示产品的功能。产品堆码整齐统一的重要性不言而喻。比如在一个农产品配送中心会有来自不同产地的商品,如果商品的种类繁多,而包装件的尺寸大小不一,那么对于如何搬运这些货物就是一个很大的难题。如果商品的包装标准化,拥有统一的占地面积,而且一个完整的占地尺寸和托盘的尺寸相等,这个问题就迎刃而解了。

RPC是最早实现标准化的运输材料,因为其规格一致,所以便于堆码。RPC底部均有插槽,其堆码稳定性也优于纸箱。RPC不仅具有标准化的优势,还具有很强的展示功能。因为RPC没有顶盖,可以直接看到内装的产品；不必在外包装上印刷图案,省去了一笔印刷费又不失包装的推销功能。但是,瓦楞纸箱对商品的保护性能很强,其优良的抗压、抗戳穿和防潮性能是RPC不能与之比的。而且由于RPC是经回收后重复使用的包装产品,所以从外观上看是比较陈旧的,而纸箱却是干净美观的。

纸箱利润也越来越薄。但值得注意的是纸箱行业正在受到RPC的挑战。沃尔玛公司有关负责人道出了纸箱产品存在最重要的两个弊端：首先，纸箱的规格成千上万，这对于追求个性化包装的商家当然是重要的，但却给整个物流环境带来很大麻烦。不便于堆码，不便于运输，还会消费大量的宝贵空间，集装箱就是一个典型例子。其次，由于其结构封杀了产品自身展示的功能，虽然可以在包装箱的外面印刷精美的图案，但这需要加大包装成本。

前不久，FEFCO（欧洲瓦楞纸制造商联合会）与 FBA（美国纸箱协会）和一些大型纸箱企业联合推出了《欧洲通用瓦楞纸箱占地标准》，目的就是加强瓦楞纸箱便于堆码和展示产品的功能。这一措施将有效地推动瓦楞纸箱行业的发展。更重要的是一种观念的转变，这套标准不仅改变了人们对原本在销售及堆码方面和 RPC 相比处于劣势地位的纸箱的认识，而且成了纸箱行业向更成熟的方向发展的一个标志。我们国内的纸箱企业应该引以为鉴，走出企业，了解用户、销售商乃至消费者的实际需求，才能生产出用户满意的产品。

另悉，Nature Works LLC 又开始为沃尔玛分销公司提供一种新型的热塑包装——Nature Works PLA。该款新包装将于近期在沃尔玛及全球大型连锁超市上架使用。新型热塑包装以生物为基础材料，主要由谷物制成。它将成功取代传统的包装，应用在 4 种不同类型产品上，其中包括食品容器、饮料瓶罐等。项目的第一阶段在 2005 年 11 月正式启动，主要提供生鲜类产品的包装；第二阶段将进一步为近 800 万蔬菜类更换新包装；第三阶段将提供新型的礼品包装；至于第四阶段则将逐步更换食品及水果类的包装。

一个世界级的企业的确需要不断探索、改进和完善，才能不断走向成功。

4.8.2 案例点评

本案例着重介绍了沃尔玛公司对于物流包装方面的不断改进与完善，从而实现包装合理化。

大部分商品在通过综合物流系统时需要保护。包装不仅仅有助于防止盗窃和损坏，而且也有助于推销商品，使客户得知产品信息。包装还与生产有关，包装的大小、形状和材料极大地影响着生产劳动效率。尽管包装不像运输一样昂贵，但包装占了综合物流成本的 10%。

包装不仅影响销售和生产，而且还影响其他的综合物流活动。包装的大小、形状和包装材料的类型影响到材料搬运装备的类型和数量、商品在仓库中的储存，以及产品运输过程中的装载、卸货和转运。

包装合理化是包装管理中的重要内容，也是企业开展物流服务必须重视的环节。包装的强度不足或者过度包装、材料不当、成本过高以及包装尺寸不标准是包装管理中常见的问题。随着新型包装技术和包装材料的不断出现，通过包装的合理化，可以使上述问题得到有效的解决。实现包装合理化主要有以下途径：

(1) 由于包装系统与物流系统二者的不同特点,因此就必须以托盘和其他成组包装的容器作为媒介,使包装模数与物流模数协调起来,提高物流运作效率。

(2) 采用机械化包装作业,提高包装作业效率,减轻人工包装作业强度,有利于保证和控制包装质量,降低包装成本。

(3) 采用大型化和集装化包装,节省装卸、搬运的时间,提高物流全过程的速度。同时,还可以减少单位包装,节约包装材料。

(4) 采用轻薄化包装。在满足包装的强度、寿命以及成本的前提下,应当尽可能采用轻薄的包装材料,这样不但可以减轻货物的重量,还可以在一定程度上减少废弃物。

(5) 实行标准化包装作业,提高包装作业的效率。

(6) 实现包装的循环利用是降低包装成本非常有效的方法。包装中使用的大量瓦楞纸箱、木箱、塑料容器等通用包装要消耗大量的自然资源,应当循环多次使用或实现包装的阶梯利用,以达到节约自然资源、降低包装成本的目的。

(7) 如果企业的产品有固定的流通渠道和一定的数量规模,就可以采用周转包装。一种较为常见的周转包装形式是企业根据产品流通的速度、渠道和批量确定一定数量的周转托盘,通过对其进行多次反复的利用实现包装合理化,降低总的包装成本。

总之,包装合理化是包装管理中的重要内容,也是企业开展物流服务必须重视的环节。

4.8.3 思考题

(1) 简述影响物流包装合理化的常见问题有哪些。

(2) 请分析包装标准化对物流包装乃至物流行业发展有哪些积极作用。

(3) 简述实现物流包装合理化的途径有哪些。

4.9 改进包装生产线实现物流包装合理化

4.9.1 案例介绍

FRUIT TREE 公司是一家生产各类果汁及一些水果的企业,随着零售点数目和类型的增加,果汁市场迅速地成长起来。FRUIT TREE 公司所关注的最主要的一个问题是果汁生产时的新鲜度。因此,有些产品是通过冰冻或浓缩制造的。对于 FRUIT TREE 公司的大部分生产来讲,气候在决定公司能否生产出某一产品中起着一个很重要的作用。

十年前,FRUIT TREE 公司的产品线是瓶装果汁和罐装水果的独立包装,所有的标签都是相同的,并且只有两种标准容器,即瓶和罐。如果你需要苹果汁、梨罐头等,FRUIT TREE 公司将会给你提供独立的产品。

然而,在过去的十年中发生了许多变化,对果汁产品的要求也越来越多元化,这些多元化要求包括:

(1) 世界各地的客户需要不同的品牌;
(2) 客户不再完全为英语语种的消费者,因此需要有新的品牌和标签;
(3) 客户的消费习惯要求容器大小能有一个可变的空间;
(4) 客户的包装需要从独立的包装变为 24 罐的不同包装;
(5) 客户对个性化品牌包装需求呈上升趋势;
(6) 大量商品不再接受标准化的托盘式装卸,而要求被重新托盘化。

在这种趋势下,公司的库存和销售出现了一些问题。单一的包装形式很难适应多元化的市场需要,从而出现了有些产品库存过多、而同类产品的其他产品却缺货的情况,因此公司需要寻求另一种方法来解决问题。

于是,FRUIT TREE 公司认识到,传统的生产、装箱、包装、打包、集合及运输入库的方法并不有效,问题的解决方式是重新设计对仓库的责任。这一战略将生产环节设计成为生产产品,并将之放于未包装的罐或瓶上,这种产品被称为"裸装产品"。这种"裸装产品"与相关的各种瓶和罐一起被送入仓库,仓库成为了一个为托盘化"裸装产品"与瓶和罐的半成品储存地。当客户向 FRUIT TREE 公司提交每月的购买意向后,直到货物装车前两天,完成最后的包装和发运工作。为了保证包装生产线的利用率,当生产线有闲余时,将生产需求量大的产品,并将其入库以备后用。

FRUIT TREE 公司通过将包装业务后置到仓储过程中完成,有效地解决了库存不均匀和生产预测的复杂问题。该公司仓库改建包装流水线的总投资约 700 万美元,另外增加了 6 名包装操作员来充实包装线及安排已完工的托盘,但是库存的减少和运输成本的减少带来了 26% 的额外税后利润率。更重要的是,对客户服务的改进和对市场需求反应能力的提高等过去曾认为无法实现的要求现在已能顺利完成。

4.9.2 案例点评

包装是生产的终点,物流的始点。

物流包装具有保护性、单位集中性及便利性的特点。它应该在搬运、储存和运输期间保护商品免受损坏。包装单元化可以把小包装合并成更大的包装,以适合托盘运输或单元搬运。同时,包装的便利性可以降低搬运成本,提高装卸效率。

为了使包装满足市场营销和综合物流的需要,它必须实现许多功能,主要表现为四大功能:保护商品、方便物流、促进销售和便利消费。

包装不仅影响销售和生产,而且还影响其他的综合物流活动。包装的大小、形状和包装材料的类型影响到材料搬运装备的类型和数量,以及商品在仓库中的储存以及产品运输过程中的装载、卸货和转运。对于包装在整个物流活动中的流程设计合理性,决定了综合物流活动是否能够高效率,低成本,高质量的进行。

该案例中,FRUIT TREE 公司面对客户对商品特别是商品包装要求越来越多元化和个性化,对生产环节按照客户需求进行重新设计,通过将包装业务后置到仓储过程中完成,有效地解决了库存不均匀和生产预测的复杂问题,使包装流程达到合理化。

4.9.3 思考题

(1) 简述包装的概念。
(2) 简述包装的功能。
(3) 分析该案例中企业实现物流包装环节生产运作合理化的途径。

5 销售物流

【本章综述】

　　生产企业、流通企业售出产品或商品的物流过程称为销售物流,是指物资的生产者或持有者到客户或销售者之间的物流。对于工厂是指售出产品,而对于流通领域是指交易活动中,从卖方角度出发的交易行为中的物流。

　　市场经济体制的建立,一方面促使企业将市场营销和物流管理结合起来适应外部环境和条件,使企业可以根据市场要求的变化,利用自己可控制的要素,来满足消费者的需求,实现企业目标;另一方面,也给企业带来更加严峻的挑战。环境因素的复杂多变,竞争对手增多,市场需求的多层次与多变幻等因素,都迫使企业必须将高度重视与客户需求和客户满意度紧密相关的销售物流工作。尤其在中国加入WTO后,作为国际市场的一部分,企业面对众多国外实力雄厚的竞争对手,更应该对此强化管理,优化流程,才能在竞争中取胜。

　　通过销售物流,企业得以回收资金,并进行再生产的活动。销售物流的效果关系到企业的存在价值是否被社会承认。销售物流的成本在产品及商品的最终价格中占有一定的比例。因此,在市场经济中为了增强企业的竞争力,销售物流的合理化是可以收到立竿见影的效果的。

5.1 美国连锁药店的经营销售方式

5.1.1 案例介绍

　　美国是一个药品生产、销售和使用大国,其用药量占全球用药总量的1/4。美国药品零售业,尤其是药品连锁经营在规模化、规范化、集约化方面都具有相当高的水平。

　　美国连锁药店的发展得益于国家宏观政策的导向,发展至今,已经出现各种规模庞大的连锁药店。到2013年,百年老店沃尔格林Walgreen的门店数量已经达到了8 116家,营业收入达到了722.17亿美元,相比2009年,增长了14%,而净利润也从2009年的20.06亿美元,增加到2013年的24.50亿美元,全美药店零售业排名第一。在增值服务方面,经过上市后募集的资金,沃尔格林建立了371家保健中心,82个药品煎煮和呼吸服务点,11家专科药店以及2家邮购服务中心,除少数新开门店以外,大部分都是源自并购。美国连锁药店的发展与现状值得中国医药市场的每一个营销人认真参考。

美国连锁药店的发展历程是由北美独特的历史、文化和传统所决定的。追溯到18世纪,美国的药店与欧洲的药店相似,也只是销售药品。然而到18世纪末19世纪初,随着人口向西部迁移,处在美国西部地区的药店逐渐发展成为人们进行货物交易的场所。客户在药店利用食品、动物毛皮、自制布匹以至于任何有用的商品来交换所需的药品,药剂师再将交换来的商品重新在药房销售。随着这种商品交换方式的发展和繁荣,药店老板发现他们可以从这种在药店的一角售药和配药,通过商品交换,再在药店里销售其他普通商品的经营方式中获利。由于药店中商品琳琅满目,人们渐渐变得十分乐于光顾这里,女士到药店购买化妆品和香水,男士到药店购买香烟和洗涤用品,儿童到药店购买糖果和玩具,甚至冰淇淋。19世纪初,药店已逐渐发展成为美国小城镇的重要社交场所和社区健康中心。

1933年,美国的6家连锁药店联合发起成立了美国连锁药店协会(NACDS)。NACDS的成立旨在代表连锁药店与政府对话,敦促政府立法,促进医药连锁业的发展和繁荣。

美国连锁药店公司(被NACDS定义为拥有4间以上药店的企业)出现在20世纪初。相对于独立药店而言,连锁药店的好处很快就被体现出来:连锁药店由于购买更多的商品而可以从供应商那里得到更优惠的价格,同时可以以较低的价格向客户销售,从而能够比单个药店招揽到更多的生意。另外,连锁经营可以使经营费用降低,因为一个拥有20间药店的连锁公司往往只需要一个总裁和一个化妆品采购员。

随着消费者购买习惯的变化,美国医药零售业出现了新型商店的概念。20世纪50年代,美国西海岸的连锁店开始开办有25 000 m² 面积的超级店。随着美国医药零售业和医疗保险业的发展,在美国政府的积极参与下,美国药品零售业竞争日益激烈,并且超市和量贩式(便利超市的一种)也开始销售药品和相关产品。这对传统零售药店形成了很大威胁,药品零售业开始了兼并和收购的浪潮。

1995年,全美最大的三家药品连锁药店共有5 600家,到了1999年,已有近11 000家药店。同时,独立药店的数量下降很快,从1990年的32 000家减少到1998年的21 000家,减少了30%左右。而食品超市中的药房则从1990年的1 300家增长到了1999年的7 000家。销售药品的量贩店数量由1990年的2 500家增加到了1999年的5 000家。2001年6月,沃尔格林第二次上市,此时的沃尔格林已经拥有了3 000多家门店,而服务方面更是做到了极致,仅药店宣传标签的文字语言就达到了14种,类似的精细化服务在美国药店当中也属于前列。更受关注的是其门店的扩张速度,2003年,沃尔格林迎来了第4 000家门店,其后6年更是保持了每两年增加1 000家门店的速度。到2013年,沃尔格林的门店数量已经达到了8 116家。此外,沃尔格林在医药电商方面的发展也尤为迅速。2011年,公司以4.09亿美元的价格将美国知名网上药店 drugstore.com 收入囊中,传统药店与网上药店结合给沃尔格林带来的更多的是隐形增值服务。

近年来,美国药品零售企业与生产商、批发商和物流配送公司逐渐形成了战略联盟,共同分享各种信息,他们以客户为导向,寻求共同发展。2013年,沃尔格林公司与国际领先的以药店为主导的健康美容集团联合博姿、北美最大的医药服务公司之一美源伯根公司缔结创新型的长期合作伙伴关系。这一创新型的长期合作伙伴关系,将在日新月异的美国和全球医疗保健的大环境中,进一步增强公司核心业务的实力,提高为客户提供创新解决方案的能力,引发一系列的机遇和创新,为所有的利益相关者带来长期获利。美国连锁药店有以下几个特点:

1) 医药分开成熟经营

美国是医药分开的国家,医院一般只设住院药房而不设门诊药房,门诊病人在取得医生处方后,便到药店取药。参加各种医疗保险的患者,在社会药店可以获得保险公司对处方的支付。这种制度的优越性十分突出,一方面使患者安全用药获得了双重保险,其一,避免因医生与药品处方存在利益关系而衍生出大处方问题,造成用药本身的不科学、不安全;其二,患者拿着处方到药店购买药时,药剂师会对处方先进行评价,一旦发现处方存在用药不合理或安全隐患时,药剂师会致电开处方的医生,要求其对处方进行修改,形成对处方的监督机制。另一方面,它使得医药消费市场更有秩序。

在美国,药剂师具有很高的地位,他们甚至有权调整患者的诊断资料。美国的药剂师跟我国的药师有较大的区别,美国的药剂师是一种职业,一般要具备较高的专业修养,如取得博士学位,并熟悉美国法律,通过认证方能上岗。从这一点来看,我国的执业药师制度与之有些相似。美国的药剂师极受尊崇,据介绍,在近些年的有关调查中,美国的药剂师社会地位保持在前两位,比医生还要高。

由于医药的分开,也由于药剂师的重要作用,药品的使用存在着相互的监督制约关系,促使药品经营者把更多的精力放在如何加强管理,改进服务,降低成本,提高市场占有率上。

2) 注重经营美丽健康产品和自有品牌

美国药店的一大特点是其商品极大丰富。从20世纪80年代开始,药店就尝试向健康、美容、家庭护理、体育用品、服装和食品方向发展。其中有的变革遭到了失败,有的则获得成功。美国药店以"健康美丽产品专卖店"的概念为主旨。其核心商品分三大类:处方药、非处方药、美容护理及保健用品,从而体现了其经营理念:凡是与健康、美丽相关的产品都属于可经营范围。包括婴儿尿布、健康洗液等用品,各类护肤品,以及为特定人群如婴幼儿、妇女、老年人、残疾人等准备的一系列适应其特定要求的生活用具,另外还包括日用品,如贺卡等。其商品种类多而全,也是受美国人口郊区化、零售业集中、大而全趋势的影响,满足了人们"一站购足"的新观念。

美国连锁药店另一特色是销售"自有品牌产品"。由于受到价格竞争的压力,美国连锁药店普遍定位为低价位的健康产品连锁店,因而商品毛利率并不高,一般为20%~30%,近几年来更有不断下降的趋势。但几乎所有的连锁药店都有"自有品牌产品",有的大型药店所售商品的30%都归于此类。这也是美国零售业中一种很流行的方式,即由一些生产规模很大的厂家进行生产,厂商不用做营销工作,只需按照各零售商的要求进行定牌生产。这样由于生产商只需考虑扩大规模,提高生产率,其产品自然成本较低。而药店拿到这类价格低于同类品牌商品20%左右、其质量又可控制的产品,冠以自己的品牌,其毛利率就有很大的上行空间,一般达40%~50%。美国大型连锁药店如 Rite Aid、Bartell 等的自有品牌都有广泛的知名度,药店利用这类产品的厚利可使其他产品保持较低的价格水平。

3) 运用现代物流信息技术进行规模经营

美国连锁药店大都规模很大、分店多、分布广、发展快,仅在加州就有1 800多家。据 NACDS 提供的资料,美国最大的10家连锁药店的分店均超过千家。连锁药店在药品市场的份额逐年扩大,1997年已达到约40%,一般可分为地区性和全国性两种。区域性药店如 Bartell 在西雅图地区就有40家分店。而全国最大的连锁药店 Rite Aid 共有4 000多家分店。加上近年愈演愈烈的重组、合并趋势,规模更加庞大。规模大是指其各分店多为2 000 m^{2}以上,经营四五万个品种,这样的药店如网络般分布于美国的大街小巷,各个社区,提供了优良便利的服务。

但是按照经济学理论分析,规模越大,管理成本越高,对于地点分散的连锁店更是如此。美国连锁药店充分利用现代信息技术,实现了高效率的终端遍布各分店,从而实现流程化、标准化管理,包括电子数据管理、卫星通讯、配送盘货控制和销售分析,以至于员工的绩效考核。分店每日营业数据,都以最快的速度汇总至总部,由总部在充分掌握具体情况的条件下决定下一步的对策;总部的任何指令几乎同时到达数百家或上千家分店。另外,很多药店都不自设配送中心,而由批发商来担任这个角色,依靠电子订货系统,与 POS 扫描系统、EDI 及计算机网络的运用给连锁药店带来了不可估量的价值。

4) 处处体现人文关怀的意识

美国大部分药店里均设有客户等候室,安置有书报、防病用药介绍等宣传资料,还有电话、自动测压计等设备。有的药方设有门诊,病人可以就近就医、抓药。执业药师挂牌服务,在他们的照片下面,详细介绍了这位药师的学历、主要从事药品的经历及服务承诺,以示他们对客户的一片诚心。在 Eckerd 药店,有专门为开车客户设置的窗口,汽车开到窗口,递上药方,医师配好药后,用小扩音器告诉对方价钱,客户交钱取药,非常方便。一般药店都挂有 24 小时营业的大字,体现了服务的周到。

5)整合全球供应链

美国药品零售企业与生产商、批发商和物流配送公司形成战略联盟,尤其是全球公司结成长期合作伙伴关系,共享其在服务制药厂商、服务医药批发界和保健系统多年积累的国际运作经验,合作经营仿制药和其他医药产品,梳理渠道将产品推向更广阔的市场,惠及制药厂商;为医院和医疗机构提供更齐全药品,惠及病患;为社区药店等提供更好的服务,惠及大众。全球供应链的整合,不仅可以分享经验,而且能在未来开拓更多新项目、新服务的合作空间。

5.1.2 案例点评

现代物流要求从商品开发阶段就必须与厂家和零售业建立广泛的协作关系。20 世纪 80 年代,美国掀起了价格战、促销战,向流通业推进促销。为了摆脱商品滞货增多,库存猛涨的状况,诞生了能有效采购消费者所需的商品、吸引消费者的销售体制,一般称其为策略同盟,就是从单纯传统的商品买卖交易到商品开发、市场策略、促销,从在库计划管理到店铺货架的摆布等,建立广泛的合作关系。其中最有名的要算是宝洁(P&G)与全美最大的零售业沃尔玛之间的同盟。

供给连锁经营是物流从本系统内力量竞争的时代进入连锁与连锁之间竞争的时代。主张全程式物资流动,从原材料的采购到配送至最终需要者手里的全过程,基于这一思想的物流整体设计和管理就是供应链管理。供应链管理思想的科学应用能够使得链条上的每一个节点,即每个企业共享这种新模式所带来的收益。

美国的连锁药店规模都很大,分店繁多。美国连锁药店充分运用先进的现代信息技术,辅以卫星通讯,实现了商品流、信息流、资金流的动态高效管理。各家药店均有先进的计算机系统终端,并实施了流程程序化、管理规范化,分店的经营与保险公司和总部保持联网,数据快速汇总到总部、联系到有关保险公司,总部借助计算机自动分析系统,掌握各分店、各品种的经营动态,信息沟通畅通无阻,既提高了管理水平又降低了成本。而最近频频发生的资本运作和战略联盟,更好地协调了医药供应链内的各方利益,强化彼此关联度,促进成熟经验共享和业务协作,全球供应链整合带来了更为广阔的发展前景。

5.1.3 思考题

(1)美国连锁药店的特点是什么?

(2)美国连锁药店的经营模式能给我们哪些启示?

(3) 现代物流和信息技术在美国连锁药店的管理上能起到哪些作用？

5.2 宝洁：分销商管理体系变革

5.2.1 案例介绍

始创于1837年的宝洁公司(P&G)是世界最大的日用消费品公司之一，公司在全球80多个国家和地区拥有138 000名雇员。2013年，公司财政年度销售额相比2012年增长近3%，所经营的300多个品牌的产品畅销160多个国家和地区，其中包括美容美发、居家护理、家庭健康用品、健康护理、食品及饮料等。

1988年，宝洁公司在广州成立了在中国的第一家合资企业——广州宝洁有限公司，从此开始了其中国业务发展的历程。宝洁大中华区总部位于广州，目前在广州、北京、上海、成都、天津、东莞及南平等地设有多家分公司及工厂，员工总数超过7 000人。从1988年进入中国市场至今，宝洁在华投资总额超过17亿美元。宝洁公司是中国最大的日用消费品公司。飘柔、舒肤佳、玉兰油、帮宝适、汰渍及吉列等品牌在各自的产品领域内都处于领先的市场地位。中国宝洁是宝洁全球业务增长速度最快的区域市场之一。目前，宝洁大中华区的销售量已位居宝洁全球区域市场中的第二位，销售额也已位居第四位。

"我们能够在销售和分销领域获得成功，因为我们帮助客户获得成功"。当企业进军一个新的市场时，销售和分销通常是最重要的工作之一。宝洁由于正确实施了销售与分销策略，才能够成为日用品工业中销售和分销的领袖。宝洁在销售和分销方面取得成功，在于其向中国引进先进的管理观念、经验、技术和系统，帮助客户提高他们的管理能力和运作效率策略。简而言之，宝洁的成功正因为他们帮助客户获得成功。

分销商(Distributor)，在宝洁的词典里就是负责在指定区域内进行产品的分销覆盖的合作客户。在业界里有经销商、代理商、批发商等多种类似的字眼，与大多数厂家对经销商单纯回款完成销售任务不同的是，宝洁公司则更要求分销商进行分销网络的覆盖和店内表现的维护。

自1988年8月18日宝洁公司进入中国以来，宝洁与分销商的合作走过了几个不同的历史阶段。

1) 1988—1992年，推压阶段

在此期间，宝洁公司是合资公司(合资方有广州市轻工局、广州肥皂厂、香港和记黄埔)，主要的管理和业务人员大部分为原广州市轻工局和广州肥皂厂的员工，年龄偏大、业务素质普遍较低。这时与宝洁公司合作的分销商主流为各省市国营百货公司、百货批发站、百货商场等，只有一小部分是私营批发商。在当时全国市场经济意识形态朦胧、开放程度远远不够的萌芽期,这些分销商基本都是凭借着传统国有企业的行政优势,坐在办公室里,等待县镇级的百货公司、批发站、供销社来登门要货,俗称坐商。宝洁公司当时的业务人员对分销商的要求也只是回款达标后即万事大吉,至于产品再销售如何则不闻不问。此间宝洁公司的产品线只有洗发水和洗衣粉,生意额达几个亿。

2) 1993—1998年,帮助阶段

宝洁公司在1990年开始在各大著名高校招聘管理实习生(Trainee)。到1993年,这些嫡系部队开始发挥威力,显示出极强的工作热情和专业性,并开始陆续取代老业务人员而走向管理岗位。随着中国市场经济的进一步发展,传统的百货公司、百货批发站日益显示出其无法适应于时代发展的疲态,私有经济如雨后春笋般蓬勃发展。宝洁公司选择分销商的目光也逐步移向了这些有开拓进取意识的个体批发商们。随着一轮又一轮的市场拓展和广告攻势,宝洁公司发展了大量的新分销商(最多时全国接近600个)。这时候的问题是,产品的供不应求与分销商的综合管理水平低下形成了尖锐的矛盾,于是,宝洁公司在业界率先提出"共赢"概念,一方面自身的销售团队大力开展零售覆盖工作,帮助分销商进行产品的再销售;另一方面也不断加强对分销商的培训,并身体力行地帮助分销商提升内部管理水平,如1995—1996年宝洁公司在分销商阵营中推广分销商生意系统(Distributor Business System,DBS),1997—1998年又推广高效分销商补货系统(Electronic Distributor Replenishment,EDR)等。此间,宝洁公司的生意发展生机勃勃,陆续推出化妆品、卫生巾、香皂、牙膏、薯片等诸多品类,生意额迅速攀升到几十个亿,成为日化行业中的龙头老大,并在1998年全数回购成立时的各合资方的股份,成为纯正的独资公司。

3) 1999—2004年,服务转型阶段

1999年,宝洁公司推出了一个具有极大创新味道和挑战性的"分销商2005计划",该计划中将分销商的未来发展定位做了一个规划:分销商应该为上级和下级合作伙伴提供增值服务,分销商以后的盈利来源不是产品买卖之间的差价,而是通过提供增值服务来赚取合理的佣金。这个计划产生的背景是:沃尔玛、家乐福等国际性零售商陆续进入中国并迅速扩展,分销商在这些强大的系统化大超市面前很快招架无力,同时分销商向二级客户的批发价格跌破出厂价。应该说分销商受到来自现代物流渠道和传统批发渠道的双重压力,分销商单纯做宝洁产品从收益来说捉襟见肘举步维艰。在此期间,宝洁公司一方面建立专职的零售客户直营队伍和相关系统,以取代分销商直接与这些大型超市合作;另一方面,宝洁公司也为了维护分销商的利益,将全国几百个分销商通过取缔、合并等方式整合到100个左右,保证大分销商的经营热情,并在2000年推出了分销商一体化生意管理系统(Integrated Distributor System,IDS)。此间,经过冒进的冲动和清醒后对中国市

场特点的深刻认识,宝洁公司并不顺利地完成了组织架构和渠道结构的重组,2002年以后生意稳定发展,并以一百多亿元的生意额稳坐行业头把交椅。

在分销商计划中,宝洁对 IBM 的生意软件进行改进,使之更适应分销商运作,并派专业人员培训分销商使用分销商生意系统/高效分销商补货系统(DBS/EDR),帮助分销商利用计算机开展生意运作和决策,优化订货、收款和库存管理流程,改变了分销商等待订货的状况,促使他们主动寻求客户,有效地降低分销的销售成本,增强了他们的竞争能力,而宝洁的分销体系也因此成为一个科学和强大的全国网络。据部分统计,一些分销商安装了该系统以后,库存周期比原来降低了80%,客户服务水平提高了30%。

为鼓励分销商快速付款,宝洁采用了根据付款时间分别给予销售折扣的激励措施,并使分销商采用同样的方法促使他们的客户尽快付款,从而保证整个资金运作系统更为快速、有效。

4) 2005 至今,分销渠道重新定位

随着市场的成熟,宝洁公司的分销策略由原来的分销、直供并驾齐驱朝进一步削弱分销发展。宝洁的分销商已经不是传统意义上的分销商,他们更像宝洁渠道政策的执行者,宝洁公司内部也专门设立了分销商管理人员,加强了对分销商的管理和有效掌控。

宝洁经过早期的摸索阶段后,对分销渠道进行了重新定位,对连锁超市等现代渠道和传统分销商的作用也进行了区分。宝洁把分销商定义为销售服务提供者,主要承担物流、覆盖以及服务等。分销商也正朝着整合方向发展,大分销商将取代以往的众多中小分销商。宝洁公司也在分销商大会上建议大分销商去边远城市、农村开分公司或者设立分支机构。宝洁公司成立了一个深度拓展基金,作为分销商进行深度覆盖的费用。

2007 年,宝洁公司开始推行分销商体系的又一次重大调整,所有分销商对外发货须严格执行全国统一价格,每一类客户的价格浮动不得超过 3%。此番新政依旧延续了宝洁近几年的渠道政策的思路,即削弱分销商,加大对零售终端的控制力,以解决分销渠道层次过多带来的价格不透明、区域窜货的弊端。

随着分销渠道的整合,为宝洁服务的第三方物流商可以提供更加优质高效的服务和更加准确的信息,有利于提供全过程的增值服务,完善遍布全国的物流运作网络,在运输过程中保证货物按照同样的操作方法、模式和标准来操作。

概括而言,宝洁不断向中国引入革新科技,帮助中国企业提高管理质量,宝洁也由此获得并保持了其在销售和分销领域中的领先地位。因此,宝洁在中国的重要成功的经验是:帮助客户成功,就能取得成功。

5.2.2 案例点评

在分销体系当中,窜货是个始终难以根除的顽疾。大体上各个厂商的分销体系都是以区域来划分分销商的覆盖范围,但是当厂商的价格政策过于灵活导致不同地区分销商进货价格不一致的时候,窜货就会发生,这与金融市场的无风险套利如出一辙。除了价格政策上的影响之外,导致窜货发生的另外一个原因是厂商的返利政策。很多情况下厂商为了鼓励分销商的积极性设定返利政策,规定分销商完成一定量的销售后拿到一定比例的返点。这种政策会导致分销商在接近返利销售量的时候为了拿到返点而不惜平价甚至是亏本销售,这种做法不仅仅骗取到了厂商的返点,而且还会因为低价出货引起窜货而打乱了整个分销体系,给分销商之间带来矛盾并最终影响到厂商与分销商的利益协调。因此,窜货的根源通常来自于厂商的价格政策和返利政策的不合理,使邻近地区在扣除交通运输费用后仍然存在利差,再加上分销商的逐利本性所导致的。解决窜货问题不能打突击战,只能稳扎稳打、引入有效的渠道管理手段。宝洁在构建了成熟的销售体系后需要集中精力重点应对这一问题。

宝洁公司分销商计划的实施,充分体现了成熟的销售物流的特征。企业的分销策略是由企业的发展理念、企业开发新市场的能力、企业的管理能力和对风险的承受力共同决定的。如果企业决心对销售、制造、总装、渠道服务和(或)渠道行为进行有效的掌控与管理,就有必要将双方的业务进行整合,而且,整合的方向和程度会极大地影响供应商对分销商业务的监控和管理程度。企业只有对目标市场有效地进行投入并参与当地市场的运营,对分销商的销售、服务和本企业的制造成本有效地进行管理的情况下,才有可能对渠道实现高效的监控和管理。归根结底,企业与分销商之间的关系最理想状态就是合作伙伴双方都能从合作中得到最大收益。

5.2.3 思考题

(1)宝洁公司的分销商计划中都使用了哪些先进的管理工具?
(2)分析中国宝洁的分销商体系的变化过程及变化原因。

5.3 TCL销售网络的信息化改造

5.3.1 案例介绍

TCL即The Creative Life三个英文单词首字母的缩写,意为创意感动生活。TCL集团股份有限公司创立于1981年,是中国最大的、全球性规模经营的消费类电子企业集团之一。1999年,公司开始了国际化经营的探索,在新兴市场开拓推广自主品牌,在欧美市场并购成熟品牌,成为中国企业国际化进程中的领头羊。2013年TCL全球营业收入853.2亿元,同比增长22.9%,5万多名员工遍布亚洲、美洲、欧洲、大洋洲等多个国家和地区。在全球40多个国家和地区设有销售机构,销售旗下TCL、Thomson、RCA等品牌彩电及TCL、Alcatel品牌手机。作为业绩主要增长动力的华星光电,在2013年保持满产满销,销售液晶面板及模组产品2 162.8万片,成为全球第五大液晶电视面板提供商,实现销售收入155.3亿元,增长高达6倍。尽管2013年全球彩电需求增长放缓,TCL多媒体业务盈利能力亦受到了影响,但公司依然实现了2013年LCD电视销量1 718.4万台,同比增长10.7%,高于市场增幅。

过去,一台TCL的王牌彩电从生产线下来以后,在抵达最终卖场之前,往往要旅行大半个中国,在好几个仓库间倒腾,经过许许多多人的手。如何在产品物流的配送得到保障的前提下,同时提高运作效率,成为TCL最头痛的问题之一。因为彩电行业的利润率甚至不及4%,而物流开支是仅次于原材料费用的巨大负担,必须从物流成本中压榨利润。

要避免重复运输,减少中间环节,减少彩电的旅行时间及成本,需要的是建立一个反应迅速、经济实用、触角遍布各地的物流网络。TCL集团曾经计划投入5亿元人民币,把它覆盖全国的近2万多家家电销售网点,改造成网络化的专业物流配送系统。按计划,先通过系统配送TCL的产品,以后再送各个厂家的各种产品,最终建成一个连接互联网和传统商业的社会公用平台。

事实上,以网络著称的TCL拥有目前国内最具分销能力的家电销售网络。其自建的销售渠道作为TCL彩电销售的主力军,销量占到了总体的80%以上。TCL的相关人士坦言,一旦价格战军情紧急,通过周密发达、运转灵便的网络,只需2～3天,TCL便可完成补货。这也使得TCL有可能通过改造其庞大的销售网络,使之承担起物流体系的功能。

然而,使一个如此庞大的网络有效运作起来绝不是件简单的事情,在各环节必然耗费大量的资源,这其中自然也包括流通环节的物流成本。在压力与日俱增的市场环境下,渠道扁平化也就成为了不可阻挡的趋势。对于TCL而言,传统的物流管理分散于不同的部门,根据职能划分,采取的是分段式管理。因此,物流革新势在必行。回顾TCL的物流发展历程,可谓经历了一番尝试和比较。

TCL庞大的销售网络既是自身最大的竞争优势,却也成为它最大的负担之一,因为如何对这些机构进行有效的物流管理和财务监控确实比较成问题。

从1998年开始,TCL开始对企业销售网络的物流体系进行改造。通过引入一套比较完整的ERP系统,对货物的进、销、存系统一体化管理。然而在实际的操作中,由于各级管理人员的水平和原有管理信息系统的局限性,这个ERP系统却得不到有效运转。于是 TCL 只能先上物流管理系统,即进、销、存管理系统,再上财务系统。这样一来,也能够做到对销售网络以及整个销售动态和市场动态做出实时的反应。

虽然这个系统并不能做到严格意义上的实时更新,但是至少每天 10 点以前,公司就能对前一天全国市场的销售情况、库存情况、主要竞争对手的销售情况、财务情况有个面上的了解,从而使得决策层对整个市场的情况能够做出相对实时而准确的判断,而资金流转的速度也比同行大约快 2~4 倍。

正是由于货物的流向实现了信息化管理,在物流供求的两端就只剩下相对简单的运输问题,这也使得 TCL 有可能将这一切委托给第三方物流公司办理。TCL 与南方物流的合作一直令人满意。虽然发运点成倍增加,发运量数急剧增长,但 TCL 物流的人员数量保持不变,而且其运价创历史新低,为 TCL 节约了大量的物流成本和费用。

在目前的家电行业中,只有 TCL 和海尔建立了全国性的、直接配送到门店的物流体系。在 TCL"以速度打击规模"的信条下,甚至在某些区域保证了先销售后进货的物流水平。速度已经成为 TCL 物流模式的最大特点和优势所在。

未来十年,TCL 将继续构建融设计力、品质力、营销力及消费者洞察系统为一体的"三力一系统",坚持不懈地提升核心能力,提高经营效率,将 TCL 打造成中国最具创造力的品牌。

5.3.2 案例点评

企业处在日新月异的市场机遇、价格和服务水平等的挑战环境中,必须不断改变、改善企业经营模式,提高企业竞争力。以往仅仅关注于企业内部的流程改善,产品开发和制造水平的提高已经不足以面对现时的市场环境。进入 90 年代,传统物流已逐渐开始向现代物流转变。现代物流包括运输合理化、仓储自动化、包装标准化、装卸机械化、加工配送一体化、信息管理网络化等等。

在一个更高的位置对商品流通的整个过程进行控制,记录整个商务活动的流程,是分析物流、导向资金流、进行经营决策的重要依据。要提供最佳的服务,物流必须要有良好的信息处理和传输系统。电子数据交换技术与国际互联网的应用,使物流效率的提高更多地取决于信息管理技术水平,而计算机的普遍应用无疑为其提供了更多的需求和库存信息。因此,提高信息管理科学化水平,必然使产品流动更加容易和快速。目前,物流信息化,包括商品代码和数据库的建立,运输网络合理化、销售网络系统化和物流中心管理电子化建设等方面还有待加强和完善。可以说,没有现代化的信息管理,就没有现代化的物流服务。

ERP(Enterprise Resource Planning,企业资源规划),是一个对企业资源进行有效共享与利用的系统。ERP 通过信息系统对信息进行充分整理、有效传递,使企业的资源在购、存、产、销、人、财、物等各个方面能够得到合理地配置与利用,从而实现企业经营效率的提高。从本质上讲,ERP 是一套信息系统,是一种工具。ERP 在系统设计中可以集成某些管理思想与内容,可帮助企业提升管理水平。

事实说明,处在现代竞争环境的企业要保持生存和持续发展必须与商业合作伙伴充分协调,以建立一个具有竞争优势的价值链。ERP 软件的合理运用可以帮助企业内部业务操作合理化,帮助企业在跨合作企业群体和贸易伙伴之间提高管理水平,扩展企业竞争空间和提高综合能力。电子商务所带来的丰富的企业竞争手段和工具,能够帮助企业更好地运用 ERP 将广阔的网络商机和传统信息系统中的企业资源信息有效地结合起来。企业、客户、供应商、交易商和企业员工以前所未有的方式通过网站结合在一起。

ERP 也是企业市场营销的重要组成部分,通过实施 ERP,可以取得如下效果:一是系统运行集成化,软件的运作跨越多个部门;二是业务流程合理化,各级业务部门根据完全优化后的流程重新构建;三是绩效监控动态化,绩效系统能即时反馈以便纠正管理中存在的问题;四是管理改善持续化,企业建立一个可以不断自我评价和不断改善管理的机制。目前,ERP 广泛应用于烟草、食品、零售、家电、汽车、石化、医药、第三方物流等经济领域。

5.3.3 思考题

(1) 当前国内外大中型企业为整合资源、增强竞争力经常使用哪些系统管理工具?

(2) TCL 的销售网络改造的过程和成果怎样?

(3) 当前 TCL 物流模式的特点和优势是什么?

5.4 联合利华的客户增值服务[①]

5.4.1 案例介绍

对联合利华中国公司而言,你从超市货架上取走一瓶清扬洗发水牵动着 1 500 家供应商、25.3 万 m^2 的生产基地、9 个区域分仓、300 个经销商。这是构成联合利华供应链体系的一系列基本节点:上游连接着来自全球的 1 500 家供应商,下游是包括沃尔玛、乐购、屈臣氏和麦德龙等在内的总共约 300 个零售商与经销商所提供的超过 8 万个终端。但仅凭这条单一的纵贯线,还不足以支撑起它复杂和庞大的体系,另外两个维度的填充物是清扬洗发水、力士香皂、高露洁牙膏、奥妙洗衣粉等

---

① 赵蓉. 洗发水的故事:联合利华的供应链内幕,第一财经周刊,2012 年第 24 期,p74

16个品牌将近3 000多种规格的产品,以及这家公司在中国超过100亿元人民币的年销售额。

你的这个小行为将被联合利华迅速捕获,成为它组织生产和销售一瓶洗发水的依据。与家电、汽车等耐用消费品能够较易预测消费趋势和周期性不同,快速消费品行业由于消费者购买频次更高、消费结构更为复杂以及充满许多不确定因素,预测则较为麻烦。联合利华销售人员列举的一个让其最头疼的情况便是大客户采购,因为超市的现有库存可能顷刻间被耗尽,货架上随即贴出黄色的"暂时无货"标签,它会在一堆价签牌中发出一个不和谐信号,告知推着购物车前来的客户无需靠近,而该销售人员手头工作内容会立即变为去修复这个棘手问题。

联合利华需要准确预测未来销售情况,既能满足客户需求又能避免产生多余库存。"历史销售数据"的捕捉和统计极像一个需要精力和耐力的体力活。每一天,分散于全国各地的联合利华销售人员会将数据输入一个类似手机的手持终端,源源不断地将情况汇总到公司数据库中心的主机里,再加上直接对接着的诸如沃尔玛POS系统和经销商库存系统等,联合利华管理人员无论位于上海总部,还是伦敦全球总部的办公室,都可以了解到中国超过1万家零售门店任何一天的销售情况,其余还有7万多个终端,数据更新以周为单位。这些在统计学上被视为大样本数据来源,可以保证对销售预测的波动,正如上面让销售人员头疼的团购将能被控制在合理水平。但仅仅是汇总消费者购买行为这类数据还不足以让需求计划经理准确预测出联合利华未来一段时间(如13周)的销售情况。他同时要与营销、生产、财务和市场等团队进行沟通。联合利华按照16个品牌划分出4大业务类别,每一品类都有一组团队预测产品销售情况。通过这些团队,超市的一瓶洗发水产品被销售出去,采购部门得到原材料A和包装材料B将会有新需求信息。在采购人员计算机里,一瓶清扬洗发水会被分解为40多种材料,在材料清单表上化身为许多普通人不太接触的专业名词。

消费者购买行为影响着联合利华全球范围内的采购与生产体系。目前,联合利华旗下400多个品牌产品在6大洲270个生产基地生产,所有涉及原料和包装材料的采购问题,包括采购地、供应商选择、采购规模及频次安排,都全球统一进行调配。这种全球化运作一方面体现出成本集约规模效应,另一方面也对公司管理供应商水平提出了挑战。2002年,联合利华在上海成立全球采购中心,在世界最大原材料生产地之一的中国向全球出口原料及成品。目前,为中国联合利华服务的供应商总数达1 500家,公司的采购、质量和研发部门共同管理供应商。一些能够同时提高双方效率的合作会在这里开展,一些在内部被评定为A级的供应商被视为公司的战略合作伙伴,他们会为联合利华生产定制化的材料,而联合利华自己的设计和研发人员往往也很熟悉供应商的设备、流程等,双方会针对一款新产品在早期即开始合作,联合利华会从技术方面对供应商提供指导。但这样的合作是有前提的,联合利华对供应商有一套全球共同执行的标准。公司一个跨部门团队每年会对这些A级供应商到场审计两次,除了技术水平、产品质量、资金规模等常规方面外,还包括检查污水处理装置这类关于环保、用工条件等社会责任方面的原则。供应商如果在哪个方面没能达到要求,就将面临从联合利华采购名单里消失的风险。

接下来,生产部门将和计划部门对接,对这瓶从货架上被拿走的清扬洗发水作出响应。根据你所购买的具体是哪款洗发水,生产计划经理将作出决策。他必须通过采购团队掌握所有供应商的交货能力,通过工厂负责人了解目前生产线上的实际产能,通过需求计划经理们得到销售预测,并将这三类信息汇总统筹出下一时期段内(例如13周至1年)的产能供应水平。根据你所购买的这款洗发水制定出最终生产安排,去指挥一个年产值为140亿元的生产基地具体在每一周、每一天里如何动用它的每一家工厂、每一条生产线,尽可能达到产能最大化,并让那些分散在全国各地甚至世界其他地区不断增长的购买需求得到满足。

何时何地购买清扬洗发水这一小行为,带给联合利华分销资源计划员一道复杂的统筹学问题。联合利华在全国设有9个销售大区,合肥生产基地制造出的成品将首先从总仓被发往上海、广州、北京、沈阳、成都等9个城市的区域分仓。为了保证这瓶洗发水能够准时到达最终的货架上,这位分销资源计划员既要规划路线,又要考虑库存成本和各条运输线上波动的运输能力。尤其春节是联合利华产品的销售旺季,而临近春节西行铁路线会很拥挤,公路运输也比较忙,这还没算上诸多路上临时突发的状况。联合利华的分销资源计划部门需要和业务、生产、物流等部门进行沟通,规划如何在西区提前建立库存。最终,这瓶洗发水在从工厂出发的路途上经历诸如交付、收货环节后,被联合利华的供应链团队移交给了零售商或经销商的供应链团队,到达超市货架。然而,联合利华还得努力确保消费者在货架前取下的那瓶洗发水恰好来自于自己,而不是竞争对手,这又取决于品牌影响力、市场营销策略。

事实上,联合利华并不直接和超市货架前的你产生联系,普通消费者和联合利华的中间隔着诸如乐购、沃尔玛这样的大型连锁零售商。为了让客户更愿意帮助自己卖出产品,联合利华将供应链一直延伸到货架前,站在客户的角度提供服务。比如,陈沛彬的身份是联合利华物流及客户服务总监,他所管理的这两支团队处于联合利华整个供应链的最后一环。货架上的缺货标签代表着供应链的某个环节出现了偏差,而缺货将导致一堆合作伙伴的生意受到影响。当很多供应商都把改善缺货问题的努力集中在满足订单这个环节时,联合利华则走得稍微靠前一些,他为自己设置了一个"货架有货率"(On-Shelf Availability, OSA)的指标。这之后,联合利华客服团队的俞晓琦和浣婷婷成为了对乐购货架的直接负责人。她们进入一个个乐购门店的后仓察看,追踪所有联合利华产品在那里的入库、上架及销售数据,分析出导致一瓶清扬洗发水在货架上缺货的真正原因:是因为门店方面没有及时下单,还是系统虚库存,又或者是因为库存堆放问题让负责货架的促销小姐总是不能及时在后仓找到商品。之后,她们通过示范和建立流程,例如,给乐购门店的仓储管理人员做培训,帮助他们建立起一个更好的库存整理模式。这让她们的角色看上去更像是那种提供建议和解决方案的商业顾问。在大约3年前,联合利华100多人规模的客服团队还在以处理订单问题为工作重心,比如响应客户投诉、反馈物流情况等,整天和电话、邮件、表格和报告打交道。2010年,联合利华通过改造计算机系统来处理此类工作,客服们被解放出来"去做一些更有意思的事"。联合利华中国物流与客服总监陈沛彬说,这在联合利华被称为"客户增值服务",作为供应链服务的一种延伸。这番努力的结果是,联合利华的产品在乐购上海重点门店的货架满足率提高到98%,而之前的这一水平一直停留在90%左右。对于联合利华和乐购来说,数字指标提升的背后是生意的切实增长,以整个联合利华全球在重点客户门店实行OSA项目的经验来看,货架有货率每提高3%,就会带动产品销售提高1%。

在联合利华内部,为客户提供增值服务的理念最早要追溯到2006年之前。当时,联合利华被一些大客户批评服务水平低下。在尼尔森2004年针对国际连锁零售商所做的一项调研中,联合利华作为供应商所受到的综合评价排在20名以外。为了改变留给客户的这种印象,联合利华的销售部、市场部、财务部、物流部、客服部在一起研究后,在公司内部建立了一个名为"Winning With Customer"的项目,很多改进都出现在那之后。这一过程中,整个公司层面为之投入了相应支持,例如升级信息系统,投入大量人员培训,从总部借鉴好的做法和经验等,并且公司管理层开会时也总是会花大量时间去琢磨如何进一步提高效率和客户的投资回报率。2011年时联合利华的这一排名上升至第二名(第一名是宝洁公司),而联合利华在食品类的排名为第一名。

2011年,联合利华和乐购供应链部门的商业合作计划(Joint Business Plan)启动了回程车项目(Backhaul)。在联合利华合肥总仓、乐购嘉善总仓、乐购合肥门店之间,将双方的取货、发货和运输线路放在一起进行设计,减少返程时的空车率。回程车项目可以节约10%左右的物流成本,同时也在完成公司对碳排放降低的要求,类似的合作还在双方的冷链车上进行。

当联合利华的客户服务团队在通过诸如OSA这样的项目想办法,把更多的产品摆上货架时,客户发展团队(即销售团队)则在想办法帮助乐购利用同样的货架空间卖出更多的产品。这时候,关于一款清扬洗发水该如何在乐购超市货架上陈列的讨论就可能会在一个大屏幕前展开。这个屏幕是联合利华客户洞察力及创新中心(Customer Insight & Innovation Center)的一部分,它以实景模拟的方式显示着客户在货架前的行为,从走路的路线到目光的移转。当联合利华的消费者研究专家得到一些结论后,这些研究经验也会很快被分享给零售商。例如,在给麦德龙运送货物的物流车里,你将会看到同样的清扬洗发水被放进一种特别印制了颜色和图案的包装箱,考虑到麦德龙的消费者以批发采购为主,更经常直接成箱购买,联合利华使用了可以直接放上货架的运送包装。而其他一些出自消费者研究室的经验则通过联合利华客户发展团队被传递给一线的门店促销人员。现在,联合利华的客服人员已经被编入一个个小组,直接对应某一个特定的连锁零售商。过去,他们只需要待在上海联合利华总部,如今这些团队则分散在深圳、广州、北京等5个不同的城市工作,与客户发展团队一起驻扎在对方中国总部所在地,方便进行更多面对面的拜访、会议,其中的一些人甚至成为在场客服,每周花2天时间到客户的办公室去上班。在组织结构调整后,客服人员受到的考核,也不再是简单的在什么岗位该完成什么,而是在多大程度上全面协助那些零售商在采购、库存、物流等方面提高效率,对双方的业务带来帮助。

5.4.2 案例点评

随着经济全球化和国际垂直分工的深化,供应链与供应链之间的竞争已经成为新的竞争模式。如何引进高效的物流和信息技术,降低生产和流通中的诸多成本,市场对快速消费品企业提出了更多要求。适应市场的发展,最大限度地留住客户,尤其需要对供应链系统进行精化。如何有效地整合自身供应链,从客户需求出发,提高物流效率,及时掌握和把握市场机会,优化供应链流程配置和管理,提高供应链管理效率,这是每一个现代企业需要考虑的问题。无论是颇具大工业生产的魅力,追求有序、精确和高效的采购生产体系,还是直接为客户生意操心,将供应链服务一直延伸到货架前的客户服务和发展团队,联合利华庞大的供应链环节存在,都是对普通消费者购买行为的回应。联合利华从为客户提供增值服务出发,进而协同运作整个供应链,提高了物流效率。

5.4.3 思考题

(1) 销售物流与采购、生产物流还有供应链之间有什么样的关系?
(2) 联合利华为对客户提供增值服务采取了哪些措施?
(3) 从为客户提供增值服务出发,联合利华是如何优化供应链和提高效率的?

5.5 一家服装公司的客户关系管理

5.5.1 案例介绍

ABC公司是一个非常成功的经营男女时装业的商户,该公司采用的是邮购销售方式。它定期向目标客户寄送印刷精美的产品目录,客户通过邮购或电话方式订货。该公司客户群主要是由丁克家庭组成,他们也会收到其他公司的产品目录。市场现状是:时装业竞争十分激烈,邮购业务仍在迅速增长。在同类企业中,ABC公司被公认为提供最佳产品组合,产品质量和客户服务。该公司两个关键的客户服务要素:一是公司的收货、包装及发货程序都非常及时;二是退货程序是"客户友好"方式。ABC公司所销售的服装是委托韩国、新加坡以及中国香港、台湾的制造商进行生产的。

1) 面临的问题

(1) ABC公司所处的服装业的行业特点决定了该公司需要具有非常有竞争力的国际化物流系统。

(2) ABC公司面临着强有力的竞争,销售方式需要进一步改进和完善,物流信息系统有待进一步提高。

(3) ABC公司的退货程序是"客户友好"方式,但是这种方式开支很大,而且受到高层管理越来越多的关注。

(4) ABC公司所销售的服装是委托韩国、新加坡以及中国香港、台湾的制造商进行生产的。公司采用海陆联运方式将预先包装好的货物运至内陆中央配送中心,再利用UPS进行单个客户的递送。由于消费者偏好变动快,有时甚至是在销售季节过程中就发生了变化,公司必须具备持续的快速响应能力。

2) 问题产生的原因

首先,ABC公司只有邮购和电话订购销售方式,就邮购而言时间周期太长,而电话订购又存在电话费用和电话拨通率的问题。

其次,退货流程为"客户友好"方式,没有建立恰当的逆向物流管理系统导致了较大的开支。

再次,由于ABC公司所销售的服装是委托韩国、新加坡以及中国香港、台湾的制造商进行生产的,所以国际环境因素对ABC公司未来的成功影响巨大,一旦公司所在国与其供应商所在国政治和外交关系恶化,则ABC公司即将面临缺少供应商供货的危险。即使是公司所在国与各供应商所在国政治和外交关系稳定,如果国际上发生战争,也将会影响ABC公司最终收货和发货的准时性。

此外,国内消费偏好和流行趋势的变动对ABC公司的成功也将产生巨大影响。

3) 解决问题的建议

首先,对于ABC这样的从事物流活动,而且公司目标客户的偏好变动又很快的公司来说,物流信息系统对ABC公司十分重要。ABC公司应该采用更有效的销售方式,增加网上购物的服务,提高客户的订货便利程度。

其次,增强企业竞争能力和反应速度。这种反应速度主要体现在:商品上市时间和订单作业时间。产品上市时间是指从消费者需求发生到产品上市之间的时间间隔。它的长短取决于企业捕捉市场信息的速度、产品开发速度、产品制造速度、产品分拨速度。订单作业时间是指从客户发出订单到收到货物的时间。这取决于产品可得性和企业处理订单的作业方式及效率。这包括客户发单到企业收到订单,订单处理,订单准备到根据订单发货四个方面。各种单据传输应该电子化、采用信息系统对在途货物跟踪定位并实现市场信息的跨国传递,这些都可以进一步实现在跨国物流作业中的快速反应。

再次,由于 ABC 公司所销售的服装是委托韩国、新加坡以及中国香港、台湾的制造商进行生产的,国际环境对公司成功有极大的影响,公司存在极大的风险,上述第二和第三点都必须通过进一步完善国际化物流信息系统来实现。信息系统应包括以下几个主要方面:

第一,客户信息管理中心。使用客户管理系统(CMS)管理客户名称、单位、地址、联系方式、收入情况以及客户订货频率、偏好等信息,以便针对性地为客户提供个性化服务,并预测市场情况。

第二,配送中心仓储管理。使用仓储管理系统(WMS)管理仓库的收发、分拣、摆放、补货、过库等等,同时 WMS 可以进行库存分析、与财务系统集成。更加先进的 WMS 还能帮助企业实现"逆向物流"(返修、回收等),并适应企业产品"推迟"策略对配送中心的管理需求。

第三,运输与发货管理。使用运输管理系统(TMS)优化运输模式组合,如空运、陆运或水运等,寻求最佳的运输路线。TMS 还可实现在途物品的跟踪,并在必要时调整运输模式,实现车队管理、运输计划、调度与跟踪、与运输商的电子数据交换(信息集成)等。

第四,劳动力资源管理。为了充分发挥人力资源的潜力,改进劳动生产率,需要建立员工的培训系统和绩效评估系统。

第五,加快供应链的物流响应速度。通过建立物流信息系统,达到全局库存、订单和运输状态的共享和可见性,以降低供应链中的需求订单信息畸变现象。在保证信息安全的前提下,同第三方物流服务企业建立起信息共享的信息平台。

第六,物流整合。即采用最优化理论,将企业物流上的各个环节综合考虑,制定全局优化的物流策略或物流执行指令。

最后,关于公司的退货程序问题。正如国际著名企业西尔斯负责物流的副执行总裁所说,逆向物流也许是企业降低成本的最后一块处女地。美国物流管理协会资深专家,同时为南佛罗里达大学教授詹姆士·司多克也指出,公司针对退货的完整系统的处理程序已经成为一项有效的竞争策略,并正式成为企业提升效率全新领域。

5.5.2 案例点评

前述案例讨论了很多信息化支持采购和生产的问题。这里我们关注一下由于退货引起的物流。退货物流与废弃物物流统称为逆向物流。

与传统供应链管理相反,逆向物流为恢复价值与合理处置,而对原物料、中间仓库、最终产品及相关信息从消费地到起始地实际流动所进行的有效规划、管理与控制的过程。

商业退货具有以下特点:产生的地点、时间与数量难以预测;产生地点分散、无规则,且不可能一次向接受点转移;发生的原因通畅和产品质量和规格数量有关;退货系统和作业方式通常比正向物流来得复杂多样。

企业在进行退货等逆向物流活动决策时,最重要的考量因素之一即是逆向物流对企业生产成本与利益的影响。当企业在评估逆向物流活动时,传统的观点注重以低成本为考量,但是退货通常视为客户服务计划的一部分,将会对客户与公司的获利造成影响,因此,比较成本与利益,应最终视其对企业产生的影响而定。

一个公司的成功运作,单靠某一个方面的提高是没有用的,只有综合以上所提及的快速物流响应信息系统和退货程序解决方案,几方面共同作用,才能使企业达到最小总成本,同时又可最大限度地规避风险,从而实现物流企业新的利润源泉。

5.5.3 思考题

(1) ABC 公司当前遇到的主要问题是什么?
(2) 想要解决这些问题应该从几方面去努力?
(3) 逆向物流的实施有哪些困难?

5.6 销售物流的成本管理

5.6.1 案例介绍

日化行业的竞争残酷已经成为不争的事实,光是广告战已打得不亦乐乎。企业的竞争已经从质量、价格的竞争延伸到渠道的争夺和分销成本上的竞争。如何根据自身的特点不断提高经销商的服务水平和获利能力是企业面对的一大难题。国际著名的雅芳公司在中国全面推行的"直达配送"的物流系统让业界眼界大开。

1）整合资源

雅芳目前在全国拥有近 5 000 家由经销商投资经营的产品专卖店，经销商定期要到分公司去提货，由于每个月都有新产品问世，分布各地的经销商除了要长途跋涉进行提货外，还需要了解产品具体情况，还要参加培训，因此提货事实上已经成为一种负担。为此，把现有的资源进行整合，将经销商的精力集中到营销上去，成为雅芳努力的方向。继推出先进的 DRM（经销商关系）系统和领先的支持系统后，雅芳从 2012 年 3 月起率先在广州、武汉实行"直达配送"，并于近期延伸至北京、上海、重庆等地，计划将陆续扩展到全国 74 个大中城市，覆盖所有的经销商。

直达配送针对雅芳终端网点数量多、发展快、分布广的特点，通过先进的直达配送来简化、优化雅芳内部及雅芳和经销商之间的业务流程，避免了多层次配送的周折和损耗，从而让所有的经销商能以最快、最便捷、最稳妥、最节省的方式实现货物的购存，有效降低了经销商的成本，提高了他们的效率和赢利能力。

2）引入第三方物流

中国地域广阔，如何解决物流配送是颇令企业头痛的难题，对此，雅芳借第三方物流之力为己所用。雅芳率先在日用消费品行业与中国邮政、中国大通等国内知名的大型第三方物流公司建立了战略伙伴关系，通过"门到门服务"为所有的经销商解决进货耗时、费力的难题，让雅芳能从繁琐的事务中解脱出来。物流公司在送货前还会向经销商预约送货时间，并且随时更新在途信息，便于经销商接收配送货物。

3）数据统计

为了及时了解专卖店的"店情"，雅芳最近又启用了"GIS 中国雅芳地理系统"。该系统涵盖的经济地理包括有关人口、人均收入、消费指数和行业市场态势的数据，在此基础上加入雅芳渠道的各项业务数据。雅芳总部的发展专业人士利用该地理系统综合测评分析，考察每一份开店申请；同时根据及时更新的数据，确保人员的工作量合理均衡；监测渠道的发展态势，为经销商提供科学的创业经营指导。

5.6.2 案例点评

"降低物流成本最主要、最基本的措施是选择合理运输途径，合理资源配置体系，减少中间环节不必要的费用，其次是整合各种有效资源，发挥企业自身优势，而更高层次的成本节约则是充分利用现代化信息手段，掌握行业信息动态，实施起来还是有难度的。"某物流副总经理这样说。

"物流价格还有下降空间，目前首要问题是过于分散，全国有 200 多万家运输公司，管理着 500 万至 600 万辆货车。算上延误、审批以及和无数小公司打交道所需的行政开支，跨国公司大约要把在中国的 20% 运营成本投入到和物流有关的事项中,而在发达国家,平均大约只有10%。"波士顿咨询公司中国区副总裁荣格这样说。

5.6.3 思考题

(1) 对比传统物流方式和现代物流方式各自的优缺点。
(2) 雅芳公司是怎样具体优化其物流体系的?

5.7 从对乘客的服务水平看民航的"销售物流"效率

5.7.1 案例介绍

在飞机起飞之前与着陆之后,你可能会注意到许多人和各种各样的车辆设备忙碌地在地上跑来跑去,简直看不出一点点计划的影子。但实际上,所有这些活动可能都经过了仔细的编排,尤其是在比较大的航空公司里。

当飞行结束,接近终点的时候,悬梯工作人员指导着飞行器到达停放地点,并在它即将停止时在轮子下面垫垫子。这一切刚结束,其他工作人员就接通了地面电力系统和空气调节装置。电力来自一个大的、插进飞机前段较低部分的具有工业强度的绳索。而在有中央空气处理设备或可移动空气处理装置的地方处理过的空气通过经过一条大管子被输入机舱。

同时,在飞机上,服务员打开舱门,乘客开始下飞机,一名机修工挤过去听取来自驾驶员座舱的报告,并检查看是否有必须马上进行的维修工作。

等所有下机乘客都离开之后,机舱清洁工就进入飞机打扫座位后边的口袋,整理机舱,打扫洗手间,吸尘,重新放好安全带等(每天晚上还要进行一次更为全面彻底的清洁工作)。

同时在悬梯外面,我们的人从飞机腹部的隔间里卸行李、货物、邮件,并开始按各种类别和目的地进行分类工作。那些包裹和货物,除已经到达目的地,必须马上送给乘客或托运人之外,还有一些必须送到其他人或航班上去,和必须转交给其他承运人的。事情的复杂程度进一步增加,包裹、货物与邮件通常就在机场附近的各种设备上处理。

如果计划为开往外国的航班准备午餐,餐车就会追赶着为头等舱或主机舱服务,另外还有一种专用卡车载着洗手间的储水桶。在所有这些事务中间,机修工始终都在处理乘务人员以及一切自主监控人员报告的问题。

当一切都完成时,下一个航班的客户开始登机,所有工作再反向进行一遍。地面工作人员开始把包裹装在飞机前方的腹部位置,而把货物和邮件装在后边。燃料车追上来为飞机补充燃料。飞机也必须"装水",新鲜水来自水车或门口自建的辅助设施。在天气寒冷的季节里,除冰车又增加了一项活动,在机翼和机身上喷射液体。

悬梯上的大部分工作都由机群服务人员完成,也可能会有一部分外包出去给签约人完成。

所有这些同时发生的活动可能会引起冲突。例如,卸载前方包裹的车辆会侵占为一等舱备办食品的车辆的地面空间;补充燃料的工作人员在执行任务的过程中也可能占用卸载货物与邮件的地盘。悬梯工作人员主要是一些管理人员,负责编排整个运作过程,检查细节,注意看是否一切都毫无意外而且按时完成了。

这是一项精巧的平衡活动,尽管客户很少接触围绕悬梯工作的人们,但他们却是这个组织的重要组成部分。所有这些工作都以更好地服务每一名客户,使我们的作业安全准时地完成为目标。

5.7.2 案例点评

不要以为服务系统和物流没有关系,恰恰相反,它们需要最大限度地利用物流高效整合的思想,这也是销售物流思想运用的一个重要方面。服务系统的一个重要目标就是使客户流与服务能力互相吻合,理想情况是客户平滑地流过系统,即每一位客户都恰好在前一位客户的服务刚刚完成的精确瞬间抵达,在飞机旅行中就是指需要登机的客户在时间、地点和数量上刚好等于组织可以提供的座位需求,当然其他配套的服务(如餐饮)也要刚好匹配协调,这种情况使服务系统的全体人员与设备充分利用。

5.7.3 思考题

(1) 服务业与物流之间存在哪些必要的联系?
(2) 销售物流的思想应该怎样应用在这样一些服务业中?
(3) 可以通过哪些形式提高服务系统的效率?

5.8 互联网时代的零售模式[①]

5.8.1 案例介绍

2013年2月19日,苏宁电器发布公告,公司董事会通过决议将公司更名为"苏宁云商集团股份有限公司",转型"云商模式"。苏宁董事长张近东解释,"店商+电

---

① 罗文丽. 苏宁云商物流新解. 中国物流与采购,2013(6):44-46.

商+零售服务商"就是苏宁所要倡导的中国零售的云商模式。对于这一模式,另一种更为形象的诠释是"沃尔玛+亚马逊",外加一个"超电器化"。随后的2月21日,苏宁在南京召开"2013新模式、新组织、新形象通报会"。公司副总裁孟祥胜介绍,苏宁转型云商模式,意在全力打造连锁店面和电子商务两大开放平台,实现线上、线下的虚实结合,苏宁全品类经营的产品包括实体产品、内容产品和服务产品三大类。

1)物流相应调整

2013年,云商模式大调整可以说是苏宁有史以来最大的一次变革。业内人士分析认为,这意味着苏宁今后将在电商投入更多资源,这一分析在公司新的组织架构调整上得到了印证。围绕苏宁云商业务配套,公司已经全面启动了组织架构的转型。据孟祥胜透露,集团层面将重点构建总部管理层、总部经营层、地区执行层。公司成立了五大管理总部:连续开发管理总部、服务物流管理总部、市场营销管理总部、财务信息管理总部、行政人事管理总部和三大经营集群:连锁平台经营总部、电子商务经营总部、商品经营总部,将负责各项业务的管理。而在新的组织架构中,物流事业部归属电子商务经营总部旗下,由电子商务经营总部负责规划管理。

这一调整无疑已经发出明确信号,苏宁云商集团对苏宁易购的发展相当重视。业内分析人士认为,未来物流将优先满足苏宁易购的发展需求,物流建设将围绕苏宁易购的实际需求进行,而物流业务也要进一步围绕电子商务平台加强体系建设。同时,此举将会进一步提升苏宁易购在仓储建设的供应链管理与物流配送效率的用户体验服务等核心业务的运营、服务能力。苏宁易购执行副总裁李斌认为,物流体系作为独立的事业部运作,并成为电子商务经营总部平台属下的重要组成部分,这一调整说明公司着重突出了物流体系在电子商务经营中的重要性。物流事业部的成立,标志着物流体系将在苏宁云商的发展中承担更加重要的职能,物流服务体系在公司的发展中将承担着更重要的责任,同时物流体系的性质从成本中心向经营中心转换,更加关注成本、利润以及效率的提升。

早在2009年初,苏宁就提出在全国建设总计60家物流中心的计划,如今这一物流投资计划是否受到2013大调整的影响?苏宁副董事长孙为民透露,未来3年,公司将投资180~220亿元用于发展物流项目,主要投入在仓库建设、车辆配置等物流硬件设施配置方面。而对于物流基地的布局,苏宁也采取了相应的微调。"公司在未来3年打造60个区域性物流中心的基础之上,新增了10多个跨地区分拣中心及多个中转点。"苏宁置业投资开发管理中心副总监王长林近日在接受采访时介绍。他告诉记者,一方面,公司原计划的60个物流基地过去主要围绕线下实体店面做服务,服务的产品类型主要是家电类大件商品,而现在的功能都相应调整和扩大,也要同时服务于苏宁易购的网购小件商品,这一投资建设步伐正按原计划在稳步实施中,目前在全国范围已投入使用12个物流基地;另一方面,根据公司当前的发展需要,新增的 10 多个分拣中心及中转点则主要配合苏宁易购的物流需求。"尽管物流基地在功能上按产品类别有不同的侧重,但在实际运营中其实是融合的。"由此可见,苏宁物流基地不仅是线下门店的配送与库存中心,更是线上苏宁易购的重要组成部分,承担着物流基地与仓库储备的重要责任。不仅如此,线下门店也开始成为线上商品物流配送自提点,而这也将大大减少苏宁的物流配送成本。

2) 线上线下融合

事实上,打通线上、线下业务通道,实现电商与店商的协同与联动,避免线上、线下"两张皮"已被苏宁视为当务之急。而这种电商与店商的协同与联动,在物流业务上的主要体现,可以形象表述为"实体门店成为网购提货点"。当前,苏宁提出的"门店成为网购提货点"已经得以部分实现。"物流配送要同时适应线上、线下消费发展的需求,公司后台物流配送自动终端系统进一步融合升级,协调线下的门店人员参与到易购的物流配送环节中,使线下门店将成为线上电商配送的中转点和服务点。"李斌在接受采访时透露,2013 年初,全国 90% 以上的苏宁门店已经完成了门店自提的功能设置。2013 年底,苏宁实现 100% 门店自提点设置。

从上述数据来看,线上线下的物流融合程度似乎已经颇高,但如果将网购自提点与网购配送点的概念区分明确,则会得出不同的结论。"目前主要是一些大的门店可以为网购物品提供配送到家的服务。"一位苏宁内部人士以苏宁在北京的 100 多家门店为例,向记者诠释了线上、线下物流融合的实现过程。他介绍说,如果将苏宁传统的电器产品称为大件商品,那么网购商品则更多的是小件商品,而这些小件网购商品通过线下渠道到达客户手中有两种主要途径:一种是由比较大的门店人员将网购商品配送到周边 1 公里范围内的客户家中,收货人通常位于靠近大门店的城市繁华路段;另一种是将苏宁的售后服务网点作为转配点,由售后服务网点的人员将网购商品送到客户家里去,收货人通常位于城郊或较为偏僻的地带。

尽管苏宁在线上、线下的融合方面做出了很多尝试,但在发展初期公司的实体门店与线上业务仍然存在一定的冲突。对此,一位基金经理分析认为,苏宁的实体店未来发展将继续受到来自线上的抑制,因此线下业务的同店销售额增长和毛利率将继续承压,而线上的盈利增长目前亦不够明朗。实体经营下滑和线上电商业务冲击带来的压力在公司业绩报表中得以充分体现。

3) 提高小件配送能力

2012 年 12 月,苏宁的快递业务经营许可申请获得国家邮政局的批准,成为继京东商城、凡客诚品、唯品会、1 号店之后又一个拿到快递牌照的电商企业。电商涉足物流配送,与电商企业激烈的竞争格局不无关系。一位业内人士认为,除了拼价格,优质的用户体验也是电商们竞争的重要筹码,而物流、配送环节是电商营造优质用户体验的关键部分,因此在电商的市场争夺战中,往往除了价格战就是物流战。

李斌对记者表示,快递牌照的获取是苏宁线上、线下业务发展的需要,特别是随着苏宁易购网购业务持续拓展,对于快递的要求也越来越高。快递牌照的获取能够帮助企业进一步提高业务能力,为消费者提供更加放心、规范的服务。目前,随着市场规划运作的不断深入,苏宁易购的物流体系不断提升配送效率,在管理上更加注重用户的配送环节,并在全国范围推出准时达服务,尽量完善最后1公里的阳光服务,切实可行地提升用户的配送体验。具体而言,苏宁下一步将会通过自建、改造、增租等方式来快速提高小件配送能力,同时建立和梳理大小件物流基地设计标准,按规划推进物流基地的基础建设,包括干线运输与支线短拨能力,根据不同的市场情况建设快递点类型,做好最后1公里配送服务。

在李斌的计划中,作为供应链体系的重要环节,物流为电子商务的成功运作以及发展提供资源和保障,物流体系今后将更加注重规划、设计、建设以及运营。未来,苏宁易购快递业务将成为独立的公司运作,为苏宁的开放平台以及供应商、第三方公司提供物流服务。"苏宁一直都有提供物流服务的能力,投资这么大的仓储、物流体系,如果没有牌照就只能为自己服务,假如要为社会服务,涉及费用结算等方面的问题,就必须要有牌照,这也是苏宁申请快递牌照的原因。"苏宁易购市场管理中心总监闵涓清也表示,获得快递牌照后,苏宁原来就有的物流资源将对合作伙伴开放,为他们提供物流服务。

"一直以来,苏宁的物流基本上都是自己在做。"王长林说,现在快递业务的核心其实就是网购小件商品的最后1公里配送,而这实际上跟苏宁传统的家电配送业务大同小异,只不过是一种服务内容的扩充或者说是延伸。从这个角度来说,相比京东、凡客等电商企业,从店商转型为云商的苏宁在资金、信息及物流基础等方面都具有先天的优势。

对此,苏宁自身也显得信心十足。公司声称:将在前期搭建的人才团队、技术平台、服务网络的基础上,继续围绕商品品类拓展、用户体验提升、服务内容丰富等方面不断开拓进取。同时,还将加快开放平台的建设,打造集全产品交易平台、供应链服务平台、物流平台及金融平台为一体的,具有苏宁特色的企业发展生态圈,实现流量、会员数量、转换率和销售规模等全指标的持续快速健康增长。

5.8.2 案例点评

电子商务的重要性正被越来越多的零售商所认识。电子商务的兴起,改变了零售企业的经营形态,甚至改变了传统的物流观念和运作方式。传统零售业与电子商务相结合,成为未来零售业发展的必然趋势。但在两者共同发展过程中,供应链管理和物流运作水平都亟待提高。物流运作能力的高低直接影响着零售企业竞争力,近年来零售企业在物流建设方面都加大投入,取得了很大进步。如何从新的角度对物流和零售业进行解读,成为需要思考的问题。

5.8.3 思考题

（1）苏宁"云商模式"对于行业竞争的意义是什么？

（2）云商模式对苏宁现有物流系统和管理方式提出了哪些新要求？

（3）物流体系对电子商务经营的重要性体现在哪些方面？

6 供应链管理

【本章综述】

供应链管理(Supply Chain Management,SCM)是用系统的观点,通过对供应链中的物流、信息流和资金流进行设计、规划、控制与优化,以寻求建立供、产、销企业以及客户间的战略合作伙伴关系,最大限度地减少内耗与浪费,实现供应链整体效率的最优化,并保证供应链中的成员取得相应的绩效和利益,以满足客户需求的整个管理过程。

供应链管理专家马丁·克里斯多夫指出:"先进的企业把创造客户价值的价值链看做一个有机整体,通过提升价值链的价值和降低整体成本使所在的供应链更具竞争力。真正的竞争已经不是企业与企业之间的竞争,而是供应链与供应链之间的竞争。"随着企业与企业之间依赖性的不断加深,他们必须与所在供应链上的企业进行合作,通过信息共享实现优势互补,通过降低整个供应链的总成本来增强供应链与其他供应链的竞争力。

6.1 苹果公司供应链解析

6.1.1 案例介绍

美国苹果公司(以下简称苹果)成功的秘密究竟是什么?一直以来,中国企业都慨叹:那是因为苹果拥有乔布斯,一个深谙商业哲学和引导消费者需求的天才。然而,苹果的成功实际上应归因于两点:一是革命性的创新产品;二是卓越的供应链管理。作为一个供应链领域的后来者,苹果在短短几年内发展出了令竞争对手羡慕不已的全球化供应链。许多前瞻性的战略思维和大胆的做法都值得正学着建设全球化供应链的中国企业借鉴,中国企业可以从苹果身上获得关于供应链管理的教益。

1) 供应链的简洁性

为了实现供应链的极简化,苹果采取了两个措施。

(1) 简化公司业务 苹果以前是一个自给自足的保守者,自己生产芯片、主板等零部件,自己组装产品,但这种供应链在IT产业分工精密、技术和设备要求日渐提高、从纵向产业结构演化为横向产业结构的情况下早已不合时宜。在蒂姆·库克进入苹果之前,苹果公司库存臃肿、制造部门效率低下,1997 财年苹果损失超过 10 亿美元。

蒂姆·库克开始大规模削减公司的制造资产,将一些简单的非核心业务外包给其他公司,这样,苹果能够将自己最擅长的设计和营销的价值发挥到极致。苹果只负责设计,而将生产交给其他公司来完成。苹果过去一直生产 PC 机主板,但在 1998 年的调查中,苹果发现,一些生产商的主板已经好于苹果生产的主板。因此,苹果决定将这一业务卖掉,并将生产外包给这些生产商。

现在,苹果将全部精力都投入整个产品链中的设计和品牌两个关键环节,从世界各地网罗零部件厂商以及组装厂商进行生产。这一举措不仅给苹果带来巨大利润,而且强化了苹果的竞争优势,使得强者更强。

(2) 简化产品线　1997 年乔布斯回归苹果时,苹果仅台式电脑就有 12 种。乔布斯画了一个象限,横轴的一端是高端用户,另一端是一般消费者;纵轴的一端是台式机,另一端是笔记本电脑,每个象限只有一种电脑,将 12 种简化成 4 种。苹果还尽可能使用更多标准化部件,从而大大减少了产品生产所需的备用零部件数量和半成品数量,能够将精力集中于定制产品,而不是搬运存货。例如,iPod 使用了通用 IC,减少了元件准备上的时间和库存。2007 年,苹果的存货周转水平达到 50.8 次,业绩增长 38.6%。

简化产品线有三个好处:

① 至繁归于至简。产品线越简单,制造就越容易,供应链就越简洁,管理就越容易做好。从供应链管理的角度来看,产品简化之后计划、执行、采购、物流等环节的管理也会随之简化。

② 苹果产品高度定义,型号非常单一,让苹果在供应链上获得其他厂商难以获得的规模优势,使其成为各个供应商的最高规格客户,议价权远高于其他订货商。得益于庞大的采购量,苹果在零部件成本、制造费用以及空运费用中获得了巨大的折扣,从而获得较高的利润率。

③ 客户需求是企业价值实现的源泉,是供应链一切活动的起点。供应链最难的是需求的预测和计划,远远不是目前的技术可以解决的。无论采用多么先进的模型和方法,都只能是获得接近准确的结果。因此,产品线太长就增加了预测的难度,从而产生供应链中魔鬼般可怕的存货。像苹果这样引领消费需求、产品线短、销量巨大的产品,销量的预测和计划就变得比较容易,剩下的只是低成本高效率地实现原材料的供应、产品生产和最迅速的全球铺货。

2) 供应链的集优性和协调性

供应链实际运行的效率取决于供应链合作伙伴关系是否和谐,因此建立战略伙伴关系的合作企业关系模型是实现最佳供应链管理的保证。只有充分发挥系统中成员企业和子系统的能动性和创造性，实现系统与环境的总体协调，供应链生态系统才能发挥最佳的效能。

从挑选代工制造商开始，苹果就秉持了极其审慎的态度和超高的标准。在选择供应商的时候，苹果美国总部会派出专门团队到工厂考察，考核项目众多，要求严格。零部件的生产工艺要求非常高，供应商要具备一定的生产实力，产量要稳定、充足，因此苹果只对占据所属加工业前五名地位的制造商感兴趣。苹果对企业是否注重信息系统建设很重视，因为如果一个制造企业有信息系统，那么就证明这个企业实力很强，对流程管控也比较重视。通过信息系统，苹果公司的美国总部就能通过远程控制获得工厂的产品信息。

苹果的供应链中包括三种类型的供应商——负责组装生产的富士康、负责生产 IPS 屏幕的供应商 LG 及夏普、负责 CPU 内存等配件生产的三星电子等。其中，富士康负责组装生产，苹果把很多零部件的谈判权和定价权都交给了富士康，充分发挥了富士康集成组装的能力。因此，在苹果公布的全球 156 家官方产品和零部件供应商之外，还有很多我们看不见的供应商，有的甚至只生产一个螺丝钉或者一种特殊涂料。苹果通过这样有层次的供应链结构，减少了管控幅度和难度，提高了供应链的运行效率。

现在，苹果的供应链已经演化成一个由芯片、操作系统、软件商店、零部件供应厂商、组装厂、零售体系、APP 开发者组成的、高度成熟和精密的强大生态系统。在这个相对封闭的生态系统中，苹果几乎可以控制供应链从设计到零售的方方面面。

3）供应链的敏捷性

为使苹果和供应商能获得准确的信息流，苹果设置了与富士康等零部件供应商共享的关于生产计划和进程的数据库。这样，供应商的交货管理人员不用等待苹果的通知，就可以直接在网上获取苹果的最新需求，直接投入生产；生产管理人员不断将交货日程和数量等关键信息传到数据库中，苹果的管理人员只要根据关键指标，就能利用数据库的信息对供应商进行管理和评估。信息的集成化打破了传统供应链的线性和多层结构，形成了一种端对端的、共享、动态的伙伴关系网络，极大地加速了苹果和供应商之间的沟通，使得苹果的供应链具备更大的伸缩性和敏捷性。

4）供应商管理

苹果的全球化供应链是一个层次分明的结构。苹果作为整个供应链的"链主"，主导着整个供应链的价值分配和运行协调。在保证供应链成员企业之间合作关系的基础上，苹果还有一整套管理和控制措施，以对整个供应链的运行质量和标准进行管理，帮助各个环节优化、创造价值。这套制度现在看来还是行之有效的。在苹果美国总部总揽大权的情况下，苹果克服了一对多的管理难题，实现了多年的高品质、高出货量、高创新频率。

一旦选择了供应商,苹果对代工厂商的控制力就开始体现出来。从厂房的规划建设到如何培训工人,再到生产监控所需的计算机系统和软件、原材料,代工厂都会得到苹果的建议,而且这种建议是带有强制性的。有时,苹果甚至会指定原材料的供应商和尾端外包的代工厂。

一般公司下单后就等着对方满足自己的要求,苹果则深入生产过程中的每一个环节,事无巨细都要过问。IT产品的生产过程繁复而精密,牵涉数万零件和设备,其中只要一个环节出问题,就会导致最后产品的不合格。苹果相信,只有了解一线的情况,才能保证产品质量,并防患于未然,及时应对。苹果有一支非常庞大的驻厂工程师队伍,仅在富士康工厂就有近5 000名驻厂工程师负责保障苹果产品的一流质量和生产效率。

每个季度,苹果会对所有供应商进行打分、排名。排名靠后的,未来获得的订单配额将会越来越少。

5) 合作共赢

苹果是如何发挥系统成员企业的积极性和创造性,建立协调的伙伴关系的呢?苹果的关键就是"共赢"。

(1) 苹果将资金流前移,为供应商提供了足够的资金保障。这对于接下一笔订单就要提前付出一大笔采购成本和人工成本的供应商来说简直是福音。苹果对工厂说,所有设备我来买,但只能干我的活。这样一来,供应商就免除了设备和折旧的投资风险,消除了业务的不确定性。以富士康为代表的大型代工厂,70%~80%的设备是自费购买,而对于规模较小的代工厂商,苹果会购买其中50%的设备,免费提供给这些代工厂使用。

(2) 服务于苹果具有很强的稳定性,这对于制造商来说十分重要。对于供应商来说,客户的稳定订单流至关重要。如果供应商刚刚为一个客户扩充了产能,而客户产品销售出现大的波动,那么供应商的投资就是打了水漂,利润率就会随之下降。而苹果的销量很大,订单流比较稳定。尽管为苹果打工的利润较低,但是苹果的每一款产品的销售周期较长,因此一旦生产线开动,利润就源源不断,管理上也更容易、更清晰。相比之下,如果给三星供应元器件,三星的手机型号众多,每款产品的市场反应各不相同,这对供应商的生产管理十分不利。即使暂时没有活干,工人也可以不离岗,因为苹果为他们开工资。如果在产能上有瓶颈,苹果情愿等待也不愿意为了抢时间把订单交给临时找的工厂。

(3) 获得的利润较高。尽管对供应链的整合给苹果带来巨大的利润,其代工厂商分得的利润份额相对渺小,但在绝对额上并不低。以iPhone4为例,中国公司(包括中国台湾企业)在产业链条上所占的份额都非常小,而且多是在芯片(台积电)和组装(鸿海精密、富士康)等环节,仅占iPhone4总成本187.51美元中的6.54

美元,不到零售价的1%。据此,很多评论认为苹果是在压榨供应链利润以自肥。但他们没有看到为什么供应商对苹果的召唤趋之若鹜,对苹果给的价格甘之如饴。实际上,苹果给供应商的价格都是允许他们有合理利润的价格。对于享有下层供应商谈判权的富士康,利润空间还要更大一些。

(4)和苹果这样的强者合作,能够大大提高供应商的水平。苹果通过严格的标准控制,提高了代工厂商的生产水平和技术开发水平,教会了他们如何生产一个高质量的产品。同时,与苹果合作将极大地提升厂商在业界的地位。如果它们是苹果的供应商,那么它们就会被看做业界一流的厂商。替苹果做过代工的工厂,由于发展出了顶尖的设备和流程控制,所以也比较容易接到其他品牌的订单。

6.1.2 案例点评

现代企业的竞争其实是供应链之间的竞争。在IT产业的微利环境下,苹果能够独占业界70%的利润,除了创新的产品设计之外,隐藏在幕后而未被人们广泛认知的是能够通过供应链管理实现优秀的软硬件集成,为消费者提供超乎想象的体验。业界公认,苹果产品中采用的技术并非是概念性的技术变成现实,而是现实中已经存在的技术的集合。苹果能够将这些优秀的单个技术集成起来,渗透到手机上游所有元器件的开发、生产和制造的过程中,始终领先竞争对手1～2年,杀手锏正是供应链管理。在Gartner"2012全球最佳供应链管理25强排行榜"中,苹果依旧力压群雄,再次排名第一,以庞大的物流体系建设闻名的亚马逊则屈居第二。

简洁性是供应链设计的一个重要原则。一个复杂的供应链,再细心的管理也难免统筹不当、产生失误。为了使供应链具有灵活快速响应市场的能力,供应链的每个节点都应是精简的、具有活力的、能实现业务流程的快速组合。尤其是对于苹果这样的产品形象高端、专注于产品差异化竞争优势的企业,供应链的灵活快速响应十分重要。

一个全球化的供应链的基本逻辑是集优互补,即供应链上的每一个节点都是强强联合,每个企业只集中精力致力于各自核心的业务过程,成为自组织的独立制造岛,根据需求信息的传导,高效整合资金流和物流,以满足消费者需求。

苹果构建供应链生态系统的成功对中国企业有很大的借鉴意义。一方面,供应链的物流、信息流、资金流要非常通畅才能运行顺畅。如果企业和供应商之间只是一纸硬性合约,不考虑他们的现实困难,就等同于推卸责任,和供应商之间的关系不会好,物流、信息流、资金流一定会出问题。这就是很多中国企业所面对的情况:强制经销商订货,不管能不能卖出去,结果形成渠道存货危机。另一方面,整个供应链的"链主"要考虑从增加价值的角度把产品做好,而不能只专注于把价格降得很低,否则就会导致企业间战略严重趋同,产品同质化,没有创新。因为被压榨的供应商当然没有能力创新,结果只能是损害供应链。没有国际一流的供应商,就没有国际一流的产品。

6.1.3 思考题

(1) 供应链设计的原则主要有哪些？
(2) 苹果供应链主要由哪些部分组成？
(3) 苹果供应链是如何实现简洁性的？
(4) 苹果供应链是如何实现集优性的？
(5) 苹果供应链是如何实现敏捷性的？
(6) 苹果供应链是如何实现"共赢"的？
(7) 如何建立与维护供应链合作伙伴关系？

6.2 风神的供应链组织与管理

6.2.1 案例介绍

今天的汽车制造业正面临着前所未有的市场竞争环境。经济全球化、制造全球化、合作伙伴关系、信息技术进步以及管理思想的创新，使得企业竞争的方式也发生了不同寻常的转变。现在的竞争主体，已经从以往的企业与企业之间的竞争转向供应链与供应链之间的竞争。

风神汽车有限公司（以下简称风神汽车）是由东风汽车公司控股的三资企业，在竞争日益激烈的大环境下，风神公司采用供应链管理思想和模式及其支持技术方法，取得了当年组建、当年获利的好成绩。

1) 风神公司的供应链系统

(1) 风神供应链结构 供应链是指围绕核心企业，通过对信息流、物流、资金流的控制，从采购原材料开始，制成中间产品以及最终产品，最后由销售网络把产品送到消费者手中的将供应商、制造商、分销商、零售商、直到最终用户连成一个整体的功能网链结构。它是一个范围更广的扩展企业结构模式，包含所有加盟的节点企业，从原材料供应开始，经过链中不同企业的制造加工、组装、分销等过程直到最终用户。它不仅是一条连接供应商到最终用户的物料链、信息链、资金链，而且是一条增值链，物料在供应链上因加工、包装、运输等过程而增加其价值，给相关企业都带来收益。

在风神供应链中，核心企业风神汽车公司总部设在深圳，生产基地设在湖北的襄樊、广东的花都和惠州。"两地生产、委托加工"的供应链组织结构模式使得公司组织结构既灵活又科学。风神供应链中所有企业得以有效地连接起来形成一体化的供应链，并和从原材料到向客户按时交货的信息流相协调。同时，在所有供应链成员之中建立起了合作伙伴型的业务关系,促进了供应链活动的协调进行。

在风神供应链中,风神汽车公司通过自己所处的核心地位,对整个供应链的运行进行信息流和物流的协调,各节点企业(供应商、中间仓库、工厂、专营店)在需求信息的驱动下,通过供应链的职能分工与合作(供应、库存、生产、分销等),以资金流、物流和(或)服务流为媒介,实现整个风神供应链不断增值。

(2) 风神供应链的结构特征　为了适应产品生命周期不断缩短、企业之间的合作日益复杂以及客户的要求更加挑剔的环境,风神供应链中的供应商、产品(整车)制造商和分销商(专营店)被有机地组织起来,形成了供应—生产—销售的供应链。风神的供应商包括了多家国内供应商和多家国外供应商(KD件),并且在全国各地设有多家专营店。供应商、制造商和分销商在战略、任务、资源和能力方面相互依赖,构成了十分复杂的供应—生产—销售网链。风神供应链具有如下特征:

① 结构具有层次性:从组织边界的角度看,虽然每个业务实体都是供应链的成员,但是它们可以通过不同的组织边界体现出来。这些实体在法律上是平等的,在业务关系上是有层次的,这与产品结构的层次是一致的。

② 结构表现为双向性:在风神供应链的企业中,使用某一共同资源(如原材料、半成品或产品)的实体之间既相互竞争又相互合作,如襄樊厂和花都厂作为汽车制造厂,必然在产量、质量等很多方面存在竞争,但是在整个风神供应链运作中又是紧密合作的。花都厂为襄樊厂提供冲压件,在备件、零部件发生短缺的时,相互之间又会进行协调调拨保证生产的连续性,最终保证供应链系统的整体最优。

③ 结构呈多级性:随着供应、生产和销售关系的复杂化,风神供应链的成员越来越多。如果把供应链网中相邻两个业务实体的关系看作一对"供应—购买"关系,对于风神供应链这样的网链结构,这种关系应该是多级的,而且同一级涉及多个供应商和购买商。供应链的多级结构增加了供应链管理的困难,同时也为供应链的优化组合提供了基础,可以使风神公司根据市场变化随时对备选伙伴进行组合,省去了重新寻找合作伙伴的时间。

④ 结构是动态的:供应链的成员通过物流和信息流联结起来,但是它们之间的关系并不是一成不变的。根据风神公司战略转变和适应市场变化的需要,风神供应链中的节点企业需要动态地进行更新。而且,供应链成员之间的关系也由于客户需求的变化而经常做出适应性的调整。

利用风神供应链的这些特征,风神公司找到了管理的重点。例如,风神公司对供应链系统进行了层次区分,确定出了主干供应链和分支供应链,在此基础上建立起了最具竞争力的一体化供应链。另外,利用供应链的多级性特征,对供应链进行等级排列,对供应商和分销商作进一步细分,进而制定出具体的供应—营销组合策略。利用供应链结构的动态性特点指导风神公司建立供应链适时修正战略,使之不断适应外部环境的变化。世界著名的耐克公司之所以取得全球化经营的成功,关键在于它卓越地分析了公司供应链的多级结构,有效地运用了供应商多级细分策略。这一点在风神公司的供应链上也得到了体现,说明充分掌握供应链的结构特征对制定恰当管理策略的重要性。

2)风神供应链的管理策略

风神供应链在结构上具有层次性、双向性、多级性、动态性和跨地域性等特点,在管理上涉及生产设计部门、计划与控制部门、采购与市场营销部门等多个业务实体,因此在实现供应链的目标运作过程和成员类型等方面存在较大的差异。面对如此复杂的供应链系统,如何选择恰当的管理策略是非常重要的。

(1)核心企业选址战略　风神汽车供应链中的核心企业设在广东的深圳,这是因为深圳有优惠的税收政策和发育良好的资本市场,并且可为今后的增资扩股、发行企业债券等提供财力支持,此外,在便利的口岸、交通、技术引进及资讯便利等方面,具有无可替代的地理优势,这些都是构成风神供应链核心竞争力的要素。而位于湖北的襄樊工厂有资金、管理及技术资源的优势,广东花都具有整车组装能力,这样就形成了以深圳作为供应链中销售、财务、技术、服务及管理的枢纽,而将整车装配等生产过程放在襄樊和花都,又以襄樊和花都为中心联结起众多的上游供应商,从而可以集中公司的核心竞争力完成销售、采购等核心业务,在整个供应链中就像扁担一样扛起了襄樊、花都两大生产基地。

(2)业务外包战略　风神公司"总体规划、分期吸纳、优化组合"的方式很好地体现了供应链管理中的业务外包(Outsourcing)及扩展企业(Extended Corporation)思想。这种组合的优势体现在充分利用国际大平台的制造基础,根据市场需求的变化选择新产品,并且可以最大限度降低基建投资及缩短生产准备期,同时还可以共享销售网络和市场,共同摊销研发成本、生产成本和物流成本,从而减少了供应链整体运行的总成本,确保风神汽车公司能生产出最具个性化、最适合中国国情的中高档轿车,同时还具有最强的竞争力。风神公司紧紧抓住"总体规划、分期吸纳、优化组合"的核心业务,而将其他业务(如制造、仓储、物流等)外包出去。

(3)全球性资源优化配置　风神公司的技术引进战略以及KD件的采购战略体现了全球资源优化配置的思想。风神公司大部分的整车设计技术是由日产和台湾裕隆提供的,而采购则包括了KD件的国外进口采购和零部件的国内采购,整车装配是在国内的花都和襄樊两个不同地方进行,销售也是在国内不同地区的专营店进行,这就实现了从国内资源整合到全球资源优化配置的供应链管理,大大增强了整个供应链的竞争能力。

(4)供应商管理库存　供应商管理库存(Vendor Managed Inventory, VMI)是一种在用户和供应商之间的合作性策略,对双方来说都是以最低的成本优化产品的可获性,在一个相互同意的目标框架下由供应商管理库存,这样的目标框架被经常性监督和修正以产生一种连续改进的环境。风神公司的 VMI 管理策略和模式,通过与风神公司的供应商之间建立的战略性长期合作伙伴关系,打破了传统的各自为政的库存管理模式,体现了供应链的集成化管理和"双赢"思想,能更好地适应市场化的要求。VMI 是一种供应链集成化运作的决策代理模式,它把客户的库存决策权代理给供应商,由供应商代理客户行使库存管理的决策权。例如,在风神公司的采购过程中,风神公司每 6 个月与供应商签订一个开口合同或者闭口合同,在每个月初告诉供应商每个月的要货计划,然后供应商根据这个要货计划安排自己的生产,然后将产品运送到风神公司的中间仓库,而风神公司的装配厂只需要按照生产计划凭领料单按时到中间仓库提取产品即可,库存的消耗信息由供应商采集并及时作出补充库存的决策,实现了准时化供货,节约了库存成本,为提高整个供应链的竞争力作出了贡献。

(5) 战略联盟　风神公司通过业务外包的资源整合,实现了强强联合,达到了共赢的目的。通过利用全球采购供应资源和产品开发技术以及国内第三方物流公司的优势,不仅风神汽车公司获得了投资仅一年就获利的良好开端,而且也为花都工厂、襄樊工厂以及两地中间仓库和供应商带来了巨大商机,使所有的企业都能在风神供应链中得到好的发展。风神供应链中的合作企业都已经认识到,它们已经构成了相互依存的联合体,各方都十分珍惜这种合作伙伴关系,都培育出了与合作伙伴结成长期战略联盟的意识。可以说,这种意识才是风神供应链真正的价值!

6.2.2　案例点评

一个一体化的、协调的供应链"超级组织"具有对市场需求变化的高度反应力,能迅速支持一个伙伴公司的快速发展,这已经为事实所证明。之所以能取得这样的成效,得益于供应链上的伙伴能够共同分享它们所需要的各种信息,从而使它们能够协调运作。当供应链中每个成员企业的活动都像乐队队员按乐谱演奏那样时,供应商就知道何时增加或减少生产,物流公司能够掌握何时提供准时物流服务,分销商也可及时进行调整。这样,就能够把传统经营中经常出现流通中断或库存积压过长等问题消除或者降低到最低限度,真正实现精细生产。这就是供应链管理的魅力!

风神汽车通过供应链系统建立了自己的竞争优势:通过与供应商、花都工厂、襄樊工厂等企业建立战略合作伙伴关系,优化了链上成员间的协同运作管理模式,实现了合作伙伴企业之间的信息共享,促进物流通畅,提高了客户反应速度,创造了竞争中的时间和空间优势;通过设立中间仓库,实现了准时化采购,从而减少了各个环节上的库存量,避免了许多不必要的库存成本消耗;通过在全球范围内优化合作,各个节点企业将资源集中于核心业务,充分发挥其专业优势和核心能力,最大限度地减少了产品开发、生产、分销、服务的时间和空间距离,实现对客户需求的快速有效反应,大幅度缩短订货的提前期;通过战略合作充分发挥链上企业的核心竞争力,实现优势互补和资源共享,共生出更强的整体核心竞争能力与竞争优势。风神汽车的供应链管理模式无疑是成功的,值得深入研究和学习借鉴。

6.2.3 思考题

(1) 风神汽车供应链结构有哪些特征?
(2) 风神汽车供应链的管理策略表现在哪些方面?
(3) 何谓业务外包?业务外包的模式有哪些?
(4) 何谓战略联盟?战略联盟的形式有哪些?
(5) 何谓资源优化配置?资源优化配置的作用表现在哪些方面?

6.3 宝钢整合供应链上下游

6.3.1 案例介绍

宝钢集团有限公司(简称宝钢)是中国最大、最现代化的钢铁联合企业。公司专业生产高技术含量、高附加值的钢铁产品。在汽车用钢、造船用钢、油气开采和输送用钢、家电用钢、不锈钢、特种材料用钢以及高等级建筑用钢等领域,宝钢股份在成为中国市场主要钢材供应商的同时,产品出口日本、韩国、欧美等40多个国家和地区。2012年,宝钢连续第九年进入美国《财富》杂志评选的世界500强榜单,位列第197位,并当选为"全球最受尊敬的公司"。宝钢取得成功的一个重要原因是其出色的供应链管理。

1) 掌控上游资源

与武钢、鞍钢等老牌国企相比,宝钢全资拥有的"梅山矿业"每年只能提供400万t原矿。而宝钢年产钢铁产品2 000万t,需要铁矿石3 000万t左右,占中国整个铁矿石进口量的1/5。这意味着,宝钢生产钢铁所需的原材料绝大部分必须依靠进口。这一点使宝钢较早地考虑了原材料的供应问题,在采购上采取战略供应链方式以及长期稳定的合作关系。

宝钢先后与巴西淡水河谷公司、澳大利亚哈默斯利公司、河南永城煤矿、河南平顶山煤矿等合资办矿,确立了资源的长期稳定供给,并与多家矿山公司签订了长期供矿协议。宝钢还与多家世界知名船东签订长期运输协议,确保了原料资源的稳定供应和运输能力的保障。该项目的成功,使得宝钢在澳大利亚、巴西等多个国家拥有铁矿石基地,不仅保障了原料的持续稳定供应,还保持了低成本的优势。

通过与上游企业的合作,宝钢获得了宝贵的资源,并把原材料成本波动限制在了一个可控的范围内。

2) 锁定下游市场

宝钢主营产品大部分是钢材品种中的高端产品,附加值较高,其中汽车用钢是宝钢的重头戏。尽管在国内没有敌手,但国际上的竞争对手,如韩国浦项、日本新日铁等实力都很雄厚。

为了锁定下游市场,宝钢先后与中国汽车三大巨头缔结战略结盟。2003年6月,宝钢与一汽集团签订总体合作协议,双方约定在钢材供应、钢材使用技术开发、钢材加工、物流管理等方面实现进一步的全方位合作。宝钢在长春直接管理"一汽"钢板仓库,并再建一个钢材加工中心,在沈阳建立一个配送中心,将钢材进一步加工、切割后,为一汽的客户提供配送服务。2003年7月,宝钢又与上汽集团签订总体合作协议,双方宣布共同打造有竞争力的供应链,应对经济全球化所带来的激烈竞争。在此之前,双方的合作已经有15年的历史。2003年11月,宝钢与东风汽车集团在武汉签署总体合作协议。从1989年宝钢供应东风汽车集团第一批汽车钢板起,宝钢供应东风汽车集团的汽车钢板累计在80万t以上。

宝钢闪电般地与三大汽车生产商结为战略同盟,令同行、竞争对手与合作伙伴都有些应接不暇。宝钢集团董事长兼总经理谢企华对此的评价是:这只是从原来产业链上下游的销售关系,扩展成相互支持的战略合作伙伴关系。

3) 供应链延伸

2003年12月,宝钢与日本新日铁株式会社、法国阿赛洛公司签署一项总额为65亿元人民币的合资协议。三方合资兴建1 800 mm冷轧生产线,以此在上海建立了当今世界最先进的汽车用钢板生产厂。2004年1月,宝钢投资80亿美元在巴西建设一个钢铁厂,产品主要为当地汽车工业服务。这一计划吸引了巴西淡水河谷矿业公司、法国钢铁集团阿赛洛的参与,是迄今中国最大的一笔海外投资。宝钢此举不但进一步紧固了与国际矿业巨头和钢铁巨头的战略联盟,也直接嵌入了美资巨头主导的全球汽车供应链条。

宝钢还将供应链向高端汽车零部件领域延伸。2003年10月,宝钢国际公司与日本万株式会社、日本三井物产株式会社正式签约,投资2.7亿元人民币合资兴建了广州万宝井汽车部件有限公司。公司合资期限为50年,主要从事汽车用悬架部件的冲压、组装及关联部件的制造、销售,生产能力为年产22万辆小轿车用悬挂系统零部件,主要为东风日产汽车提供配套。

除了汽车,宝钢还将石油天然气、化工、造船和家电等行业设定为主攻市场。其中,中石化通过《钢材保供战略框架协议》,每年向宝钢采购的钢材超过20万t;宝钢还为"西气东输"工程提供60%以上的钢管;在石油、天然气的勘探、开发上,宝钢生产的油管、套管、钻杆、输油管等产品在石油管道市场所占份额最大。

4) 整合供应链信息

宝钢供应链中有5大信息系统:

(1) 企业决策支持系统　应用模型技术、专家系统、数据仓库技术的最新研究成果,提供信息和知识支撑的数据分析及决策支持系统,支持企业的用户响应、营销规划、物流规划、战略设计以及各流程的业务运作优化等。

(2) 企业工作流系统　用Intranet技术集成企业的工作流,通过信息资源的共享,实现企业内各部门间的业务互动和行政事务的在线处理。

(3) 客户关系管理系统　客户信息的收集、整理、分析,对客户进行差异化分析和个性化管理,实施"一对一营销",满足客户需求。

(4) 供应商关系管理系统　供应商信息的收集、整理、分析,对供应商的动态进行评价,实现企业大宗物资等的战略采购。

(5) 电子商务平台　宝钢股份的"宝钢在线"电子商务平台,构建了企业与外部业务单位之间高效便捷的信息沟通渠道。

6.3.2　案例点评

现代企业间的竞争,不仅是技术、成本和管理等专业领域的角逐,更是各企业间供应链优劣的综合竞争。宝钢供应链管理侧重从内部资源的管理和协调转向外部资源的整合和利用,从企业内部业务集成转向企业间的业务协同。宝钢整合了供应链上下游,通过与客户建立战略合作伙伴关系,既获得了原材料的稳定供应,又取得了稳固的销售市场。

宝钢将整个生产系统称为供应链躯干,并通过互联网开展电子商务,达到集成、敏捷和互动的效果,这一系统的理念是"以客户需求为中心,构建高效、快速响应的供应链系统"。

宝钢供应链中的信息系统实现了从客户提出要求到编制生产程序,在各个操作工位上都能获悉相关信息,自动实现不同生产品种"优化拼接",直到产品入库,内部生产的"纵向一体化"模式逐渐被"横向一体化"替代,因此宝钢在"敏捷制作"方面有很大改进,当用户提出某个需求时,系统能在最快时间内答复:能不能做?能做到什么程度?什么时候给你做?

供应链的关键在于信息交流,实时与上游供应商、下游客户实现业务互动,仅因缩短3天成品平均出厂周期,宝钢每年可节约贷款利息上千万元;信息系统汇总各大汽车厂商钢板库存量,减少物流在库滞留时间,加快在制品流动速度。从接收用户订单、合同处理、计划编制、生产指令下达、发货管理直至合同结算,构成了宝钢企业经营的信息管理闭环。

6.3.3　思考题

(1) 宝钢是如何构建"供应—生产—销售"供应链的?

(2) 如何选择与建立供应链战略合作伙伴关系?

(3) 信息系统在宝钢供应链管理中有哪些作用？

(4) 供应链管理为宝钢带来了哪些竞争优势？

6.4 物美创新供应链管理信息技术

6.4.1 案例介绍

2007年，北京物美商业集团股份有限公司（简称物美）成功实施了世界著名企业软件厂商德国SAP公司的ERP系统。以此为基础，通过积极的自主研发和创新，物美构建了行业内先进的供应链集成系统，物美自主研发的多项创新技术，极大地支持和提升了零售企业的经营技术和物流技术，并得到了业界众多专家的认可。

1) 以客户需求为导向的订单系统

在传统的供应链模式下，店铺订货是由员工根据经验判断下补货订单。如果订货量过少则可能造成缺货从而影响销售；如果订货量过大，又形成高库存从而占用资金。如何准确预测客户需求并转换成为店铺订单，达到保证满足销售的前提下降低库存是连锁零售企业一直面临的一个难题。

物美的信息系统首先根据POS端所收集的客户历史购买数据，由商务智能BI系统对这些历史销售数据进行分析，得出这些数据所隐含的客户购买习惯、购买频率等属性，根据这些数据属性信息系统自动匹配预测模型，预测出未来销售量，再综合考虑在门店的商品库存和陈列空间，计算出再订货点和安全库存等自动补货需要的参数，然后系统出具自动补货建议报表。

物美的自动订单系统将店铺每日在订货上所花费的时间从几十个人花4～5 h减少到几个人只用1～2 h，由于系统给出合理的订货量，避免了店铺盲目订货，同时也极大减少了订货不及时、缺货等现象，员工可以有更多的时间花在卖场中而不是在后台，可以下更多的气力在商品陈列和客户服务上。

2) 电商协同的供应商关系管理（VRM）系统

物美自主开发的VRM平台包含了以下三个主要功能：

(1) 电子订单功能　　物美配送中心、门店订单统一汇总到VRM平台上，通过互联网向所有供应商发布电子订单，节省了大量的人工、纸张、传真和通话费用。VRM平台实现了基于互联网的供应商订单的发布、交货信息的确认、网上对账和网上结算。这样，信息系统一旦产生订单，就通过VRM这个门户网站将订单发布在网上，供应商通过互联网登录VRM之后便可查看订单和销售库存信息，并进行及时备货。

(2) 实现了"供应商合同的系统管理和供应商结算及收费的自动化、透明化"

通过供应商合同的系统管理和供应商结算及收费的自动化,避免了过去采购员个人随意修改合同条款,增加或提前收费和扣款("寅吃卯粮")的情况。现在所有的供应商合同都在签订时录入信息系统,所有收费都由电脑自动管理,每月根据合同自动为财务提供结账和扣费依据,保证了合同的权威性和结账、扣费的准确性,得到了广大供应商的肯定。

(3) 实现对供应商送货网上预约 通过自主研发的多元变量关联预约技术,信息系统综合考虑采购订单、送货量、车辆、送货门、站台、供应商卸货效率、预约时序表等多重因素,自动为供应商进行送货安排,并给出预约的站台资源和时间分配。通过提供这种在线自动分配物流中心站台的协同服务,大大提升了供应商的送货效率,降低了供应商送货等待时间,供应商卸货平均等待时间减少了2/3。

在协同共赢观念的指导下,通过VRM平台,物美实现了供应商的"信息共享、合约透明、交易快捷、评估科学",提高了供应商的效率,节省了物美的成本,并真正促进了"零供和谐"。

3) 基于多元组合促销技术的 R2POS 系统

国内的商业连锁企业面对竞争,开始全面实施企业信息化工程,提升企业综合竞争能力,目前较为常见的做法是通过引入并实施 ERP 系统,但企业仅实施 ERP 系统并不能彻底解决供应链管理不足的问题。比如,为企业直接带来销售收入的前端 POS 销售系统,往往在功能设计上尚不完善,与 ERP 系统不能完全匹配,存在着促销技术单一、便利服务功能欠缺和集成技术应用不足等问题。

物美集团自主开发了多元组合促销技术,通过建立多元组合促销技术模型,可设计出多维度、任意组合的多种促销条件和优惠类型,可根据消费者购买习惯、零售商和供应商的促销需求,在信息系统中灵活搭配,组成多达数百种的促销方案。在销售终端 POS 机上首次采用实时促销运算技术,实现了换购促销对客户优惠的及时回馈,客户无需到超市服务台,在收银台上即可实现促销优惠的即时回馈,显著地提高了客户参与促销购物的几率。

多元组合促销技术的运用,在物美门店的实际效果极佳。特别是促销活动直接在收银台 POS 机上实现,比原来在收银线以外的服务台进行要更受客户欢迎。根据测算,同样条件下,使用该项技术后与服务台操作相比,客户参与人数的比例为 4∶1。这项独特的技术应用实现了"赋予收银员具有促销员的角色,收银区增加了促销区的功能",极大地提高了终端销售水平。在这方面完全超越了在国内的一些外资零售企业巨头。快速、便捷、多样化的促销活动,不但让客户觉得新鲜有趣,门店销售业绩得到了大幅提升,同时满足了供应商推介新品、消化库存等促销需求。

在客户服务方面,物美 R2POS 系统中自主研发了强大的、独特的增值服务功能,通过建立基于 SOA 的 POS 硬件外设和支付交易的综合集成平台,与第三方服务提供商（如电信、银行、福彩公司）的交易系统和安全认证系统实现了无缝集成，支持零售商为客户提供多种增值服务，如购买福彩、第三方购物卡支付、手机电子密码支付、手机钱包支付、优惠券 coupon 的使用、信用卡积分兑换等。通过此项技术的运用，物美超市成为首家与中国移动合作，在店铺 POS 系统上直接进行手机充值和电子回馈的超市。这种增值服务功能给店铺带来了业绩提升的同时，给广大手机用户提供了极大的便利性和良好的购物体验。

4）支持农超对接供应链的专项创新技术

针对果蔬农产品周转快、保鲜周期短的特性，研发了物美特有的 FPS 生鲜工作台系统，在生鲜配送中心采用以发定收作业模式的生鲜配送直流技术，设计了从门店需求、拉式补货到仓库"以发定收"的操作流程，减少商品不必要的搬动，降低了损耗，在果蔬农产品卸货的同时，就按照商品的包装特性，分拣或称重到门店集货码头上，最后系统将分拣的数量汇总，返填到供应商收货的订单上，作为收货量进行收货对账，从而在物流端实现果蔬农产品的高效配送、及时上架，此项技术至少为一个供应链周期节省 2 h。

基于 ERP 系统，物美应用自主构建的外围系统（如 VRM 系统、FPS 系统、R2POS 系统）来实现果蔬供应链整体的信息协同，通过互联网、集成信息技术的运用消除了地域和距离的差异，将信息系统延伸到农产品基地，实现了与农产品基地的信息共享。信息系统提供了需求预测、电子订单、网上对账、自动结算、销售和库存共享等功能，简化了交易流程，大大降低了信息沟通成本；与农户合作社的信息共享更好地满足了消费者需求，规避了库存风险，降低了农产品流通损耗和成本。

6.4.2 案例点评

物美作为民族零售连锁企业的"领头羊"意识到，物美与供应商之间是战略合作关系，流失在供应链之间的成本越少，物美与供应商之间的供应链就会比竞争对手拥有更大的竞争优势。物美在近几年来充分利用互联网技术，逐步建立起基于 Internet 的供应链管理系统，利用供应链管理平台来降低供应链总成本，降低供应链上的库存水平，增强信息共享水平，改善相互之间的交流，从而保持战略合作伙伴相互之间操作的一贯性，产生更大的竞争优势。

任何新技术和新理念的应用都只有和企业的现状以及该技术或理念在企业中的适用性、系统性和收益性结合起来才能真正具有生命力。物美能充分结合企业的实际情况，优先解决供应链管理中最能节省成本和费用的关键环节，充分利用已经成熟稳定的互联网技术，为改善零售商和供应商的关系，促进供应链的进一步协同优化提供了信息基础。实践结果证明，这个创新的应用达到了预期的目的。

物美从零售企业向供应链企业的转型，是决定物美是否在这个行业未来的竞争中胜出的重要因素。零售企业欲在未来的市场竞争中胜出必须具有以下特质：一是提前认识到"零售业是高科技企业"并在零售业的三大技术——信息技术、物流技术和经营技术中实现重大突破并保持行业领先；二是提前认识到"零售业是供应链企业"，并依托高度信息化、充分机械化和适度自动化的高效的实体配送中心，实现零售企业向供应链企业转型，始终保持在采购端建立进价优势，通过供应链快速在店铺终端释放进价优势；三是提前认识到"零售业必须走标准化、工业化和国际化"道路，并通过供应链解决方案，实现主力采购的工厂化、主力商品的标准化、核心现场生鲜技术的简约化、主要经营水准的国际化，这样的零售业企业才会是最终胜出者。

6.4.3 思考题

(1) 何谓 ERP 系统？ERP 系统主要有哪些功能模块？
(2) ERP 系统对供应链的管理主要体现在哪些方面？
(3) POS 系统产生的数据有哪些作用？
(4) 供应商关系有哪些类型？
(5) 如何开展供应商双赢关系管理？
(6) 物美 R2POS 系统为客户提供哪些增值服务？

6.5 美的零库存运动

6.5.1 案例介绍

价格大战、库存灾难、产能过剩、利润滑坡——过度竞争压力之下，除进行产品和市场创新外，挤压成本成为众多空调厂商舍此无它的存活之道。

美的近期正在悄悄地为终端经销商安装金算盘进销存软件。这是美的日益浮出水面的"业务链条前移"策略，实现"供应商管理库存"和"管理经销商库存"中的一个步骤。

1) 零库存供应

美的虽多年名列空调产业的"三甲"之位，但是不无一朝城门失守之忧。近年来，在降低市场费用、裁员、压低采购价格等方面，美的频繁变招，其路数始终围绕着成本与效率。

据业内统计数据，全国厂商估计有 700 万台空调库存。长期以来，美的空调一直自认成绩不错，但是依然有最少 5~7 天的零部件库存和几十万台的成品库存。这一数字相对其他产业的优秀标杆们，其存货水准有些"汗颜"。

例如，戴尔(Dell)等跨国公司的供应链管理就让美的大为心仪。

在厦门设厂的戴尔，自身并没有零部件仓库和成品仓库。零部件实行供应商管理库存；成品则完全是订单式的，用户下单，戴尔就组织送货。"戴尔的供应链管理和物流管理世界一流"，美的空调的流程总监匡光政不由自主地叹服。而实行VMI的，并不仅仅限于戴尔等国际厂商和台湾IT企业。海尔等国内家电企业已做出了表率。

有了戴尔的标杆和海尔的压力。美的在2002销售年度开始，也开始导入供应商管理库存。美的作为供应链里面的"链主"（通常也叫核心企业），供应商则追求及时供货（JIT）。

对于美的来说，较为稳定的供应商共有三百多家，零配件（出口、内销产品）加起来一共有三万多种。但是，大多数（60%）的供货商是在美的总部顺德周围，还有部分供应商是车程三天以内的地方，如广东的清远一带。因此，只有15%的供应商距离美的较远。在这个现有的供应链之上，美的实现VMI的难度并不大。

对于这少数（15%）的远程供应商，美的在顺德总部（美的出口机型都在顺德生产）建立了很多仓库，然后把仓库分成很多片。运输距离长（运货时间3~5天的）的外地供应商一般都会在美的这个仓库里租赁一个片区（仓库所有权归美的），并把零配件放到片区里面储备。

在美的需要用到这些零配件的时候，就会通知供应商，然后进行资金划拨、取货等工作。这时，零配件的产权才由供应商转移到美的手上，在此之前，所有的库存成本都由供应商承担。

此外，美的与供应商建立了直接的交货平台。供应商通过互联网页（WEB）的方式，登录到美的公司的页面上，在自己的办公地点，就能看到美的的订单内容：品种、型号、数量和交货时间等等。

原来供应商与美的每次采购交易，要签订的协议非常多。而现在进行大量的简化，美的在每年年初时确定供货商，并签下总协议。当价格确定下来以后，美的就在网上发布每次的采购信息，然后由供应商确认信息，一张采购订单就已经合法化。

实施VMI后，供应商不需要像以前一样疲于应付美的的订单，做一些适当的库存即可。美的有比较强的ERP系统，可以提前预告供货的情况，告诉供应商需要的品种和数量。供应商不用备很多货，一般满足三天的需求即可。

VMI以后，美的零部件库存周转率在2002年上升到70~80次/年。零部件库存也由原来平均的5~7天存货水平，大幅降低为3天左右，而且这3天的库存也是由供应商管理并承担相应成本。

库存周转率提高后，一系列相关的财务"风向标"也随之"由阴转晴"，让美的"欣喜不已"，资金占用降低、资金利用效率提高、资金风险下降、库存成本直线下降。近一年来，美的的材料成本大幅下降。

但是，美的的供应链上还有相当的优化空间在等待着更多的努力，部分长线材料、10%的进口材料(主要是集成电路等),因为整个国际运货周期和订货周期都比较长,还需要美的自己备货,例如:镀锌板就需要两个月左右的存货,有些材料甚至更长,需要六个月库存。

2) 消解分销链上的存货

在业务链后端的供应体系进行优化的同时,美的也在加紧对前端销售体系的管理渗透。

在经销商环节上,美的几年前已经有销售系统,可以统计到经销商的销售信息(分公司、代理商、型号、数量、日期等)。而近年来则公开了与经销商的部分电子化往来,进行业务往来实时对账和审核,而以前是半年一次的手工性的繁杂对账。

在前端销售环节,宝洁等公司则成为美的新"标杆"。宝洁为全国几大区域总代理都安装了软件,每一套软件据说价值不下于五六百万。这样区域经销商的销售、库存情况宝洁能了然于心,并自动做到配送,"每个地方需要多少洗发水宝洁很清楚"。

这种管理模式启发出美的管理思路的新变革,未来的经销商管理模式也将走向供应商管理库存。也就是说,美的作为经销商的供应商,为经销商管理库存。

理想的模式是,经销商不用备货了,"即使备货也是五台十台这种概念",不存在以后的淡季打款。经销商缺货,美的立刻就会自动送过去,而不需经销商提醒。经销商的库存"实际是我们自己的库存"。这种存货管理上的前移,是提高服务水平和服务质量的重要一步和家电业可能的发展趋势。

这样做,美的可以有效地削减和精准地控制销售渠道上昂贵的存货,而不是任其堵塞在渠道中,占用经销商的大量资金。

但是,现有的经销商管理水平显然和美的的设想存在着一道"鸿沟"。很多经销商没有系统,自己的库存常常是一个月,最多一个星期统计一次。"自己没有太多的底,脑袋里有这个数,真正要报出来却不清楚"。

因此,美的下一步要做的是订单集成和系统集成。直接掌握每个经销商每个品种的存货量,并实现网上直接下订单。这种集成有点像 DRP(分销资源计划),但以前的 DRP 限于企业内部的物流和货源分布,现在则更体现加强与经销商的互动和信息共享。

为推动经销商的信息化,美的悄然在广东进行东大金算盘进销存软件的安装试点。对于有兴趣的经销商,美的与经销商各分担一半费用,并由美的协助实施。美的准备在全国大规模推开这套系统。

虽然成本很高,但这样的方案能提高供应链的配套能力和协同能力,是值得的。库存周转率提高一次,可以直接为美的空调节省超过 2 000 万元人民币的费用。由于采取了一系列措施,美的已经在库存上尝到了甜头,2002 年度,美的销售量同比 2001 年度增长 50%~60%,但成品库存降低了 9 万台,保证了在激烈的市场竞争下维持相当的利润。

目前美的空调成品的年库存周转率大约是接近10次,而美的的短期目标是将成品空调的库存周转率再提高1.5~2次。目前美的空调成品的年库存周转率不仅远低于戴尔等电脑厂商,也低于年周转率大于10次的韩国厂商,因此美的高层对挖掘周转率潜力寄予厚望。

6.5.2 案例点评

JIT供应的基本原理是以需定供,即供方根据需方的要求(或称看板),按照需方需求的品种、规格、质量、数量、时间、地点等要求,将物品配送到指定的地点。不多不少,不迟不早,所送品种要个个保证质量,不能有次品、废品。

JIT供应方式具有很多好处,主要有以下三个方面:

(1) 零库存。用户需要多少,就供应多少。不会产生库存,占用流动资金。

(2) 最大节约。用户不需求的商品,就不用订购,可避免商品积压、过时质变等不良品浪费,也可避免装卸、搬运以及库存等费用。

(3) 零废品。最大限度地限制废品流动所造成的损失。废品只能停留在供应方,不可能配送给客户。

VMI是JIT供应的实现形式,原理虽简单,但是实施起来绝不是件容易的事,除了需要巨额资金投入的IT系统,它对需方的要求也十分严格,必须做到看板生产、看板供货。目前很多企业还做不到看板生产,更列不出供应商看板供货的清单,无法实施JIT。在需方没有条件实施JIT生产的情况下,如何达到实行JIT供应的目的,美的的VMI实际上是JIT供应的一种变通形式——"代储制"。

代储制就是在与供应商协商一致的前提下,由供应商将产品发送到需方,由需方代为保管,在需方需要时由需方的仓储管理部门及时代供应商将产品送到生产现场,同时由需方将所使用的产品办理采购入库手续,并收取一定代储费用的仓储管理模式。

代储制的实质是把由供应商承担的JIT供应任务,转由需方来完成。这样需方同样享受JIT供应带来的好处:零库存、最大节约、零废品等。

6.5.3 思考题

(1) 何谓标杆?如何实施标杆管理?

(2) 美的的VMI有何特点?它给美的带来了什么?

(3) 何谓代储制?它的意义在哪里?

(4) 美的要优化整条供应链(从采购、生产到分销)还有哪些工作要做?

6.6　Dell供应链管理带动高效物流

6.6.1　案例介绍

戴尔计算机公司于1984年由现任总裁暨执行长麦可·戴尔（Michael Dell）创立的，他的经营理念是：依照不同需求，为客户量身定做计算机。与客户直接的沟通使戴尔更有效及明确地了解客户的需求，并迅速与客户的需求互动。

1）供应链的管理

第一步，减少供货商并将他们集中。

戴尔在全球有6座工厂。它将原本两百多家供货商减少到50家，并要求是他们在戴尔工厂旁边盖仓库，就近供货，不愿配合的就从供应链剔除。戴尔本身的零件库存不到2小时，接到订单后，再通知供货商送零件来，从进料到组装完出货只要4小时。

为了降低库存并提高零件的流通性，供货商也发展出对应方法，就是把零件尽量模块化，减少库存多种不同零件的成本，增加不同零件间的兼容性。

戴尔对供货商有一套考核制度，项目包含品质、物流和服务等项目，不断检视每一家供货商的表现，作为保留或淘汰的依据。

第二步，强化供应链上的信息流通速度和透明度。

和戴尔做生意的供货商，等于是帮它管理库存，必须很清楚戴尔未来的出货计划，以免库存过多自己赔本、库存不够被戴尔撤换。对戴尔来说，也必须随时掌握整条供应链上的库存情形，确保上头每一家公司的运作都正常。这牵涉双向的信息流通和信任。

由于戴尔是接单后生产，不走经销通路，没有存货放在店面的货架上，所以一旦货物从戴尔的工厂送出，就等于已经卖掉。戴尔会把每天各种机型PC的销售数字，公布内部网站让供货商查询，了解接下来有哪些零件需求多哪些少。至于戴尔即将或刚接到的订单，也会公布在上头，帮助供货商做零件预估。戴尔会在交货前13周前做预估，并随着天数减少修正，一直到2周前冻结预估数字，供货商就根据这个数字在预定时间交货。

第三步，降低研发和设计比重，放大伙伴价值。

戴尔的核心能力，在于管理好整条供应链，让新产品在最短时间交到客户手上。和这件事无关的，都会交出来给供应链上的伙伴。"全世界谁做得比我好，我就买他的，戴尔自己要做的，就是没人比我更好的。"麦可·戴尔强调。

2）高效供应链的威力

（1）从客户下单到出货存货周转天数5天，约为同业的1/10，接单后生产模式,交货时间最短只要8 h。

(2) 组装1台计算机只要4 h,每人每小时的生产效率提升160%。

(3) 订单处理效率提高50%,订单错误率降低50%。

(4) 每座工厂零件存货空间100平方英尺,组装零组件的库存时间只要2 h。

(5) 每座工厂成品库存空间为零,减少库存造成的现金积压和跌价损失。

3) 成功经验

(1) 戴尔所开创的直销模式,冲击所有的制造业,进而改变产业形态。

(2) 使用供应链管理软件彻底e化供应链,整合上下游厂商。

(3) 用信息取代库存。戴尔计算机每2 h排一次生产流程,好处是库存可以降低,如果客户取消订单,戴尔计算机可以把这笔订单转到其他客户,或在网络上拍卖,减低损失。

(4) 整合客户和供货商的营运活动。戴尔用供货商关系管理(SRM)系统来管理全球各地不同供货商,包含做预估、订货、出货、品质、物流和服务等,便于评鉴供货商,作为选择成为长期伙伴或淘汰更换的依据。供货商关系管理等于是供应链管理的延伸,从物料管理进入更深层的信息流通,让合作关系更密切。

(5) 客户关系管理。在客户方面,整合了客户关系管理(Customer Relationship Management,CRM)的软件,让客户那一头的下单状况透明,使得工厂和后续供货商那边可以配合更好,预估做得更准确。

(6) 贴近市场需求的杀戮型组织。接单生产的模式,通过商用Internet,让戴尔跟客户交换更多、更快的信息,真实掌握客户需求的数据,一笔勾销由订购、制造到配送的高摩擦成本,终于使它可以发动价格大战,把对手逼上死角。

(7) 产品永远新鲜。正因跟市场一样快的接单生产,戴尔从不担心库存跌价带来的庞大损失,因为戴尔产品的平均库存天数只有5天,远远领先对手惠普与捷威的50到90天,产品永远新鲜。

(8) 戴尔的获利不是毛利的增加,而是营业额和极度忠诚客户数的增加。通过信息分析,戴尔不仅能卖出最便宜、最新的计算机,它还能获得客户购买行为、产品偏好、替换新机周期、策略转折的一手情报,甚至客户下单时的口头禅,加上与策略大伙伴英特尔、微软的互通有无,戴尔每次总能掌握市场世代交替或客户公司转型的关键采购时刻。

(9) 零式战斗机的高压引擎。有了Internet,戴尔的零式战斗机仿佛发现了高压引擎,麦可·戴尔强烈要求供应链上的成员上网e化,否则就将被逐出戴尔家门。

(10) 戴尔制胜关键的直销模式。戴尔计算机制胜关键在于直销模式,让公司可迅速对市场变化采取因应之道,如零件降价可马上反映到计算机售价上。此外,戴尔计算机集中火力于获利较高的企业市场。

戴尔计算机趁近来零件价格滑落的千载难逢的机会发动削价战,以扩大市占有率。零件降价给戴尔计算机带来极大的竞争优势。戴尔计算机因采用直销方式,库存量低于同业,可将成本下降迅速回馈给消费者。

(11) 彻底落实节约成本。戴尔对于节约成本的拿捏,可以落实到只有十美分的事情上,还有怎样减少螺丝的使用量这样细微的事情。

(12) 直接和消费者打交道。戴尔最显著的优势就是他们越过经销商,直接和消费者打交道。戴尔根本就不必担心产品在卖场滞销,眼见零件成本直落,也不干他们的事,因为他们是采取先接单、后生产的流程,所以,能够以最"新鲜"的原料组装计算机供应客户。

(13) 让同业失去生存的价值。戴尔计算机在个人计算机的世界里,就像是个魔鬼终结者之类的角色,许多个人计算机业者发现,因为戴尔计算机存在,他们丧失了生存的价值。

6.6.2 案例点评

供应链管理的最根本的目的就是增强企业竞争力,其首要的压倒一切的目标是提高客户的满意程度,着重在产品进入市场的时间、库存水平和市场份额等方面加强管理。

目前,计算机行业的每家企业,都以戴尔为楷模。戴尔公司的飞速发展是美国的新技术企业经营管理的一个奇迹。

戴尔经营的最大特色就是强调速度:采购快、制造快、销售快、盈利快,也就是"速度决定一切"。时间竞争是以减少非增值时间的方法来寻求企业经营的各种手段。时间竞争者的特征是:有能力比竞争对手用更短的时间开发产品与服务;有能力比竞争对手用更短的时间交付产品和服务;有能力比竞争对手更有效地减少内部提前期。所以说,戴尔是真正的时间竞争者。在戴尔奇迹的背后,隐含先进的物流与供应链战略思想及其管理运作方式的支持。

1)直销模式

戴尔直销模式取得的利益有:

(1) 取消中间商,节约成本。

(2) 最大限度减少成品库存。

(3) 降低制造成本,及时利用新技术。

(4) 提高客户服务水平。

(5) 加快资金周转。

2)快速制造

为了充分实现直销的竞争优势,戴尔公司特别强调快速制造这一关键环节,并能够把快速制造与直销很好地结合起来。戴尔公司一直是 JIT 制造的典范。

3) 高效物流

信息时代,特别是在高科技领域,材料成本随着日趋激烈的竞争而迅速下降。以计算机工业为例,材料配件成本的下降速度为每周 1%。从戴尔公司的经验来看,其材料库存量只有 5 天,当其竞争对手维持 4 周的库存时,就等于戴尔的材料配件开支与对手相比保持着 3% 的优势。当产品最终投放市场时,物流配送优势就可转变成 2% 至 3% 的产品优势,竞争力的优劣不言而喻。

6.6.3 思考题

(1) 简述戴尔供应链的构成。
(2) 戴尔的核心竞争力是什么?
(3) 戴尔如何做到零库存?
(4) 戴尔如何快速响应市场?
(5) 戴尔如何抓住客户?
(6) 戴尔如何取得成本优势?
(7) 戴尔如何规避市场风险,取得竞争优势?
(8) 如何理解戴尔的"以信息代替库存"?
(9) 如何看待戴尔和供应商之间的关系?
(10) 谈一谈物流在供应链管理中的地位和作用。

6.7 海尔整合供应链,实现零库存

6.7.1 案例介绍

海尔集团自从成立以来,年平均增长率保持 80%,已成长为一个业务遍及全球的国际化企业集团,其管理模式被收入欧盟商学院的管理案例库,其首脑被英国《金融时报》评为"全球 30 位最受欢迎的企业家"之一。

海尔集团借助先进的信息技术,发动了一场管理革命:以市场链为纽带,以订单信息流为中心,带动物流和资金流的运动。通过整合全球供应链资源和用户资源,逐步向"零库存、零营运资本和(与用户)零距离"的终极目标迈进。

1) 以市场链为纽带重构业务流程

从生产规模看,海尔现有 10 800 多个产品品种,平均每天开发 1.3 个新产品,每天有 5 万台产品出库。海尔一年的资金运作进出达 996 亿元,平均每天需做 2.76 亿元结算,1 800 多笔账。随着业务的全球化扩展,海尔集团在全球有近 1 000 家分供方(其中世界 500 强企业 44 个),营销网络 53 000 多个,海尔还拥有 15 个设计中心和 3 000 多名海外经理人,如此庞大的业务体系,依靠传统的金字塔式管理

架构或者矩阵式模式,很难维持正常运转,业务流程重组势在必行。

总结多年的管理经验,海尔探索出一套市场链管理模式。海尔认为,在新经济条件下,企业不能再把利润最大化当做目标,而应该以用户满意度的最大化和获取用户的忠诚度为目标,这就要求企业更多地贴近市场和用户。市场链简单地说就是把外部市场效益内部化。过去,企业和市场之间有条鸿沟,在企业内部,人员相互之间的关系也只是上下级或是同事。如果产品被市场投诉了,或者滞销了,最着急的是企业领导人。下面的员工可能也很着急,但是使不上劲。所以海尔不仅让整个企业面对市场,而且让企业里的每一个员工都去面对市场。由此,海尔也把市场机制成功地导入企业的内部管理,把员工相互之间的同事和上下级关系转变为市场关系,形成内部的市场链机制。员工之间实施 SST,即索赔、索酬、跳闸。如果你的产品和服务好,下道工序给你报酬,否则会向你索赔或者"亮红牌"。

结合市场链模式,海尔集团对组织机构和业务流程进行了调整,把原来各事业部的财务、采购、销售业务全部分离出来,整合成商流推进本部、物流推进本部、资金流推进本部,实行全集团统一营销、采购、结算;把原来的职能管理资源整合成创新订单支持流程 3R(研发、人力资源、客户管理)和基础支持流程 3T(全面预算、全面设备管理、全面质量管理),3R 和 3T 流程相应成立独立经营的服务公司。

整合后,海尔集团商流本部和海外推进本部负责搭建全球的营销网络,从全球的用户资源中获取订单;产品本部在 3R 支持流程的支持下不断创造新的产品满足用户需求;产品事业部将商流获取的订单和产品本部创造的订单执行实施;物流本部利用全球供应链资源搭建全球采购配送网络,实现 JIT 订单加速流;资金流搭建全面预算系统;这样就形成了直接面对市场的、完整的核心流程体系和 3R、3T 等支持体系。

商流本部、海外推进本部从全球营销网络获得的订单形成订单信息流,传递到产品本部、事业部和物流本部,物流本部按照订单安排采购配送,产品事业部组织安排生产;生产的产品通过物流的配送系统送到用户手中,而用户的货款也通过资金流依次传递到商流、产品本部、物流和分供方手中。这样就形成横向网络化的同步的业务流程。

2) ERP+CRM:快速响应客户需求

哈尔滨用户宋明伟先生因房间摆放需要,想要一台左开门冰箱,他首先想到了海尔,到海尔网站一看,果然有用户定制服务,用户可以选择冰箱开门方式等十几个特殊需求,他按需要下了订单后,海尔冰箱生产部门立即在定制生产线上组织生产,接受信息、组织生产、配送、交易整个过程,7 天时间就搞定,获得了用户的好评。对用户宋明伟来说,只需轻松点击海尔的网站;对海尔来说,一张小小的订单牵动了企业的全身——设计、采购、制造、配送整个流程。

在业务流程再造的基础上,海尔形成了"前台一张网,后台一条链"(前台的一张网是海尔客户关系管理网站(haiercrm.com),后台的一条链是海尔的市场链)的闭环系统,构筑了企业内部供应链系统、ERP 系统、物流配送系统、资金流管理结算系统和遍布全国的分销管理系统及客户服务响应 Call-Center 系统,并形成了以订单信息流为核心的各子系统之间无缝连接的系统集成。

海尔 ERP 系统和 CRM 系统的目的是一致的,都是为了快速响应市场和客户的需求。前台的 CRM 网站作为与客户快速沟通的桥梁,将客户的需求快速收集、反馈,实现与客户的零距离;后台的 ERP 系统可以将客户需求快速触发到供应链系统、物流配送系统、财务结算系统、客户服务系统等流程系统,实现对客户需求的协同服务,大大缩短对客户需求的响应时间。

海尔集团于 2000 年 3 月 10 日投资成立海尔电子商务有限公司,在家电行业率先建立企业电子商务网站,全面开展面对供应商的 B2B 业务和针对消费者个性化需求的 B2C 业务。通过电子商务采购平台和定制平台与供应商和销售终端建立紧密的互联网关系,建立起动态企业联盟,达到双赢的目标,提高双方的市场竞争力。在海尔搭建的电子商务平台上,企业和供应商、消费者实现互动沟通,使信息增值。

面对个人消费者,海尔可以实现全国范围内网上销售业务。消费者可以轻点鼠标,在海尔的网站上浏览、选购、支付,然后可以在家里静候海尔的快捷配送及安装服务。海尔首先推出 23 种类的八百多个产品在网上直接销售,各大城市的网上订购的用户可以在两天内拿到自己需要的称心如意的产品和零距离的全天候星级服务。

3)CIMS+JIT:海尔 e 制造

过去企业按照生产计划制造产品,是大批量生产。海尔的 e 制造是根据订单进行的大批量订制。海尔 ERP 系统每天准确自动地生成向生产线配送物料的BOM,通过无线扫描、红外传输等现代物流技术的支持,实现"五定送料":

订单:达到按单拉料、按单配送,消灭无订单送料。

定点:准确的物料配送到工位,器具有明确的位置标志、合理的动态流动路线。

定量:物料均有市场订单,超过 24 h 的物料为零,现场工位存放超过限量物料为零。

定时:规定工位要求,4 小时送料到工位。

定人:所有物料都有跟单员、工位接受员,并有清楚的交接记录。

海尔独创的过站式物流,实现了从大批量生产到大批量定制的转化。

实现 e 制造还需要柔性制造系统。在满足用户个性化需求的过程中,海尔采用计算机辅助设计与制造(CAD/CAM),建立计算机集成制造系统(CIMS)。在开发决策支持系统(DSS)的基础上,通过人机对话实施计划与控制,从物料资源规划(MRP)发展到制造资源规划(MRP Ⅱ)和企业资源规划(ERP)。还有集开发、生产和实物分销于一体的适时生产(JIT),供应链管理中的快速响应和柔性制造(Agile Manufacturing),以及通过网络协调设计与生产的并行工程(Concurrent Engineering)等。这些新的生产方式把信息技术革命和管理进步融为一体。

现在海尔在全集团范围内已经实施CIMS(计算机集成制造系统),生产线可以实现不同型号产品的混流生产。如海尔电脑建成国内首条FIMS柔性电脑生产线。海尔电脑从接到订单到出厂,中间的每一道工序都是在电脑系统的集成管理和严格监控之下完成的。为了使生产线的生产模式更加灵活,海尔有针对性地开发了EOS商务系统、ERP系统、JIT配送系统。正是因为采用了这种FIMS柔性制造系统,海尔不但能够实现单台电脑客户定制,还能同时生产千余种配置的电脑,而且还可以实现36 h快速交货。

4) 订单信息流驱动:同步并行工程

海尔的企业全面信息化管理是以订单信息流为中心带动物流、资金流的运动,所以,在海尔的信息化管理中,同步工程非常重要。

比如美国海尔销售公司在网上下达一万台的订单。订单在网上发布的同时,所有的部门都可以看到,并同时开始准备,相关工作并行推进。不用召开会议,每个部门只要知道与订单有关的数据,做好自己应该做的事就行了。如采购部门一看订单就会做出采购计划,设计部门也会按订单要求把图纸设计好。3月24日,河北华联通过海尔网站的电子商务平台下达了5台商用空调的订单,订单号为5000541,海尔物流采购部门和生产制造部门同时接到订单信息,在计算机系统上,马上显示出负责生产制造的海尔商用空调事业部的缺料情况,采购部门与压缩机供应商在网上实现招投标工作,配送部门根据网上显示的配送清单4 h以内及时送料到工位。3月31日,海尔商用空调已经完成定制产品生产,5台商用空调室外机组已经入库。

海尔电子事业部的美高美彩电也是海尔实施信息化管理、采用并行工程的典型案例。传统的开发过程是串行过程,部门之间相互隔离,工作界限分明,产品开发按阶段顺序进行,导致开发周期长、成本高,这个过程需要4~6个月的时间。

5) 随着客户需求日益个性化,柔性制造渐显"魅力"

海尔电子事业部为保证美高美彩电在2000年国庆节前上市,根据市场的要求,原定6个月的开发周期必须压缩为2个月。以2个月时间为总目标,美高美彩电开发项目组建立开发市场链,按信息化管理的思路,组建了两个网络,一个是由各部门参与的、以产品为主线的多功能集成的产品开发团队;另一个是由采购供应链为主线的外部协作网络。

在产品设计方面,美高美彩电就是通过技术人员到市场上获得用户需求信息,并把信息转化为产品开发概念。在流程设计方面,通过内部流程的再造和优化,整合外部的优势资源网络,在最短的时间内,以最低的成本满足了订单需求。在设计过程中，一个零部件设计出来后，物流就可以组织采购，而且物流参与到设计中，提高产品质量。

最终海尔美高美彩电从获得订单到产品上市只用了两个半月的时间，创造了产品开发的一个奇迹。

6）零距离、零库存、零运营资本

海尔认为，企业之间的竞争已经从过去直接的市场竞争转向客户的竞争。海尔 CRM 联网系统就是要实现端对端的零距离销售。海尔已经实施的 ERP 系统和正在实施的 CRM 系统，都是要拆除影响信息同步沟通和准确传递的阻隔。ERP 是拆除企业内部各部门的"墙"，CRM 是拆除企业与客户之间的"墙"，从而达到快速获取客户订单，快速满足用户需求。

传统管理下的企业根据生产计划进行采购，由于不知道市场在哪里，所以是为库存采购，企业里有许许多多"水库"。海尔现在实施信息化管理，通过三个 JIT 打通这些水库，把它变成一条流动的河，不断地流动。JIT 采购就是按照计算机系统的采购计划，需要多少，采购多少。JIT 送料指各种零部件暂时存放在海尔立体库，然后由计算机进行配套，把配置好的零部件直接送到生产线。海尔在全国建有物流中心系统，无论在全国什么地方，海尔都可以快速送货，实现 JIT 配送。

库存不仅仅是资金占用的问题，最主要的是会形成很多的呆坏账。现在电子产品更新很快，一旦产品换代，原材料和产成品价格跌幅均较大，产成品积压的最后出路就只有降价，所以会形成现在市场上的价格战。不管企业说得多么好听，降价的压力就来自于库存。海尔用及时配送的时间来满足用户的要求，最终消灭库存的空间。

7）借助信息化管理，海尔集团确立了业界领先地位

运营资本，国内把它叫做流动资产，国外叫做运营资本。流动资产减去流动负债等于零，就是零营运资本。简单地说，就是应该做到现款现货。要做到现款现货就必须按订单生产。

海尔有一个观念："现金流第一，利润第二"。"现金流第一"是说企业一定要有现金流的支持，因为利润是从损益表看出的，但是资产负债表和损益表编制的原则都是权责发生制。产品出去以后就产生了销售，但资金并没有回来。虽然可以计算成销售收入，也可以计算利润或者是税收，但没有现金支持。所以国家有关部门提出，上市公司必须编制第三张表：现金流量表。

加入 WTO 以后，中国企业将面临更加激烈的竞争。海尔将保持 CRM 精神，优化 SCM 效果，推广 ERP 应用，支持海尔的第三方商流和第三方物流的发展要求，成为第三方的信息应用平台，使海尔融入"全球一体化"经济的大潮。

6.7.2 案例点评

海尔以 SST 市场链为纽带的业务流程再造实质上是根据供应链的核心管理

思想为基础的。业务流程(BPR)是企业以输入各种原料和客户需求为起点,到企业创造出对客户有价值的产品(或服务)为终点的一系列活动。一个企业的业务流程决定着组织的运行效率,是企业的竞争力所在。主要思想是以市场链(主要为客户需求)为切入点,对原来的业务流程做重新思考和彻底的重新设计,它强调以首尾相接的、完整连贯的整合性业务流程来代替过去的被各种职能部门割裂的、不易看见也难以管理的破碎性流程,使企业产品质量、成本和各种绩效目标取得显著的改善。

海尔以订单信息流为中心,带动物流和资金流的运行,实施"三个零"(服务零距离、资金零占用、质量零缺陷)为目标的流程再造,通过供应链同步的速度和SST的强度,以市场效益工资激励员工并将其价值取向和用户需求相一致,从而创新并完成有价值的订单,构建成企业核心竞争力。

海尔的SST(索赔、索酬、跳闸)是加强供应链管理重要的表现形式。它是把市场经济中的经济利益调节机制(价值分配市场化)引入企业内部,围绕企业战略目标把企业上下流程、上下工序和岗位之间的单纯的隶属关系转化为平等的买卖关系、契约关系。通过战略关系调整,把外部市场关系转化为一系列的内部市场订单,形成以客户需求订单为驱动力,通过订单使上下流程、上下工序和岗位之间互相吻合、自动调节的供应链,不再单纯通过行政命令的调整和安排,而是把过去的金字塔式的组织结构推倒进行了扁平化设计,重建的组织结构不靠"分工"和"职权"来运作,而是针对客户的要求"直接做"而不是"等待向领导请示后再做"。

海尔供应链管理有以下几个方面的特点:

1) 采购管理

在采购方面,海尔通过供应链优化,减少供应商数目。通过计算机网络采购平台,所有供应商均在网上接受订单,并通过网络查询计划、库存,及时补货。供应商在网上还可以接受图纸和技术资料,使操作时间大大减少。通过网上进行招标竞价,使招标更加公平、公正、防止暗箱操作。为供应商节约了费用,提高了采购物流的速度和效率。

2) 生产管理

根据海尔的管理模式分为原材料供应体系、过程生产体系和成品自动化体系。

该系统可以按照总部的生产计划安排,适时柔性变化自动仓库的原料供应量及库存量,并及时将库存信息传递给有关部门,使原料可以进行灵活的调度,保持合理库存,使企业的资金利用率有了提高。

过程生产体系中,海尔集合供应链管理的思想成功的总结出"五定送料"的精确物流管理模式,解决了生产过程中订单执行、物料消耗、人员管理、现场管理等方面的问题。

精确物流是指以较少的人力、物力投入,最快的速度创造出尽可能多地满足客户需求价值。主要思想是及时制造生产、全面质量管理、并行工程系统、团队充分协作和集成的供应链管理,以及多品种、小批量、高质量、低成本的生产方法。

3) 物流管理

海尔的"一流三网"充分的体现现代物流的特征,通过 3 个 JIT,即 JIT 采购、JIT 配送、JIT 分拨物流来实现同步流程,建立了 BBP 采购平台进行电子商务交易,使生产部门按照B2B、B2C订单需求完成产品以后,让充满用户个性化需求的定制产品通过海尔全球配送网络送达用户手中,满足用户需求。

海尔通过改变企业组织结构进行的流程再造(BPR)建立起了供应链管理(SCM)运行的支持系统平台,使企业的服务理念和服务模式升华,使现有资源进行了高效整合,优化了资源配置,使企业价值最大化。

6.7.3 思考题

(1) 评述海尔的业务流程重构。
(2) 何谓 ERP 系统?何谓 CRM 系统?如何在企业中成功实施?
(3) 结合案例简述供应链环境下生产与控制管理的特征。
(4) 结合案例谈一谈生产企业的物流在自营还是外包问题上应如何选择。

6.8 某板材企业的供应链管理改造

6.8.1 案例介绍

1) 公司背景

A 公司是一家专业从事人造板生产的企业。公司创建于 1997 年,经过 10 余年的发展建设,已完全具备了中、高级人造板企业所具有的生产能力和研制开发新产品的能力。全厂职工 800 余人,其中技术人员 160 人,有完善的胶合板生产设备和相应的检测仪器,工厂占地面积 5.8 万 m^2,建筑面积 2.7 万 m^2,形成年产细木工板 20 万 m^3、多层胶合板 5 万 m^3 的生产规模。公司总投资已达 1.5 亿元人民币,在国内同行业中,其生产规模与销量均名列前茅。

A 公司品牌的系列产品在国内诸多地区享有美誉,并先后获得 L 省著名商标、L 省名牌产品、中国室内装饰协会绿色装饰产品、国家免检产品等荣誉称号。在国内同行业中首批获得中国环境标志产品认证。公司始终坚持以质量求生存,以科技求发展,靠信誉赢市场。公司引进国内外先进的生产设备和技术工艺,制定了一整套完善规范的品质管理方案,凭借专业执著的创新精神和至真至美的服务赢得了广大消费者的一致好评。A 公司企业一直倾力于对产品环保性能的研究,不惜投入巨资进行专项科研攻关。A 公司无醛胶细木工板的诞生,对国内整个人造板制造行业及社会效益产生了巨大的影响。

2) 供应链管理现状

在公司产销规模不断扩大的过程中,来自供应链上下游的经营压力越来越大,突出体现在以下方面:

(1) 经销商总周转库存积压严重,某些产品在甲地缺货,但在乙地却滞销,类似问题频繁发生。

(2) 准时交货率越来越低,需求响应速度越来越慢,经销商流失率上升。

(3) 单位产品物流成本越来越高,侵蚀了企业很多利润。

(4) 原料保障性越来越差,经常交货不及时而影响生产,原料质量合格率低,经常退货,影响正常的生产经营秩序,等等。

3) 调研分析和结论

经过深入的交流,A 公司决定聘请华致赢顾问帮助企业进行供应链管理的提升活动,并对此次供应链管理咨询活动寄予高度期望。

首先,经过与 A 公司领导成员进行座谈,咨询组了解到:A 公司核心市场是 A 公司所在的 L 省和和临近的 J 省,而原料产地在临近的 J 省和 N 省,随着经济的快速发展,H 省、N 省、J 省的市场也取得了快速发展,尤其 J 省的成长速度最快,大有赶超 L 省的可能。

其次,A 公司所从事的行业是资源消耗型行业,时至今日的形势是运输成本和原料成本都在快速上升,加上人力资源成本的快速提升,几方面因素导致 A 公司生产经营的成本投入越来越高;而在产品销售上,因行业内部竞争极度激烈,产成品销售价格在不断下降。在供应链上下游的综合作用下,A 公司的生存状况可谓艰难。

经过调研分析,华致赢企管顾问认为,A 公司供应链的竞争优势已经在不断丧失,造成竞争优势丧失主要有以下几方面原因:

(1) 供应链中的生产布局不科学 合理的生产布局应该是在原料的供应地或核心市场就近建生产基地,也可以在综合考虑原料供应或核心市场的基础上作出生产布局决策,而 A 公司所在的 L 省虽是核心市场,但并非原料产地,绝大部分原材料要从七八百公里外的 J 省和 N 省长途汽运过来,况且在市场此消彼长的过程中,J 省将取代 L 省的核心市场地位,由此造成过高的运输成本就不足为奇了。

(2) 供应链管理观念落后 仅仅关注自身利益的 A 公司管理者,把"产成品生产后就快速将库存推给经销商"当成理所当然的事情。

(3) 销售政策和销售管理模式不合理 A 公司为鼓励经销商批量购买,以迅速消化自己的库存,采取了一系列的销售政策,例如:一次购货达 10 万元后给予 3% 折扣,购货达 15 万元后给予 5% 折扣,依次递增。这在客观上导致经销商为取得尽量高的折扣而加大一次订货规模,而市场需求是变化的,曾经的畅销不代表现在还畅销,久而久之导致经销商库存积压越来越严重。而在制造商 A 公司这里,因其业绩考核是按照对经销商的销售量来考核,所以很少去考虑经销商的处境而只关注自己的利益,经过多年的积累最终导致供应链条上的总产品积压越来越严重。

(4)原材料供应商的评价和选择机制尚未建立起来 他们对供应商的选定与淘汰很随意,缺乏系统的管理程序和控制标准。

华致赢企管顾问根据企业人员自身的工作定位,对各级管理人员进行理念培训,推动建立现代供应链管理理念的树立,同时构建供应链管理长效机制。与企业相关管理人员一起,共同推动供应链管理效率的提升。

4)供应链管理咨询方案设计

(1)观念重塑 通过专题培训和管理沙龙的方式,以 A 公司中高层管理者为对象,进行现代供应链管理理念的灌输和互动交流,以期 A 公司中高层管理者建立职业化认知,重点打造如下观念:

① 系统观念:企业之间的竞争实质是企业所置身其中的供应链之间的竞争。

② 供应链价值共同体的观念:只要经销商的产品还在其仓库,产品就未销售出去。

③ 供应链科学管理的观念:将合适的库存放在合适的地方,在合适的时间点满足终端消费者的需求,等等。

(2)优化产业布局,重新论证规划生产布局 按照靠近原料产地或靠近核心销售市场两个纬度,进行生产基地布局的重新论证,如图 6.1 所示。

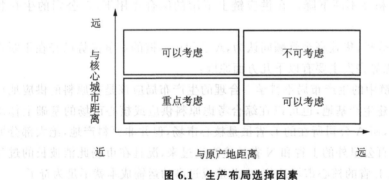

图 6.1 生产布局选择因素

最终,结合市场成长性分析的结果,结合 A 公司未来两年的现金流量预测,确定用 2~3 年完成生产基地的总体搬迁(从目前所在的 L 省搬迁到同为原料产地和未来核心市场的 J 省)。

(3)重新设计供应链策略 根据诊断的结果,结合产品的寿命周期和特点,设计适合的供应链策略。参照表 6.1 思路重新设计供应链策略。

表 6.1 产品不同生命周期的供应链策略

产品生命周期	特　点	供应链策略
导入期	① 无法准确预测需求量 ② 大量的促销活动 ③ 零售商不愿压货 ④ 订货频率不稳定 ⑤ 缺货会抵消促销的效果	① 协同设计与开发 ② 制定完善的供应链支持计划 ③ 原材料小批量采购 ④ 成品多频度、小批量送货 ⑤ 避免缺货和库存积压
成长期	① 市场需求稳定增长 ② 营销渠道简单明确 ③ 竞争产品引入市场	① 批量生产、配送,降低供应链成本 ② 确定主要客户,提高服务水平 ③ 通过加强供应链协作提高竞争力
成熟期	① 竞争加剧 ② 销售增长放缓 ③ 一旦缺货将被竞争产品替代 ④ 市场需求较稳定,市场预测较准确	① 建立配送中心 ② 建立网络式的销售渠道 ③ 生产地点尽量靠近市场 ④ 减少产品库存

新供应链策略如下:

① 采用销售终端拉动式供货物流方式,并减少经销商库存,改变订货方式,缩短订货提前期(实行拉式系统,根据经销商短期内的销售数字,经常性补充个别货物)。

② 建立区域配送中心(即在 J 省和 L 省核心市场建立),缩短运送提前期,提升针对经销商的快速服务能力。

③ 与经销商建立战略同盟和利益共同体,帮助经销商提升需求变动的预测能力,并协助提升客户满意度(通过提升及时交货率、消除缺货现象、提升客户需求反应速度等方式)。

④ 优化销售策略,改变先前按照一次购货数量计算销售折扣的方式,变为按照季度销售总量计算销售折扣。

(4) 重新设计供货方式　基于具有柔性和快速响应能力的管理思考,重新进行供货方式设计,缩短下订单周期、减少供货批量的供货方式。其特点是:

① 厂家在客户处建立并管理库存(Vendor Management Inventory,VMI)。

② 客户用多少补多少,不要客户下订单,根据补充货物数量做结算。

③ 提高公司内部下订单频率。

(5) 重新设计供应商管理策略　采购管理的改善思路是按 ABC 重点管理法对采购物资实行分类管理,对不同类别的采购物资,在供应商管理模式、管理基本策略、管理重点和安全库存量等方面实施差异化管理,如表 6.2 所示。

表 6.2 采购物资分类管理表

项目类别	战略性物资	瓶颈物资	重要物资	一般物资
供应商管理模式	① 战略伙伴关系 ② 长期合作关系	① 稳定的关系 ② 长期合作关系	一般合作关系	一般交易关系
基本策略	"双赢"策略	灵活策略	最低成本策略	管理成本最小化策略
管理重点	① 详细的市场调查和需求预测 ② 严格库存监控 ③ 严格的物流控制和后勤保障 ④ 对突发事件准备	① 详细市场数据和长期供需趋势信息 ② 寻找替代方案 ③ 备用计划 ④ 供货数量和时间的控制	① 供应商选择 ② 建立采购优势 ③ 目标价格管理 ④ 订购批量优化 ⑤ 最小库存	① 产品标准化 ② 订购批量优化 ③ 库存优化 ④ 业务效率
安全库存量	中等	较高	较低	最小化
订购批量	中等	较大	较小	经济批量
绩效评价准则	① 长期可得性 ② 质量可靠性	来源的可靠性	① 采购成本 ② 库存成本	业务效率

（6）重新设计供应商管理体系 规划供应商管理体系，并以供应商考评体系为核心进行展开设计。新供应商考评体系思路如下：

① 设定考评准则。

② 设定考评指标，考评指标见表 6.3。

表 6.3 供应商考评指标

考评指标	考评指标描述
质量指标	主要包括供应商供货批次合格率、抽检缺陷率、在线报废率和免检率和供应商是否通过了 ISO9000 质量体系认证等
供应指标	最主要的是交货准时率、交货周期和订单变化接受率等
经济指标	主要包括报价是否及时和报价单是否客观、具体、透明，供应商是否积极配合响应本公司提出的付款条件、付款要求以及付款办法，供应商开出付款发票是否准确、及时，是否符合有关财税要求
支持、合作与服务指标	通常是定性考核。考核内容主要有反应与沟通、合作态度、参与本公司的改进与开发项目和售后服务等。考核指标有：投诉灵敏度、沟通合作态度、共同改进、售后服务、参与开发和其他支持，以及积极接纳本公司提出的有关参观、访问、实地调查等事宜

③ 确定考评的具体步骤。
④ 将考评做法、标准及要求与供应商进行充分沟通。
⑤ 成立考评小组。小组成员要包括采购员、品质员、企划员和仓管员等。
⑥ 利用信息处理系统对收集的关于某供应商的考评进行统计，得出考评结果。
⑦ 把考评结果反馈给供应商，并明确指出改进要点。
⑧ 设定明确的改进目标。

最终以《供应商管理制度》充分整合上述内容，并作为 A 公司供应商管理的核心制度加以确立。

5）**方案实施效果**

咨询方案全部实施 1 年之后，企业获得了量化和非量化的成果。

（1）量化成果
① 每立方米成品板材运输成本节约 16 元。
② 供应链产成品库存减少 40%。
③ 原料采购节约 210 万元（同等产量折算）。
④ 因缺货而导致客户投诉零次。

（2）非量化成果
① 建立了现代企业物流管理观念，为企业的长远发展打下理念基础。
② 重新规划了企业的生产布局，缓解了原料供应链的运作压力，经营安全性得到加强。
③ 重新梳理了供应链策略，筹建了区域配送中心，变革了供货方式，实施了拉式操作系统，有效地减少供应链库存水平，也提升了快速响应市场变化的能力。
④ 优化了原料供应体系，保障了战略资源的供应安全性。

6.8.2 案例点评

现代企业的市场竞争已不再仅仅取决于企业自身的实力，而是基于企业所处的供应链与对手所处的供应链之间的竞争。企业应充分认识到供应链管理的重要性，学会如何架构具有竞争优势的供应链体系。

低成本在竞争中永远是一项优势，而一般情况下企业设法通过规划管理降低运营成本、人力费用、财务成本等，在物流方面却没有太多关注。物流中运输、库存、采购的高效与低效对企业运营有很大影响，例如库存过多会造成资金的积压、成本增加甚至直接损失。通过供应链的管理，不仅可以合理地调控库存，甚至可以做到零库存生产。

一般来说，供应链是由供、产、销等不同组织连接起来形成的，而供应链管理就是将一整套系统方法用于管理从原材料供应商到工厂、仓库，直至产品到达最终用户手中的整个过程的物流、信息流和服务流。市场竞争越来越多地取决于企业对市场需求反应的速度,而供应链管理之所以会成为当今世界的热门话题,就是因为有许多公司已通过规划和管理供应链在市场反应方面取得了显著的成本和速度优势。

任何企业都无法从一开始就找到最适宜的合作伙伴,这往往需要一个过程。常见的做法是企业确定供应商选择因素并在一定的市场范围内以逐步筛选的方式选择几家合作商,然后通过对这几家企业的进一步考察来确定初始的合作者。在合作的过程中,企业通过供应商评价指标对合作者进行考察和市场检验,主导企业会最终选择与自己有着共同理念和合作愿望的企业,并与之建立长期的、固定的合作伙伴关系。由主导企业与合作企业组成的供应链和战略联盟的目标是优势互补,共同对抗联盟外的其他企业的市场竞争。为了更好地协调彼此的合作,在供应链内部建立联系主导企业和合作企业的信息渠道,组成供应链体系的各个企业可以共享市场与渠道信息,使供应链体系各成员能充分了解上下游企业的生产与销售计划,并据此对自身的运营进行调整,以实现整个供应链的同步和高效。

总之,现代企业的运作是基于供应链的管理和运作,企业要在激烈的市场竞争中脱颖而出,必须重视对供应链的选择、设计和重造。

6.8.3 思考题

(1) 供应链主导企业的生产布局主要考虑哪些因素?
(2) 推式供应链和拉式供应链有何不同?
(3) 供应商选择因素和考评指标有哪些?
(4) 何谓产品生命周期?不同周期供应链策略有何不同?
(5) 何谓 ABC 物资分类控制管理法?
(6) 结合案例谈谈供应链重整给 A 企业带来的变化。

7 电子商务与物流

【本章综述】

电子商务是20世纪信息化、网络化的产物,由于其自身的特点已广泛引起人们的注意,但是人们对电子商务所涵盖的范围却没有统一、规范的认识。如传统商务过程一样,电子商务中的任何一笔交易,都包含以下几种基本的"流",即信息流、商流、资金流和物流,其中信息流既包括商品信息的提供、促销行销、技术支持、售后服务等内容,也包括诸如询价单、报价单、付款通知单、转账通知单等商业贸易单证,还包括交易方的支付能力、支付信誉等;商流是指商品在购、销之间进行交易和商品所有权转移的运动过程,具体是指商品交易的一系列活动;资金流主要是指资金的转移过程,包括付款、转账等过程。在电子商务环境下,商流、资金流与信息流这三种流的处理都可以通过计算机和网络通信设备实现。物流,作为四流中最为特殊的一种,是指物质实体的流动过程,具体指运输、储存、配送、装卸、保管、物流信息管理等各种活动。对于少数商品和服务来说,可以直接通过网络传输的方式进行配送,如各种电子出版物、信息咨询服务等。而对于大多数商品和服务来说,物流仍要经由物理方式传输。

本章精选了电子商务在企业中应用的成功案例作为我们学习电子商务与物流知识的实用性素材,使我们从中了解电子商务中信息流、商流、资金流和物流的流转过程,以及电子商务对企业物流的影响。

7.1 转型后苏宁云商O2O业务模式

7.1.1 案例介绍

苏宁电器是我国商界高速成长的民营企业。2013年2月20日,苏宁电器正式改名为苏宁云商,以"专衍、云融、开放、引领"为发展主题,新模式、新组织、新形象成为苏宁最大的变革亮点。

1)什么是苏宁云商模式

(1)苏宁云商模式的本质 线上线下无缝融合,创造消费全新体验;融合实体与虚拟,开放前端与后台;拓展全品类经营,创新全客群服务;不论何时,不论何地,借助苏宁云商模式,人人可以享受线上线下融为一体、自由舒适的购物新体验,享受零售新时代。

(2) **苏宁云商的基本内涵** 苏宁云商模式可概括为"店商+电商+零售服务商",它的核心是以云技术为基础,整合前台后台,融合线上线下,服务全产业,服务全客群。云商模式不仅是苏宁跨越发展的新方向,也必将成为中国零售行业转型发展的新趋势。

放眼互联网时代的全球零售业,近年来正面临深刻变化:需求个性化、商品多样化;时间碎片化、服务智慧化;空间扁平化、渠道复合化。中国作为全球增速最快和未来世界最大的零售市场,苏宁云商模式具有全球行业的示范效应,将引领世界零售业的模式创新。

全力打造连锁店面和电子商务两大开放平台,线上线下虚实融合,全品类拓展,全面转型云商新模式,是以云技术为支撑,以开放平台为架构,全面整合各类实体产品、内容产品和服务产品,服务供应商(生产商、批发商和零售商)、服务消费者(个人、家庭、企事业组织)与平台合作伙伴紧密合作。

苏宁新的组织架构将更有效地整合内外部各种资源,最大化调动和发掘各业务单元的经营主动性、积极性,构建"虚实平台融合、全品类拓展的新型零售生态系统",助推苏宁云商模式的价值实现。

连锁店面平台+电子商务平台,多样化的平台类型、多样化的消费渠道,实现客群全面覆盖,创造便捷高效的购物体验。

丰富多样的产品组合,为消费者提供衣、食、住、享、用的一站式服务;为开放平台商户提供供应链全流程的专业服务。

(3) **苏宁云商模式的特点——开放共享,扁平自主** 苏宁云商业务模式的转型固化,最终要落实到组织架构、运行流程和人员配置。围绕云商模式,苏宁对组织架构进行全面系统变革。专业、垂直、开放、融合、扁平、自主是此次苏宁组织调整的关键词,最大的变化是从原有的矩阵式组织转变为事业部组织。

(4) **苏宁连锁平台经营总部整体组织框架** 连锁店平台经营总部负责苏宁所有线下实体店面平台经营管理。平台类型有:旗舰店、超级店、生活广场、广场,苏宁和乐购仕双品牌运作。

电子商务经营总部负责电子商务平台各项业务的经营管理,业务类型有:实体商品经营、生活服务、云服务、金融服务。

物流事业部纳入电子商务经营总部管理,以便有效支持小件商品全国快递服务。

商品经营总部负责各类商品的经营管理,商品分类有:电器、百货、日用品、图书、综合服务。线上线下采销全面整合,统一管理。

(5) **构建信息体系,驱动业务模式创新** 信息要以技术驱动业务模式创新,以业务模式创新获得企业跨越式发展。在苏宁战略的指引下,从组织优化、技术架构升级、产品研发策略等方面制定明确的计划,并有力地推进。积极配合实现苏宁虚实结合的商业模式落地以及苏宁易购的行业地位奠定;在移动互联网、云计算、金融等领域大胆创新、积极探索,成功打开全新的局面。信息团队必须以行业领先者的标准来全面建设信息体系。

此外,云商模式还包括:苏宁连锁店面平台建设、苏宁电子商务平台建设、"实体产品＋内容产品＋服务产品"等。

2）苏宁云商模式的深层次变革

苏宁云商模式将分为:ABC、B2B、B2C、C2C、B2M、M2C、B2G、C2G、O2O、C2B、B2B2C等电子商务模式,全面涵盖目前电子商务的全部经营方式,并将创造更新的盈利模式。这是苏宁云商的强大生命力。

苏宁云商模式提供网上交易和管理等全过程服务,具有广告宣传、咨询洽谈、网上订购、网上支付、电子账户、服务传递、意见征询、交易管理等各项功能,可以增强客户的亲身体验,刺激新的消费需求,开展定制服务,为消费者量身定做最满意的商品。

(1) 广告宣传　开展电子商务可凭借企业的Web服务器和客户的浏览器在Internet上发播各类商业信息。客户可借助网上的检索工具(Search)迅速地找到所需商品信息,而商家可利用网上主页(Home Page)和电子邮件(E-mail)在全球范围内做广告宣传。与以往的各类广告相比,网上的广告成本最为低廉,而给客户的信息量却最为丰富精准。

(2) 咨询洽谈　电子商务可借助非实时的电子邮件(E-mail)、新闻组(News Group)和实时的讨论组(Chat)来了解市场和商品信息,洽谈交易事务,如有进一步的需求,还可用网上的白板会议(Whiteboard Conference)来交流即时的图形信息。网上的咨询和洽谈能超越人们面对面洽谈的限制,提供多种方便的异地交谈形式。

(3) 网上订购　电子商务可借助Web中的邮件交互传送实现网上的订购。网上的订购通常都是在产品介绍的页面上提供十分友好的订购提示信息和订购交互格式框。当客户填完订购单后,通常系统会回复确认信息单来保证订购信息的收悉。订购信息也可采用加密的方式使客户和商家的商业信息不会泄漏。

(4) 网上支付　客户和商家采用信用卡账号进行支付。在网上直接采用电子支付手段可省略交易中很多人员的开销。网上支付将需要更为可靠的信息传输安全性控制以防止诈骗、窃听、冒用等非法行为。

(5) 电子账户　网上的支付必须要有电子金融来支持,即银行或信用卡公司及保险公司等金融单位要为金融服务提供网上操作的服务,而电子账户管理是其基本的组成部分。信用卡号或银行账号都是电子账户的一种标志,而其可信度需配以必要技术措施来保证。如数字证书、数字签名、加密等手段的应用提供了电子账户操作的安全性。

（6）服务传递　对于已付款的客户应将其订购的货物尽快地传递到手中,而有些货物在本地,有些货物在异地,电子邮件将能在网络中进行物流的调配。而最适合在网上直接传递的货物是信息产品,如软件、电子读物、信息服务等。它能直接从电子仓库中将货物发到用户端。

（7）意见征询　电子商务能十分方便地采用网页上的选择、填空等格式文件来收集用户对销售服务的反馈意见。企业的市场运营能形成一个封闭的回路。客户的反馈意见能提高售后服务的水平,企业获得改进产品、发现市场的商业机会。

（8）交易管理　交易管理将涉及人、财、物多个方面,企业和企业、企业和客户及企业内部等各方面的协调和管理。因此,交易管理是涉及商务活动全过程的管理。电子商务的发展将会提供一个良好的交易管理的网络环境及多种多样的应用服务系统,更好地保障电子商务获得更广泛的应用。

（9）智慧电子商务阶段　2011年,互联网信息碎片化以及云计算技术愈发成熟,主动互联网营销模式出现,i-Commerce(individual Commerce)顺势而出,电子商务摆脱传统销售模式生搬上互联网的现状,以主动、互动、用户关怀等多角度与用户进行深层次沟通,其中以IZP科技苏宁提出的ICE最具有代表性。

（10）虚拟与实体店的融合　苏宁云商模式将电子商务优势与实体店内在、无缝、本质地融合,打造虚实融合的新商业模式。23年来,苏宁最大的优势就是在全球拥有1 700家实体店,国内市场上牢牢站稳一级市场,正在全面渗透二、三、四级市场,香港市场和日本市场也呈现良好的发展势头。

苏宁云商模式的诞生,不仅没有取消实体店,而是将1 700家实体店全面融合在电子商务之中,成为苏宁未来最强大的根基。这是目前其他电子商务企业根本不具备的天然优势,单纯的网络销售已经没有出路,单纯的实体店模式也没有出路,唯有将电子商务与实体店融合,形成新的商业模式,在大数据时代发挥新的功能。

（11）物流配送　苏宁正式转型为苏宁云商,随之配套发展的便是物流基地的建设,即"物流云"项目。目前,坐落在南京雨花区的苏宁物流基地,占地面积350亩,基地建有苏宁云商服务总部、物流配送中心、客服呼叫中心、售后服务中心、培训中心及全国性数据中心。其物流配送中心是全国16个大型配送中心之一,属于第四代。配送中心占地面积1.6万m^2,存储商品覆盖3C数码、小家电、百货等多个品类,有20多万个储位。其中一座24 m高的自动化立体仓库可支持60亿的销售规模。另一座小件仓库主要储存图书、食品、母婴用品、洗化用品等。配送中心除了承担南京区域的日常配送外,还承担着全国小件仓储的调拨与配送工作。到2015年,苏宁在全国将完成60个物流基地和12个自动化仓库建设。

3）未来零售业的模式一定是"云商模式"

中国零售业有数百万家从业企业，从业人员上亿。电子商务是零售业的一个新的、重要的组成部分，电子商务与实体店面是"互补关系"而非"替代关系"。未来的零售企业一定是线上线下的融合，未来的商业模式一定是云商模式。

电子商务发展将以更加务实的"供应链管理"或"提供第三方平台服务"的方式服务于连锁经营企业，并得到进一步的发展。连锁经营作为工业化思维方式的产物，与信息化时代的电子商务呈现历史差异性，如果连锁经营不能顺利地与电子商务嫁接，将会面临着一场颠覆性的革命。在这一历史背景下，苏宁云商模式是一个大胆的尝试，线上线下虚实融合，发挥连锁经营的"落地优势"，又发挥电子商务的"空天优势"，构成实体经营与虚拟经营的内在契合，开创"多维度、全流程、全客群、全品类、全时段"的商业模式，在大数据时代体现连锁经营和电子商务的融合优势。苏宁云商模式就是"店商+电商+零售服务商"，在大数据时代，以云技术为支撑，开展云计算，提供云服务，以开放平台为架构，全面整合各类实体产品、内容产品和服务产品，融合开放线上线下渠道，服务全产业，服务全客户群。通过新技术的运用、新模式的实践，改变传统零售业的低效率、分散化、高物耗、低效益等问题，建立多维度、全流程、大协同的现代产业链，全面提升我国现代服务业的整体水平。

7.1.2 案例点评

O2O（Online to Offline，在线离线或线上到线下）是指将线下的商务机会与互联网结合，让互联网成为线下交易的前台。O2O 最早来源于美国，2013 年进入高速发展阶段，只要产业链中既涉及线上，又涉及线下，就可通称为 O2O。

苏宁云商的 O2O 策略采取的是线上与线下产品同货源、同价格，消费者可以在苏宁易购网站上下单购物，如果觉得网站上有描述不清楚的地方，可以去门店亲身查看商品的实际情况。O2O 的业务模式找出网上商城与实体门店的平衡点，也走出一条创新销售之路。

连锁经营的核心竞争力就是物流。苏宁云商在全国建立了属于自己的城市配送中心、区域配送中心、转配点全国三级物流网络体系，利用 TMS、GPS、DPS、WMS 等先进的信息系统，实现了平均配送半径 200 km，短途调拨、长途配送和零售配送到户一体化的运作，使得每天最大的配送能力可达到 80 多万台套，并且实施准时制送货安排，提供 24 h 送货到户服务。

7.1.3 思考题

（1）苏宁云商的内涵是什么？

（2）苏宁云商的 O2O 策略是什么？

（3）何谓立体仓库？

(4) 苏宁云商的物流配送有何特点？

7.2 亚马逊物流促销策略研究启示

7.2.1 案例介绍

亚马逊公司（Amazon.com，简称亚马逊）总部位于华盛顿州的西雅图，它是美国最大的一家网络电子商务公司，也是网络上最早开始经营电子商务的公司之一。亚马逊成立于1995年，一开始只经营网络的书籍销售业务，现在的经营范围相当广，包括DVD、音乐光碟、电脑、软件、电视游戏、电子产品、衣服、家具等。

为什么在电子商务发展普遍受挫时亚马逊的旗帜不倒？是什么成就了亚马逊今天的业绩？亚马逊的快速发展说明了什么？带着这一连串的疑问，探究亚马逊的发展历程，我们惊奇地发现，正是被许多人称为是电子商务发展"瓶颈"和最大障碍的物流拯救了亚马逊，是物流创造了亚马逊今天的业绩。那么通过对亚马逊的生存和发展经历的研究带给我们现在的企业哪些有益的启示呢？

1) 物流是其促销的手段

在电子商务举步维艰的日子里，亚马逊推出了创新、大胆的促销策略——为客户提供免费的送货服务，并且不断降低免费送货服务的门槛。到目前为止，亚马逊已经三次采取此种促销手段。前两次免费送货服务的门槛分别为99美元和49美元，2002年8月亚马逊又将免费送货的门槛降低一半，开始对购物总价超过25美元的客户实行免费送货服务，以此来促进销售业务的增长。免费送货极大地激发了人们的消费热情，使那些对电子商务心存疑虑、担心网上购物价格昂贵的网民们迅速加入亚马逊消费者的行列，从而使亚马逊的客户群扩大到了4 000万人，由此产生了巨大的经济效益：2002年第三季度书籍音乐和影视产品的销量较上年同期增长了17%。物流对销售的促进和影响作用，"物流是企业竞争的工具"在亚马逊的经营实践中得到了最好的诠释。

多年来，网上购物价格昂贵的现实是使消费者摈弃电子商务而坚持选择实体商店购物的主要因素，也是导致电子商务公司失去客户、经营失败的重要原因。在电子商务经营处于"高天滚滚寒流急"的危难时刻，亚马逊独辟蹊径，大胆地将物流作为促销手段，薄利多销、低价竞争，以物流的代价去占领市场，招揽客户，扩大市场份额。显然此项策略是正确的，因为抓住了问题的实质。据某市场调查公司最近一项消费者调查显示，网上客户认为，在节假日期间送货费折扣的吸引力远远超过其他任何促销手段。同时这一策略也被证实是成功的，自2001年以来，亚马逊把在线商品的价格普遍降低了10%左右，从而使其客户群达到了4 000万人次，其中通过网上消费的达3 000万人次左右。为此，亚马逊创始人贝佐斯得以对外自信地宣称:"或许消费者还会前往实体商店购物,但绝对不会是因为价格的原因。"当然这项经营策略也是有风险的。因为如果不能消化由此产生的成本,转移沉重的财务负担,则将功亏一篑。那么亚马逊是如何解决这些问题的呢?

2) 开源节流是其物流促销成功的保证

如前所述亚马逊赢利的秘诀在于给客户提供的大额购买折扣及免费送货服务。然而此种促销策略也是一柄双刃剑:在增加销售的同时产生巨大的成本。如何消化由此而带来的成本呢? 亚马逊的做法是在财务管理上不遗余力地削减成本:减少开支、裁减人员,使用先进便捷的订单处理系统降低错误率,整合送货和节约库存成本……通过降低物流成本,相当于以较少的促销成本获得更大的销售收益,再将之回馈于消费者,以此来争取更多的客户,形成有效的良性循环。当然这对亚马逊的成本控制能力和物流系统都提出了很高的要求。此外,亚马逊在节流的同时也积极寻找新的利润增长点,比如为其他商户在网上出售新旧商品和与众多商家合作,向亚马逊的客户出售这些商家的品牌产品,从中收取佣金,使亚马逊的客户可以一站式地购买众多商家的品牌商品以及原有的书籍、音乐制品和其他产品,既向客户提供了更多的商品,又以其多样化选择和商品信息吸引众多消费者前来购物,同时自己又不增加额外的库存风险,可谓一举多得。这些有效的开源节流措施是亚马逊低价促销成功的重要保证。

3) 完善的物流系统是其生存与发展的命脉

电子商务是以现代信息技术和计算机网络为基础进行的商品和服务交易,具有交易虚拟化、透明化、成本低、效率高的特点。在电子商务中,信息流、商流、资金流的活动都可以通过计算机在网上完成,唯独物流要经过实实在在的运作过程,无法像信息流、资金流那样被虚拟化。因此,作为电子商务组成部分的物流便成为决定电子商务效益的关键因素。在电子商务中,如果物流滞后、效率低、质量差,则电子商务经济、方便、快捷的优势就不复存在。所以完善的物流系统是决定电子商务生存与发展的命脉。分析众多电子商务企业经营失败的原因,在很大程度上是缘于物流上的失败。而亚马逊的成功也正是得益于其在物流上的成功。亚马逊虽然是一个电子商务公司,但它的物流系统十分完善,一点也不逊色于实体公司。由于有完善、优化的物流系统作为保障,它才能将物流作为促销的手段,并有能力严格地控制物流成本和有效地进行物流过程的组织运作。在这些方面亚马逊同样有许多独到之处。

(1) 在配送模式的选择上采取外包的方式。在电子商务中亚马逊将其国内的配送业务委托给美国邮政和 UPS,将国际物流委托给国际海运公司等专业物流公司,自己则集中精力去发展主营和核心业务。这样可以减少投资,降低经营风险,又能充分利用专业物流公司的优势,节约物流成本。

(2) 将库存控制在最低水平,实行零库存运转。亚马逊通过与供应商建立良好的合作关系,实现了对库存的有效控制。亚马逊公司的库存图书很少,维持库存的只有 200 种最受欢迎的畅销书。一般情况下,亚马逊是在客户买书下了订单后,才从出版商那里进货。购书者以信用卡向亚马逊公司支付书款,而亚马逊却在图书售出 46 天后才向出版商付款,这就使得它的资金周转比传统书店要顺畅得多。由于保持了低库存,亚马逊的库存周转速度很快,并且从 2001 年以来越来越快。2002 年第三季度库存平均周转次数达到 19.4 次,而世界第一大零售企业沃尔玛的库存周转次数也不过在 7 次左右。

(3) 降低退货比率。虽然亚马逊经营的商品种类很多,但由于对商品品种选择适当,价格合理,商品质量和配送服务等能满足客户需要,所以保持了很低的退货比率。传统书店的退书率一般为 25%,高的可达 40%,而亚马逊的退书率只有 0.25%,远远低于传统的零售书店。极低的退货比率不仅减少了企业的退货成本,也保持了较高的客户服务水平并取得良好的商业信誉。

(4) 为邮局发送商品提供便利,降低送货成本。在送货中亚马逊采取一种被称之为"邮政注入"来降低送货成本。所谓"邮政注入"就是使用自己的货车或由独立的承运人将整卡车的订购商品从亚马逊的仓库送到当地邮局的库房,再由邮局向客户送货。这样就可以免除邮局对商品的处理程序和步骤,为邮局发送商品提供便利条件,也为自己节省了资金。据一家与亚马逊合作的送货公司估计,靠此种"邮政注入"方式节省的资金相当于头等邮件普通价格的 5%~17%,十分可观。

(5) 根据不同商品类别建立不同的配送中心,提高配送中心的作业效率。亚马逊的配送中心按商品类别设立,不同的商品由不同的配送中心进行配送。这样做有利于提高配送中心的专业化作业程度,使作业组织简单化、规范化,既能提高配送中心作业的效率,又可降低配送中心的管理和运转费用。

(6) 采取"组合包装"技术,扩大运输批量。当客户在亚马逊的网站上确认订单后,就可以立即看到亚马逊销售系统根据客户所订商品发出的是否有现货,以及选择的发运方式、估计的发货日期和送货日期等信息。如前所述,亚马逊根据商品类别建立不同配送中心,所以客户订购的不同商品是从位于美国不同地点的不同的配送中心发出的。由于亚马逊的配送中心只保持少量的库存,所以在接到客户订货后,亚马逊需要查询配送中心的库存,如果配送中心没有现货,就要向供应商订货。因此会造成同一张订单上商品有的可以立即发货,有的则需要等待。为了节省客户等待的时间,亚马逊建议客户在订货时不要将需要等待的商品和有现货的商品放在同一张订单中。这样在发运时,承运人就可以将来自不同客户的、相同类别的而且配送中心也有现货的商品配装在同一货车内发运,从而缩短客户订货后的等待时间,也扩大了运输批量,提高运输效率,降低运输成本。

(7) 完善的发货条款、灵活多样的送货方式及精确合理的收费标准体现出亚马逊配送管理的科学化与规范化。亚马逊的发货条款非常完善,在其网站上,客户可以得到以下信息：拍卖商品的发运、送货时间的估算、免费的超级节约发运、店内拣货、需要特殊装卸和搬运的商品、包装物的回收、发运的特殊要求、发运费率、发运限制、订货跟踪等等。亚马逊为客户提供了多种可供选择的送货方式和送货期限。在送货方式上有以陆运和海运为基本运输方式的"标准送货"，也有空运方式。送货期限上，根据目的地是国内还是国外的不同，以及所订的商品是否有现货而采用标准送货、2日送货和1日送货等。根据送货方式和送货期限及商品品种的不同，采取不同的收费标准，有按固定费率收取的批次费，也有按件数收取的件数费，亦有按重量收取的费用。

7.2.2 案例点评

亚马逊配送管理上的科学化、制度化和运作组织上的规范化、精细化，为客户提供了方便、周到、灵活的配送服务，满足了消费者多样化需求。亚马逊以其低廉的价格、便利的服务在客户心中树立起良好的形象，增加了客户的信任度，并增强了其对未来发展的信心。

亚马逊所带给我们的启示中最重要的一点就是物流在电子商务发展中起着至关重要的作用。如果中国的电子商务企业在经营发展中能将物流作为企业的发展战略，合理地规划企业的物流系统，制订正确的物流目标，有效地进行物流的组织和运作，那么对中国的电子商务企业来讲，亚马逊神话将不再遥远。

7.2.3 思考题

（1）亚马逊是如何解决由于免费送货产生的财务成本的？
（2）亚马逊是如何达到"零库存"的？
（3）物流为亚马逊带来哪些优势？

7.3 中远集团电子商务发展战略

7.3.1 案例介绍

不同的企业或行业，因为主营业务的不同，其信息技术的应用都带有深刻的行业色彩。具体到中远集团，可以说其信息系统的建设历程实际上就是一个对电子商务不断认知、探索和发展的过程。

1）EDI起步

中远集团主要从事海洋运输，在货物运输的过程中，打交道的部门涉及银行、海关、港口、码头、商检、卫生检疫等各种各样的单位，货物的流转和信息传递息息相关。如果采用纸面文件形式进行信息传输，工作量之大是不可想象的。所以，从

20世纪80年代初中远集团就开始了EDI(电子数据交换)方面的研究,当时研发出的EDI标准,后来成为了中国海运界的通用标准,一直沿用至今。

中远集团EDI中心的建设起步于20世纪90年代初,当时主要是与国际著名的GEIS公司合作,由他们为中远集团提供报文传输服务。1995年,中远集团正式立项,1996年至1997年完成了中远集团EDI中心和EDI网络的建设,该EDI网络基本覆盖了国内五十多家大、中、小货代和外代网点,实现了对海关和港口的EDI报文交换,并通过北京EDI中心实现了与GEISEDI中心的互联,连通了中远集团海外各区域公司。目前,中远集团已经通过EDI实现了对舱单、船图、箱管等数据的EDI传送,在电子商务方面走在了国内运输行业的前列。

2)"中远网"建设渐入佳境

1997年,中远集团投入大量资金和人力,建成中远集团全球通信专网,并以该网络为基础,构建了中远集团Intranet网络平台。该平台的建成,促进了中远集团全球E-Mail中心的建设。截至1999年10月,中远集团已经建成以北京为中心,覆盖中国、新加坡、日本、美洲、欧洲、澳大利亚等国家和地区的电子邮件网络,中远集团海内外的大部分业务人员已经通过其全球E-Mail系统进行日常业务往来。

1997年1月,中远集团总公司正式开通公司网站。北美、欧洲、中远集运、中远散运、广远等集团各所属单位的网站也相继建成。网站的建立在树立中远集团良好企业形象、扩大中远集团影响、为用户提供高效便捷服务等方面取得了一定的成效,同时也为中远集团开辟了一条通过Internet与外界沟通信息、加速中远信息流转的新途径。

1998年9月,中远集运在网站上率先推出网上船期公告和订舱业务。这一业务的开展,突破了传统服务中速度慢、效率低、工作量大、差错率高的问题,将货运服务直接送到客户的办公桌上,使客户足不出户便可办理货物出口业务流程中的委托订舱、单证制作、信息查询等多种业务手续。在网上订舱业务的基础上,中远集团又向全球客户推出了中转查询、信息公告、货物跟踪等多项业务,从而使全球互联网用户均可直接在网上与公司开展商务活动。目前,公司推出的整套网上营销系统,已初步具备虚拟网上运输的雏形,具有较强的双向互动功能和较高的服务效率。其中电子订舱系统可使每一位网上用户在任何地区和时间内,通过互联网与公司开展委托订舱业务,任何一位客户只要具备上网条件,都可足不出户地直接访问中远的电子订舱系统。货物运输及中转查询系统则体现出方便、快捷、准确的操作特色。这项功能可使客户对货物实行动态跟踪,在网上随时查询单证流转、海关申报、进出口及中转货物走向等相关信息。信息公告系统还可以在最短的时间内将中远有关船期调整、运价变化等情况在互联网上作出及时反映。中远集团电子商务应用的成功开展,极大地提高了市场营销的科技含量,新的客户群越来越多地从互联网上聚集而来。

目前,"中远网"的建设已初具规模,中远集团近20个所属单位网站的建设已基本完成,各站点间也实现了链接,组成了"中远网"的基本框架,无论从企业形象还是业务功能上,都在向世界辐射着中远的影响。

3) 电子商务发展战略

中远发展电子商务的战略目标定位是从全球客户的需求变化出发,以全球一体化的营销体系为业务平台;以物流、信息流和业务流程重组为管理平台;以客户满意为文化理念平台,构建基于Internet的、智能的、服务方式柔性的、运输方式综合多样并与环境协调发展的网上运输和综合物流系统。

(1) 动力平台,满足全球客户需求变化。随着电子商务的发展,客户的需求正由实体交易转向虚拟交易,客户最终关心的是以消费者为本的"供给链"、"供给链管理"以及"供给链一体化"在网上与现实之间的完美结合。因此,中远发展电子商务的根本出发点和唯一动力就是围绕全球客户的需求变化,为企业创造最佳的效益。

(2) 业务平台,全球一体化的市场营销体系。当前,包括中远在内的国际上各大航运企业的内部资源配置模式正在由航线型资源配置模式向全球承运的资源配置模式转变,将遍布于全球各地的人员、设备、信息、知识和网络等资源进行全方位、立体化的协调和整合,形成全球一体化的营销体系。中远电子商务是其全球营销体系的网上体现,中远全球营销体系则是中远全球性电子商务的基础平台。

(3) 管理平台,物流、信息流和业务流程的重组。中远电子商务的管理平台是实现物流、信息流和业务流三流统一,以创造更科学、更合理、更节约的生产与消费的衔接。这一管理体系从构成上讲,不是单纯的硬、软件技术,而是从市场上收集各种物流提供者所提供的信息,包括服务内容、方式、费用、时间等,另一方面以客户需求为准提供包括服务水平、质量、成本等信息,并将两方面的信息进行集中、加工整理、分析和融会贯通,从而在供求关系上达到互动性交易。作为全球承运人,航运作为全球物流的主干环节,与客户和其他环节的物流提供商存在天然密切的联系而使得发展电子物流具备先天优势,关键是要以互联网为基础,整合客户供应链各环节的物流提供者,构造面向客户的虚拟综合物流网络。

(4) 服务平台,"一站服务"和"绿色服务"。中远独具特色的"一站服务",现在是由其全球营销网络中的每一个服务窗口全部接受客户原先需在公司其他几个部门或窗口才能完成的托运操作手续。客户只要找一位业务员,进一道门,办理一次委托手续,就可以将极其繁复的出运操作流程交付处理。而将来中远网上的"一站服务",将使客户操作更便捷,只要点击一下鼠标,就可完成所有手续。中远现在推出的绿色服务,是业务人员进驻客户单位进行联合办公,客户只需提供委托书或订舱书,整个出运业务流程便全部由这些业务人员来完成。而将来"绿色服务"的功能将直接嵌入客户的内部网络中,参与客户的电子商务过程,给客户提供更优良的服务平台。

(5) 技术平台，Internet 和中远全球信息管理系统。完善的电子商务的前提和基础是完善的企业级计算机网络及金融、贸易和法律环境，中远集团正致力于从系统设计、数据标准、功能模块和网络技术上，将现有信息系统按照电子商务的更高要求进行完善和调整，致力于在国内外推广电子提单的应用，并在中国航运电子商务业内标准的建立上作出自己应有的贡献。

7.3.2 案例点评

如果说企业过去建网、做信息系统多源于提高办公效率的目的，现在搞电子商务则更多了一重关乎企业生存发展的使命感。企业做电子商务，首先都是搭平台建网站，但这只是第一步，电子商务之路应该怎么走，还要看企业想用这个平台做什么。

产品制造型企业想建的可能是网上市场，通过它更好地卖东西；服务型企业可能更希望通过网站增强和延伸自己的服务内容和手段，使自己更具竞争力。但这也只是泛泛而谈，让电子商务真正成为促进企业发展的有效手段，最重要的还是应该从核心业务入手，切入企业的关键需求。

以中远集团为例，它的核心业务是物流运输，涉及的单位多，处理的信息量大，为用户提供服务最需要解决的就是方便用户的办事流程，进行高效、准确、安全的信息服务。围绕这个主题，在运输服务领域进行信息技术的探索应用，从EDI 中心、企业内部网到现在的"中远网"建设，先实现了信息流转电子化，然后一步步地把自己的各种业务搬上网，走出一条具有中远特色的电子商务发展之路。

7.3.3 思考题

(1) 中远电子商务与其他行业如制造业、服务业的电子商务的不同之处在哪里？

(2) 简述中远网的业务范围？

(3) 简述中远网络如何实现物流、信息流和业务流程的重组？

7.4 7—11 以电子商务为武器称霸日本零售业

7.4.1 案例介绍

正当互联网以不同的速度，通过不同的方式渗透到不同的国度之时，它对传统公司的影响也因为时空地域的差异而有不同的表现方式。以下让我们把目光对准本年度的日本零售业霸主——7—11便利店,看看它是如何从麻烦不断的日本超市巨人大荣手中抢走日本零售业市场王位的。

7—11的电子商务战略主要体现在通过互联网与公司的零售客户进行联络沟通。但在科技高度发达的日本,极少有公司会欣赏7—11这种利用互联网进行联络的方式。

1) 管理谨慎

和大荣及其他零售商不同,7—11成功地克服了经济不景气和螺旋式通货紧缩的影响,在2月底截止的2000财政年度仍然创出销售额和利润分别增长4%和15%的佳绩。该公司的税前利润比排在第二位的服装零售商Fast Retailing高出一倍有余。

7—11成功的一个秘诀可以归结为公司谨慎的管理方式。罗森(Lawson)和全家便利店(Family Mart)等日本零售商在过去10年内不顾一切地疯狂进行业务扩张,却导致了管理上的混乱,近日他们宣布关闭旗下数百家便利店。相反,7—11的公司总裁铃木富民称,如果公司旗下的便利店亏损过于严重的话,他不会考虑投资建立新的便利店。他的谨慎态度在7—11的财政方面得到很好的体现,该公司基本上不用背任何债务包袱。

2) 勇当e先锋

谨慎的管理并非7—11取得成功的唯一因素,该便利店的成功在很大程度上还依赖于对电子科技的娴熟运用。许多同行仍未涉足互联网之时,7—11已经在使用电子科技方面堪称楷模了。7—11于1973年进入日本。1980年中期该公司就以时点销售管理系统(POS)取代了老式的收款机,开创了便利店行业的先河。到1992年,7—11已经对公司内部的信息科技系统进行了总共4次的更新。

但该公司最关键的一次改革发生在1995年,现在看来这个时机当时选的并不好。互联网热潮正席卷了美国大陆,而在太平洋彼岸的日本商店却仍然没有感受到这股巨大的力量。所以,当时7—11安装的新系统看起来并不是那么适用。

回顾当时的情形,仅仅利用互联网根本无法满足7—11纷繁复杂的需求,即使是现在情况依然如此。因为当时的员工基本上是兼职的,而且他们的电脑水平非常有限,所以该公司需要的是一种配有声音和图像功能的简单易用的多媒体系统,同时他们还需要一种在出错时能够迅速自行解决问题的系统。然后,7—11还急需一个能够加快订单传送、意见传达和信息反馈的网络。他们希望所有的供应商能共享同一系统,同时这个系统还能轻松更新,从而跟上科技改革的步伐。

这样的连通系统把供应商、便利店、员工甚至银行连成一线,对于众多零售商来说这样的系统他们只有做梦时才会拥有。成功来自创造。7—11自行建立了这一系统,他们在NEC的帮助下开发了硬件。至于软件方面他们就向微软求助,度身定做了一套以视窗为基础的软件系统。

3) 因地制宜关注同行

7—11对国际市场上的竞争对手如沃尔玛如何使用互联网非常感兴趣,希望能够从中得到一些启示。此外,他们对于本国竞争对手罗森和三菱公司合作开发和7—11类似的以互联网为基础的系统非常关注。

目前最大的问题是如何把互联网融入7—11的其他经营活动中去。过去,7—11在使用科技方面非常英明。早在1987年,该公司已经开始使用号码确认系统了,许多客户可以在这里领取一些代销或促销产品。

由于便利店已经成了许多网上购物者的提货点,现在7—11的客户流量比以往更多。对于日本这个许多人担心在互联网上使用信用卡的国度来说,这一举措无疑是明智之举。7—11发言人说,事实上有四分之三的网上购物者是在传统的便利店中完成购物的。

4) 7—11便利店完善的配送系统

每一个成功的零售企业背后都有一个完善的配送系统支撑,在美国电影新片《尖峰时刻Ⅱ》(Rush HourⅡ)中,唠叨鬼詹姆斯·卡特有一个绰号叫7—11,意思是他能从早上7点钟起床开始一刻不停地唠叨到晚上11点钟睡觉。其实7—11这个名字来自于遍布全球的便利名店7—11,名字的来源是这家便利店在建立初期的营业时间是从早上7点到晚上11点,后来这家便利店改成了一星期七天全天候营业,但原来的店名却沿用了下来。

7—11从一开始采用的就是在特定区域高密度集中开店的策略,在物流管理上也采用集中的物流配送方案,这一方案每年大概能为7—11节约相当于商品原价10%的费用。

配送系统的演进:

一间普通的7—11连锁店一般只有100到200平方米大小,却要提供23 000种食品,不同的食品有可能来自不同的供应商,运送和保存的要求也各有不同,每一种食品又不能短缺或过剩,而且还要根据客户的不同需要随时能调整货物的品种,种种要求给连锁店的物流配送提出了很高的要求。一家便利店的成功,很大程度上取决于配送系统的成功。7—11的物流管理模式先后经历了三个阶段、三种方式的变革:

(1) 起初,7—11并没有自己的配送中心,它的货物配送是依靠批发商来完成的。以日本的7—11为例,早期日本7—11的供应商都有自己特定的批发商,而且每个批发商一般都只代理一家生产商,这个批发商就是联系7—11和其供应商间的纽带,也是7—11和供应商间传递货物、信息和资金的通道。供应商把自己的产品交给批发商以后,对产品的销售就不再过问,所有的配送和销售都会由批发商来完成。对于7—11而言,批发商就相当于自己的配送中心,它所要做的就是把供应商生产的产品迅速有效地运送到7—11手中。为了自身的发展,批发商需要最大限度地扩大自己的经营,尽力向更多的便利店送货,并且要对整个配送和订货系统作出规划,以满足7—11的需要。

(2) 渐渐地,这种分散化的由各个批发商分别送货的方式无法再满足规模日渐扩大的7—11便利店的需要,7—11开始和批发商及合作生产商构建统一的集约化的配送和进货系统。在这种系统之下,7—11改变了以往由多家批发商分别向各个便利点送货的方式,改由一家在一定区域内的特定批发商统一管理该区域内的同类供应商,然后向7—11统一配货,这种方式称为集约化配送。集约化配送有效地降低了批发商的数量,减少了配送环节,为7—11节省了物流费用。

(3) 特定批发商(又称为窗口批发商)提醒了7—11,何不自己建一个配送中心？与其让别人掌控自己的命脉,不如自己把自己的脉。7—11的物流共同配送系统就这样浮出水面,共同配送中心代替了特定批发商,分别在不同的区域统一集货、统一配送。配送中心有一个电脑网络配送系统,分别与供应商及7—11店铺相连。为了保证货源不断,配送中心一般会根据以往的经验保留4天左右的库存,同时,中心的电脑系统每天都会定期收到各个店铺发来的库存报告和要货报告,配送中心把这些报告集中分析,最后形成一张张向不同供应商发出的订单,由电脑网络传给供应商,而供应商则会在预定时间之内向中心派送货物。7—11配送中心在收到所有货物后,对各个店铺所需要的货物分别打包,等待发送。第二天一早,派送车就会从配送中心鱼贯而出,择路向自己区域内的店铺送货。整个配送过程就这样每天循环往复,为7—11连锁店的顺利运行修石铺路。

配送中心的优势：

① 7—11从批发商手上夺回了配送的主动权。7—11能随时掌握在途商品、库存货物等数据,对财务信息和供应商的其他信息也能掌握于股掌之中,对于一个零售企业来说,这些数据都是至关重要的。

② 7—11能和供应商谈价格了。7—11和供应商之间定期会有一次定价谈判,以确定未来一定时间内大部分商品的价格,其中包括供应商的运费和其他费用。一旦确定价格,7—11就省下了每次和供应商讨价还价这一环节,少了口舌之争,多了平稳运行,7—11为自己节省了时间,也节省了费用。

③ 配送的细化随着店铺的扩大和商品的增多,7—11的物流配送越来越复杂,配送时间和配送种类的细分势在必行。以台湾地区的7—11为例,全省的物流配送,就细分为出版物、常温食品、低温食品和鲜食食品四个类别的配送,各区域的配送中心需要根据不同商品的特征和需求量每天作出不同频率的配送,以确保食品的新鲜度,以此来吸引更多的客户。新鲜、即时、便利和不缺货是7—11的配送管理的最大特点,也是各家7—11店铺的最大卖点。

日本7—11也是根据食品的保存温度来建立配送体系的。日本7—11对食品的分类是:冷冻型(零下20度),如冰淇淋等;微冷型(5摄氏度),如牛奶、生菜等;

恒温型,如罐头、饮料等;暖温型(20摄氏度),如面包、饭食等。不同类型的食品会用不同的方法和设备配送,如各种保温车和冷藏车。由于冷藏车在上下货物时经常开关门,容易引起车厢温度的变化和冷藏食品的变质,7—11还专门用一种两仓式货运车来解决这个问题,一个仓中温度的变化不会影响到另一个仓,需冷藏的食品就始终能在需要的低温下配送了。

④ 除了配送设备,不同食品对配送时间和频率也会有不同要求。对于有特殊要求的食品如冰淇淋,7—11会绕过配送中心,由配送车早中晚三次直接从生产商门口拉到各个店铺。对于一般的商品,7—11实行的是一日三次的配送制度,早上3点到7点配送前一天晚上生产的一般食品,早上8点到11点配送前一天晚上生产的特殊食品如牛奶,新鲜蔬菜也属于其中,下午3点到6点配送当天上午生产的食品,这样一日三次的配送频率在保证了商店不缺货的同时,也保证了食品的新鲜度。为了确保各店铺供货的万无一失,配送中心还有一个特别配送制度来和一日三次的配送相搭配。每个店铺都会随时碰到一些特殊情况造成缺货,这时只能向配送中心打电话告急,配送中心则会用安全库存对店铺紧急配送,如果安全库存也已告罄,中心就转而向供应商紧急要货,并且在第一时间送到缺货的店铺手中。

以上零售战术的灵活运用,使7—11每日的销售额要比最强劲的竞争对手多出50%。在7家其他公司的协助下,7—11的网站7dream.com于去年7月开始投入运营,在这里网上购物者可以选择种类繁多的商品,包括书籍、唱片、演唱会门票和旅游公司服务。

7.4.2 案例点评

总结7—11便利店利用电子商务的四大赢利优势是:
(1)更好地探知客户需求。
(2)利用销售数据和软件来提高管理质量和调整价格。
(3)更好地预计瞬息万变的市场走势。当消费者变得挑剔之时,产品的循环时间也因此变短。
(4)改善了供应链的运作效率从而加快了订单的流程。

7.4.3 思考题

(1)简述电子商务对7—11便利店的影响。
(2)简述7—11配送系统的优势。
(3)简述7—11管理的特点。

7.5 阿里与邮政牵手，让物流不再是电商发展的软肋

7.5.1 案例介绍

2014年6月12日，阿里巴巴集团与中国邮政集团在北京签署了战略合作的框架协议，双方将合力建设中国智能物流骨干网络，并将在物流、金融、电子商务、信息安全等多项领域开展深度合作。阿里巴巴与中国邮政前后两次牵手，他们经历了从PC电商时代到O2O电商时代的合作。

1) 资源优势

中国邮政最大的资源是遍布全国的邮政网络。随着电子商务O2O模式成为热点，邮政网络的价值也凸显倍增。据2013年邮政行业发展统计公报，中国邮政拥有11.8万个快递服务营业网点，它的触角遍及全国31个省（自治区、直辖市）的所有市县乡（镇），包括港、澳、台地区在内的全球200多个国家和地区。中国邮政也是国内唯一覆盖全国农村、校园、偏远地区，可谓无盲区物流的快递网络。此外，中国邮政还拥有国内快递专用货机54架，快递服务汽车15.7万辆。

物流、资金流和信息流是电子商务发展的三大要素，也往往成为制约电子商务公司进一步发展的三大瓶颈。对于阿里巴巴而言，它的信息流是强项，资金流问题已经随着旗下第三方支付平台——支付宝公司的成立得以改善，而剩下的物流就成为其在电子商务发展道路上的软肋。

目前，京东商城、苏宁云商纷纷依托O2O模式抢占市场。对比，阿里巴巴因为没有线下真正的自营物流资源，因此迫切需要整合优质的社会物流资源。马云透露，之前有不少关于"阿里巴巴是否会自己建立物流渠道或者投资物流企业"的猜测，但是我更倾向于"和国内实力最强大的物流公司合作"，在马云心中，这家"最强大的物流公司"就是拥有覆盖全国物流服务网点的中国邮政。

2) 第一次合作

2006年11月22日，国家邮政局与阿里巴巴集团签订了电子商务战略合作框架协议，双方将在电子商务信息流、资金流和物流等方面合作，双方签订的电子商务合作项目包括：邮政电子商务速递业务，邮政网上支付回款业务以及网上支付业务；国家邮政局的EMS速递和邮政储蓄将为阿里巴巴的电子商务提供物流和网络支付等方面的支持。

阿里巴巴和国家邮政局此次合作，除了上述物流方面，还将在资金流方面展开。网上购物用户将突破以银行卡为基础进行网上支付的限制。

邮政绿卡用户可以开通网上支付业务，通过支付宝进行网上购物，非邮政绿卡

用户可以直接用先进的邮政柜台,产生电子商务汇款单,同时在柜台预留密码,凭借汇款单汇兑号以及预留密码给支付宝账户充值,参与网上购物。

此前,中国邮政网上书店和网上集邮订购中心已经落户阿里巴巴下属企业淘宝网。2006年11月1日,中国邮政贺卡以及贺年专用邮票在淘宝网和中国邮政门店同步发行。

可惜,这次合作邮政企业并没有抓住阿里商机,因为当时的顺丰、申通等民营快递企业还比较弱小,结果给民营快递企业的发展赢得商机并占据了电商快递市场的大部分份额。

3) 再次牵手

(1) 物流仓储系统对接 2014年4月26日,阿里巴巴公司宣布,与中国邮政速递物流股份有限公司下属的浙江省邮政速递物流有限公司已建成合作伙伴关系,双方将持续地共同为阿里巴巴速卖通(aliexpress)的小企业在浙江口岸提供优质高效的仓储、配送等快递物流服务,着力构建电子商务物流服务。

双方计划在杭州建立仓储中心,并设计仓储物流系统对接方案,逐步建立端对端供应链解决方案,为阿里巴巴各平台提供更匹配的供应链物流解决方案。中国邮政速递物流强大的邮件处理中心、配送网络和信息支撑以及丰富的国际国内供应链服务经验,将有效解决阿里巴巴小企业外贸小单的发货需求。

此次阿里巴巴速卖通平台与中国邮政速递推出的物流解决方案,使得卖家在获得海外订单之后,可以将货物寄往仓储中心,之后的物流环节均由阿里巴巴及邮政速递来负责解决。对不同卖家的物品,还可以进行拼包业务,以节约国际物流费用。

(2) 信息系统对接 早在2014年6月,阿里巴巴就与中国邮政签署了合作意向书。而作为合作中"最具意义"的内容,就是联手开展电子商务速递业务。按照协议,国家邮政局下属的中国速递(EMS)将与阿里巴巴旗下的支付宝进行全面的产品整合,通过系统对接,用户的货物运输信息可以通过支付宝直接在网上传递给EMS,而EMS根据信息安排人员送货上门并将结果反馈给支付宝。

为了此番合作,中国邮政特别在传统的以航空运输为主的EMS服务之外,针对个人电子商务推出了一款新品——电子商务经济速递业务(E邮宝)。这一业务将采取全程陆运模式,价格较EMS标准服务有较大幅度下降。此外,双方还将启动一个"推荐物流赔付制度",以解决用户订购物品损坏的赔偿问题。

按协定,EMS服务将先在杭州进行试点,并于11月底或12月初向北京、上海等9省市的指定区域提供服务,2015年起逐步推向全国。

(3) 金融支付对接 除了打通物流渠道外,阿里巴巴与中国邮政将进一步拓宽电子商务资金流渠道。在此番合作中,双方将推出两种网上支付新产品,其一为开通基于邮政绿卡的网上支付;另一种是开通基于汇兑业务的网上支付汇款业务。

马云说"电子支付汇款业务,也就是说没有银行卡、没有网上银行也能够通过邮政直接实施电子汇款到支付宝账户。"他还向网民发出倡议:"没有网上银行的网民,我建议也可以通过支付宝电子支付汇款体验一下网上购物。"

毫无疑问,这一合作突破了电子商务以银行卡为基础进行网上支付的限制,可大大降低电子商务网络在线支付的门槛,扩大支付宝用户范围。

(4) 布局 O2O 智能物流网　当今是 O2O 电商时代,阿里巴巴没有线下真正的自营物流资源,因此迫切需要整合优质的社会物流资源。合作不仅对邮政物流带来经济效益,也有利于阿里巴巴在 O2O 电商市场的布局。

① 整合物流资源,弥补阿里线下物流软肋。阿里巴巴将借助中国邮政遍布全国的物流仓储、分拣中心及收发点等,联合建立电商公共物流体系。双方将共同打造适合电商发展的中国智能物流骨干网,并且制定相关服务标准。

② 对接线上线下,打通虚实结合的服务链。阿里巴巴将把自身电商数据、互联网技术与中国邮政遍布全国城乡的 10 多万个服务网店实施对接,给百姓在服务网点提供网络订购、快件自提、配送等服务。利于完善 O2O 服务链,双方还将把服务体系拓展到更广泛的城镇市场和农村市场。

③ 开拓社区便民服务,抢占民生物流市场。阿里巴巴将通过协作网店及中国邮政的服务店,把菜篮子工程等民生网购服务搬进城镇社区、校园、乡村等。而且,阿里巴巴还将与中国邮政通过虚实地址转化,共同建设和扶持多种形式邮件、包裹和存储终端,并确保百姓信息安全。

(5) 抢占农村快递市场　在中国电商发展初期,还难以有强大的资金来支持其物流向农村渗透。不过,随着京东上市、阿里版图扩大、快递业多年的发展以及农村消费能力的提升和积累,现在到了电商"下乡"的时候了。

京东的刘强东表示,将投资建设农村流通渠道,做到物流到村镇。而作为快递行业的龙头公司之一,顺丰日前也开始采用代理模式,大面积拓展乡镇市场,首选区域是经济欠发达地区(西部、华中和华北),级别是县级以下的乡镇。此外,中通快递四川地区负责人也向成都商报记者透露,今年公司在四川的重点任务就是深入乡镇地区,扩大覆盖面。

而阿里巴巴与中国邮政合作,意味着阿里在中西部地区以及乡镇区域的扩张加速,并将铺建全国的农村市场。

4) 互惠多赢

在阿里巴巴与中国邮政集团签署战略合作框架协议中,物流被摆在首要位置,而承载智能物流骨干网建设责任的菜鸟网络是此次合作中阿方最主要的实施主体。

菜鸟网络成立于 2013 年 5 月 28 日,志在建成开放、透明、共享的数据应用平台,打造遍布全国的开放式、社会化物流基础设施,实现全国 24 h 送货必达。菜鸟网络的建设投资,其中阿里持股48%;天猫投资21.5亿元,持股43%;中国邮政小包和中国邮政速递物流有限公司(EMS)、"三通一达"以及"顺丰"也是菜鸟网络平台上的重要合作伙伴。

值得注意的是,中国邮政将对菜鸟网络开放超过10万家遍布全国的服务网点,为商家和消费者提供社会化自提服务,那么"三通一达"和"顺丰"的货物也将能享受在中国邮政10万个网点落地的服务。

中国邮政也不吃亏,目前正值国企改革的关键期,中国邮政旗下业务涉及物流、金融、电商、邮政汇兑、邮票发行等多个板块,却始终增长乏力。此前已筹备上市长达5年之久的EMS却在IPO开闸之际主动撤回材料。

此次与阿里牵手,无疑将为其重新盘活资产注入活水;合作不仅促进邮政业务量的增加,而且将拓展新的服务领域。

5) 示范效应

阿里巴巴与中国邮政的牵手,不仅是不同产业的优势互补性的合作,而且也是在电子商务生态圈中经典的合作,必将会对中国的电子商务、电子支付产生重大的影响,会对中国几千万的中小型企业和几亿互联网上的购物者产生很大的影响。

目前,在国内电子商务流程中,大多是由买家选择和寻找快递服务,由于市场上很多快递公司都是以加盟方式铺设网络,因此在执行力度、物流管理、追溯问责等方面都存在良莠不齐的现象。一方面用户风险较大,另一方面电子商务公司也被隔离在物流环节之外,无法掌控商品流向及服务状况。此番阿里巴巴引入EMS,并设立"物流赔付制度"后,物流公司将配合电子商务网站共同担当起监督角色,在大幅提升交易的安全性之余,对电子商务网站的信誉、商家的信誉以及用户消费来说,都会收益多多。

由此可见,继阿里巴巴之后,中国将会有更多的电子商务企业在健全和梳理物流渠道方面投入更多精力,让物流不再是电子商务发展的软肋。

7.5.2 案例点评

阿里巴巴与中国邮政将合力建设中国智能物流骨干网。中国邮政旗下全国超过10万个网点,将与由阿里巴巴牵头的菜鸟物流网络全面打通,并开放给顺丰等民营快递企业,为商店和消费者提供自提等服务。

中国邮政集团总经理李国华则表示,此次与阿里合作共确定了6个领域的合作内容,分别为合力建设全国性智能物流网络;协助城市网购业务和农产品进入网购及入城销售;打造终端公共服务平台;建设金融服务平台,满足公众对实体银行和网络金融服务的需求;搭建支持跨境电商的服务体系以及全面保障居民信息安全及可追溯性。

阿里巴巴董事局主席、菜鸟网络董事长马云在签约仪式上表示,未来5~8年,中国一定会出现每天 300 亿、年均 10 万亿的网络零售市场。他希望跟中国邮政一起加速物流产业建设、加快传统金融服务业转型。

此次联手,是基于阿里的大数据、互联网技术和中国邮政遍布全国的社区服务点、三农服务站、村邮站等网点,充分挖掘网点的价值,开展 O2O 等新商业模式。通过合作双方的平台对接,为客户提供线上商品网点网络订购、网点自提、物流配送等一体化的高效服务。除此之外,还会将菜篮子工程搬入到社区、校园、街道、乡村。

7.5.3 思考题

(1) 阿里巴巴与中国邮政牵手的领域有哪些?
(2) 阿里巴巴与中国邮政各自的优势、劣势是什么?
(3) 借助于邮政的网点,我国电子商务的前景如何?

7.6 合众网:打造整合物流的 B2R 电子商务平台

7.6.1 案例介绍

电子商务的浪潮汹涌澎湃,传统的小商品批发市场将何去何从?毫无疑问,拥抱电商才是顺应潮流,但是如何发展却是一个难题。合众网(www.hezon.cn)率先推出一个整合仓储与物流的 B2R(Business to Retailer,生产商对零售商)电子商务平台。

提起小商品批发市场,位于浙江义乌的全球最大小商品集散中心——浙江中国小商品城集团股份有限公司无疑最具有代表性。合众网 B2R 平台就是义乌小商品批发市场官方网站——义乌购(www.yiwugou.com)旗下网站。合众网主要给生产商和经销商提供仓储平台,并且使用第三方物流和第三方支付平台,以实现双方的利益最大化。

如果说义乌购完成了义乌电商发展战略的第一步,也就是搭建了市场信息检索的平台,而合众网则是义乌购平台的延伸,是义乌实体市场电子商务发展战略的第二步,它对义乌市场的转型升级非常重要。

1) B2R 平台

义乌购的总经理王建军是义乌购和合众网两大平台的掌舵人。他认为,所谓的 B2R 平台,其实就是以义乌市场和众多优质供应商为基础,铺设遍布全国各地的义乌大型智能化仓储,打造小商品生产商与各地零售商直接对接的平台,为供应商开拓全新的销售渠道和营销模式,为零售商提供质优价廉有竞争力的商品。

B2R 可以看做是 B2B 的一种类型,但是又不同于传统的 B2B。B2R 模式是传统商业与互联网结合后的创新,该平台融入了电子商务的供应链。B2R 模式的三个关键词是小商品、本地仓储和零售商。小商品的背后往往是中小企业,它们也想发展电商,但不能承担很大风险,无力建设全国物流与仓储网络,B2R 模式恰恰可以满足这些中小企业的需求。

2) B2R 解决电商"最后 1 km"的问题

传统的小商品交易需要经过层层分销,流通环节多,效率低。义乌小商品市场若采用 B2C 模式就需要对小数量的每批商品都进行打包、快递等,成本很高很难赚钱,也不符合经济规律。未来的小商品仍然会以传统的零售商销售为主,合众网整合物流和本地仓储主要就是为了方便零售商,真正解决电商"最后 1 km"的问题。

3) 合众网 B2R 模式现状

合众网 B2R 平台整合了供应商和零售商,它凭借自身的资源优势进行供应链和商业模式再造。这种模式本身并不新奇,已经在美国等发达国家出现,但是在中国目前的电商环境中仍属于一种创新,有利于减少流通成本,让消费者获益。

目前,合众网有 300 多个供应商,已经有零售商开始从网站下单。合众网 B2R 平台下一步还可以为零售商和供应商提供金融支持,零售商可以在线销售本地仓储的商品。

4) 模式有待市场检验

电商不只是简单的网上卖东西,B2B 与 B2C 都是电商的一种探索,而合众网 B2R 平台属于 B2B 模式中的一种,属微创新,其最大的亮点在于它减少了中间环节。

构建合众网这个平台,无论对于供应商、生产厂商、大的批发商,还是对于另一端的零售商来说都是有利的,该平台运营最大的压力不在于它的两端,关键是看这个平台能否整合供需两端资源,形成良好的经营盈利模式。

由于存在物流和仓储的成本,合众网通过平台获得的很大的一部分利润要用来做网站的物流,物流是电商绕不开的一个重要环节,这也是马云要建"菜鸟网络"的原因。B2R 平台能否成功,关键看能否把各种资源整合起来,特别是降低物流的成本,因为它最终涉及各方的利益分配和协同经营的问题。

集团公司对合众网未来的发展充满信心,相信不久集"体验一流、价格一流、服务一流"的中国最大的小商品集散地的仓储批发平台将服务于市场。

义乌购 B2R 平台合众网发起的第一站为北京,集团计划在全国范围内新增 5~10 个大型智能仓储基地,拓展更多国内城市及海外市场。

7.6.2 案例点评

浙江中国小商品城集团股份有限公司创建于 1993 年 12 月,是国有控股企业。

2002年5月9日,公司股票在上海证券交易所挂牌交易。公司现有总股本27.216亿股,拥有16家分公司,13家控股子公司,5 000余名员工。2011年,公司实现营业收入33.96亿元,利润8.47亿元,资产总额达181.12亿元。2013年5月29日,义乌购B2R平台合众网上线发布会在北京举行。

义乌购隶属浙江中国小商品城集团股份有限公司旗下,是义乌小商品批发市场官方网站。合众网是义乌购旗下网站,合众网B2R平台是以立足义乌市场为基础,以众多优质供应商为后盾,铺设遍布全国各地的本地智能化仓储,缩短了生产制造到终端销售的距离,为供应商开拓了全新的销售渠道和营销模式。

B2R模式是义乌实体市场电子商务发展战略的重要布局,对义乌市场转型升级有重要意义。B2R平台能否成功关键看能否把各种资源整合起来,降低成本,创造效益。

7.6.3 思考题

(1) 简述常见的电子商务模式。

(2) 简述B2R平台的功能。

(3) 物流是电子商务发展的瓶颈,谈谈你对B2R模式解决物流问题的看法。

8 物流信息系统

【本章综述】

物流信息系统是指为了实现物流目的而与物流作业系统同步运行的信息管理系统。物流信息系统的应用可以大大缩短从接受订单到发货的时间,使接受订货和发出订货更为省力;可提高搬运和装卸的作业效率,提高运输效率;可以提高接受订货和发出订货精度,防止发货、配送出现差错;提高成本核算与控制能力,其目的都是为了提高对客户的服务水平,降低物流总成本。

本章精选 7 个案例,通过对物流信息系统在企业中应用实例的介绍分析,使我们对物流信息系统在企业物流中的重要作用有更全面的认识。

8.1 RFID 技术在汽车零部件物流的运用

8.1.1 案例介绍

随着汽车工业的发展,汽车零部件企业的物流系统如何应对主机厂日渐提升的产能以及复杂多样的产品要求,是摆在零部件厂商面前的一大难题。与此同时,随着物联网的迅速发展,RFID 技术的成熟为供应链数据采集提供了新的解决方案,越来越多的汽车零部件企业将 RFID 技术应用到汽车物流和供应链领域。

沈阳李尔汽车系统有限公司(以下简称沈阳李尔)是全球财富 500 强企业中最大的汽车零部件供应商之一的美国李尔公司在沈阳建立的分厂,主要为宝马提供汽车座椅等配套服务。沈阳李尔 2014 年计划实现 675 台/天,年产量 20 万套,产量较两年前接近翻番。同时,客户要求保证 14 天安全库存的进口件原材料,需要全部存放在厂内现有库房内。由于厂内空间有限,只能通过增加国产件到货频次来降低国产件库存空间,这就要求沈阳李尔的物流效率要大幅提高。

1) 传统物流模式制约发展

沈阳李尔现有一条流水生产线,在现行的以条码为主导技术下的物流系统中,对零件的识别方式全部为纸质条码扫描。入厂物流、生产物流和出厂物流三个环节密切相关。

在入厂物流中收货员根据随货送到的收货单与实物进行核对,如确认无误后,按照 ASN(一种编码格式)数据打印沈阳李尔内部条码单贴于货物表面,物流人员对货物根据经验送入约定库位,并将库位信息输入便携扫描器。在生产时,配料人员根据线旁物料安全库存要求进行配料。对于 JIT(准时生产)件,按照经验找到库位取料后配送到线旁。对于需要排序的 JIS(排序生产)件,配料员利用 ERP 系统按计划生产顺序打印配料单,并根据配料单上的既定顺序进行配料。出厂时快速、准确地找到订单要求的制成品,完成发货后还需要在系统作出库记录,以避免系统库存虚高。

虽然沈阳李尔这种物流系统较早期粗放式物流有了较大的改善,并且在现代物流中占据主动地位,但是它的弊端是显而易见的,在多年的运行中,沈阳李尔发现以下问题经常发生:

(1) 零件系统库存与实物不匹配　经常发生电脑系统中有库存,但实物在仓库内找不到。

(2) 配料速度慢　由于仓库员工三班倒,配料员无法第一时间找到料,造成生产停工风险。

(3) 收货速度慢　收货员需要根据送货人提供的纸质单据进行核对并录入系统,工作劳动强度大,且易发生人为疏忽。

(4) 物料无法做到先进先出　由于条码不提供物料生产日期,配料员经常就近取料,易造成物料待滞时间长后无法满足质量标准,同样也无法追溯来料信息。

(5) 信息流滞后于物流　计划员无法实时跟踪物料状态,造成决策滞后。

2) 引入 RFID 技术彻底革新物流

针对出现的种种问题,沈阳李尔决定在供应链上引入 RFID 技术;与供应商联合建立 RFID 技术标准,使来料携带统一标准的电子标签;在公司内部添加 RFID 设备,统筹规划 RFID 网络建设以及相关硬件;在公司统一的 QAD 系统(一种 ERP 系统)中加入 RFID 相应的软件模块,使其与生产信息流融合;同时对公司员工进行培训。引入 RFID 后,沈阳李尔根据厂内的物流模式重新构筑物流业务流程如下:

(1) 入厂物流　新的物流管理系统要求所有供应商必须在标包内携带统一规格的 RFID 标签,并由 IT 部统一分配供应商、零件、到货批次唯一识别码及编码方式。沈阳李尔在收货口设置 RFID 读写器,当货物进入厂房大门时自动读取 RFID 标签信息,首先与物料计划员在系统内设置的 ASN 信息比对,如有差异,当即联系计划员核实零件差异原因;无差异直接收入系统。由于仓库内已布置一定数量读写器,可以无缝识别,所以货物不需要按指定库位存放,叉车可以根据就近、从速原则把货物存放在立体货架。这样的设置省去了传统收货员点货验货的操作,极大地节省了收货时间,减少了供应商送货车的等待时间,提高了收货口的周转速率。

（2）生产物流　根据沈阳李尔自主研发的 JIS 系统,配料员预先把客户的需要顺序导入系统,根据生产线生产节奏提前配料。其中原材料分为安全带、气囊、头枕等 JIT 件,也有蒙皮、发泡、机构骨架等排序件。对于非排序件配料员根据生产线旁看板和生产线旁最大、最小库存量确定是否需要补料。在确定配料时,大件如机构、骨架会按班次拉动直接放置指定位置,配料员去选取即可。对于非排序配料件,配料员优先去小件超市选取。

需要说明的是,工厂收货先不拆标包直接放置高层货架,当小件超市的库存小于最小安全库存时,配料员持便携读写器输入零件号,就可以连接终端,根据 RFID 读写信息找到所需零件整包装在高层货架的位置。在零件到小件超市前都是根据 RFID 作为唯一识别信息,而一旦零件标包拆散,就根据内置的条码进行识别,包括后续的生产线扫描上线,所以说拆包是 RFID 到条码的区分点。由于在终端选取整包零件时可以看到入厂时间等信息,同时解决了困扰沈阳李尔多年的 FIFO (First In First Out,先进先出)问题。

（3）出厂物流　发运时,发货员需要通过扫描包装单上的条码进行装箱校验(确保座椅装在正确的周转车上)和装车校验(确保座椅安装客户的需要和顺序装进发运车)。通过 RFID 信息技术的应用,成品座椅在下线时都会粘贴一个便携 RFID 标签,这样通过遍布在厂内的阅读器,可以准确地识别成品座椅信息、位置,当需要装车时,发运员可以根据便携阅读器直接找到座椅的位置。通过安放在发运门口的阅读器,准确读取每一个被移出厂房进入发货车的座椅,从而自动完成装箱校验和装车校验,极大地节省了发运时间。

3）解决问题并实现高效物流

基于 RFID 的物流系统能够识别和跟踪每一个目标,可以对物料流动情况进行实时、准确地采集和跟踪;同时,可以对数据进行分析、整理,并反馈给管理人员来监控生产状况和物流流动,以实现对整个生产过程的可视化监控与管理。

沈阳李尔通过对物流系统现状和业务流程的分析,重组厂内物流信息系统,目前实际生产中遇到的大部分问题都被解决,多年的实际操作中一直困扰公司的问题也在 RFID 的应用中被解决。通过 RFID 的应用,也极大地提高了沈阳李尔的运行效率和客户的满意率。

8.1.2　案例点评

随着物联网的迅速发展,RFID 技术的日趋成熟,为供应链数据采集提供了新的解决方案,越来越多的汽车零部件企业将 RFID 技术应用到汽车物流及供应链领域,汽车生产商还将此技术用到汽车的生产及组装过程中。

RFID是一种非接触式的自动识别技术,它由读写器、电子标签、计算机网络构成。RFID通过射频信号自动识别目标对象并获取相关数据,识别工作无须人工干预。该技术可以对静止的标签、运动甚至高速运动标签进行不接触识别,它还能同时识别多个标签、覆盖的标签。电子标签具有防水、防磁、耐高温、读取距离大、标签上数据可以加密、存储数据容量更大、存储信息更改自如等特点。

通过以上案例可以看到,将RFID技术引入到物流管理系统中,可以使传统模式下的种种问题迎刃而解,更好地优化物流工作流程,提升工作效率。在自动化大物流时代,RFID技术将为企业更进一步占据现代高效信息化管理高地,扩大利润赢取空间发挥重要作用。

8.1.3 思考题

(1) 简述电子标签的特点。
(2) 运用RFID技术,沈阳李尔解决了哪些问题?
(3) 举例简述你身边RFID技术的运用的情况。

8.2 联想物流:信息化带来高效率

8.2.1 案例介绍

信息流与物流紧密结合,是现代物流的发展趋势。在IT业,这一点显得尤为突出。IT业的显著特征就是,技术更新快,产品生命周期短,价格变化频繁,因此,IT企业必须不断提高自己的分析预测和快速响应能力;客户需求的多样性与个性化,迫使IT企业不但要有较强的敏捷生产与柔性生产能力,更要加强对原材料供应商的有效管理、对产品分销配送物流的合理规划;面对复杂多变的物流状况,IT企业必须借助信息技术手段加强物流管理,提高物流效率。

在中国IT业,联想是当之无愧的龙头企业。自1996年以来,联想电脑一直位居国内市场销量第一。2000年,联想电脑整体销量达到260万台,销售额284亿元。IT行业特点及联想的快速发展,促使联想加强与完善信息系统建设,以信息流带动物流。高效的物流系统不仅为联想带来实际效益,更成为同类企业学习效仿的典范。

1) 高效率的供应链管理

联想的客户,包括代理商、分销商、专卖店、大客户及散户,通过电子商务网站下订单,联想将订单交由综合计划系统处理。该系统首先把整机拆散成零件,计算出完成此订单所需的零件总数,然后再到 ERP 系统中去查找数据,看使用库存零件能否生产出客户需要的产品。如果能,综合计划系统就向制造系统下单生产,并把交货日期反馈给客户;如果找不到生产所需要的全部原材料,综合计划系统就会生成采购订单,通过采购协同网站向联想的供应商要货。采购协同网站根据供应商反馈回来的送货时间,算出交货时间(可能会比希望交货时间有所延长),并将该时间通过综合计划系统反馈到电子商务网站。供应商按订单备好货后直接将货送到工厂,此前综合计划系统会向工厂发出通知,哪个供应商将在什么时间送来什么货。工厂接货后,按订单生产出产品,再交由运输供应商完成运输配送任务。运输供应商也有网站与联想的电子商务网站连通,给哪个客户发了什么货、装在哪辆车上、何时出发、何时送达等信息,客户都可以在电子商务网站上查到。客户接到货后,这笔订单业务才算完成。从上述介绍中可以了解到,在从原材料采购生产制造到产品配送的整个物流过程中,信息流贯穿始终,带动物流运作,物流系统构建在信息系统之上,物流的每个环节都在信息系统的掌控之下。信息流与物流紧密结合是联想物流系统的最大特点,也是物流系统高效运作的前提条件。

经过多年努力,联想企业信息化建设不断趋于完善,目前已用信息技术手段实现了全面企业管理。联想率先实现了办公自动化,之后成功实施了 ERP 系统,使整个公司所有不同地点的产、供、销的财务信息在同一个数据平台上统一和集成。今年 5 月,联想开始实施 SCM 系统,并与 ERP 系统进行集成。从企业信息化系统结构图中可以看出,基础网络设施将联想所有的办事处,包括海外的发货仓库、配送中心等,都连接在一起,物流系统就构建在这一网络之上。与物流相关的是 ERP 与 SCM 这两部分,而 ERP 与 SCM 系统又与后端的研发系统(PLM)和前端的客户关系管理系统(CRM)连通。例如,研发的每种产品都会生成物料需求清单,物料需求清单是 SCM 与 CRM 系统运行的前提之一:客户订单来了,ERP 系统根据物料需求清单进行拆分备货,SCM 系统同时将信息传递给 CRM 系统,告诉它哪个订户何时订了什么货、数量多少、按什么折扣交货、交货是早了还是晚了等等。系统集成运作的核心是,用科学的手段把企业内部各方面资源和流程集中起来,让其发挥出最高效率。这是联想信息化建设的成功之处。

2) 信息流带动下的物流系统

借助联想的 ERP 系统与高效率的供应链管理系统,利用自动化仓储设备、柔性自动化生产线等设施,联想在采购、生产、成品配送等环节实现了物流与信息流实时互动与无缝对接。

(1) 联想北京生产厂自动化立体库电脑零部件自动入库系统。供应商按照联想综合计划系统提出的要货计划备好货后,送到联想生产厂自动化立体库,立体库自动收货、入库、上架。

（2）联想集团北京生产厂生产线管理控制室。控制室的控制系统对联想电脑生产线的流程进行控制，并根据生产情况及时向供货商或生产厂的自动化立体库发布物料需求计划。

（3）联想集团北京生产厂自动化立体库物料出货区。自动化立体库控制系统与联想电脑生产线系统集成并共享信息，当自动化立体库接收到生产计划要货指令后，即发布出货分拣作业指令，立体库按照要求进行分拣出货作业。

（4）联想电脑生产流水线。电脑零部件按照物料需求计划从立体库或储存区供应给生产线，生产线按照生产计划运转。生产线装配工人正在组装电脑，并根据组装的情况，监测、控制上方电脑显示屏的"拉动看板"，及时将组装信息及物料需求信息反馈到企业生产控制系统中。上述流程说明，联想集团通过高效率的信息管理系统与自动化的仓储设施，实现了在信息流带动下的高效率的物流作业。

3）快速反应与柔性生产

过去，企业先要做计划，再按计划生产，这是典型的推动型生产模式。现在，按订单生产的拉动型模式已为许多企业所采用。联想的所有代理商的订单都是通过网络传递到联想的。只有接到订单后，联想才会上线生产，在2～3天内生产出产品，交给代理商。与其他企业不同的是，联想在向拉动型模式转化的过程中，并没有100%采用拉动型，而是对之加以改造，形成"快速反应库存模式"下的拉动型生产。

通过常年对市场的观察，联想清楚地知道每种每一型号产品自己的出货量，据此，联想对最好卖的产品留出1～2天的库存，谓之常备库存。如果订单正好指向常备库存产品，就无需让用户等一个生产周期，可以直接交货，大大缩短了交货时间；如果常备库存与客户所订货不吻合，再安排上线生产。在每天生产任务结束时，计算第二天产量，都要先将常备库存补齐。

联想的快速反应库存模式成功与否，关键在于库存预测是否准确。联想通过常年经验积累，摸索出一套行之有效的预测方法，使联想的预测与实际需求往往非常接近；而且每当出现偏差，联想都要及时进行经验总结，避免同样的问题重复出现。

目前，联想已经实现了从大规模生产千篇一律的标准化产品向生产客户定制产品的转变。在柔性化生产线上，产品配置可以随用户需要进行调整，不同的CPU、硬盘、内存、软件系统等都可以按客户定制配装。2000年投入使用的位于信息产业基地的北京新厂，有一半生产线是按照柔性生产设计的。

4）协同工作，实现共赢

在供应链中，各个供应商就像安装在大链条上运作的每个小齿轮，只要其中一个齿轮脱节,就会影响整个供应链的工作效率。一条富于竞争力的供应链要求组成供应链的各个成员都具有较强的竞争力。基于此管理思想,联想致力于与供应商协同工作,达到双赢。

联想参照国际企业的做法对供应商提要求,并使之不断系统化、科学化。一般联想每周或每两周为供应商提供未来12至16周的滚动要货计划,协助供应商按此计划备货。联想已从过去只关心自己的库存、材料和成品的自我控制,转向现在的供应链控制、协同工作,关心上下游,如代理商的库存与销售情况、供应商的库存变化等,并通过信息技术手段得到详尽的数据,这使联想能够敏感地掌握上下游的变化,提前准确地预测到市场的波动。

众所周知,电子产品的价格下降速度非常快,一个月前采购的价格与一周前的价格有很大差别。如何使供应商的供货及时而价格合理呢?联想采用严格的供应商考评法,除了产品质量、价格、交货弹性等指标外,供应商对技术趋势、产品趋势和价格变化是否能够及时、准确地通报给联想,也是极其重要的考评项目。联想定期给供应商打分,轻则决定其供货比例,重则影响到供应商的"死活"。但是,联想对产品价格下降是否正常有自己的分析。联想追求的是系统最优,即成本与风险平衡。联想从系统最优的角度控制采购,不会因为图一时之便而导致供不上货。联想认为,市场占有率与产品销售带来的利润价值远远大于在原材料供应上的节省。

目前,联想采购物流主要有三种供货方式:

(1) JIT方式。联想不设库存,要求供应商在联想生产厂附近(一般距离厂区20分钟车程)设立备货仓库,联想发订单,供应商当天就能送货上门。

(2) 联想自己负责进货。例如,原材料供货到联想设在香港的仓库,联想再负责报关、运送到生产厂,随着优惠政策的减少,这种方式所占比例越来越小。

(3) 通过第三方物流。供应商委托专业物流公司运货到联想。

今后,第一、三两种方式会越来越常见,物流外包是大势所趋。

5) 追求客户满意度

销售一直是联想的强项,这与联想渠道建设的成功密不可分。随着业务在全国范围不断扩展,联想的销售网也越"织"越密。目前,联想除北京总部外,在国内设有深圳、上海、广东惠阳分部,在武汉、成都、西安、沈阳设有外埠平台,在国外设有欧洲、美洲、亚太等海外平台。分布在全国各地的3 000个销售点、五百多个维修站,是联想业务发展的基础。

销售商总是希望尽量缩短订货周期,恨不能一下订单,厂商马上送货上门。为了及时准确地向所有网点供货,联想倾心研究最适合本公司特点的配送体系。联想在北京、上海、广东惠阳建设了大型生产基地,使其分别覆盖国内北、中、南三大区域市场。每家生产厂同时也是辐射周边省份的配送中心,另外在距离工厂远,且销量大的中心城市如南京、西安等地再建配送中心,使配送能力布局更为合理。联想生产出的产品先集中运到各配送中心,再从配送中心向附近的县市分发。

联想并没有自己的物流公司,大量的运输配送业务交给社会第三方来完成。公司成立运输部,专门负责对运输公司进行筛选、考核、管理。经过多年发展,联想拥有了自己的配送系统,并使之成本最低、效率最高,满足了向星罗棋布在全国几千个销售网点快速供货的需求。

2001年,联想又率先在国内实施CRM系统,并以CRM为核心梳理市场系统的业务流程。借助CRM系统,联想对客户信息进行积累和分析,了解客户的全面需求和使用习惯,实现了客户信息的实时共享,从而更有效地为客户创造价值,提高客户满意度。

信息系统的实施,为联想的再次腾飞插上了翅膀。

8.2.2 案例点评

现代企业已从追求销量转为追求客户满意度。只有最大限度地满足客户需求,企业才会获得长足发展。联想电脑的销售系统正是在这一指导思想下运作的。

目前,联想最具优势和战斗力的就是拥有一个被其他企业羡慕不已的管理平台。这个平台已引入了客户关系管理系统、产品技术管理系统、供应链管理系统,使联想在物流、资金流、信息流和关系网络各方面的控制管理能力几近完美。

随着ERP系统的实施使得联想的物流效率提高了,物流成本下降了,市场竞争力增强了,客户满意度有了明显提高。

8.2.3 思考题

(1) 联想的电子商务是如何运作的?
(2) 联想采购物流的主要供货方式是什么?
(3) 信息流在联想物流系统中的作用?

8.3 神龙公司生产领域计算机系统的应用

8.3.1 案例介绍

1) 神龙公司生产管理的特点

神龙汽车有限公司在引进现代化管理的过程中,瞄准的是当今世界上最先进的生产方式,在生产组织方式上,推行以 MRP Ⅱ 为主要管理思想指导企业的资源计划,在生产现场推行准时化生产方式,最大限度地消除闲置资源和浪费。公司从规划投产时就从法国引进了相当 MRP Ⅱ 的 NGP 生产计划管理信息系统和多个子系统,建立了拉动式(Pull)生产控制系统和实施看板管理,深入开展优化现场管理等活动。从而克服了传统生产组织中,以作业计划为主的推动式(Push)生产系统和靠高库存调控生产的弊端,实现了按需组织生产,提高了企业对市场的应变能力。

神龙公司是一个典型的制造型企业,生产管理是企业内部管理的基础。只有理顺了生产管理的各个环节,才谈得上提高企业的工作效率,进而实现企业的经营管理目标。从系统的角度讲,其他领域的高效率的工作是建立在生产领域提供的准确及时的信息的基础上的。因此,不断提高生产领域的管理水平,在神龙公司具有十分重要的意义。

2) 神龙公司生产领域计算机系统简介

作为支持先进的生产组织方式的计算机手段,神龙公司从 1994 年开始进行管理信息系统的实施,目前计算机应用已覆盖了与生产经营相关的各个领域,包括产品设计、采购、物料供应、质量、人事、财务等,在生产经营活动中发挥了巨大作用。其中生产领域涉及的应用系统有:生产管理明细表,其中包含工厂制造明细表、整车流、零件流;整车生产跟踪管理系统和零部件生产跟踪管理系统;汽车零件及仓库管理系统;按件采购系统;非生产物料管理系统;供应商直送看板供应系统。

(1) 生产管理明细表(NGP) 生产管理明细表是从雪铁龙公司转移过来的一个应用系统,它包含了雪铁龙公司在生产管理方面的先进的管理思想和方法。

神龙公司分别在 1995 年和 1996 年,从雪铁龙公司引进实施了生产管理明细表的 3 个子系统:工厂制造明细表、整车流和零件流。

① 工厂制造明细表(NUP)主要为整车流和零件流的运行提供零件结构(即制造明细表)方面的数据,并对这些数据进行维护,同时也对一些管理信息进行维护。除整车流和零件流外,这个应用系统也为其他一些系统(如批量工艺卡系统、汽车零件和仓库管理系统、按件采购系统等)提供明细表数据。

② 整车流系统具有整车计划的制订、排产和申报等功能。其中计划部分包括周期计划、周计划和日计划,并能根据每日的完成情况及时调整计划。

③ 零件流系统负责零部件生产的管理,它根据整车流的排产计划进一步生成零部件的生产计划和采购计划,并处理本部件的生产申报、接收和发运功能。它生成的生产和采购计划考虑到零件每日的完成情况和入出库情况,是一个日滚动计划。

(2) 生产跟踪管理系统和零部件生产跟踪管理系统(SPV 和 SPC)　制造明细表和整车流系统可以实现从整车计划到总成零件需求的分解。但是没有底层的生产跟踪系统,以订单或制造令为单位的生产申报信息仍无法进行实时采集,生产计划的闭环控制也就无法完整地实施。为此,1997 年和 1998 年神龙公司又自行开发了整车生产跟踪系统和零部件生产跟踪系统。

系统运行以后,实现了总装车间在制品的定量的动态的管理;有效地控制了多品种混流生产中复杂的物流方向;大大缩短了商品车库的盘点周期,提高了盘点的准确率,减少了车库管理人员的工作量;更重要的是为实现生产计划的闭环在制打下了坚实的基础,为按生产计划和库存实现零件的需求计算提供了前提条件。在国内同行业中,这个应用系统第一个采用条形码技术,对整车从上线装配直到入库、出库的整个过程进行跟踪。

零部件生产跟踪管理系统于 1998 年 10 月在襄樊工厂投入使用,它是零部件流的前台数据采集系统,负责记录、统计生产现场的动态生产数据,它同时也完成生产线信息的管理和质量信息的管理。

(3) 汽车零件及仓库管理系统(SGPS)　汽车零件及仓库管理系统主要管理功能分为 3 个部分,即订单管理、仓库管理和供应商管理。

① 订单管理包括系统的进入、物品参考数据的维护、物品需求数据的管理、订单的生成、紧急订单的生成和订单的查询和跟踪。

② 仓库管理包括零件的到货接收、零件的预入库和入库的处理、零件在库内的移动、备货清单的生成、物品的出库(点)处理、仓库物品的查询、KD 件的管理。

③ 供应商管理包括标准价格的处理、质检结果的维护、供应商参考数据的处理、供应商的跟踪、批处理参数的产生。

(4) 按件采购系统(PAP)　该应用系统主要用于管理按件方式进口的 KD 件,涉及的主要功能有:按件订单的维护,电子发货通知单的翻译,集装箱到达途径各港口及发出时间,集装箱到目的地及空箱返回信息的接收,电子发票通知单的翻译,零件分类明细表的维护,按件报关数据的生成,集装箱装箱信息的维护及查询,零件与集装箱的对应查询,各物理点的零件数量的查询,超过免税期集装箱信息查询,SGPS 的数据的生成,财务相关数据的生成,管理按件采购订单的生成,要货令电子文件和接收发货通知的发送,集装箱和仓库的开箱的跟踪管理。

在这个应用系统中采用了一些新技术,如电子数据交换技术(EDI),提高了系统的可用性。

(5) 供应商直送看板供应系统(SKB)　供应商直送看板供应系统的开发,是为了满足外协件看板供货方式采用计算机管理的需求。

该应用系统的主要功能有:看板卡的管理,看板供应商的管理,看板零件的管理,供应商所供应的看板零件的开口订单、质量状态的管理,看板零件的要货指令管理,看板零件的验收单管理,看板零件的入库管理,看板零件的出库管理,看板零件的消耗管理,看板卡状态的跟踪管理,库存报警,看板卡信息查询,看板零件信息查询,库存统计,看板卡参数计算,看板零件的退货处理,看板零件的财务结算,报表、单据打印,投入、产出分析,系统授权管理,系统在出现网络通信、服务器故障时的降级处理功能等。

(6)非生产物料管理系统 非生产物料是指不出现在制造明细表中,不作为投资采购类的所有物品(包括劳务)。该应用系统的主要功能有:表达物品的需求及订货,接收到货物品,管理仓库,向使用部门的发货,管理与财务部门的联系,管理供应商的基本信息,管理与供应商签订的开口合同以及开口合同下所包含的具体开口订单。

3)神龙公司生产领域计算机系统的发展

从以上介绍可以看出,神龙公司现有的计算机系统已经覆盖了公司生产领域的各个管理功能点。实践证明,计算机系统在公司的生产管理中已经发挥了不可替代的作用,公司的生产管理已经离不开计算机系统的支持。

随着管理水平的不断提高,计算机技术的不断发展,神龙公司的计算机管理系统面临着新的发展要求。即从现有的以 MRPⅡ 为特点的信息系统向以 ERP 为特点的信息系统发展,这种发展具体在以下几个方面:

(1)全面开拓新的管理领域。将目前系统覆盖的重点领域向质量管理领域延伸,更好地体现公司以质量为基础的经营方针。

(2)进一步整合系统功能,在更高层次上进行系统集成。即将市场开发和营销管理、产品设计、生产管理、财务管理、质量管理以及人力资源等领域的系统,整合为一个高效率的信息系统。

(3)使公司的信息系统能够支持能动的监控能力,提高企业经营管理的绩效。这种能力包括在整个企业内采用控制和工程方法、模拟功能、决策支持和用于生产及分析的图形能力。

(4)支持开放的客户机和服务器计算环境。包括客户机/服务器体系结构,图形用户界面(GUI),面向对象技术,使用 SQL 对数据库查询,内部集成的工程系统、数据采集和外部集成(EDI 或基于 Internet 技术的集成)。

经过几年的建设,公司的管理信息系统已初具规模,为公司生产经营管理提供了有力的支持,创造了国内制造行业计算机应用的领先水平。我们相信,在公司领导的支持下,通过各级管理人员和计算机技术人员的积极努力,神龙公司的计算机信息系统必将跃上新的台阶。

8.3.2 案例点评

制造型企业的主要经济矛盾是需求与供给的矛盾。它总是需要不断地考虑诸如生产什么,要用到什么,已经有了什么,还缺什么和怎么满足的问题。要回答以上问题,必须全面考虑企业的资源,作好资源的分配、使用和补充的计划,并且根据计划的执行情况及时调整计划,从而保证计划的有效执行,高质量、及时地满足市场对企业产品的需要。神龙公司生产领域的实践证明,MRP(Material Requirement Planning)、MRPⅡ(Manufacture Resource Planning),以及在此基础上发展起来的ERP(Enterprise Resource Planning)技术是完成以上管理工作的最有效的手段。

8.3.3 思考题

(1) 神龙公司信息系统包括哪些部分?

(2) 随着管理水平的不断提高,由以 MRPⅡ 为特点的信息系统向以 ERP 为特点的信息系统发展,具体表现在哪些方面?

(3) 按件采购系统的主要功能有哪些?

8.4 信息化:上海通用的驱驰之道

8.4.1 案例介绍

一年内,中国可以创建一个不输于雅虎的网站。十年内,中国可以建起世界家电、手机的制造基地。几十年内,中国打造具有国际先进水平的汽车工业步履维艰。这最后一句论断,却因上海通用的出现而有所改变,这家未满 7 岁的年轻企业后来居上的驱驰之道,不仅可与有 20 年历史的上海大众汽车平起平坐,还让世界汽车业同行感到后生可畏。

在今年 6 月份全国轿车销售排名榜上,上海大众 20 年来首度跌落销售冠军宝座,被上海通用和广州本田挤至第三名,刚出笼的 7 月销售排名上海大众重归第一,但来自上海通用的压力不容小觑。

上海通用汽车有限公司成立于 1997 年 6 月 12 日,由上海汽车工业(集团)总公司、通用汽车公司各出资 50%组建而成,是迄今为止最大的中美合资企业。7 年前,作为上海市政府的 1 号工程,也是美国通用的全球 1 号战略项目,上海通用在浦东金桥的一块空地上开始筑巢。在全球化国际竞争中,上海通用汽车越战越强,不仅成为勇夺国家质量管理奖的最年轻企业,还多次蝉联中国最受尊敬企业称号。

1) 精益生产的"魔力"

上海通用的"规矩"很严,如此"门规"反而激发了员工的创造力。将浪费减少到零,不制造、不接受、不传递任何有缺陷的产品,如此"苛求"铸就了品牌基座。在上海通用,生产线上每位工人旁边都有一根黄线。一旦发现有无法解决的问题,工人必须马上拉动黄线"闪"出灯光和音乐,由现场工程师前来"救火"。2分钟内仍无法解决,整个生产线就得全部停歇,生产效率坚决服从于质量。这种精益生产,来自于规划、硬件、管理软件的高起点,也来自于对员工的高投入培训。上海通用员工每年提出合理化建议八千多条,用来提高生产线的效益。精益生产把最大的权利下放到生产线,这成了产品增值的保证。

质量不是检验出来的,而是制造出来的。前年5月,通用泰国工厂建立时,当地员工已无需远涉重洋到美国进修。因为投产才一年多的上海通用,已成为世界汽车业的"样板",上海通用员工可以去泰国指导生产。难怪外国专家做出如此评价:从第一辆中国制造的别克轿车驶下生产线的那一刻起,上海通用就为汽车生产商们树立了新的标准。上海通用所拥有的不仅是顶尖的厂房和生产技术,还承载着中国对于汽车工业发展的期望。

原本15.2亿美元用于大别克的投资,现在把小别克和赛欧都一举拿下。这就是柔性生产的"魔力",让别克、赛欧等三大系列十多个车型五颜六色的产品,不断在同一条生产线上翻新花样。尚处于草创期的上海通用,就投入3 000万美元,打造了最"值钱"的IT技术平台,覆盖整个业务流程ERP系统。从用户的订单开始,到最终把车交给客户,所有业务流程都可追溯,确保柔性化生产的可能。

庞大的信息系统,构建了上海通用敏感的神经中枢,对任何情况都可作出及时、精准的反应。原本追求工作效率的制造业机械,往往只认一个理埋头苦干,产品一旦有较大改变就得重新建立生产线。上海通用的柔性化制造,偏偏要让冷冰冰的机械也能"动脑",通过学习不断有"转岗"适应能力。本来按照油漆颜色排序的产品,进总装车间前完全可按订单先后顺序排队,这种改变对信息管理系统来说只是"举手之劳"。难怪作为国内第一家采用柔性生产的企业,上海通用打开了生产"魔方"。

2) 追赶大众的动力

一个在沪7年,一个在沪20年,上海通用汽车和上海大众汽车看似不是一个等量级,但如今上海通用足以威胁上海大众在中国汽车业中的龙头老大位置。仔细分析大众代表的德系车和通用代表的美系车在中国犬牙交错的竞争,颇值得玩味。从产品上看,大众这几年在中国投产的新车型:帕萨特、POLO、宝来和奥迪A6等,基本都是在国际市场上经得起考验的成熟产品。近年来大众的产品精工细作,甚至到了不惜工本的地步。出于对零部件的质量保证,德国大众长期要求每一个国产零部件都要送到德国认证,因此还颇受中方微词。连大众车上的每一颗螺丝钉也比对手多一道防锈涂层,成本自然高了许多,从做生意的角度看就未必合算、合理了。去年,上海大众在产量远高于上海通用,利润却少了许多。

与德国人对技术和质量的"孤芳自赏"不同,公关和市场则是美国人的长项。上海通用秉承了美国通用善于灵活运作市场的优势,市场营销堪称一流。上海通用先成功打造一个别克品牌,然后把南美生产多年的小型车,大宇开发的经济型轿车,都装进别克这个篮子里,隆重系列推出。与大众恨不得一个零件都不许在中国轻易改动不同,上海通用通过泛亚技术中心,把这些车型升华,作了许多针对迎合中国用户的改进性开发,满足了他们喜欢内饰奢华,配置齐全的追求。而且在未来竞争中,通用在汽车金融领域的超一流经验也即将发挥作用。大众中国的首席代表张绥新博士曾感叹,大众汽车的优质发动机在中国往往不如对手加装一个可口可乐架子对消费者更有吸引力,这句话点出了大众"少"的是对市场需求的灵活反应,虽然有些需求是廉价的。通用汽车虽然进入中国汽车业比大众晚了十多年,但这一落后反而有了追赶的动力。

3) 特色营销的魅力

投产当年就获利 6 亿元,今年销售目标可达 30 万辆,6 月还把上海大众首次挤下月销售冠军的宝座。特色营销使上海通用展现了品牌魅力,企业品牌体现了技术先进、勇于创新的国际形象。今年 5 月 18 日,上海通用第一个出招大幅降价,有人估计企业为此会减少利润近 30 亿元,之后一个月南北大众才作出大幅降价的反应。在上海通用汽车眼里,当前利润已并非第一追求目标。由于 2005 年进口车的不少限制将取消,加上油价上涨、保险费用增长、信贷消费紧缩等不利汽车消费的因素增多,现在市场上已出现一些观望情绪。为了主动迎接中国加入 WTO 后面对的全球化竞争,上海通用汽车与其消极应对不如主动接轨,而价格的接轨是实现汽车产品价值回归的最直接手段。照此趋势,2 年后上海通用产品市场占有率很可能从 10% 增至 20%,意味着在竞争中国内企业的"羽翼"也能逐渐丰满。

营销魅力不仅可让买车者满意,也能让卖车者赢利。上海通用在国内首创了客户关系营销,并和经销商结成了很有"人情味"的合作伙伴关系。能为经销商设身处地着想,科学评估合作伙伴的投资回报率。根据当地市场需求和容量来确定经销商数量,避免了网络内部的恶性竞争。不把时间花在价格战上,而是在性价比上不断提升竞争力。营销魅力还来自于创新模式,在国内汽车业率先引导经销商走向销售、售后服务、配件销售三位一体汽车专卖店,最近又推出了首个售后服务品牌"别克关怀"。如此关怀备至,使上海通用经销商越做越好,大多两三年内就能收回投资,对这一品牌的忠诚度和信心越来越高,而消费者满意度也跃为国内第一。如同汽车产业每一个工作岗位就能带动其他相关产业 8 个工作岗位,上海通用正以创新力不断驱动与之关联的产业共同发展,富有感召力的核心竞争力是其最强大的生命力。

8.4.2 案例点评

信息化能有效增强企业活力,带来企业全面绩效突破,从"拥有"向"控制"转变,从功能向流程转变。一方面带来明显的直接经济效益;另一方面,信息化建设的适宜度水平和灵敏度水平得到提高。

上海通用始终把"信息化"列为企业的核心竞争力之战略高度来考虑,面对中国汽车市场的激烈竞争和汽车工业全球化趋势的机遇与挑战,上海通用更加关注信息技术对企业发展的推动作用。

企业信息化是一个循环往复,持续改进提升的过程。信息化已成为企业的战略性资源,提升了公司价值,加强了企业的战略行为能力。而对企业信息化就绪、风险与绩效的评估检测贯穿信息化建设和应用的始终。

8.4.3 思考题

(1) 精益生产的"魔力"体现在哪里?
(2) 总结上海大众与上海通用生产的侧重点。
(3) 简述上海通用的特色营销策略。

8.5 美国特许连锁经营的成功经验及启示

8.5.1 案例介绍

1) 美国特许连锁经营的成功经验

美国自 1865 年由胜家缝纫机公司掌握向全美销售缝纫机的销售权。便开始了特许连锁经营,发展至今有百年的历史,成为零售业、饮食业、服务业广泛采用的经营组织形式。目前,美国的特许连锁企业有两千多家,特许加盟店约有 56 万个,占全美销售额的 35%。据估计到 2000 年,全美特许连锁企业将达三千多家,销售额将占全美销售额的 50%。美国的特许连锁经营之所以能长足发展,主要是因为它具有如下特色:

(1) 充分发挥规模经济的优势,实现规模效益。特许连锁经营是一种具有规模经济的经营组织形式,规模越大,效益越显著。美国的特许连锁经营企业加盟店数量众多,且每个加盟店本身的规模(包括经营品种、配套齐全程度等)都达到了相当的水平,充分保证了特许连锁经营的整体规模效益。如美国著名的施耐普昂五金工具公司,在全球拥有五千多家特许连锁店,1994年的销售总额达120亿美元,规模经济效益极其明显。

(2) 品牌和服务意识强烈。通过特许的方式吸引众多的店铺加盟连锁系统来共用一个品牌、共树一个形象,总部不仅需有独具特色的商品、销售或服务,而且还要有保持这种优势的能力使特许连锁体系稳步发展。美国的特许连锁经营以商品、服务为中心,进行统一经营管理来实现它的特许连锁能力。通常,特许总部在选定加盟店时,先要与其签订一份严格的特许合同,对商品质量、服务标准等作出明确的规定。为了使加盟店顺利地开展业务,履行合同,总部还要给予其大量的"售后服务",如开店前总会对加盟店进行一段时间的培训,包括人员培训、业务咨询等,有的总部还会组织他们在公司的样本店参观实践;经营期间,总部也会对加盟店的商品和服务进行监督管理。一旦发现问题便给予其必要的帮助和建议,情节严重的就会中止加盟店的特许使用权,如麦当劳在法国经营时,就曾因为加盟店的卫生不符合公司标准,终止了数家加盟店的特许权。

(3) 以先进的手段进行规范化管理。特许连锁经营和传统的单店经营相比具有店铺众多、网点分散、业务量大的特点,但其本身的运作规律又要求各加盟店在经营中做到统一店名店貌、统一进货、统一配送、统一价格、统一服务等,因此特许连锁经营中总部的管理应具有相应的水平。美国的特许连锁经营普遍使用计算机网络进行管理。在销售上,20世纪70年代后期基本实现了EOS(电子订货系统)和POS(销售时点)。进入90年代POS系统已开始普及到店员,保证了客户在任何一地购买的商品发生问题后,都可在就近的连锁店中退换,极大地方便了客户。在内部管理上,连锁总部一般都拥有完善的信息中心和物流中心,各加盟店都能及时接受总部货物配送、促销计划等指令和信息。保证整体步调一致;总部也可及时了解各加盟店的资金运作、营业状况等情况,处理经营中出现的各类问题,大大提高了管理效率。

(4) 完善的法律体系和中介组织。特许连锁经营的正常运作需有完善的法律体系来约束特许双方的经营行为,保护双方的合法权益。美国在这方面的建设很有成效,现已形成了一套完整严密的法律体系。如美国加州1971年颁布了《特许经营投资法》,1979年美国联邦政府颁布了《联邦贸易法规》对特许连锁经营的资格、条件作出了具体规定。美国的特许连锁中介组织有咨询公司、律师事务所、各种特许连锁经营协会等,它们在特许连锁的经营活动中起着重要作用。如特许连锁协会,一方面能加强相互的合作协调,以行业的整体形象面对公众、政府;另一方面还可以通过行业自律,减少成员的不规范经营行为,使特许连锁健康发展。

2) 美国特许连锁经营对我们的几点启示

我国特许连锁经营刚刚起步,成为许多企业推广品牌、树立形象、占领市场的新方式。但由于缺乏可以借鉴的经验和相应的经营环境,其行业范围、经营规模、规范化程度等方面还存在着很多问题,和国际水准相比也有很大差距。因此,借鉴美国的成功经验,结合我国具体国情发展特许连锁经营业时,我们应着重把握以下几个方面:

(1) 培育可供转让的成熟品牌。包括:企业的商品服务在同行业中独具特色;企业有一整套标准可行的经营管理模式维护特许连锁的运营。目前我国的特许连锁经营由于缺少可供转让的成熟品牌已经暴露出种种问题。主要表现在:一部分企业在商品服务、销售技术上还没有鲜明的特色,尚不具备特许连锁的条件就一哄而上,纷纷"特许",结果整个连锁体系犹如空中楼阁,没有发展后劲,也抵御不了任何市场风险,随时都有坍塌的可能;另一部分产品服务上很有特色的成熟品牌(如饮食业中的老字号、老品牌),由于运营中没有一整套标准规范的模式而缺乏品牌的可转让性。结果连锁体系的扩张中,总部对加盟店的产品质量、服务水平、经营指导、后续服务没有统一的标准规范,造成管理上极其混乱。如有的加盟店在制作上偷工减料,产品质量很差;有的加盟店对畅销的商品私自加价获取暴利等,损坏了总店的商品信誉。所以如何培育可供转让的成效品牌,已成为我们发展特许连锁经营急需解决的问题。为此我们要增强品牌意识,树立以企业形象为中心的经营理念,一方面在商品和服务的差异化上下工夫、提供质量、便利的同时,创出"你无我有,你有我优"的特色商品服务;另一方面要不断积累经验,建立一整套可行的运营模式和一套完整的经营系统,提供加盟店人员培训、营业指导、商品供应,加强对它们的监督调控,使整个特许连锁体系稳步发展。

(2) 采用现代化的管理手段,充分发挥特许连锁经营的优势。特许连锁的优势在于能通过统一的经营方式复制式发展来获取规模经济效益,而规模化的特许连锁体系必须有先进的管理手段为保证。我国的管理手段发展缓慢,尤其是计算机技术在管理中的应用相对滞后,使得目前特许连锁还存在着现代化的经营方式与传统的管理手段间的矛盾。如有的加盟店硬件设施跟不上,不仅最基本的电子收银做不到,而且许多商品的价格要靠手工方式打在包装上;有的总部没有完善的物流中心信息网,采购、配送、销售仍主要依靠传统的人员经验管理,这些效率低下的管理手段严重制约着特许连锁的发展规模和规范化程度,使特许连锁的优势无法充分发挥。所以解决目前我国特许连锁经营规模偏小、规范化程度过低的有效途径之一便是采用先进的管理手段进行高效、有序、科学的管理。我们可以一方面逐步加强特许连锁业硬件设施的建设,大力普及计算机、收款机、条形码的应用,提高流通效率,实现特许连锁方便快捷的服务功能;另一方面加快计算机技术的开发利用,建立计算机网络化的物流中心、信息中心,实现统一货物供给调配的高效、有序,使整个特许连锁体系的服务统一、质量统一。

（3）完善法规，发挥中介组织的积极作用。我国开展特许连锁经营的时间很短，政府在这方面的法律法规还不完善，许多政策都是以意见的形式下达，并没有对特许双方形成很强的约束力，造成特许连锁中有许多不规范的经营行为。如有的总部收取了高额的特许费后并未将商品服务的真正技术提供给加盟店，有的加盟店获得授权后仍经营着对总部有竞争性的商品服务，使特许连锁业缺乏有力的法律手段来保障双方的合法权益。对此我们应根据具体情况尽快制定出相应的法律法规或将一些已经成熟的政策法规上升为法律，同时在政府的政策和法律尚不完善的阶段大力发挥中介组织的积极作用，沟通政府与企业的关系，规范本行业成员的经营行为，促使特许连锁经营健康有序地发展。

8.5.2 案例点评

特许连锁经营是连锁经营的高级形式。特许总部可以在不直接投资的情况下，迅速复制式发展，实现低风险、低成本扩张；同时加盟店在基本保持自身独立经营的同时可分享总部品牌、服务、信息等方面的优势。我国特许连锁经营刚刚起步，应注意培育可供转让的成熟品牌，采用现代化的管理手段，完善法规，发挥中介组织的积极作用，使特许连锁店经营健康有序地发展。

特许连锁经营作为连锁经营的高级形式，一方面特许总部可以在不直接投资的情况下，迅速复制式发展，实现低风险、低成本扩张；另一方面加盟店也可在基本保持其独立经营的同时，分享总部品牌、服务、信息等方面的优势，降低自身的经营风险。正因为如此，特许连锁经营自其产生后便显示出了强大的生命力，成为当今商业发展的国际潮流。

8.5.3 思考题

（1）美国的特许连锁经营具有哪些特色？
（2）借鉴美国的成功经验，对我国具体国情发展特许连锁经营业有哪些启示？
（3）分析信息化在特许连锁经营中的作用。

8.6 DVIR：物流技术的一项重大创新

8.6.1 案例介绍

物流管理可视化一直是世界物流管理中的一个难点，尤其是大型的国际快递公司更是迫切希望解决这一问题。虽然条码技术和RFID技术能够帮助人们解决很多问题，但由于种种原因造成的丢货现象仍然存在，而人们想要在成千上万件

"流动的货物"中准确地查找一件想要的货物的真实图像几乎是件不太可能的事情,而 DVIR 的出现可以很好地帮助人们解决这一问题。

1) DVIR 系统

那么,什么是"DVIR"(Digital Video Information identification & Inquiry Reader System)? 它是一种"带有电子标签录像功能的图像识别追踪系统"。这一系统以电子编码为基础,以数字录像为辅助,在电子标签的引导下,实现对大量、快速移动的物体进行精确身份识别和图像追踪记录,是一种全新概念的数字图像识别追踪系统。在物流管理中,为了对每一件货物身份进行确认,物流公司都会在其外包装上贴有条码(或 RFID 标签),我们把这种由物流公司附加在货物上的带有信息的标贴称为"电子标签"。这些标签号码一般都被当做该货物的运单号。DVIR 的工作原理就是在物流作业现场设立若干个以条码扫描枪(或 RFID 读写器)与视频监控探头组成的物流查验点,当有货物经过时,系统将自动把货物的外观连同它的"运单号"自动记录保存,一旦需要,人们只要在系统中输入货物的运单号,DVIR 能够在 1～2 s 之内找到这段录像进行播放,必要时,这段录像可以变成数字文件或图片被下载、打印和转发。

DVIR 以其系统的先进性和实用性令人刮目相看。一些专业人士在看过 DVIR 系统的实例演示后认为,这项技术开创了中国人在世界物流史上拥有自主发明的先河,是物流管理中的一项重大的技术创新。

2) 技术特点

首先,DVIR 是一种由嵌入式产品构成的网络系统,不怕互联网病毒和黑客攻击,是一种完全工业化的安全可靠的网络系统。其次,DVIR 是一个开放式的系统,适合对一切由电子编码方式产生的带有电子身份标志的物体、人和事件的动态图像记录和追踪。第三,DVIR 所记录的动态图像容量,理论上是无限制的,因此可以满足对大量出库品图像的长时间记录和保存。第四,DVIR 支持本地查询、网络查询和模糊查询,而且记录的图像是实时和经过防伪加密的,分辨率也较高,可以达到 DVD 的画质,可以很清晰地播放出来。

为了扩大在物流领域的应用,贝通电子还在 DVIR 基础上建立了 LVTR(Logistics Video Tracking Recognition System)。这是一种"可实现精确定位的物流可视化追踪查询系统",有了这个系统,要在成千上万件"流动"的货物中查找一件想要的货物真实图像和流经地点就变得非常容易和简单。

例如:香港某国际货运公司每天进出的货物有 4 万多件,以前他们要查找一件不明去向的当天的货物都非常困难,在他们安装了 DVIR 系统后,哪怕要寻找一个月前的货物图像,DVIR 也可以在 2～3 s 完成查找和图像播放,这就大大地提高了他们的工作效率,因此,DVIR 是帮助物流公司实现安全、快捷服务的重要工具。

3）运用领域

由于 DVIR 能提供一种操作方便、查询精确的物流识别追踪系统,目前这一技术创新已得到了许多行业的认可,如著名的国际物流快递公司 DHL,目前已在亚太地区推广使用;上海邮政下属的邮政分拣中心也已经利用这一技术对其运输车辆进行追踪记录;某出入境检疫检验局也开始在做网络清关的测试。

DVIR 的核心技术是把电子编码信息与数字图像存储相结合,组成一种带有电子标签信息的数字录像查询系统。这一系统完美地实现了图像信息化和信息图像化。因此,DVIR 技术在很多领域将成为一种重要的图像信息识别工具。该项技术可以应用于以下几种领域:

(1) 在进出口货物查验时,DVIR 可以帮助海关、检验检疫等部门在保证货单相符、监管安全的前提下,通过网络实现远程查验和清关,提高执法力度和工作效率。

(2) 在防伪查验领域,DVIR 可以帮助人们实现对商品原产地及产品真伪进行图像对比和认证,是提高防伪技术的有效途径和手段。

(3) 在交通运输领域,DVIR 可以实现对高速移动车辆和集装箱的图像、牌照、号码自动识别和记录,是迄今为止最完美的低成本的图像识别追踪系统。

(4) 在安防领域,DVIR 可以实现图像化的门禁、考勤、人员身份识别及视频追踪,DVIR 将成为一种重要的安防技术手段。

(5) 在卖场和超市,DVIR 可以有效地帮助人们监控收银情况,防止高价货物低价出售、监守自盗等情况的发生。

8.6.2 案例点评

在全球经济一体化带动下,物品流动是最大的特点。大量的物品在全球范围内流动,通过 RFID 技术与条码技术实现了快速、高效的分类与识别。但是,这两项技术还存在诸多问题需要解决,而 DVIR 技术的出现可以有效地解决这些问题。

8.6.3 思考题

(1) 何谓 DVIR 技术?
(2) DVIR 技术能解决物品流通中的哪些问题?
(3) 条码技术、RFID 技术、DVIR 技术各有何优缺点?

8.7 大数据为UPS带来的经济效益

8.7.1 案例介绍

1) UPS的"车流信息中的经济学"

总部位于美国亚特兰大全球最大的包裹快递公司UPS,5个工作日在全球的送件量就能达到15.8亿件,而之所以达到如此高效的节奏,UPS拼的不是货车速度,而是靠一个简单的规定:货车不能向左转。

面对每天马路两边来往不绝的车辆,你看到的可能是出行的疲累,而有些企业,看到的却是商机。如果我们将车流转化为信息流,就是流向生财的办法。

例如,汽车企业开发一个车流导航系统,让车主轻松避免交通堵塞。又如,开发一个打车软件,既让乘客更方便、更有趣地打到车,也让司机提高了收入。然而,还有一种更威武的办法:将车流转化成现金流,实践者就是全球最大的快递公司UPS。

UPS因高效闻名世界,保证UPS完成这些海量派件任务的奥秘,并不是什么新技术,而是公司在2004年就启用的一项新政策——要想多派件,快速到达任何目的地的正确方法是尽量避免左转。据2010年的数据显示,因为执行了尽量避免左转的政策,UPS货车在行驶路程减少2.04亿km的前提下,多送出了35万件包裹,减少了2万t的二氧化碳排放。截至2012年,这项规定也帮助UPS节约了大约1 000万加仑的燃油,并且减少了相当于5 300辆汽车在道路上一年的排放量。

负责UPS这个项目的工程师解释说,全球大部分国家的路面是实行左驾右行的政策,当货车与相反方向的车辆交叉行驶时,会导致货车在左转道上长时间等待,不但增加油耗,而且发生事故比例也会上升。于是,工程师给不同区域的货车司机绘制了"连续右转环形行驶"的送货路线图,帮助司机选择最适合的道路,长期固定执行这个路线图后,效益也慢慢呈现出来了。

为印证这一点,美国《流言终结者》节目曾做了一个测试,派两辆送货卡车去同一个地方送货,一辆沿着正常道路行驶,另一辆则跟随不左转的UPS送货卡车,结果证明,UPS的行驶方案虽有些费时,但更加节油环保。不过,在具体行驶中,UPS送货车也会偶尔左转,如在车流量低的居民区,保证司机的行车便捷迅速。

自从启动这项规定之后,UPS就设定了相关的部门来跟进货车,定时追踪送货卡车的性能表现。根据这些跟踪的数据,面对日趋激烈竞争的物流业,UPS进一步优化了自己的业务,包括减少公司已有的9.6万辆卡车、降低数百辆飞机的燃油消耗,通过缩减停车场卡车间距离和后视镜相互重叠等办法充分利用空间。

事实上,UPS基于城市车流数据分析而提出右转的线路图,其实也是一份针对公共交通环境提出的优化解决方案,既可以让每一辆车自觉扮演维持马路秩序的角色,又可以在不增加成本反而提高效率的前提下,一定程度上帮助解决汽车尾气排放问题。

人们一提到创新和改革,第一时间想到的是借助科技力量,而UPS不左转的案例给了我们一个提醒,思维的创新其实并不比科学技术的创新弱。

2) UPS 的 Orion 系统,优化送货路线

任何一天,UPS 的司机都有许多条快递路线可以选择。这家快递公司的司机一般每天要送 120~175 次货。在任何两个目的地之间都可以选择多条路线。显然,司机和 UPS 都想要找到其中最有效率的那条路线。不过如此一来,事情就变得复杂了。

UPS 利用组合数学的算法得出,以上所述的情景中所有可能的线路的总数,是一个 199 位的数字,这一串数字甚至大过了换算成纳秒单位的地球年龄。对此,UPS 流程管理高级总监杰克·里维斯表示:"这数字太大了,令人难以想象。你只能从分析学上得出一个概念。"不过面对挑战,UPS 有强大的动力去实现路线最优化:因为每位司机每天少开一英里,公司便能省下 5 000 万美元。

UPS 是如何做的?他们研发了一个名为 Orion 的系统,这是道路优化与导航集成系统(Orion,On-Road Integrated Optimization and Navigation)的缩写,也是希腊神话中猎户座的名字。如果说现在有什么大数据分析学上的成就的话,那就是它了。Orion 的算法诞生于 21 世纪初,并于 2009 年开始试运行。该系统的代码长达 1 000 页,可以分析每种实时路线的 20 万种可能性,并能在大约 3 s 内找出最佳路线。里维斯表示:"起初,数学家们认为可能需要 15 min 才能算出结果。所以,他们对这一结果很高兴。"

UPS 计划在 2017 年年底,将在公司全部的 5.5 万条北美快递线路上装配这一系统。2013 年底,Orion 已经在大约 1 万条线路上得到使用,这让公司节省了 150 万加仑燃料,少排放了 1.4 万 t 的二氧化碳。

高德纳研究公司(Gartner)的分析师斯维特拉娜·西库勒说,有两个"很不起眼的"行业正受到大数据的冲击,一个是运输业,其中包括 UPS 这类物流公司,另一个是农业,相信这一冲击会波及很大范围。

西库勒表示,可以看看通商航运业的例子:澳大利亚海事安全局(Australian Maritime Safety Authority)提供了实时的港口活动信息,船只可以据此改变航速,节省燃料,让港口服务费降到最低。海事局还使用了地理围栏(一种动态的数字定位区域)来触发和自动计算这些费用。

西库勒表示,导致这种转变的不仅仅是大数据技术,移动设备和云计算在其中也扮演了重要角色。她解释说:"在收集信息、给司机实时提供数据上,移动性起到了重要作用。这不仅是指移动设备,还包括卡车、飞机和轮船上的感应器。"

UPS 在 20 世纪 90 年代为司机配备了手持设备。2008 年,公司在运货卡车上安装了 GPS 追踪系统,而 Orion 系统则是建立在上述技术的基础上发展的。

8.7.2 案例点评

当今,有两个"很不起眼的"行业正在受到大数据的冲击,一个是运输业,另一个是农业。面对大数据的冲击,UPS 作出以下快速反应:

(1) UPS 配送员,不需要自己思考配送路径是否最优,采用 Orion 系统可实时分析 20 万种可能路线,3 s 找出最佳路径。Orion 系统让 UPS 在 2013 年节省了 150 万加仑燃料,少排放了 1.4 万 t 的二氧化碳。

(2) UPS 通过大数据分析规定:卡车不能左转,原因是左转会导致货车长时间等待。一个简单右转弯决策,不仅让 UPS 实现了高效出货率,而且更加节油环保,带来了极大经济效益。

8.7.3 思考题

(1) 何谓"Orion 系统"?

(2) 你对大数据是怎样理解的?

(3) 你留意过哪些信息?试想过运用这些信息去捕捉商机吗?

9 物流法律、法规

【本章综述】

　　法律法规是一切社会主体的行为规范,掌握相关的物流法规知识、具备一定的法律实务操作技能是物流从业人员必备的素质。物流存在于所有物资资料的生产和消费之中,任何国家的经济活动都离不开物流活动。因此,物流法规所调整的社会关系非常广泛,以至于各国政府均未制定集中管理物流的专门法规。所谓物流法规是指物流各环节涉及的法律规范的总称,主要包括:物资采购相关法规、仓储保管相关法规、货物运输相关法规(陆路运输法规、水上运输法规、航空运输法规、多式联运法规)、运输包装相关法规、通关和商检相关法规、物流企业行业管理相关的法律规定等。

　　本章从我国法院实际裁判的大量案件中,选择了在物流运输方面有代表性的十个案例,吸收了有丰富司法实践经验的法律专家的评析意见。通过案例的分析,力求使学生对货物运输过程中常见的具有代表性的法律问题有更加深刻的理解。

9.1 快递合同中"保价运输限制赔偿条款"的适用问题

9.1.1 案例介绍

1) 速递电脑丢失案(1)

(1) 案情

原告:陶某。

被告:北京韵达速递有限公司。

原告陶某诉称:2008年7月15日,原告将一台价值4 800元的笔记本电脑委托被告运到湖北宜昌市李某处,发货时被告承诺3天内到货,但李某未收到电脑。2008年7月20日,原告到被告处查询,被告知货可能丢失了。原告多次与被告沟通,均无结果。故诉至法院,请求判令被告赔偿原告笔记本电脑款4 800元,并承担本案的诉讼费用。

被告韵达公司辩称:原告确实委托我公司托运笔记本电脑,笔记本电脑现已丢失,但原告方填写了保价单据,我公司只同意按保价金额赔偿 500 元。"

经审理查明:2008 年 7 月 15 日,原告委托其丈夫张某寄送一台笔记本电脑给李某,张某便选择委托被告运送笔记本电脑,为此,双方签署了由韵达公司出具的韵达快运托运单(运单号为 1200057586664)。快运单载明发件人名址为"北京市中关村北大街××号张某",收件人名址为"湖北省宜昌市××有限公司李某",发件人签名处为"张某",揽件人签名为"陈某",运费为 50 元,保价额为 500 元,其中保价额 500 元为张某决定。托运单背面记载的契约条款规定,重要物品务必保价,发件人保价的,在支付正常运费的基础上,应按保价金额的 3% 支付保价费,保价金额最高为 20 000 元,保价费应在办理物品交寄手续时当场交付,未支付保价费的视为未保价;未保价的物品,按运费的 5 倍赔偿,最高不超过 500 元;保价的物品,按实际损失,在不超过保价金额的范围内赔偿。在运输过程中,该笔记本电脑丢失,后原告要求被告赔偿无果。

在庭审过程中,被告认可原告委托张某选择被告运送笔记本电脑,并解释运费 50 元实际包括了运费 35 元及保价费 15 元。

(2) 裁判　法院认为,陶某的受委托人张某将货物交与韵达公司承运,韵达公司接收了货物并开具了快运单,原告方支付了运费,双方形成了货运合同关系,韵达快运单据所记载的条款虽系格式条款,但不违反国家法律、行政法规的强制性规定,为有效合同,当事人均应全面履行合同义务。韵达公司作为承运人,应当在约定期间或者合理期间内将货物安全运输到约定地点。韵达公司在运输中将货物丢失,应按照约定的数额承担损害赔偿责任。根据双方的约定,保价的物品,按实际损失,在不超过保价金额的范围内赔偿,而原告的委托人张某选择保价金额为 500 元,故被告的赔偿数额应确定为 500 元。据此,依据《中华人民共和国合同法》第一百零七条、第二百九十条、第三百一十一条、第三百一十二条之规定,判决如下:

① 被告北京韵达速递有限公司于本判决生效之日起十日内赔偿原告陶某人民币 500 元。

② 驳回原告陶华的其他诉讼请求。

如果未按本判决指定的期间履行给付金钱义务,应当依照《中华人民共和国民事诉讼法》第二百二十九条之规定,加倍支付迟延履行期间的债务利息。

案件受理费 25 元,由被告北京韵达速递有限公司负担(于本判决生效后七日内交纳)。

(摘自北京法院网 http://bjgy.chinacourt.org)

2) 快递电脑丢失案(2)

(1) 案情

原告:河南美承数码科技有限公司。

被告:郑州市郑圆快递有限公司。

2010年1月5日,原告的员工朱某通过被告向陈某运送MB990CH/A笔记本电脑一台,被告收货后出具编号为2219955223号的托运单一份,该运单载明:"发货人朱某,收货人陈某,货物名称MB990CH/A笔记本电脑一台,纸箱包装,运输费37元,自郑州市东风路百脑汇4E12发运至晋城市红星西街740号",其余保价费、保价金额等栏目均为空白,托运单中保价费、保价金额等为红题字。该承运单为被告预先印制的格式,下方有红题字,内容为"填写本单前,务请阅读背面快递服务协议!您选择该快递服务表示您理解并接受协议的内容"。该协议书背面是《国内快递服务协议》条款,其中第7条以黑体字打印:寄件人确认交寄的快件价值不超过壹万元人民币,是否保价由寄件人自愿选择。如需保价,保价费为保价金额的3%;保价快件丢失、损毁或短少,按实际损失价值赔偿,但最高不超过快件的保价金额;未保价快件赔偿限额为资费的三倍;双方另有商定的除外。后被告在承运上述货物过程中将货物丢失,双方因赔偿问题交涉未果,引起争讼。

2010年1月11日,原告又向陈某邮寄与丢失电脑同样型号的笔记本电脑一台,并于2010年3月20日向陈某开具河南增值税普通发票一张,该发票载明:"MB990CH/A笔记本电脑一台,单价7 863.25元,税率17%,税额1 336.75元,合计9 200元"。

(2) 裁判　法院认为,朱某与被告签订的运输合同合法有效,双方当事人均应严格依照合同履行自己的义务。朱某系原告的员工,其与被告签订运输合同系职务行为,由此产生的权利义务应由原告承担。根据我国合同法的规定,在货物运输合同中,承运人应当在预定期间将货物运输到约定地点,承运人对运输过程中货物的毁损、灭失承担损害赔偿责任。货物的毁损、灭失的赔偿额,当事人有约定的,按照其约定。本案中,被告未按照约定将货物运送到收货人手中,其行为已经构成违约,应承担相应的违约责任。原、被告在承运单中约定,寄件人确认交寄的快件价值不超过壹万元人民币,是否保价由寄件人自愿选择。如需保价,保价费为保价金额的3%,保价快件丢失、毁损、短少,按实际损失价值赔偿,但最高不超过快件的保价金额,未保价快件赔偿限额为资费的3倍。法院认为,原、被告双方素有业务往来,且承运单上载明的限赔条款承运人采用了黑体字体,与其他条款在外观上明显不一致,使得托运人足以引起注意该条款,承运人履行了提醒义务。且涉案承运单正面"保价"一栏前的方框为空白,保价金额、保价费栏目均为空白,据此,本院认为原告未对托运货物进行保价,被告丢失原告托运的货物,应赔偿原告的损失为资费的3倍,即人民币111元。故原告要求被告赔偿损失额超出上述部分证据不足,本院不予支持。被告针对原告的辩称意见,理由正当,本院予以采信。依照《中华人民共和国合同法》第三十九条、第二百九十条、第三百一十一条、第三百一十二条,《中华人民共和国民事诉讼法》第六十四条第一款之规定,判决如下:

① 被告郑州市郑圆快递有限公司于本判决生效之日起十日内赔偿原告河南

美承数码科技有限公司货物损失 111 元。

② 驳回原告河南美承数码科技有限公司的其他诉讼请求。

案件受理费 50 元，由被告郑州市郑圆快递有限公司负担。

(摘自河南法院网 http://hnfy.chinacourt.org)

3) 托运皮衣丢失案

(1) 案情

原告：孔某。

被告：河南省顺丰速运有限公司南阳分公司。

原告诉称：2010 年 1 月 15 日，原告在被告处托运一批皮革成衣商品，货物重 22.2 kg，计 33 件，价值 12 010 元，后由于被告服务质量存在严重缺陷，造成货物中途丢失，经多次与被告协商，被告拒绝赔偿实际损失，只同意赔付邮资的数倍，所托运的物品进货价 12 010 元，市场价远远大于 30 000 元，给原告造成了较大经济损失，请求依法判令被告赔偿货物及损失 18 000 元（含经营费、税、用工、房租等 6 000 元）。

被告河南省顺丰速运有限公司南阳分公司辩称：

① 原、被告在运单上约定了货物赔偿条款，原告选择不保价运输，应按不保价运输赔偿条款执行。

② 被告采用多种条款分别合理提示了原告运单中限制责任条款，原告签字同意接受该条款的约束。

③ 限额赔偿责任条款符合货运行业条例，依照我国现行铁路、公路、水路、海上、邮政、快递等多种货物运输方式的法律、法规、规章的规定，限制赔偿责任条款合法有效。

④ 原告请求赔偿的经营费、税、用工、房租等损失 6 000 元没有法律依据，故应驳回原告的请求。

原告诉称：办理托运时，运单后面的条款规定被告未告知原告且签名不是原告所签。

(2) 裁判　法院对以下事实予以确认：2010 年 1 月 15 日，原告在被告处托运一批皮草成衣，货重 22.2 kg，托运费 108 元，并由被告工作人员验货并打包，该批货进货价 12 010 元，由于被告管理疏忽，在运输过程中将货物丢失，经双方多次协商，被告只同意按邮资的 7 倍赔偿，协商未果原告诉至法院。

法院认为：

① 原告将货物交付给被告进行托运，双方即形成了货物运输合同关系。被告作为承运人，应当在约定的期间将货物安全运输到约定地点。被告对运输过程中的货物毁损灭失承担赔偿责任。原告虽然没有交纳保值金，也应以进货价值由被告予以赔偿，即按进货价 12 010 元计付。关于赔偿损失 6 000 元问题，原告没有充

分证据予以证明,本院不予采信。

② 被告辩称在运单上约定了货物遗失赔偿条款,原告选择不保价运输,应按不保价的运输赔偿条款执行及已采用多种特别方式合理提示了原告运单中限制责任条款,原告签字并同意接受该条款,因未提交有效证据证实货运单上签名系原告本人所签,原告对货单上签名予以否认,故被告辩称理由不能成立。

依照《中华人民共和国合同法》第三百一十一条之规定,判决如下:

① 被告河南省顺丰速运有限公司南阳分公司于判决生效后十日内赔偿原告孔某货物损失 12 010 元。

② 驳回原告孔某其他诉讼请求。

如果被告未按本判决规定期间履行金钱给付义务,应当依照《中华人民共和国民事诉讼法》第二百二十九条之规定,加倍支付迟延履行期间的债务利息。

案件受理费 250 元,由被告河南省顺丰速运有限公司南阳分公司承担。

(摘自河南法院网 http://hnfy.chinacourt.org)

4) 快递手机丢失案

(1) 案情

原告:杨某。

被告:A 快递服务有限公司。

2012 年 6 月,杨某在网上购买了一款三星手机,价值 1 453 元,收到后觉得不满意,决定退货,随后将手机包装好交给 A 快递公司的工作人员寄往深圳市罗湖区的手机卖家,并支付快递费 15 元。两天后,卖家反映快件收到,但内件没有手机。杨某遂找 A 快递公司要求赔偿手机损失 1 453 元,遭到拒绝。

2013 年 1 月,杨某诉至法院,认为手机是在 A 快递运输过程中丢失的,A 快递没有尽到妥善保管的义务,构成违约,请求法院判令 A 快递赔偿手机损失 1 453 元及邮寄费 15 元。A 快递认为,快递货物是杨某自己包装的,快递公司并不清楚,且杨某并未在速递详情单上填写内件名称及数量,其不能证明邮寄的是手机且价值为 1 453 元;杨某未办理保价,根据《邮政法》的规定以及速递详情单上关于"贵重物品务必保价,未保价物品的赔偿额度为所付邮费的三倍"的声明,快递公司只能按照邮费 15 元的 3 倍进行赔偿。

(2) 裁判 法院经审理后认为:

① A 快递属于邮政企业以外的经营快递业务的企业,它所从事的业务范围只能在邮政普遍服务业务范围之外。《邮政法》规定,邮政普遍业务范围外的邮件损失赔偿,适用有关民事法律的规定。杨某与 A 快递之间的货物运输合同真实有效,快递公司负有将物品安全交付收件人的义务,其在运输过程中将物品丢失造成违约,应对杨某的损失承担损害赔偿责任。

② A 快递在速递详情单上印制保价条款和限制赔偿条款,系其为了重复使用

而预先拟定,属于格式合同。该条款减轻了某快递在快件保管、安全运输中的监管和保障义务,限制了寄件人索取赔偿的权利,违反了公平原则,应认定为无效条款。

③ 杨某提供了其在网上购买手机、要求退货、卖家同意退货的交易记录,证明其网购了一部价值 1 453 元的三星手机,后货物因故未能退回,对方未退款,造成了经济损失。而 A 快递未能推翻杨某网络交易的真实性。综合考察全案证据,根据优势证据规则,杨某的证据更具有可采信。由于杨某在交寄快件时未认真详细阅读相关条款,未填写速递详情单内件物品名称,亦有一定过错。本案经调解,双方达成协议,快递公司当庭向杨某赔偿 1 200 元。

(摘自江苏法院网 http://www.jsfy.gov.cn)

9.1.2 案例点评

快递服务是市场经济的产物。随着电子商务的蓬勃发展,带来了快递业务的强劲增长,因快递服务合同产生的纠纷也不断增加,目前司法实务界处理快递服务合同纠纷援引的法律条款主要是《中华人民共和国合同法》(以下简称《合同法》)第十七章有关运输合同的规定。但这些规定较为原则,可操作性不强。而快递服务合同具有很强的行业特征,致使此类案件的审理面临很多难题。而"保价运输限制赔偿"条款效力的认定及适用就是一个较为普遍的问题,对此,实务界认识不一,司法实践中也因认识不一而出现不同的判决结果。

第一个案例,法院确认了运单中"保价运输限制赔偿条款"的效力,依据原告申报的保价金额 500 元的事实,按照运单"保价运输限制赔偿条款"中"保价的物品,按实际损失,在不超过保价金额的范围内赔偿"的约定,判决被告赔偿原告 500 元(而不是赔偿原告实际损失 4 800 元)。

第二个案例,法院确认了运单中"保价运输限制赔偿条款"的效力,依据原告未选择保价运输的事实,按照运单"保价运输限制赔偿条款"中"未保价快件赔偿限额为资费的三倍"的约定,判决被告赔偿原告运费的 3 倍即 111 元(而不是赔偿原告实际损失 9 200 元)。

第三个案例,法院以被告没有提供证据证明办理托运时,被告就运单上"保价运输限制赔偿条款"对原告已尽提醒、说明义务为由,否认了运单中"保价运输限制赔偿条款"的效力,排除了运单中"保价运输限制赔偿条款"的适用,在确认原告实际损失为 12 010 元的基础上,判决被告赔偿原告实际损失 12 010 元。

第四个案例,法院以运单中"保价运输限制赔偿条款"属于格式条款且该条款减轻了被告在快件保管、安全运输中的监管和保障义务,限制了原告索取赔偿的权利,违反了公平原则为由,否认了运单中"保价运输限制赔偿条款"的效力,排除了运单中"保价运输限制赔偿条款"的适用,在确认原告实际损失为 1 453 元的基础上,考虑到原告也存在一定过错,在公平原则的指导下,调解由被告赔偿原告 1 200

元结案。

以上4个案例充分说明了运单中"保价运输限制赔偿条款"的效力及适用是当前快递服务业急需解决的关键问题。

1) 快递服务合同的性质及其法律适用

快递服务是寄件人与快递公司签订的以快递公司将寄件人所交付的物品快速投递给特定收件人为内容的合同,在合同性质上应属货物运输合同。但是,快递服务合同有别于一般的货运合同,主要表现为:

(1) 快递服务合同对快递公司快速递送的时效性要求高;普通货运合同则只要求承运人按常规路线和时间运输即可。

(2) 快递服务合同提供的是一种门到门、手到手的便捷式服务;普通货运合同则一般由收货人自行提货,其便捷性大大逊于快递服务合同。

2009年新《邮政法》第四十五条规定:"邮政普遍业务范围内的邮件和汇款损失赔偿适用本章规定。邮政普遍业务范围以外的邮件的损失赔偿,适用有关民事法律的规定。"第五十九条规定"……本法第四十五条第二款关于邮件的损失赔偿的规定,适用于快件的损失赔偿。"由此可见,依据《邮政法》的相关规定,快递业务不属于邮政普遍服务业务,不适用《邮政法》关于邮政普遍业务范围内的邮件和汇款损失赔偿的相关规定(限额赔偿规定),应该适用《合同法》的相关规定。快递合同又是无名合同,应当依据《合同法》总则以及与其最相类似的运输合同的相关规定处理合同履行过程中出现的纠纷。

2) "保价运输限制赔偿条款"的效力

快递是一个高风险行业,因此快递业通常执行保价运输、限额赔偿制度,在快递合同中加入"保价运输限制赔偿条款"旨在限制自己的责任和降低风险。该条款一般规定:保价快件丢失、毁损、短少,按实际损失价值赔偿,但最高不超过快件的保价金额;未保价的快件丢失、毁损或内件短少的,按照实际价值赔偿,但最高赔偿额不超过所收取资费的若干倍。目前各地法院对"保价运输限制赔偿条款"的效力主要有以下三种观点:

(1) 快递公司向寄件人提示"保价运输限制赔偿条款",快递公司就该条款尽到了提醒和说明义务,寄件人仍然在快递单上签字的,就表明寄件人自愿接受"保价运输限制赔偿条款"的约束,货物损失的赔偿应当按照条款确定的标准办理。

(2) "保价运输限制赔偿条款"是格式条款,在确定当事人之间的权利和义务时违反了公平原则,根据《合同法》第四十条规定,提供格式条款一方免除其责任、加重对方责任、排除对方主要权利的,该条款无效。

(3) "保价运输限制赔偿条款"本身并不违反公平原则,只要快递公司就该条款尽到了提醒和说明义务,双方当事人意思表示一致,就应当认定保价条款的效力,但是,如果快递公司对货物的损失有故意或者重大过失的,则保价条款无效。

上述三种观点说明：

（1）保价是国际上货物运输的通行做法，快递物品在运输过程中，如稍有疏忽就可能造成重大损失，特别是运送一些易碎、贵重物品，风险会更大。而快递公司收取的首重费用一般均在10元上下，续重费用按重量计算。收取如此低廉的费用，却要承担巨大的风险，从权利义务相一致的角度来说，"保价运输限制赔偿"条款具有合理性。在我国铁路、航空、水路运输法律法规中也有保价运输的相关规定。

（2）"保价运输限制赔偿条款"是否有效应当取决于条款内容是否合理，如不存在《合同法》规定的无效情形，且快递公司在订约时已尽到合理告知义务，而且消费者自愿在保单上签字的，除非快递公司对造成对方财产损失存在故意或重大过失，该保价条款应为有效。分析如下：

依据我国《合同法》的规定，格式条款是当事人为了重复使用而由合同的一方当事人预先拟定，并在订立合同时未与对方协商的合同条款。"保价运输限制赔偿条款"是典型的格式条款。在现今法律环境下，对此类格式条款进行评价，当然主要还是依据《合同法》。《合同法》第三十九至四十一条对格式条款有明确的规定，对"保价运输限制赔偿条款"效力进行评价，当然须以此3条规定为准。《合同法》第三十九条规定："采用格式条款订立合同的，提供格式条款的一方应当遵循公平原则确定当事人之间的权利和义务，并采取合理的方式提请对方注意免除或者限制其责任的条款，按照对方的要求，对该条款予以说明。格式条款是当事人为了重复使用而预先拟定，并在订立合同时未与对方协商的条款。"第四十条规定："格式条款具有本法第五十二条和第五十三条规定情形的，或者提供格式条款一方免除其责任、加重对方责任、排除对方主要权利的，该条款无效。"第四十一条规定："对格式条款的理解发生争议的，应当按照通常理解予以解释。对格式条款有两种以上解释的，应当作出不利于提供格式条款一方的解释。格式条款和非格式条款不一致的，应当采用非格式条款。"从《合同法》三十九条到四十一条可以看出，对格式条款的效力进行评价，主要看以下几方面：

① 双方权利义务是否公平合理。承运人是否利用格式条款免除其责任、加重对方责任或者排除对方主要权利。

② 承运人是否采取合理方式提醒对方注意免责条款或者限制责任条款。

③ 在托运人要求承运人对免责条款或限制责任条款说明时，承运人是否尽到说明义务。

④ 是否存在《合同法》第五十二条规定的情形的，包括：

a. 以欺诈、胁迫的手段订立合同，损害国家利益；

b. 与他人恶意串通，损害国家、集体或者第三人利益；

c. 以合法形式掩盖非法目的；

d. 损害社会公共利益；

　　e. 违反法律、行政法规的强制性规定。

　　⑤ 是否约定在故意或者重大过失造成承运人财产损失时免责的情形（《合同法》第五十三条）。《合同法》第三十九条允许当事人通过格式条款订立合同，并且也允许格式条款中有免除或者限制提供格式条款一方当事人责任的内容，但提供格式条款的一方应当遵循公平原则确定当事人之间的权利和义务，并采取合理的方式提请对方注意。《合同法》第四十条进一步规定了格式条款具有《合同法》第五十二条和第五十三条规定情形的无效，对此在理论上和司法实践中都能认同和执行，但《合同法》第四十条"……或者提供格式条款一方免除其责任、加重对方责任、排除对方主要权利的，该条款无效"的规定，似乎是对《合同法》第三十九条允许格式条款中有免除或者限制提供格式条款一方当事人责任的内容进行了否定，在司法实践中被很多法院作为否定"保价运输限制赔偿条款"效力的依据。虽然不能断言《合同法》第三十九条和第四十条的规定相互矛盾，但由于规定的过余原则导致司法实践中产生了不同的理解。对此，最高人民法院于2009年4月颁布了《合同法》解释（二），对有关格式条款的规定做出了以下解释：

　　《合同法》解释（二）第六条规定：提供格式条款的一方对格式条款中免除或者限制其责任的内容，在合同订立时采用足以引起对方注意的文字、符号、字体等特别标识，并按照对方的要求对该格式条款予以说明的，人民法院应当认定符合《合同法》第三十九条所称"采取合理的方式"。提供格式条款一方对已尽合理提示及说明义务承担举证责任。

　　《合同法》解释（二）第九条规定：提供格式条款的一方当事人违反《合同法》第三十九条第一款关于提示和说明义务的规定，导致对方没有注意免除或者限制其责任的条款，对方当事人申请撤销该格式条款的，人民法院应当支持。

　　《合同法》解释（二）第十条规定：提供格式条款的一方当事人违反《合同法》第三十九条第一款的规定，并具有《合同法》第四十条规定的情形之一的，人民法院应当认定该格式条款无效。

　　解释（二）的上述规定明确了格式条款提供人的提醒和说明义务。格式条款提供人未尽到此义务，导致对方未注意到免除或限制责任条款时，对方当事人可撤销该条款；格式条款提供人未尽到此义务，导致对方未注意到免除其责任、加重对方责任或者排除对方主要权利的条款时，该条款无效。

　　由此可见，解释（二）对"免除或限制其责任的格式条款"和"免除其责任、加重对方责任或者排除对方主要权利的格式条款"的效力作出了不同的规定。对于前者，如果提供格式条款的一方未尽到提醒和说明义务，格式条款并不当然无效，但赋予另一方当事人申请撤销该格式条款的权力；对于后者，如果提供格式条款的一方未尽到提醒和说明义务，格式条款无效。当然，依据《合同法》的规定，格式条款如具有《合同法》第五十二条和第五十三条规定情形的无效,无论提供格式条款的一方当事人是否尽到提醒和说明义务。

3) 对4个案例中"保价运输限制赔偿条款"的分析

4个案例中的"保价运输限制赔偿条款"内容基本一致,其基本内容为:"……是否保价由寄件人自愿选择。如需保价,保价费为保价金额的3%;保价快件丢失、损毁或短少,按实际损失价值赔偿,但最高不超过快件的保价金额;未保价快件赔偿限额为资费的若干倍。""保价运输限制赔偿条款"提供了保价运输和不保价运输两种方式供寄件人自愿选择。保价运输方式下,快递公司承担保价金额内货物实际损失的赔偿义务,而寄件人需要额外承担支付保价金额的3%保价费的支付义务;不保价运输方式下,寄件人只需要承担较低运费的支付义务,而快递公司只承担若干倍运费金额内货物实际损失的赔偿义务。综合考虑快递公司的运输成本及承担的风险,无法断定"保价运输限制赔偿条款"违反了公平原则。"保价运输限制赔偿条款"也不具有《合同法》第五十二条和第五十三条规定无效的情形。

但案例中的"保价运输限制赔偿条款"没有明确因快递公司故意或重大过失造成货物损失的赔偿原则,存在着违反《合同法》强制规定之嫌,建议将"保价运输限制赔偿条款"修改为:"……是否保价由寄件人自愿选择。如需保价,保价费为保价金额的3%;保价快件丢失、损毁或短少,按实际损失价值赔偿,但最高不超过快件的保价金额;未保价快件赔偿限额为资费的若干倍;因快递公司故意或重大过失造成快件丢失、损毁或短少,按实际损失赔偿。"

4) 对4个案例判决结果的分析

第一、二个案例,法院确认了"保价运输限制赔偿条款"的效力,但忽略了对货物损失原因的调查,如果货物损失是由于被告故意或重大过失造成的,则不得适用"保价运输限制赔偿条款"的约定来确定被告的赔偿责任,而应判决被告赔偿原告的实际损失。

第三个案例,法院以被告没有提供证据证明办理托运时,被告就运单上"保价运输限制赔偿条款"对原告已尽提醒、说明义务为由,否认了运单中"保价运输限制赔偿条款"的效力,符合《合同法》及解释(二)的相关规定。

第四个案例,法院在没有充分考虑"保价运输限制赔偿条款"的内容是否存在明显不公平的基础上,以运单中"保价运输限制赔偿条款"属于格式条款且该条款减轻了被告在快件保管、安全运输中的监管和保障义务,限制了原告索取赔偿的权利,违反了公平原则为由,否认了运单中"保价运输限制赔偿条款"的效力,显然不符合《合同法》及解释(二)的相关规定精神,也没有充分尊重契约自由原则。

5)"保价运输限制赔偿条款"使用中应注意的关键问题

(1)"保价运输限制赔偿条款"的内容不得具有《合同法》第五十二条和第五十

三条规定无效的情形,保价费率不能过高,应遵循行业惯例,有政府或行业协会指导意见的应遵循指导意见。

(2)"保价运输限制赔偿条款"应当采用特别、醒目的字体,印在货物运单比较醒目的位置。

(3)订立快递运输合同时,一定要提醒托运人(寄件人)仔细阅读"保价运输限制赔偿条款"相关内容并给予解释,并要求托运人(寄件人)在适当位置签名,从而充分证明承运人尽到提示与说明义务。

9.1.3 思考题

(1)"保价运输限制赔偿条款"的性质是什么?
(2)如何确定"保价运输限制赔偿条款"的效力?
(3)使用"保价运输限制赔偿条款"应注意那些事项?

9.2 如何确定公路货物运输承运人的赔偿责任

9.2.1 案例介绍

1)案情

原告:四川仁智油田技术服务股份有限公司(简称仁智油服公司)。

被告:濮阳市华龙区军诚运输有限公司(简称军诚运输公司)。

2010年12月初,原告仁智油服公司与被告军诚运输公司签订运输服务合同一份,主要约定:由被告以公路运输的方式,承运原告在中原特种车辆有限公司定做的"750修井设备总成及配套设备"至新疆轮台县周边30 km内指定地点。运输时间6天。运输费用660 000元,合同生效起原告付给被告定金30 000元,装车完毕原告付给被告运费的40%(含定金),货到3个工作日内付清。被告承运的货物因被告方原因出现短少、被盗、被抢、破损、交通意外等造成的一切损失,由被告按照货物的市场价格予以赔偿,因原告方原因出现以上情况,被告方不承担责任,给被告造成损失的,原告方承担由此引起的一切损失。双方关于不可抗力约定:

(1)由于不可抗力事故,致使直接影响合同的履行或者不能按照约定的条件履行时,遇有不可抗力事故的一方,应立即将事故情况书面通知对方,按照事故对履行合同影响的程度,由双方协商决定是否解除合同,或者部分免除履行合同的责任,或者延期履行合同。

(2)如因不可抗拒的因素,如交通事故、国家法律部门的检查等所造成的延误,被告方应及时通知原告方并向原告方出示证明,并采取有效措施努力补救。

(3)遇有不可抗力,如雨季道路冲毁、道路不具备运输条件、工农关系等影响正常运输，被告方不承担违约责任。

合同签订后，被告组织了10辆运输车辆对原告的设备进行了运输，原告按照约定先行支付了265 000元运费。当行驶至新疆境内农垦36团离若羌县城80 km处时，驾驶员楚某驾驶的运输"750修井设备"主要配件"ZYT5550TZJ180型钻机车"的冀FA6844号重型半挂牵引车、冀FP291挂重型平板挂车，因操作不当车辆发生侧滑，造成车辆货物掉落及车辆损坏。经若羌县公安局交警大队道路交通事故认定，楚某负事故的全部责任。后原告委托中原特种车辆有限公司对"ZYT5550TZJ180型钻机车"进行维修，原告支付维修费628 000元。在对钻机车维修期间，原告在新疆库车县境内的修井作业场产生油料消耗费用142 031.74元，原告为维修钻机车产生差旅费29 881.50元，修井作业场人员返回四川产生交通费23 591.40元，修理期间修井队支付工人工资186 333元，钻机车维修后运送至目的地的二次运输费6 000元。后原告要求被告赔偿以上经济损失共计1 015 837.64元，被告未予赔偿，双方形成纠纷。

诉讼中，被告辩称：发生事故是因为道路不具备运输条件，属不可抗力，根据双方签订的运输合同约定，我方不负赔偿责任；原告维修设备花费过高；其他损失不应赔偿。但被告未能提供充分证据。

2）裁判

法院认为：原、被告双方签订的公路货物运输合同，系双方真实意思表示，内容不违背法律、法规禁止性规定，合同合法有效。被告在运输过程中未尽到妥善、安全运输义务而发生交通事故，造成原告货物损失，被告应当赔偿原告经济损失。现原告要求被告赔偿经济损失1 015 837.64元，法院认为，因该事故造成原告的货物损失628 000元，按照合同约定被告应予赔偿。原告为维修钻机车产生的差旅费29 881.5元，是为避免损失扩大所支出的必要的合理的费用，被告应予赔偿。钻机车维修后运送至目的地的二次运输费6 000元，是因本次事故造成的必要的费用，应由被告赔偿。因被告已经基本履行了运输服务合同确定的义务，且合同约定承运的货物因被告方原因出现短少、破损、交通意外等造成的一切损失，由被告按照货物的市场价格予以赔偿，并未约定不付或少付运费，故剩余运费395 000元，原告仍应支付被告。双方义务折抵后，被告应赔偿原告经济损失268 881.50元。原告主张的修井作业场产生油料消耗费用142 031.74元，修井作业场人员返回四川产生交通费23 591.40元，修理期间修井队支付工人工资186 333元，是原告因被告迟延交付承运货物造成的间接损失。

法院认为，公路货物运输合同是承运人提供劳务行为的合同，承运人付出劳动，收取运费是货物运输合同的核心，由于承运货物的多样性，货物价值的不同，对可得利益及可能造成的其他损失难以有准确的定性及预见性，被告不能预见到自己如果违约交付货物可能给原告造成的损失，由被告承担上述原告的全部损失，明显扩大了赔偿范围,且被告承运的修井设备,以现有技术条件原告应当能够以租赁或其他方式找到可替代设备,以避免损失的扩大,故对上述损失法院酌定由被告承担10%,即35 196元。

被告辩称发生事故是因为道路不具备运输条件,属不可抗力,根据双方签订的运输合同约定,被告方不负赔偿责任。本院认为,被告对自己的该辩解理由未能提供证据予以证明,对该辩解理由本院不予采纳。辩解原告维修设备花费过高亦没有证据证实,本院不予采纳。辩解其他损失不应赔偿的理由,本院酌情予以部分采纳。依照《中华人民共和国民事诉讼法》第六十四条,《中华人民共和国合同法》第八条、第一百零七条、第一百一十三条之规定,判决如下:

(1) 被告濮阳市华龙区军诚运输有限公司赔偿原告四川仁智油田技术服务股份有限公司经济损失304 077.50元,于本判决生效后10日内付清。

(2) 驳回原告四川仁智油田技术服务股份有限公司的其他诉讼请求。

如果被告未能按本判决指定的期间履行给付金钱义务,应当按照《中华人民共和国民事诉讼法》第二百二十九条的规定,加倍支付迟延履行期间的债务利息。

案件受理费13 943元,财产保全费5 000元,由原告负担8 082元,由被告负担10 861元。

(摘自四川法院网 http://www.sccourt.gov.cn)

9.2.2 案例点评

本案是一起事实清楚的公路货物运输货损赔偿纠纷案,主要存在两点争议:一是造成货损的原因是否属于不可抗力;二是损害赔偿额如何确定。应适用《合同法》来解决本案实体问题。

1) 公路货物运输承运人承担的是无过错责任

《合同法》第三百三十一条规定:"承运人对运输过程中货物的毁损、灭失承担损害赔偿责任,但承运人证明货物的毁损、灭失是因不可抗力、货物本身的自然性质或者合理损耗以及托运人、收货人的过错造成的,不承担损害赔偿责任。"由此可见,承运人对于运输过程中货物的损毁、灭失承担的是无过错责任,也就是说,除非承运人有证据证明货物的毁损、灭失是因不可抗力、货物本身的自然性质或者合理损耗以及托运人、收货人的过错造成的等免责事由的存在,否则无论承运人自身是否存在过错,只要货物在运输过程中损毁、灭失的,承运人就应当依法承担损害赔偿责任。

本案被告作为公路货物运输的承运人,对运输过程中货物的毁损、灭失承担的是无过错责任,被告应当妥善、谨慎地履行合同义务,在约定的时间内将货物安全运达目的地,货物在运输途中造成毁损、灭失,无论被告是否有过错都要承担赔偿责任,除非被告能提供证据证明货物毁损、灭失是由于不可抗力、货物本身的自然性质或者合理损耗以及本案原告的过错造成的。本案原被告签订完备的运输合同,内容不违背法律、法规禁止性规定,合同合法有效,合同中对不可抗力作出了明确约定。"道路不具备运输条件"是双方约定的不可抗力之一,被告虽然提出了货物损坏是由于"道路不具备运输条件"造成的抗辩主张,但却无法提供证据予以证明,而与本案相关的若羌县公安局交警大队道路交通事故认定结论也说明了被告"道路不具备运输条件"的抗辩主张不能成立。因此,被告应当承担赔偿责任。

2)损害赔偿额的确定

《合同法》第三百一十二条规定:"货物的毁损、灭失的赔偿额,当事人有约定的,按照其约定;没有约定或者约定不明确,依照本法第六十一条的规定仍不能确定,按照交付或者应当交付时货物到达地的市场价格计算。法律、行政法规对赔偿额的计算方法和赔偿限额另有规定的,依照其规定。"

(1)当事人对货物毁损、灭失的赔偿额有约定的,就应当按约定数额进行赔偿。当事人在合同中可能规定了一个总的赔偿数额,也有可能规定了一个赔偿额的计算方法。

(2)当事人对赔偿额没有约定或者约定不明确的,则承运人赔偿的数额应当依照《合同法》第六十一条的规定进行确定。《合同法》第六十一条规定,合同生效后,当事人就质量、价款或者报酬、履行地点等内容没有约定或者约定不明确的,可以协议补充;不能达成补充协议的,按照合同有关条款或者交易习惯确定。

(3)如果依照《合同法》第六十一条的规定仍不能确定的,则按照交付或者应当交付时货物到达地的市场价格计算。本条之所以要规定以交付时或者应当交付时货物到达地的市场价格来计算货物的赔偿额,目的在于使托运人或者收货人获得假如货物安全及时到达并按合同交付时所获得的利益,有利于保护托运人或者收货人的利益。这里的"交付时"是指货物按时到达了目的地,但是货物有毁损的情况下,计算市场价格的起算时间;"应当交付时"是指货物没有按时到达,而货物有毁损的或者货物根本就灭失了,不存在了的情况下,市场价格的起算时间。

(4)法律、行政法规对赔偿额的计算方法和赔偿限额另有规定的,应当依照其规定进行赔偿。我国各专门法对承运人的赔偿责任范围基本上都作了规定,例如《中华人民共和国铁路法》(以下简称《铁路法》)第十七条第一款第二项规定,未按保价运输承运的,按照实际损失赔偿,但最高不超过国务院铁路主管部门规定的赔偿限额。《中华人民共和国民用航空法》(以下简称《民用航空法》)第一百二十条规定,国内航空运输承运人的赔偿责任限额由国务院民用航空主管部门制定,报国务院批准后颁布执行。第一百二十九条第二款规定,对托运行李或者货物的赔偿责任限额,每千克为17计算单位。《中华人民共和国海商法》(以下简称《海商法》)第五十六条规定,承运人对货物的灭失或者损坏的赔偿限额,按照货物件数或者其他货运单位计算,每件或者每个其他货运单位为666.67计算单位,或者按照货物毛重计算,每千克为2计算单位,以二者中赔偿限额较高的为准。对于法律、行政法规的这些规定,应当在计算承运人的赔偿额时予以遵守。而本案是公路货物运输合同产生的纠纷,不适用《铁路法》《民用航空法》《海商法》等相关法规关于限制赔偿额的规定。

本案原被告签订的运输合同约定:"被告承运的货物因被告方原因出现短少、被盗、被抢、破损、交通意外等造成的一切损失,由被告按照货物的市场价格予以赔偿……"该约定是本案当事人对货物的毁损、灭失的赔偿额的明确约定,应当作为本案确定损失赔偿额的依据。本案中货物并未完全灭失(如果完全灭失则赔偿额为货物市场价格),只是造成了损坏,原告为避免损失的进一步扩大(如果不修理,货物将失去使用价值)对被损货物进行了修理,其修理费用(628 000元)及为修理而支出的必要费用(为维修钻机车产生差旅费29 881.5元)在双方约定的赔偿范围之内,被告应当赔偿。货物修理后,被告仍有继续履行将货物运达目的地的义务,因此产生的二次运输费6 000元也应由被告承担。

本案原告提出的,在对钻机车维修期间,原告在新疆库车县境内的修井作业场产生油料消耗费用142 031.74元,修井作业场人员返回四川产生交通费23 591.4元,修理期间修井队支付工人工资186 333元,合计351 956.14元是原告因被告迟延交付承运货物造成的间接损失,不在合同约定的赔偿范围内,但可依《合同法》的相关规定作如下处理:本案中因被告的违约行为造成原告无法通过双方约定的赔偿计算方法得到赔偿的间接损失额高达351 956.14元,原告可依据公平原则要求被告承担相应的赔偿责任。

《合同法》第一百一十九条规定,当事人一方违约后,对方应当采取适当措施防止损失的扩大;没有采取适当措施致使损失扩大的,不得就扩大的损失要求赔偿。当事人因防止损失扩大而支出的合理费用,由违约方承担。被告可依据本条规定,主张在钻机车修理期间,原告完全可以通过租赁钻机车(或其他方法)及时开展修井作业来防止损失的扩大(被告必须举证证明原告有可能采取此种补救措施),但原告没有采取相应措施,对此间接损失(扩大的损失)被告不应承担赔偿责任。

《合同法》第一百一十三条规定,当事人一方不履行合同义务或者履行合同义务不符合约定,给对方造成损失的,损失赔偿额应当相当于因违约所造成的损失,包括合同履行后可以获得的利益,但不得超过违反合同一方订立合同时预见到或者应当预见到的因违反合同可能造成的损失。被告可依据本条规定,主张间接损失351 956.14元是签订运输合同时,被告所无法预见的损失,而不承担赔偿责任。

最终,法院依据《合同法》第一百一十三条、第一百一十九条的规定,依照公平原则,判决被告承担原告间接损失的10%,即35 196元。

3) 运费的处理

《合同法》第三百一十四条规定:货物在运输过程中因不可抗力灭失,未收取运费的,承运人不得要求支付运费;已收取运费的,托运人可以要求返还。

《合同法》只是对因不可抗力造成货物在运输过程灭失的运费处理作出了明确规定。本案货物并未因不可抗力造成灭失,因此本条规定不适用于本案。本案对运费的处理应按双方当事人合同的约定,而双方当事人只约定了运费及其支付方式。本案被告虽然存在违约行为,但已将货物运达目的地,基本履行了运输合同的义务,有权收取运费。

4) 承运人承担损害赔偿责任的风险防范

承运人在履行运输合同过程中,在货物发生毁损、灭失的情况下,应当如何确定货物的赔偿额?这直接关系到承运人所承担的经营风险。由于运输行业风险较大,各国均对承运人应当承担的损害赔偿额进行了一定的限制,即赔偿限额。所谓赔偿限额是指承运人给予货物毁损、灭失赔偿的最高数额。但虽然如此,承运人亦应当关注究竟如何计算赔偿额的问题。在所签订的运输合同中,若未对货物毁损、灭失的赔偿额或计算方法作出约定,对于承运人而言,将面临赔偿责任不确定的法律风险。托运人则可能因未受到限制而向承运人漫天要价,从而导致承运人利益受到较大威胁。

9.2.3 思考题

(1) 公路货物运输承运人责任的性质是什么?
(2) 如何确定公路货物运输货损赔偿范围?
(3) 公路货物运输承运人如何防范货损赔偿责任风险?

9.3 航空货运代理合同与航空货物运输合同的区分

9.3.1 案例介绍

1) 案情

原告:中外运空运发展股份有限公司华东分公司(以下简称中外运华东分公司)。

被告:江苏天行健国际物流有限公司(以下简称天行健公司)。

被告:江苏天行健国际物流有限公司上海分公司(以下简称天行健上海分公司)。

2008年2月25日,原告与被告天行健上海分公司签订《国际航空运输货物代理协议》一份,约定:被告天行健上海分公司委托原告办理航空货物国际进口和出口运输;被告天行健上海分公司接受原告提供的包机或包舱的转包业务,如果是整架包机或整个包舱业务的转包,原告在底价基础上发生的亏损由被告天行健上海分公司承担。被告天行健上海分公司负责提供货源,将货物全部交原告发运及报关、制单等工作,原告负责货物在机场的打板交接事宜。2009年11月,双方签订《包机业务合作协议》一份,约定原告将2009年11月26日之德国SZW的一架次包机转包给被告天行健上海分公司。转包价格为底价306.5万元(含包机费283万元,拆板费8.5万元,卡车转运预付款15万元),另收取操作费0.5元/kg及上货航地面费用0.3元/kg。货源由被告天行健上海分公司负责组织销售,并由其负责空舱风险,原告不承担包机空舱产生的亏损。报关、排舱、单证制作由被告天行健上海分公司安排。原告负责货站打板交接事宜。原告不得以该包机名义对外销售,但可以组织货源向被告舱,被告给予优于其他同行的优惠价格结算。如果由于航空公司临时取消飞行计划造成被告天行健上海分公司组织货源无法按期出运,原告不承担赔付责任,但原告如有从航空公司处得到赔付或者补偿应该视为被告天行健上海分公司的损益赔付。其他未列明部分参照《国际航空运输货物代理协议》。

同年11月23日,原告与案外人东方中天(河南)航空服务有限公司(以下简称东方中天公司)签订了《包租合同》一份,约定原告向东方中天公司租用11月26日(后实际航班日期为11月28日)由上海至德国的货机一架,包机费用为283万元。原告于11月25日向东方中天公司支付了包机费283万元、转运及拆板费23.5万元。

被告天行健上海分公司组织货源,并向托运人以承运人代理人的身份签发了航空货运单23份。2009年11月26日、27日,原告在浦东机场货站为被告天行健上海分公司办理了上述23票货物的打板交接事宜。11月28日,装载上述货物的飞机在起飞后随即坠毁于浦东国际机场。2009年12月,东方中天公司将拆箱费、卡车运输费退还给原告,但未退回包机费。2010年1月和3月,原告分别向被告天行健上海分公司开具两张金额283万元和41 706元的发票要求被告支付包机合作协议中约定的包机费和打板操作费,但是后者拒绝支付。原告故诉至法院,请求判令被告支付费用。

被告天行健公司、天行健上海分公司共同辩称:

(1)原告与被告间不存在代理合同关系,原告并非被告的代理人,双方之间系运输合同关系。

(2)即使双方之间构成代理关系,被告也并未授权原告向第三人支付费用。

2)裁判

上海市浦东新区人民法院经审理认为,本案争议焦点在于以下两点:

(1)原告与被告天行健上海分公司所签订的《包机业务合作协议》的性质及双方之间的法律关系。

(2)涉案包机协议是否已履行完毕。

关于争议焦点(1)，法院认为，双方法律关系应当根据合同约定的双方权利义务特征来判断。《包机业务合作协议》明确约定合作内容为原告将包机转包给被告，货源由被告天行健上海分公司组织销售，货站打板交接事宜由原告负责。如果由于航空公司临时取消飞行计划造成被告天行健上海分公司组织货源无法按期出运，原告不承担赔付责任。可见原告在合同中仅负责货物的打板交接及货上飞机的过程，对此后货物的运输行为原告并无履行义务，也不承担相应责任。故原告的法律地位并非运输合同的承运人，双方也不是运输合同关系。合同约定的双方权利义务及合同的实际履行情况都符合货运代理合同关系的法律特征，原、被告之间系货物运输代理合同关系。此外，从本案费用的收费方式上看，原告向案外人支付的包机费用为283万元，与被告约定包机费用相同；原告仅向被告收取操作费和上货航地面费用；如有其他费用涉及包机发生，将实报实销；原告并非收取一揽子包机费用，也符合货运代理合同法律关系的特征。

关于争议焦点(2)，原告已经完成了货物的打板交接事宜，并且向案外人东方中天公司支付了包机费283万，该支付当视为原告为被告利益进行的垫付。原告已经完成了货运代理合同的义务，故原告要求被告天行健公司支付包机费及合同约定的打板费，于法有据，应予支持。因被告天行健上海分公司不具有法人资格，其民事责任由总公司承担。一审法院"依据《中华人民共和国合同法》第一百零九条、第三百九十八条、《中华人民共和国公司法》第十四条之规定，判决被告天行健公司支付包机费人民币283万元及操作费人民币41 706元。"

本案宣判后，被告天行健公司不服，向上海市第一中级人民法院提出上诉。

二审法院经审理认为：双方签订的两份协议合法有效，均应按约履行。《包机业务合作协议》中明确约定，合作的主要内容为"中外运公司将包机转包给天行健上海分公司，货源由天行健上海分公司组织销售，货站打板交接事宜由中外运公司负责。"由此可见，中外运公司在上述合同中的主要义务仅包括负责货物的打板交接及货上飞机的过程，合同并未约定中外运公司对货上飞机之后货物的运输过程需承担责任。此外，《包机业务合作协议》中约定的包机费为283万元，该金额和中外运公司与东方中天公司订立的《包租合同》中约定的包机费一致，故二审法院认同一审法院对此节的认定，即"天行健上海分公司对中外运公司须预付航空公司包机费是明知的……中外运公司预付包机款，是为了让天行健上海分公司组织的货物出运，是为天行健上海分公司利益而进行。"故双方之间不是运输合同关系，应当认定为货运代理合同法律关系。鉴于中外运公司完成了《包机业务合作协议》中己方的义务，中外运华东分公司请求天行健公司支付包机费、操作费具有合同依据，应予支持。

遂判决：驳回上诉，维持原判。

9.3.2 案例点评

本案审理的关键在于对当事人之间订立的《包机业务合作协议》法律性质的判断,即该协议究竟系货运代理合同还是运输合同。对此,应根据两种合同的法律特征、双方于合同中约定的权利义务及实际履行情况,对涉案合同的法律属性进行界定。

1) 涉案合同定性对本案审理的重要性

包机协议这种货运代理行业的操作模式并非本案所特有,但是对其法律性质的判断在本案中却特别凸显其重要性。

(1) 本案界定为运输合同还是货运代理合同,会导致本案审理结果出现根本差异:如为运输合同,由于货机坠毁原告未完成合同约定的义务,从合同法角度讲被告有权不支付作为对价的运费;而如为货运代理合同,则原告接受被告的委托为其办理了订舱、打板,已完全履行了合同义务,货机的坠毁是由于承运人航空公司的责任,其为被告垫付的费用被告理应向其支付,被告的损失应由其向承运人航空公司进行追偿。

(2) 货物毁损的直接受害人是作为实际托运人的货主。本案纠纷是由货机坠毁引发,导致了机上货物全损,受害人众多。对涉案合同法律性质的界定不仅关系到案件双方当事人的利益,还会影响到作为实际托运人的货主能否拒付运费以及应向谁主张索赔。在运费方面,如果将包机协议界定为运输合同,被告不需要支付运费,则作为实际托运人的大量货主也免除了运费支付义务,否则,在被告支付运费后,其势必还会向货主追偿。在索赔对象上,如果将原告界定为航空货物运输合同的承运人,也意味着货主可向其提出货物灭失的损害赔偿请求,否则其只能向承运人航空公司主张。

(3) 本案虽由偶然性事件所引发,但航空货运代理业中包机协议大量存在。法院对包机协议性质的界定不仅对今后审理涉及此类合同的案件具有参照作用,也会对货运代理行业的此种操作模式产生深远影响,因为如果将包机协议界定为运输合同会加重从事此类业务的货运代理公司的责任。

2) 航空货运代理合同与航空货物运输合同的区别

根据《合同法》的规定,货物运输合同是指承运人将货物从起运地点运输到约定地点,托运人或收货人支付运输费用的合同,航空货物运输合同是承运人采取了航空器方式的运输合同。而货运代理合同为合同法上无名合同,一般是指委托人和受托人约定,由受托人为委托人处理货物运输及相关业务的合同。货物运输及相关业务包括订舱、仓储、报关、报验、结算交付杂费等货运代理人从事的具体业务。货物运输合同与货运代理合同可从以下几个方面进行区分:

(1) 合同内容不同　合同内容包括权利、义务两个方面。因为权利、义务具有相对性,在这里以承运人和货运代理人的权利和义务作为比较对象。在合同义务方面,运输合同中承运人义务的特征为组织整程运输,对整程运输负责。在货运代理合同法律关系中,货运代理人主要义务特征为将货主的货物安排至承运人的运输器上出运,此种安排可能是整个运输过程,也可能仅是运输的某段路程。在合同权利方面,承运人的权利为收取运输费用,这是其履行运输义务的对价。货运代理人收取的费用虽然有时也以运费的名义收取,但其实质是提供货运代理服务的报酬,这种报酬或者通过代收代付运费另加一定报酬的方式,或者通过赚取向委托人收取的费用与其支付给承运人等有关方的费用之间的差价。

(2) 履行义务的时空性不同　货运代理合同的履行本质上是为航空货物运输合同提供服务。因此,货运代理合同对货物运输合同具有依附性。如果将货运代理合同与货物运输合同在时间和空间上予以区分的话,可以看出,在时间概念上,货运代理人的义务大体先于或后于承运人义务。先由货运代理人办理订舱、报关、打板交接等业务,将货物安排至承运人的运输器后才由承运人进行运输,最后可能由货运代理人再完成收货义务,办理进口报关等手续。在空间概念上,货运代理人的义务往往是在同一地(起运地或目的地)完成,承运人的义务则具有跨境性和空间的连续性,这也是由运输合同在本质上是货物的空间移动的特征决定的。

(3) 调整的法律不同　调整航空货物运输合同的法律规范较为复杂,除主要由《民用航空法》调整外,国际航空货物运输合同还受华沙公约体系、1999 年《蒙特利尔公约》的调整。承运人根据《蒙特利尔公约》的规定可享受赔偿责任的限额,而托运人提出索赔需在特定期间内提出等。货运代理合同属于《合同法》上的无名合同,在性质上最接近于委托合同,因此在法律适用上多是参照委托合同的相关规定。

3) 涉案包机协议的定性

基于上述对航空货物运输与货运代理合同的区分,可对本案中所涉包机协议的法律性质进行判断。

双方签订的《包机业务合作协议》约定,合作内容为原告将包机转包给被告,货源由被告天行健上海分公司组织销售,货站打板交接事宜由原告负责。如果由于航空公司临时取消飞行计划造成被告天行健上海分公司组织货源无法按期出运,原告不承担赔付责任。可见原告在合同中的义务为负责货物的打板交接及货上飞机的过程,其主要责任是将货物安排至承运人的航空器,对此后货物的运输行为原告并无履行义务,也不承担责任。同时,原告向被告收取的包机费用即是其向东方中天公司支付的费用以及操作费等,原告履行义务所收取的对价并非运输费用,而是操作费、上货航地面费用等服务报酬,是货运代理人所享有的权利。在时间上,原告的义务发生在货物实际运输之前,其主要义务都是在为货物能够装载入航空器进行准备;在空间上,其义务发生在货物的起运地,其履行义务不具有跨境性,对货上飞机后的运输行为原告并无履行义务,故原告的法律定位并非运输合同的承运人,双方也不是运输合同关系。

合同约定的原告的义务为转包包机、打板交接,双方之前也签订过《国际航空运输货物代理协议》,这些都符合货运代理合同关系的法律特征。转包包机这一行为,实质不过是货运代理人通常的订舱行为的一种变体。订舱是货运代理人向航空公司或航空公司的代理人预定特定舱位为托运人或其代理人安排运输,而包机行为则是货运代理人预定整架飞机为托运人或托运人的代理人安排运输。原告行为的性质并不因订舱由特定舱位变为整架飞机而改变,其所从事的仍是货运代理行为,原、被告之间成立货物运输代理合同关系。

4) 本案的处理

因双方之间系航空货物运输代理合同,原告完成货物打板交接事宜,货上飞机后,原告已完成合同义务。此后,飞机在起飞机场发生坠毁,致货物未能运至目的地,该事故的发生及货损均不在原告的合同义务之内。原告向案外人东方中天公司支付的包机费系为被告垫付费用,被告应当予以支付。

包机操作模式在航空货运代理业属于新型操作模式,对其法律性质的判断应依据货物运输合同、货运代理合同在权利义务上的本质差异以及这一模式的特点作出。将包机协议定性为货运代理合同符合行业特点,也有利于货运代理业此类业务的开展。

(摘自上海法院网 http://shfy.chinacourt.org)

9.3.3 思考题

(1) 货运代理合同与货物运输合同有何差别?

(2) 试述货运代理的权利和义务。

(3) 试述承运人的权利和义务。

9.4 发货托运人的法律地位及权利义务

9.4.1 案例介绍

1) 案情

原告:湛江市启航货运代理有限公司(以下称启航公司)。

被告:湛江市百事佳电器有限公司(以下称百事佳公司)。

被告:南宁鑫金航物资有限公司湛江分公司(以下称鑫金航分公司)。

2007年8月15日,百事佳公司与大众联合(香港)有限公司(Mass United (HK) Limited,以下称大众公司)签订一份销售合同,约定:百事佳公司向大众公司销售"山"牌电饭煲共计 2 376 包装箱,装入一个 40 英尺集装箱,价格条件 FOB 湛江,总价款 18 688 美元;起运港中国湛江,卸货港印度新德里,允许转运,不允许分装;装运时间 2007 年 9 月 30 日,电汇付款。8 月 20 日,百事佳公司向大众公司开出该销售合同项下的商业发票一份。

2007 年 8 月 27 日,启航公司作为托运人向鑫金航分公司办理涉案货物的托运手续,在编号为 070103 的鑫金航分公司出口货物托运单上记载:发货人芒特海外(香港)有限公司(Mount Overseas (HK) LTD.)(以下称芒特公司),收货人凭指示,装货港湛江,货名电饭煲,运费预付(Freight Prepaid upto Icd Taghlakabad),服务种类库场至库场,柜号 TTNU9164913,提单号为 HKGCB7434825,一个集装箱的海运费 3 100 美元,文件费 17 美元。启航公司以托运人的名义在该托运单上盖章;鑫金航分公司以承运人名义签字盖章,并注明"确认订舱"。9 月 14 日,启航公司向鑫金航分公司支付上述海运费和文件费共计 3 117 美元,折合人民币 23 566.70 元。

在编号 HKGCB7434825 的提单上记载:托运人芒特公司,收货人 M/S G.K 国际,装货港香港,承运船舶"万海"轮,卸货港纽哈瓦,卸货地点 Icd Taghlakabad 堆场,一个 40 英尺集装箱,货名电饭煲,从湛江经香港转船至新德里,运费预付到 Icd Taghlakabad,装船日期 2007 年 9 月 7 日,提单于 9 月 8 日在香港签发。

2007 年 9 月 10 日,启航公司开出编号为 00799563 的"国际货物运输代理业专用发票"一份,记载:付款单位百事佳公司,电饭煲运费 3 366 美元,折合人民币 26 254.80 元,请以美元付款。该发票已由百事佳公司的工作人员纪某领走,但未向启航公司付款。

在目的港,涉案货物被要求交纳 12% 的服务费、1%~12% 的中学及高等教育社科院费、2%~12% 的教育社科院费。为此,目的港的收货人交纳了 1 327 美元,并在付给百事佳公司的货款中扣除了该 1 327 美元。

百事佳公司于 2007 年 11 月 13 日致函里集诺集装箱航运公司(Regional Container Lines)指出:你公司向我司的目的港客户多收取 1 327 美元是不合理的;由于我司的目的港客户急需提货,已向贵司目的港代理支付了此费用。我司客户已在给我司的货款里扣除该 1 327 美元,此费用不合理,请尽快退还我司。

另查明,启航公司系有限责任公司,经营范围是国际货运代理。鑫金航分公司的经营范围是国际货物运输代理业务、集装箱陆路运输代理、汽车货物运输代理等。

上述事实有货物销售合同及货物发票、出口货物托运单、报关单、提单、国际货物运输代理业专用发票、目的地船东代理的发票、启航公司出具给百事佳公司的发票等证据证明。

原告启航公司诉称:原告与被告百事佳公司签订运输合同,约定运费 3 366 美元。之后,原告又与被告鑫金航分公司签订运输合同,约定预付运费,从起运地至目的地的运费与附加费为3 117美元。原告已向鑫金航分公司支付了3 117美元,货物已运抵目的地,但百事佳公司以目的地收货人少付货款1 327美元为由,拒不向原告支付3 366美元。为此起诉,请求判令两被告连带返还运费3 366美元,并由两被告承担诉讼费用。

被告百事佳公司辩称:我方作为货物电饭煲的卖方,与买方大众公司订立国际货物买卖合同,约定的价格条件是FOB湛江,由买方租船。我方并没有以托运人的身份向原告托运货物,委托原告办理运输手续的是货物的最终买家芒特公司,原告应向芒特公司追偿拖欠的运费。我方仅是货物的销售人,没有承担运输合同的义务,也没有承诺为运费承担保证责任。请求驳回原告对我方的诉讼请求。

被告鑫金航分公司辩称:我方与原告之间订立的海上货物运输合同合法有效,双方约定的运费为3 117美元,原告已向我方支付该运费,我方已将货物运抵目的地。该合同合法有效,我方收取运费乃合同权利,应受法律保护。鑫金航分公司与百事佳公司之间不存在任何法律关系,也没有证据证明两者之间相互承担担保责任,因而要求连带返还代付的运费没有事实根据。

2) 裁判

广州海事法院认为:本案系海上货物运输合同纠纷。本案货物运输目的港是印度新德里,具有涉外因素。货物的起运港在中国,双方纠纷涉及中国境内预付运费的支付问题,当事人均为中国的企业法人或企业法人的分支机构,因而本案与中国有最密切联系,根据《中华人民共和国海商法》(以下简称我国《海商法》)第二百六十九条之规定,本案实体处理适用中华人民共和国法律。

被告百事佳公司作为货物电饭煲的卖方,将货物销售给香港的大众公司,后者又将货物直接或者间接地转卖给香港的芒特公司,而货物的最终买家是印度新德里的收货人。货物从中国湛江起运,经香港转运至目的地印度新德里。百事佳公司并未向法庭提交芒特公司直接将货物交给原告启航公司的证据,法庭亦未查到类似证据,而根据常理和常识,在湛江将货物交给承运人的是FOB价格条件下的卖方,即被告百事佳公司。根据我国《海商法》第四十二条第(三)项"'托运人'是指:(1)本人或者委托他人以本人名义或者委托他人为本人与承运人订立海上货物运输合同的人;(2)本人或者委托他人以本人名义或者委托他人为本人将货物交给与海上货物运输合同有关的承运人的人"之规定,芒特公司是缔约托运人(即上述规定中的第(1)类托运人),而百事佳公司即是发货托运人(即上述规定中的第(2)类托运人)。我国《海商法》明确把将货物交与承运人的人规定为托运人,本意即在于解决FOB价格条件下卖方对货物的控制权,即承运人应将提单签发给卖方,使卖方以托运人的身份能在收到货款前控制货物。根据我国《海商法》的上述规定,FOB价格条件下的卖方百事佳公司符合将货物实际交付给承运人这个要件,即成为法定的发货托运人,享受托运人的权利,相应地应承担托运人的义务。

原告启航公司的经营范围是国际货物运输代理。在涉案业务中,启航公司是以货运代理的身份向百事佳公司揽货还是以承运人的身份接受百事佳公司交付的货物,并没有明确的证据予以证明。考虑到启航公司接收了百事佳公司交付的货物,并开出了运费发票,同时又以托运人的身份向鑫金航分公司办理货物托运手续,因而可以将启航公司视为衔接百事佳公司与鑫金航分公司的中间人,启航公司与百事佳公司之间成立一个运输合同关系,启航公司为契约承运人,百事佳公司为发货托运人;启航公司与鑫金航分公司之间成立另一个运输合同关系,启航公司为托运人,鑫金航分公司为承运人。启航公司与百事佳公司之间的运输合同关系,是双方在自愿平等基础上的真实意思表示,不违反法律的强制性规定,合法有效。启航公司作为契约承运人,有权依约定收取运费,并履行将货物从湛江经香港转船运抵印度新德里的义务。启航公司已适当履行了货物运输义务,其有权向发货托运人即被告百事佳公司收取约定的运费。启航公司主张双方约定的运费为 3 366 美元,一方面百事佳公司已领取了该数额运费的发票,另一方面百事佳公司在法庭上并未就该运费数额作出任何抗辩,因而可认定百事佳公司亦认可双方约定的运费数额为 3 366 美元。百事佳公司未向启航公司支付运费,已构成违约,应承担相应违约责任,即应向启航公司支付约定的 3 366 美元运费。

鑫金航分公司作为与启航公司之间运输合同的承运人,已依约履行了运输义务,其有权收取约定运费及文件费共 3 117 美元;启航公司作为托运人,有义务支付该笔费用。启航公司诉请鑫金航分公司返还运费,没有法律根据,该诉讼请求应予驳回。至于目的港的收货人少付给销售方百事佳公司货款 1 327 美元,系另一法律关系,百事佳公司可另行起诉,本庭不予审判。

广州海事法院根据《中华人民共和国海商法》第六十九条第一款之规定,作出如下判决:

(1) 被告湛江市百事佳电器有限公司向原告湛江市启航货运代理有限公司清偿运费 3 366 美元。

(2) 驳回原告的其他诉讼请求。

案件受理费 456 元,因独任审判减半收取 228 元,由被告百事佳公司负担。

一审宣判后,双方当事人均未上诉,一审判决已经发生法律效力。

9.4.2 案例点评

本案涉及 FOB 条件下的卖方在海上货物运输合同中的身份与地位问题。我国外贸出口货物有 80% 左右采用 FOB 条件成交,而如何通过海上货物运输合同保护卖方的利益,并使其履行相应义务,就成了海事审判中颇为重要的一项任务。卖方百事佳公司关于自己并非托运人、不应承担运输合同义务的抗辩,是相当一部分 FOB 价格条件下卖方心态的真实写照,极具典型意义。本案的处理,严格根据法律保护 FOB 条件下卖方利益的初衷,平衡了合同双方的权利与义务,公正公平地分配有关的法律责任与义务,效果极佳。可以不夸张地说,本判决是对 FOB 价格条件下的卖方进行权利与义务启蒙教育的鲜活而良好的法制教材。

1) FOB 价格条件下卖方的困境与法律保护的特别规定

根据 FOB 价格条件,须由国外的买方租船订舱、支付海运费用,由国内的卖方将货物交与承运人并取得有关运输单证。很明显,因租船订舱而成立的海上货物运输合同,主体之一托运人是国外的买方,另一主体即承运人是船方,国内的卖家与货物运输合同并无关联,既不是托运人,更不可能是承运人。这就意味着,国内卖方在向承运人交付货物后,根本不可能根据运输合同控制在承运人掌管下的货物,而如果在交单结汇环节出现差错或收货人拒绝支付货款,则该卖方很可能面临钱货两空的悲惨结局。更为严重的是,在钱货两空后,国内卖方根本没有法律上的诉权起诉承运人要求赔偿损失,尽管分明是他把自己的货物实际交给了承运人。

1978 年的《联合国海上货物运输公约》即《汉堡规则》为了从运输合同的角度保护 FOB 下卖方的利益,首次将托运人定义为:"由其本人或以其名义或代其与承运人订立海上货物运输契约的任何人,或是由其本人或以其名义或代其将海上货物运输契约所载货物实际提交承运人的任何人。"在这里,FOB 下的卖方被法定为运输合同的一方主体即托运人,使其在运输合同下享有了权利,从而在法律上首次出现了托运人"由单一到多元的嬗变",开启了托运人多元化格局的新时代。

我国《海商法》借鉴《汉堡规则》的上述规定,在第四十二条第(三)项中规定:"'托运人'是指:(1) 本人或者委托他人以本人名义或者委托他人为本人与承运人订立海上货物运输合同的人;(2) 本人或者委托他人以本人名义或者委托他人为本人将货物交给与海上货物运输合同有关的承运人的人。"

根据我国《海商法》的规定,发货托运人就是指未与承运人签订运输合同而把货物交给承运人运输的任何人。发货托运人又可称为实际托运人、第二种托运人。被告百事佳公司即是典型的发货托运人。

百事佳公司作为发货托运人,其法律特征是:第一,基于法律的直接规定而取得托运人的地位,即它是因为法律的直接的强制性的规定而成为运输合同一方主体,不以双方当事人的意思表示一致为依托。第二,未与承运人签订运输合同。这是发货托运人的根本特征。在海运实务中,有可能在提单中将发货托运人记载为托运人,亦有可能相关运输单证对发货托运人没有任何记载。百事佳公司即属后一种情况。第三,法律地位具有隐蔽性。发货托运人不以提单上"托运人"栏内的记载为成就要件,常常是隐而不现的。隐蔽性的结果可能是,法律权利被无意间侵害,法律义务得以轻松规避,法律责任可以轻易逃脱,即与法律规定其为货物运输合同一方主体的初衷相悖,而使发货托运人游离于货物运输合同法律调控和保护之外。

2) FOB价格条件下发货托运人的权利

要求签发提单并记载为托运人、对货物实质意义的控制以及对承运人的诉权，是发货托运人至关紧要的法律权利。在这里仅就与本案密切相关的发货托运人要求签发提单并要求在提单等运输单证中记载为托运人的权利进行分析。

发货托运人的身份地位确立于他实际向承运人交付货物之时。一旦确立其托运人的身份与地位，发货托运人即有权要求承运人向其签发提单或其他运输单证。FOB价格条件已明确规定，卖方有义务向买方提交证明已按约定日期或期限、在指定的装运港按照该港习惯方式、将货物交至买方指定的船舶上的提单等运输单证；买方义务则是接受卖方而不是承运人提交的此种运输单证。另外，提单具有海上货物运输合同证明、承运人接收货物的收据、在目的港凭以交付货物的物权凭证等三个法律功能，其第二个功能即承运人接收货物的收据，意味着该收据应向交付货物的人出具，否则收据功能不能得到体现。由上可见，卖方即发货托运人请求承运人签发提单的权利有国际贸易规则的支持，而承运人应托运人请求向其签发提单则是提单收据功能的体现，同时也有我国《海商法》的规定为依据，因而发货托运人要求承运人向其签发提单的权利无可置疑。然而，百事佳公司可能出于诉讼策略的考虑而未向法庭提交提单，也有可能根本就没有取得提单，其法律赋予的提单权利悬而未决。

发货托运人还可以要求在签发提单时将其载入提单"托运人"栏中，以进一步明确其合同地位。在航运实务中，常见的是将发货托运人载入提单"托运人"栏中，也有将FOB的买方记载为托运人的。尽管发货托运人的身份地位是法定的，不以提单上的记载来甄别其是否为托运人，但毕竟提单是运输合同的证明，提单上将FOB卖方记载为托运人更能彰显其合同地位，并让实际承运人、提单受让人、收货人等知悉运输合同当事人的情况，从而弥补发货托运人身份地位隐蔽性的不足。而本案提单记载的托运人为芒特公司，为境外的买方，发货托运人百事佳公司未在提单中记载为托运人，因而其对货物控制以及收取货款的权利具有虚化之虞。

3) FOB价格条件下发货托运人的义务

支付运费、妥善交付货物并告知相关信息，是发货托运人最为重要的法律义务。在FOB价格条件下，由买方即收货人租船订舱并通常由买方支付运费，此时提单记载为"运费到付"。但如果买卖合同约定FOB价格条件下的运费由卖方支付，即运费计入货物成本，则起运港发货托运人应向承运人支付运费，提单关于运费的表述为"运费预付"。

涉案托运单及提单记载的托运人为境外的买方芒特公司，且记载的运费为预付。因海运业竞争激烈等原因，承运人即原告启航公司并未从发货托运人处收到运费，货物运抵目的港后亦未从收货人处收到运费，从而酿成纠纷。

该纠纷产生的根源在于发货托运人身份的隐蔽性,甚至发货托运人自身也不明了其在海上货物运输合同中的身份、地位。法律赋予FOB下卖方以托运人身份(实际托运人),本意在于保护其权益免遭海运合同下的不当侵犯,但在赋予其托运人法律权利的同时,也课加其托运人的法律义务。本案提单中明确运费为起运港"预付"而不是FOB通常条件下的目的港"到付",卖方百事佳公司作为法定的托运人,在这种情况下应承担托运人的主要义务运费支付的义务,以便使合同得以顺利履行;相应地,在目的港的缔约托运人反而没有了支付运费的义务。

综上所述,发货托运人支付运费义务并非法律的强制规定,而是当事人意思自治下合同约定的结果;FOB卖方作为法定的托运人,有责任履行该项约定。涉案提单明确记载了运费预付,法官据此判决由发货托运人百事佳公司支付运费,无疑是正确的。

(摘自中国涉外商事海事审判网 http://www.ccmt.org.cn)

9.4.3 思考题

(1)《汉堡规则》和我国《海商法》对托运人是如何规定的?

(2) FOB价格条件下的卖方在海上货物运输合同中的法律地位是什么?其享受何种权利并承担何种义务?

9.5 水路货物运输承运人免责事由的判定

9.5.1 案例介绍

1) 案情

原告:华泰保险公司。

被告:上海红光贸易公司。

被告:沙田集装箱运输公司。

上海宝矿进出口有限公司(以下简称"宝矿公司")与上海亨昌实业有限公司(以下简称"亨昌公司")于2002年12月签订了《工矿产品买卖合同》,其中第一条约定:"铁矿石品种:巴西产烧结粉矿"。2003年1月,宝矿公司就运输上述铁矿石事宜,委托上海宝矿运输代理有限公司与上海红光贸易有限公司(以下简称"红光贸易")签订年度《运输协议》,其中第一条约定:"物名:进口铁矿石",第三条约定:"……必须为甲板驳,船上必须有明显水尺刻度及相关的水尺表。船体必须有良好的安全设施并有较高的安全性能,若出现故障和任何不安全因素导致货物路程时间耽搁或货损,乙方(红光贸易)必须做出完全赔偿,不可抗力除外"。与此同时,红光贸易与沙田集装箱运输公司(以下简称"沙田集运")签订年度《水路矿石运输合同》,委托沙田集运承运上海至鄂钢的矿石。同年2月,宝矿公司就涉案货物向华泰保险公司(以下简称"保险公司")投保了综合险。保险公司于2月21日签发了预约保单《国内水路、陆路货物运输保险单》。2月26日,宝矿公司将《运输协议》项下的1 630吨CVRD粉,交予码头发货人上海港船务代理公司,沙田集运接收货物,并在《货物交接清单》的"承运人"处盖章。沙田集运将涉案铁矿粉以散装的方式积载于"石港驳1500-2"轮,并由"石港拖802"承拖,但对铁矿粉表面未采取任何防止铁矿粉流动的措施。3月3日凌晨,承运船舶为避风浪及与接拖船舶"石港拖401"轮换拖,在罗家洲抛锚,船舶因风浪而摇摆较大。当日06:50时,"石港驳1500-2"轮所载的铁矿粉突然向右舷发码(流动),导致该轮侧翻,铁矿粉泻入江中。事故发生后,安庆海事局针对沙田集运提交的《事故报告》,作出了"事故报告所述货损及船损情况属实,落水人员未见"的海事签证。安庆气象局于3月6日出具《气象实况证明》,证明3月3日05:00时至07:00时,长江江面上阵风可达八到九级。安庆海事局于7月23日出具《关于"3.3"海事签证意见的复函》,证明事故发生当时,当地风灾存在。保险公司于4月2日向宝矿公司赔付了人民币538 493.35元,并取得了权益转让书后,起诉要求承运人红光贸易与实际承运人沙田集运连带偿付保险赔偿款人民币537 678.35元及利息。

2) 裁判

上海海事法院经审理认为,本案为水路货物运输合同货损赔偿纠纷,红光贸易系涉案货物运输的承运人,沙田集运接受红光贸易的委托,实际承运涉案货物,系涉案货物运输的实际承运人。在不能证明存在不可抗力和其他免责事由的前提下,承运人红光贸易与实际承运人沙田集运应该对运输途中发生的货物灭失承担赔偿责任。保险公司作为涉案货物的保险人在理赔后,代位求偿权成立,向承运人与实际承运人追偿赔付款的诉讼请求于法有据,应予支持。遂判决:被告上海红光贸易有限公司和被告沙田集装箱运输公司向原告华泰保险公司连带赔偿人民币537 678.35元及利息;对原告华泰保险公司的其他诉讼请求不予支持。被告红光贸易和被告沙田集运不服提起上诉,上海市高级人民法院经审理认为原审程序合法,判决认定事实并无不当,判决结果正确,遂于2003年12月31日作出二审判决,驳回上诉,维持原判。

9.5.2 案例点评

本案为水路货物运输合同货损赔偿纠纷。水路货物运输合同承运人承担的是严格责任制,也就是说对运输过程中发生的货物毁损、灭失,不论承运人有无过错,除了有法律规定的免责理由外,都应承担赔偿责任,并不以承运人有过错为承担责任的条件。但是,严格责任制并非在任何情况下承运人都要承担赔偿责任,如果具备法律规定的免责事由,承运人也不承担责任。本案中红光贸易和沙田集运分别作为涉案货物运输的承运人和实际承运人,在不能证明存在不可抗力和其他免责事由的前提下,应该对运输途中发生的货物灭失承担连带赔偿责任。

《合同法》第三百一十四条规定,承运人对运输过程中货物的毁损、灭失承担损害赔偿责任,但承运人证明货物的毁损、灭失是因不可抗力、货物本身的自然性质或者合理损耗以及托运人、收货人的过错造成的,不承担损害赔偿责任。《国内水路货物运输规则》第四十八条也有类似规定,该条规定的承运人的免责事由包括:不可抗力,货物的自然属性和潜在缺陷,货物的自然减量和合理损耗,包装不符合要求,包装完好,但货物与运单记载内容不符,识别标志、储运指示标志不符合规定,托运人申报的货物重量不准确,托运人押运过程中的过错,普通货物中夹带危险、流质、易腐货物,托运人、收货人的其他过错等。该条规定的免责事由虽然相对较多、较详细,但实际上并未超出《合同法》第三百一十四条中规定的三类免责事由的范围。同时,由于水上运输的特殊风险,在航运惯例中还具体有舱面货物免责,活动物、有生植物免责等免责事由,《海商法》和《国内水路货物运输规则》都有这方面的规定。本案的审理重点主要就是判定涉案货损是否系法律规定的承运人免责事由所造成。

1) 本案承运人不能享受"不可抗力"免责

根据《民法通则》第一百五十三条规定,"不可抗力"是指不能预见、不能避免并不能克服的客观情况。如因发生不可抗力(如地震、水灾等自然灾害),导致运输中的货物毁损、灭失,承运人可以免于承担责任。从该条规定可以看出,我国现行立法要求在确定不可抗力时,不仅要考虑客观因素,而且也要考虑主观因素。承运人要享受此免责权利,应负有举证的义务。本案沙田集运辩称涉案事故为不可抗力。但根据现有材料显示,安庆市气象局在2003年3月2日晚间的气象预报中已经明确表明当地阵风可达7级(涵盖江面)。事发后安庆市气象局出具《气象实况证明》,证明事发当时3月3日凌晨5时至7时,长江江面上阵风可达7级大风。实际承运人沙田集运对当地阵风可达7级大风当然能够预见,而且作为长期从事水路货物运输的沙田集运,对水路货物运输途中可能会遇到7级以上阵风应尽谨慎的注意义务,并且对事发当时江面实际阵风风力可能超过7级亦应有所预测。同时,不可抗力的免责事由还包括不能避免并不能克服,事实上,沙田集运在涉案水路货物运输中,并未尽到承运人谨慎的注意义务,在积载铁矿粉时没有采取相应的措施防止粉矿的流动,未履行妥善地积载货物的职责,对运输期间可能遇到的风险亦估计不足,措施不力,一直未采取任何有效的避风和管理货物措施。因此,就本案事实而言,不可抗力的免责事由不能成立。

2) 实际接收了与原书面协议中约定不同的托运货物,意味着承运人已同意更改运输协议

本案中红光贸易还辩称宝矿公司有违约交货行为,《运输协议》中约定的是"进

口铁矿石"，但交付的涉案货物实际为铁矿粉，故对宝矿公司违约交货导致货物灭失的行为红光贸易不承担责任。此项抗辩理由涉及"托运人、收货人的过错"这一免责事由，"托运人、收货人的过错"是指对于运输过程中货物的毁损、灭失，托运人、收货人在主观上存在故意或者过失的情况。如包装不合格、装货中夹带易于引起货物变化的物质、自己错填到货地点等。本案中红光贸易主张的该免责事由同样不能成立。首先，在宝矿公司与亨昌公司签订的《工矿产品买卖合同》的第一条约定："铁矿石品种：巴西产烧结粉矿。"显见，宝矿公司在其业务过程中，将"铁矿石"作为三类铁矿的统称，其将铁矿粉交予红光贸易运输，主观上并不存在违约故意。其次，《水路货物运单》及《货物交接清单》上均显示涉案货物的名称为"巴西产烧结粉矿"或简称为"CVRD"粉，从货物名称上可轻易地识别出货物为铁矿粉而非铁矿石。可见，宝矿公司在实际交货时，亦未隐瞒货物的实际性质，而实际承运人沙田集运在接收货物时，也未提出异议。即使承运人红光贸易对铁矿粉一事确不知情，但由于实际接收并运输货物的是沙田集运，而沙田集运对于货物的性质是知晓并认可的，因此货物性质的不同并非导致涉案事故必然发生的原因。第三，红光贸易作为与实际承运人签订合同的承运人，仍然应对全程运输负责，对实际承运人在受雇或代理权限范围内的行为负责，因此实际承运人沙田集运接收涉案货物铁矿粉的行为，应由承运人红光贸易对外负责。至于红光贸易与沙田集运之间对运输货物的性质等有何其他约定，只能依此相互主张相应权利，但不能对抗第三人。据此法院认为宝矿公司于红光贸易之间用实际行为就涉案货物的运输达成了新的协议，即运输的货物为铁矿粉，并据此认为本案中不存在宝矿公司违约交货的情况，对红光贸易以此主张其不承担涉案货损责任的抗辩理由未予采信。

3) 运输舱面货物不免除承运人管船、管货义务

根据《海商法》第五十三条的规定，对于在舱面上装载的货物（甲板货）的灭失或损坏，如果系此种装载的特殊风险所致，承运人可以免责。但是，承运人在舱面上装载货物，必须同托运人达成协议，或符合航运惯例，或者符合有关法律、行政法规的规定。《国内水路货物运输规则》第五十三条、第五十四条也有类似规定。本案中，沙田集运辩称，其系根据宝矿公司的要求用甲板驳运输涉案货物，根据《国内水路货物运输规则》的规定，涉案货物属于在舱面上装载的货物，如果发生灭失，沙田集运作为承运人不承担赔偿责任。涉案货物确属舱面货物运输，本案的关键是，涉案事故是否由于舱面货运输方式的特殊风险造成的。舱面货运输方式的风险通常表现为因船舶摇摆、甲板上浪而使货物被扫到江中，或因甲板上浪或雨淋而遭受损失等。但涉案事故原因是由于铁矿粉"发码"，而导致船舶倾覆，散装铁矿粉全部泻入江中。无论从当事人对事故的记载还是事故发生过程及所产生的后果来看，均证明本次事故的成因并非舱面货运输方式的特殊风险所致。换言之，在货物配

装于舱面时,承运人的免责,并不意味着免除其应当履行的保证船舶适航及管理货物等义务,承运人仍然应当妥善地装载、积载、运输、保管、照料舱面货物。因此沙田集运不能援引舱面货物免责规定享受免责。

综上所述,在不能证明存在不可抗力和其他免责事由的前提下,承运人红光贸易与实际承运人沙田集运应该对运输途中发生的货物灭失承担赔偿责任。而华泰保险公司作为涉案货物的保险人在理赔后,依法取得代位求偿权,向承运人与实际承运人追偿赔付款的诉讼请求于法有据,应予支持。(摘自中国法院网)

9.5.3 思考题

(1) 免责的含义是什么?
(2) 我国法律对不同形式的运输过程中承运人的免责是如何规定的?

9.6 签单代理人对签发提单行为的民事责任

9.6.1 案例介绍

1) 案情

原告:ICEBRIT LIMTED(埃斯布里特公司,以下简称 ICEBRIT)。

被告:大连阿达尼国际船舶代理有限公司(以下简称阿达尼)。

2006 年 4 月 17 日,俄罗斯渔业进出口有限公司与拉利马国际水产品公司(以下简称拉利马公司)签订 AZ-0037 号买卖合同,约定:俄罗斯渔业进出口有限公司在 2006 年 4 月卖给拉利马公司 750 t 新鲜冷冻太平洋鳕鱼,价格条款 CFR 大连,每净重吨 3 200 美元,买方在收到正本提单复印件传真后,以电汇方式向卖方支付全部价款的 90%。PACIFIC TRAMP LTD 系 2005 年 7 月 5 日在马绍尔群岛共和国注册成立的公司。2006 年 4 月 17 日,该司向被告阿达尼提出要求建立代理关系,并于次日与被告阿达尼传真签订船舶代理协议,约定被告阿达尼作为 PACIFIC TRAMP LTD 所有的柬埔寨籍冷藏运输船"PACIFIC TRAMP"轮在大连港卸载 750 t 海产品的船舶代理。PACIFIC TRAMP LTD 向被告阿达尼传真了其营业执照、船舶临时登记证书、船舶吨位证书,吨位证书显示"PACIFIC TRAMP"轮总吨位 1 074 t、净吨位 458 t。

2006 年 4 月 20 日,拉利马公司与原告 ICEBRIT 签订买卖合同,约定:拉利马公司销售给原告 ICEBRIT 俄罗斯堪察加水域东海岸捕捞的净重 748 448 kg(总重 785 869 kg)新鲜冷冻太平洋鳕鱼,每净重吨 3 260 美元,CFR 大连,预计到港时间为 2006 年 4 月 26 日至 27 日;原告 ICEBRIT 在收到正本运输单证的传真件后,以电汇方式向卖方支付全部价款的 90%,在支付第一笔货款之前,买方将直接自俄罗斯供应商在大连港的代理人处得到正本提单的复印件，表明合同约定数量的货物已经装船，并以原告ICEBRIT为收货人；卖方在收到第一笔电汇款项后，应尽快将正本提单送于收货通知人。2006年4月21日，PACIFIC TRAMP LTD传真通知被告阿达尼，称2006年4月19日签发的06/01号提单作废，指示被告阿达尼按06/01号提单的内容签发06/02号托运人为拉利马公司、收货人为原告ICEBRIT、通知方为海世捷公司的记名提单，要求提单内容必须与06/01号提单相同，要有被告阿达尼的印章，并要求将正本提单的复印件传真给拉利马公司联系人。PACIFIC TRAMP LTD将其签发的06/01号提单和配载图附传给被告。06/01号提单传件记载托运人为EAST MARINE SEAFOOD CO., LTD，收货人凭指示，通知方大连天保绿色食品有限公司，承载船舶"PACIFIC TRAMP"轮，货物装船时间为2006年4月15日，货物为冷冻太平洋鳕鱼46 778袋、净重748 448 kg、毛重785 870.4 kg，提单签发日期为2006年4月19日。同日，拉利马公司致信被告阿达尼，称拉利马公司收到了从"Export-Import Fishing Company LTD"发来的关于要求被告阿达尼提供载货为净重748 448 kg太平洋鳕鱼的运输文件的通知，请被告阿达尼将提单传真并以电子邮件发送到拉利马公司，并强调在拉利马公司或原告ICEBRIT告知已支付了90％货款后，被告阿达尼尽快将正本文件发给海世捷公司。被告阿达尼即回信拉利马公司，声明其是船东PACIFIC TRAMP LTD的代理，只能按船东的指示和书面通知的前提下采取行动，并发送了注明其作为承运人的代理人签发的06/02号提单复印件。06/02号提单记载的托运人为拉利马公司，收货人为原告，通知方为海世捷公司，提单中货物的品名、质量和数量、签发日期、装船日期等内容与06/01号提单均相同。2006年4月25日，被告阿达尼将06/02号提单复印件发送给原告ICEBRIT，并告知船舶将于2006年4月26日抵达大连港。2006年4月28日，拉利马公司将商业发票、装箱单、原产地证书、卫生健康证书等文件交给了原告ICEBRIT，上述证书所记载的受载船舶、货物品名、数量等内容与提单复印件的记载完全相符。原告ICEBRIT通过海世捷公司确认了被告阿达尼执有06/02号正本提单。2006年4月29日，海世捷公司致信原告ICEBRIT和被告阿达尼，表示其代表原告ICEBRIT迫切需要拉利马公司和船东对被告阿达尼释放正本提单的指示。2006年4月30日，被告阿达尼经PACIFIC TRAMP LTD指示，将06/02号全套正本提单交给了海世捷公司，海世捷公司将提单寄交原告ICEBRIT。2006年5月4日，PACIFIC TRAMP LTD传真给被告阿达尼，告知船舶预计到港时间为2006年5月5日，此后再未从PACIFIC TRAMP LTD和船长处获得任何有关信息。原告ICEBRIT取得06/02号正本提单后，因"PACIFIC TRAMP"轮一直未到大连港未能提取货物。

原告ICEBRIT观点：被告阿达尼在签发提单时，既没有核实船东的真实身份，也没有核实大副收据，更没有核实货物是否受载，便擅自签发了虚假提单，存在重大过错,其伪造提单的行为给原告造成了巨额经济损失,应当承担全部赔偿责任。请求大连海事法院判令被告阿达尼赔偿原告的货款损失 2 195 946.3 美元及利息。

被告阿达尼观点:被告阿达尼不是本案运输合同的主体,其法律地位应是承运人 PACIFIC TRAMP LTD 的代理人,原告 ICEBRIT 也清楚知道被告阿达尼的代理人身份。原告 ICEBRIT 要求被告阿达尼作为提单签发人承担货款损失没有事实和法律依据。根据《中华人民共和国海商法》和《中华人民共和国民法通则》关于代理制度的法律规定,原告 ICEBRIT 只能向承运人主张权利,而不能向承运人的代理人主张,除非能够证明被告阿达尼作为代理人存在违法行为。被告在签提单已尽到了谨慎处理的义务。原告 ICEBRIT 的损失是承运人欺诈造成的,与被告阿达尼的行为没有必然的因果关系,其诉讼请求应予驳回。

2) 裁判

(1) 一审结果　大连海事法院认为:原告 ICEBRIT 通过其卖方拉利马公司提供的装箱单、商业发票、原产地证书和卫生健康证书等文件可知其购买的货物受载于"PACIFIC TRAMP"轮。被告阿达尼在与海世捷、拉利马公司的往来函件中已表明其是船东在大连港的代理人。原告 ICEBRIT 通过海世捷公司可以识别承运人应为"PACIFIC TRAMP"轮船东 PACIFIC TRAMP LTD。在原告 ICEBRIT 不能证明被告阿达尼明知或应当知道船东欺诈或与船东有共同故意的情况下,被告阿达尼与船东 PACIFIC TRAMP LTD 之间的代理关系应为有效。被告阿达尼签发并给付 06/02 号提单的行为均是代理行为,其法律后果应由被代理人 PACIFIC TRAMP LTD 承担。原告 ICEBRIT 认为被告阿达尼是提单签发人,应承担承运人责任的主张没有事实依据,不予支持。

被告阿达尼依据与船东的代理协议的约定按指示签发提单属于正常的船舶代理业务。原告 ICEBRIT 如果认为被告阿达尼在签发提单中有过错,或违反了《中华人民共和国海商法》第七十五条的规定,其应承担相应的举证责任。对于被告阿达尼而言,PACIFIC TRAMP LTD 提交的 06/01 号提单和配载图可以初步证明其已实际接收货物。如果被告阿达尼对货物是否装船仍应存有合理怀疑的话,在托运人拉利马公司及原告 ICEBRIT 通过其代理海世捷公司相继要求被告阿达尼出具正本提单的函件后,可以使被告阿达尼再没有必要和额外的理由去质疑货物是否装船。因为,对于海上货物运输而言,对货运状况最了解的托运人、收货人和承运人均向被告阿达尼做出了货物处于运输途中的相同表意。原告 ICEBRIT 在没有其他证据证明被告阿达尼有过错的情况下,认为被告阿达尼应当在确切审查货物是否存在并装船运输后再签发提单的主张,超出了处于本案实际情况下一个谨慎的船舶代理人应当尽到的合理谨慎义务范畴,不能认定被告阿达尼在本案中有过错。

综上所述,依照《中华人民共和国海商法》第七十二条第二款,《中华人民共和国民法通则》第一百零六条第二款,《中华人民共和国民事诉讼法》第六十四条第一款的规定,一审判决:驳回原告 ICEBRIT 对被告阿达尼的诉讼请求。

一审判决后,原告 ICEBRIT 向辽宁省高级人民法院提出上诉。上诉理由:

① 06/02 号提单中没有承运人的信息。

② 本案船舶代理协议不具有真实性,不能证明存在有效的代理关系。

③ 即使代理协议有效,被告阿达尼也没有披露承运人的真实信息;即使做出了披露,原告 ICEBRIT 亦有权选择被告阿达尼作为相对人主张权利。

④ 被告阿达尼签发提单的行为没有经过船东的授权或追认,应承担相应的责任。

⑤ 被告阿达尼在签发提单时没有履行审查义务。

(2) 二审结果　辽宁省高级人民法院认为:原告 ICEBRIT 没有证明其损失客观存在,其提交的支付 90% 货款的电汇凭证未能证明真实性,应承担举证不能的后果。海世捷公司的信函可以说明原告 ICEBRIT 明知船东另有其人且被告阿达尼为其代理人,原告 ICEBRIT 提出本案不存在代理关系的上诉理由不能成立。PACIFIC TRAMP LTD 是在马绍尔群岛共和国注册成立,公司合法存在。虽然代理协议为传真件,但在原告 ICEBRIT 明知被告阿达尼为承运人 PACIFIC TRAMP LTD 的代理人情况下,原告 ICEBRIT 没有相反的证据否定代理协议的真实性,其要求被告阿达尼承担签发虚假提单责任的上诉理由亦不能成立。因原告 ICEBRIT 未能证明货物损失存在,其要求获得赔偿的请求不能被支持。二审判决:驳回原告 ICEBRIT 的上诉,维持原判。

9.6.2　案例点评

1) 被告阿达尼在本案中的身份

根据我国《海商法》第七十二条的规定,应托运人的要求,提单可以由承运人或由承运人授权的人签发。本案对于被告阿达尼身份的确认涉及对承运人的识别和对代理关系的确认两方面。对于承运人的识别,虽然 06/02 号提单中没有直接以文字的形式体现出承运人是船东 PACIFIC TRAMP LTD,但原告 ICEBRIT 通过与拉利马公司的联系和文件交接并经其代理人海世捷公司了解,可以证明原告 ICEBRIT 在提单签发前已经知道承运人为"PACIFIC TRAMP"轮船东,提单被要求在目的港签发。对于代理关系的确认,被告阿达尼早在签发提单前就已经向托运人拉利马公司和海世捷公司表明了其是承运人在目的港的代理人,被要求在目的港代表承运人签发提单,对此原告 ICEBRIT 应当知悉。原告 ICEBRIT 签发提单前对代理关系的真实性没有提出异议,事后虽有异议,但未提供相应的证据否认代理协议的真实性,故应当确认被告阿达尼是经承运人授权的在目的港签发提单的代理人。

2) 被告阿达尼在签发提单行为中是否有过错

在我国《海商法》第七十五条的规定中,对于签发提单的要求体现在应"如实记载",对于知道或有合理的根据怀疑记载的货物与实际不符,或者无法核对的可以做出批注。同时,提单的签发应当符合我国《海商法》第七十二条规定的两个条件:一是经托运人要求;二是得到承运人的授权。本案的实际情况是,被告阿达尼仅是目的港的代理,在实务中对货物是否装船的审查更多应是承运人在装货地的义务,客观上要求目的港的代理人必须了解货物在装货地的装船情况不切合实际。恰恰在本案托运人拉利马公司及收货人原告 ICEBRIT 未对货物实际装船提出质疑,并要求被告阿达尼出具正本提单的情况下,对于被告阿达尼而言,承运人提供给目的港代理人的提单、配载图足可使被告阿达尼相信货物已经如 06/01 号提单所记载的那样装船运输。另外,本案正本提单的签发完全符合托运人要求,并得到承运人授权的条件,故被告阿达尼签发提单的行为没有任何过错。原告 ICEBRIT 在没有证据证明被告阿达尼知道或应当知道对提单记载事项存在合理怀疑根据的情况下,其称被告阿达尼未尽到合理谨慎义务的主张没有事实依据,不应得到法院的支持。

3) 损失与签单行为之间的因果关系及责任

原告 ICEBRIT 虽称其货款损失是由于被告阿达尼签发了虚假提单,因相信提单的效力付款造成的,姑且不论其货款损失是否真实存在以及是否存在贸易风险,究其根本原因应是承运人 PACIFIC TRAMP LTD 及货物的最初卖方有欺诈行为。被告阿达尼签发正本提单仅是原告 ICEBRIT 付款的条件,如果本案船货运输实际存在则不会导致所谓的货款损失。在被告阿达尼不存在过错或共同故意的情况下,其签单行为对所谓的货款损失不具有原因力,不应对其签单行为承担相应的赔偿责任。

(摘自中国涉外商事海事审判网 http://www.ccmt.org.cn)

9.6.3 思考题

(1) 船舶代理的主要业务有哪些?

(2) 船舶代理代签提单时应注意哪些事项?

9.7 电放方式下承运人直接交付货物给记名收货人是否应承担责任

9.7.1 案例介绍

1) 案情

原告:常熟市万泰进出口贸易有限公司(以下简称常熟万泰)。

被告：青岛银辉国际货运代理有限公司（以下简称青岛银辉）。

被告：大连银辉国际货运代理有限公司青岛分公司（以下简称大连银辉青岛分公司）。

被告：大连银辉国际货运代理有限公司（以下简称大连银辉）。

2010年9月25日，原告常熟万泰委托青岛银辉办理租船订舱、报关报验事宜。9月27日原告通过MSN向青岛银辉发送订舱委托书。10月8日该票货物从青岛港出运，双方进行了提单确认。该两票提单载明的托运人均为原告，收货人均为韩国公司FASHION OF HIGH COLLECTION。起运港为中国青岛，目的港为韩国仁川。提单中有"COPY NON-NEGOTIABLE"字样。报关单显示货物价值为15 120美元和5 200美元。该两票货物顺利出运后，于10月9日到达目的港，10月12日交给韩国收货人。10月26日原告要求青岛银辉出具带有电放字样的提单以作留底。同日，原告向青岛银辉支付了上述货物的代理费共计1 200元人民币。

提单号为SILU20101005A、SILU20101005B的两份提单的抬头均为SILVER INT'L TRANSPORT CO.，LTD，该提单符合大连银辉青岛分公司在交通部登记的无船承运人业务备案提单格式，大连银辉青岛分公司具有无船承运业务经营资格。

庭审中，原被告双方确认涉案货物是24 h到达目的港的快船运输，原告未持有出运货物的全套正本提单，关于货物在目的港的交付原告与被告没有作出特别的约定，双方没有要求承运人在放货前必须获得其明确指示的约定。被告采取了传真提单给目的港代理、由其核对收货人身份的方式交付货物，并已将货物交付给提单载明的收货人，原告确认货物被提单载明的收货人提走。

原告诉称，2010年10月8日，原告委托青岛银辉作为原告的货运代理公司办理服装出口的货运代理事务。在原告未提供盖公章电放保函的情况下，青岛银辉擅自安排提单电放，致原告遭受严重损失。大连银辉青岛分公司无原告指示擅自签发电放提单，其依法应对由此给原告造成的损失承担赔偿责任。大连银辉青岛分公司不具备法人资格，其民事责任应当由大连银辉承担。请求三被告赔偿因无指示放货给原告造成的损失20 320美元。

三被告共同辩称，本案不是凭正本提单交付，双方也并未约定根据原告指示交付货物，被告交付货物正确。原告提出异议的根本原因是在于基础贸易项下出现了纠纷，其意图是恶意转移贸易风险，请求驳回原告的诉讼请求。

2）裁判

青岛海事法院经审理认为：在本案没有签发正本提单的情况下，而且原告与被告不存在目的港凭指令放货的约定的情况下，被告大连银辉青岛分公司将货物交付给提单载明的收货人的做法并不构成违约。被告大连银辉青岛分公司将货物交付给提单载明的收货人的做法符合我国法律规定，并无不当。《合同法》第三百零九条明确规定,货物运输到达后,承运人可以直接通知收货人提取货物。原告主张的"托运人未出具电放保函,承运人不得电放货物"的观点没有事实与法律依据。我国法律对电放并没有明确的规定,但按照交易习惯,电放保函的出具不是必须的、强制性的,也不是承运人电放货物的前提。因此原告关于被告未经其指示错误电放货物的主张不能成立。

青岛海事法院依照《中华人民共和国合同法》第三百零九条、《中华人民共和国民事诉讼法》第六十四条之规定,作出如下判决:驳回原告常熟市万泰进出口贸易有限公司的诉讼请求。

原告持原审起诉意见提起上诉。山东省高级人民法院经审理认为,青岛银辉在为常熟万泰办理货运代理业务的过程中,并无不当行为。常熟万泰无权就涉案货物在目的港被交付给收货人要求青岛银辉承担赔偿责任。涉案货物出运后,大连银辉青岛分公司作为无船承运人,向常熟万泰出具了提单副本,据此,常熟万泰与大连银辉青岛分公司之间建立海上货物运输合同关系。本案中,常熟万泰并未要求大连银辉青岛分公司签发正本提单,也未与大连银辉青岛分公司就目的港如何交付货物进行特别约定,涉案货物到达目的港后,大连银辉青岛分公司向涉案提单副本上记名的收货人交付货物,合法正当,不应向常熟万泰承担赔偿责任。大连银辉亦无需向常熟万泰承担赔偿责任。

山东省高级人民法院根据《中华人民共和国民事诉讼法》第一百五十三条第一款第(一)项的规定,作出如下判决:

驳回上诉,维持原判。

9.7.2 案例点评

本案主要涉及电放方式下货物如何交付的问题。电放与传统的凭正本提单交付货物不同,我国法律对电放并没有明确的规定,但按照交易习惯,电放是承运人在不签发正本提单或者收回已经签发的全部正本提单的前提下,以电子邮件、传真或者电报等方式通知其在目的港代理,将运输的货物交付给托运人指定的收货人。在电放方式下,承运人不签发正本提单,但一般会出具提单副本或提单复印件。当提单收货人一栏记载的是记名收货人时,承运人是否需要等待托运人的指示才能交付货物,这正是本案的焦点所在。

电放提单虽不具有正本提单的据以交付货物的依据和物权凭证的功能,但仍然具有海上货物运输合同证明的功能。因此本案中的运输合同关系可以认定。一、二审的审判思路都是认为既然属于合同关系,就应当首先按照双方关于交付方式的约定来判断是否存在违约。本案所涉货物的提单为原告确认过的记名提单,该提单所证明的运输合同下的收货人是确定的,承运人负有将货物交付给该收货人的义务。在原告并未要求承运人签发正本提单的情形下,承运人不负有凭正本提单交付货物的义务,此时除非双方有关于目的港交付货物必须凭托运人明确指示的特别约定,否则承运人将货物交付给提单载明的收货人并不构成违约。

那么这种做法是否违反电放的交易习惯呢?原告主张凭托运人电放保函放货是电放的交易习惯。对此,法院认为在实际的业务操作中,有些情形承运人确实要求托运人出具电放保函,但不排除承运人并不要求电放保函的情形。从电放保函的性质来看,其显然是要求托运人提供一项担保,而不是一份指令,设定的是托运人的义务而非权利;从电放保函的目的来看,也完全是承运人为了进一步保护自身利益而采取的一项举措而已。因此电放保函的出具不是承运人电放货物的前提,故被告直接交付货物并不违反交易惯例。

值得注意的是,随着国际集装箱运输业的飞速发展,提单晚于货物到达目的港的现象增加,尤其是近洋运输,"货等单"的问题给买方及港口都造成了不便甚至损失。提单的流程遇到了严峻的挑战,由此电放交付货物的方式应运而生。但电放的实施是建立在买卖双方及承托双方等各方面彼此信赖的基础之上的,这种信赖非常脆弱,近几年因为经济危机的影响,不断发生贸易环节的纷争,一旦产生,必然会导致电放纠纷层出不穷,近几年各地海事法院受理此类案件的数量大幅上升。因此,对于托运人而言,这种交付货物的方式存在很大风险,建议托运人在货物出运时与承运人作出"虽不签发正本提单,但货到目的港后必须等待托运人的指示才能交付货物"的特别约定,这样才可保护托运人对货物的控制权。

(摘自中国涉外商事海事审判网 http://www.ccmt.org.cn)

9.7.3 思考题

(1)"电放"的含义是什么?

(2)"电放"方式下交货应注意哪些事项?

10　物流人才需求与培养

【本章综述】

纵观众多的国际品牌企业,无不重视对人才的招聘与培养。宝洁公司的前董事长 Richard Deupree 说:"如果你把我的资金、厂房及品牌留下,而把我的人带走,我们的公司会垮掉;相反,如果你拿走我们所有的资金、厂房及品牌,却留下我们的人,十年内我们将重建一切。"

物流人才就是指那些工作在物流领域内,创造出丰硕成果,为物流事业的进步和发展作出杰出贡献的人。物流人才不一定是无所不能、无所不晓的全才,只要他在物流行业的某一项活动中能够创造出一流的成绩,他就是物流人才。

物流人才按工作领域分有:管理型人才、经营型人才、专业技术型人才和熟练专业技能的技术工;按从事的专业分有:存储类人才、运输类人才、包装类人才、信息类人才等。

人尽其才,物尽其用,企业给你一个展示人生的舞台,同样每一位从业人员只有在舞台上找准自己的位置,扮演胜任的角色,才能在舞台上展示自己的才能,实现个人的价值。

成功的企业都有它独特的企业文化,有不同的人才需求观。有的企业要招聘最好的人才、有的企业只招聘 70 分的人才。总之,适合企业发展的,有发展潜力的,就是最好的人才。以下我们选编了国内外一些知名企业对人才需求与培养方面的成功经验,以便将来对学生应聘、就业起到指导和借鉴的作用。

10.1　人才造就了沃尔玛的辉煌

10.1.1　案例介绍

没有自己的一只烟囱,没有自己的一片工厂,拿别人的商品来卖,竟然能够战胜埃克森·美孚石油公司、福特汽车公司和许多工商业巨子,并且能够在全球 500 强企业中独领风骚。沃尔玛(Wal-Mart)靠什么力量打败业内、外的所有巨头,创造了世界零售业史上如此辉煌的奇迹?

有人说是靠它的高效率的物流配送系统,有人说是靠它的企业文化。其实商场的竞争,归根结底是人才的竞争。沃尔玛最独特的优势是其员工的献身精神和团队精神。山姆·沃尔顿和他的继任者一再强调"人"对沃尔玛的重要性,员工被视为公司最大的财富。

沃尔玛的人力资源战略可以归纳为三句话:留住人才、发展人才、吸纳人才。

1) 留住人才

沃尔玛致力于为每一位员工提供良好和谐的工作氛围,完善的薪酬福利计划,广阔的事业发展空间,并且在这方面已经形成了一整套独特的政策和制度。

(1) "合伙人"政策 在沃尔玛的术语中 公司员工不被称为员工,而称为"合伙人"。这一概念具体化的政策体现为三个互相补充的计划:利润分享计划、雇员购股计划和损耗奖励计划。

① 1971年,沃尔玛实施了一项由全体员工参与的利润分享计划:每个在沃尔玛工作两年以上的并且每年工作1 000小时的员工都有资格分享公司当年利润。一位在公司工作了24年的普通售货员可在退休时领取20万美元的利润分享金;一位跑运输的工人有了20年工龄后即可获得22万美元的利润分享金。截至90年代,利润分享计划总额已经约有18亿美元。

② 之后,山姆又推出了雇员购股计划,让员工通过工资扣除的方式,以低于市值15%的价格购买股票。由于公司股票的不断升值,沃尔玛的许多员工积累了大量的财富,在公司长期工作的中层管理人员积累的财富更多,不少人都成了百万富翁甚至千万富翁。这样员工利益与公司利益休戚相关,员工的工作热情当然会空前高涨,实现了真正意义上的"合伙"。

③ 沃尔玛公司还推行了许多奖金计划,员工的疾病信托基金、为员工子女而设的奖学金、减少商品短缺的节约奖金等,门类繁多、数额之大令人刮目相看。以2000年为例,沃尔玛的各项福利计划,加上分店经理奖励和补偿方案等,使公司除了工资和基本补助以外多支付3亿美元。最为成功的就是损耗奖励计划。如果某家商店能够将损耗维持在公司的既定目标之内,该店每个员工均可获得奖金,最多可达200美元。这一计划很好地体现了合伙原则,也大大降低了公司的损耗率,节约了经营开支。

在沃尔玛,管理人员和员工之间也是良好的合伙人关系。公司经理的纽扣上刻着"我们关心我们的员工"字样,管理者必须亲切对待员工,必须尊重和赞赏他们,对他们关心,认真倾听他们的意见,真诚地帮助他们成长和发展。总之,合伙关系在沃尔玛公司内部处处体现出来,它使沃尔玛凝聚为一个整体。

(2) 门户开放政策 沃尔玛公司重视信息的沟通,提出并贯彻门户开放政策,即员工在任何时间、任何地点只要有想法或者有意见,都可以以口头或者以书面的形式与管理人员乃至于总裁进行沟通,并且不必担心受到报复。任何管理层人员如果借"门户开放"政策实施打击报复,将会受到严厉的纪律处分甚至被解雇。这种政策的实施充分保证了员工的参与权,为沃尔玛人力资源管理的信息沟通打下了坚实的基础。沃尔玛以各种形式进行员工之间的沟通,大到年度股东大会小至简单的电话会谈,公司每年花在电脑和卫星通讯上的费用达数亿美元。沃尔玛还是同行业中最早实现与员工共享信息的企业。授予员工参与权,与员工共同掌握公司的许多指标,是整个公司不断升格的经营原则。分享信息和责任也是合伙关系的核心。员工只有充分了解业务进展情况,才会产生责任感和参与感。员工意识到自己在公司里的重要性,才会努力取得更好的成绩。

(3)"公仆"领导　领导和员工是"倒金字塔"的组织关系,领导处于最底层,员工是中间的基石,客户永远是第一位的。员工为客户服务,领导则是为员工服务,是员工的"公仆"。对于所有走上领导岗位的员工,沃尔玛首先提出这样的要求:"如果您想事业成功,那么您必须让您的同事感觉到您是在为他们工作,而不是他们在为您工作。""公仆"不是坐在办公桌后发号施令,而是实行"走动式"管理,管理层人员要走出来直接与员工交流、沟通,并及时处理有关问题。在沃尔玛,任何一个普通员工佩戴的工牌注明"OUR PEOPLE MAKE DIFFERENCE"(我们的同事创造非凡)。除了名字之外,工牌上没有标明职务,包括最高总裁。公司内部没有上下级之分,可以直呼其名,这有助于营造一个温馨友好的氛围,给员工提供一个愉快的工作环境。另外,还有离职面试制度可以确保每一位离职员工,离职前有机会与公司管理层交流和沟通,从而能够了解到每一位同事离职的真实原因,有利于公司制定相应的人力资源战略。挽留政策的实行不仅使员工流失率降低到最低程度,而且即使员工离职,仍会成为沃尔玛的一位客户。

2)发展人才

沃尔玛的经营者在不断地探索中领悟到人才对于企业成功的重要性。加强对员工的教育和培训是提高人才素质的重要渠道。因此,沃尔玛把加强对现有员工的培养和安置看做是一项首要任务。

(1)建立终身培训机制　沃尔玛重视对员工的培训和教育,建立了一套行之有效的培训机制,并投入大量的资金予以保证。各国际公司必须在每年的9月份与总公司的国际部共同制定并审核年度培训计划。培训项目分为任职培训、升职培训、转职培训、全球最佳实践交流培训和各种专题培训。在每一个培训项目中又包括30天、60天、90天的回顾培训,以巩固培训成果。培训又分为不同的层次,有在岗技术培训:如怎样使用机器设备、如何调配材料;有专业知识培训:如外国语言培训、电脑培训;有企业文化培训,全面灌输沃尔玛的经营理念。更重要的是沃尔玛根据不同员工的潜能对管理人员进行领导艺术和管理技能培训,这些人将成为沃尔玛的中坚力量。沃尔玛非常注重提高分店经理的业务能力,并且在做法上别具一格。沃尔玛的最高管理层不是直接指导他们怎样做生意,而是让分店经理们从市场、从其他分店学习这门功课。例如,沃尔玛的先进情报信息系统,为分店经理提供了有关客户行为的详细资料。此外,沃尔玛还投资购置专机,定期载送各分店经理飞往公司总部,参加有关市场趋势及商品采购的研讨会。后来,又装置了卫星通讯系统,总部经常召开电话会议,分店经理无需跨出店门便能彼此交换市场信息。

(2) 重视好学与责任感　沃尔玛创始人山姆先生推崇小镇美国人的努力工作和友好待人的态度,因此在用人中注重的是能力和团队协作精神,学历、文凭并不十分重要。在一般零售公司,没有10年以上工作经验的人根本不会被考虑提升为经理。而在沃尔玛,经过6个月的训练后,如果表现良好,具有管理员工、擅长商品销售的能力,公司就会给他们一试身手的机会,先做助理经理或去协助开设新店,然后如果干得不错,就会有机会单独管理一个分店。

(3) 内部提升制　过去,沃尔玛推行的是"招募、保留、发展"的用人哲学,现在则改为"保留、发展、招募"的模式。沃尔玛人力资源部资深副总裁科尔门·彼得森说:"这种改变不仅是语意的改变,它表明了对保留与发展公司已经具有的人才的侧重强调,而不再是公司以前的不断招聘的用人特点"。公司期望最大限度发挥员工的潜能并创造机会使其工作内容日益丰富和扩大,尽可能鼓励和实践从内部提升管理人员。对于每一位员工的表现,人力资源部门会定期进行书面评估,并与员工进行面谈,存入个人档案。据了解,沃尔玛对员工的评估分为试用期评估、周年评估、升职评估等。评估内容包括这位同事的工作态度、积极性、主动性、工作效率、专业知识、有何长处以及需要改进之处等。这些将作为员工日后获得晋职提升的重要依据。及时发现人才,并积极创造环境以最大限度发挥人才潜力,这是沃尔玛的人才观,正是如此才会有今天成功的沃尔玛。

3) 吸纳人才

除了从公司内部选拔现有优秀人才之外,沃尔玛开始从外部适时引进高级人才,补充新鲜血液,以丰富公司的人力储备。在招聘员工时,对于每一位应聘人员,无论种族、年龄、性别、地域、宗教信仰等,沃尔玛都为他们提供相等的就业机会。从1998年开始,沃尔玛开始实施见习管理人员计划,即高等院校举行 Career Talk (职业发展讲座),吸引了一大批优秀的应届毕业生。经过相当长一段时间的培训,然后充实到各个岗位,此举极大缓解了公司业务高速扩展对人才的需求。

10.1.2　案例点评

沃尔玛总裁兼首席执行官大卫·格拉斯说:"是我们的员工创造了沃尔玛的价值体系。"有了忠诚的客户,有了更为忠诚的员工,再加上让客户和员工运转起来的更有效的管理机器,沃尔玛当然能创造商业文明的奇迹。的确,沃尔玛如此辉煌的发展历史和发展前景,其用人之道确实值得我们中国的零售行业深思、借鉴。

员工是公司的主体,尊重员工,与员工建立利益共享的伙伴关系,最大限度地挖掘员工的创造潜力,让每一位员工充分实现个人的价值,在各项工作中达到卓越的境界,这样才能真正使企业站在较高的起点上,实现跨越式发展。

2013年5月6日,美国《财富》杂志发布了最新美国500强排行榜,沃尔玛以4 691.6亿美元的收入超越石油巨头埃克森美孚、雪佛龙等公司,重回排行榜榜首。《财富》杂志是根据各企业年销售额进行美国500强排名的,沃尔玛曾多次荣登排行榜首位。

10.1.3 思考题

(1) 沃尔玛为什么能够创造世界零售业史上如此辉煌的奇迹?
(2) 沃尔玛的人才策略是什么?
(3) 在沃尔玛人才的晋升有哪些要求?

10.2 互联网时代物流人才的特点

1) 需具有三大思维

互联网时代的物流人才与传统物流人才有较大的差异,传统物流人才只要懂运营、懂管理、懂系统、懂流程,而互联网时代的物流人才,不仅要善于经营与管理,还应该拥有如下三大思维:

(1) 开放思维　善于捕捉行业前沿信息,并且能结合企业内部管理、外部市场和行业趋势推动技术变革和管理创新。

(2) 拥抱思维　能够随时抓住标杆企业的最新动态,结合自身企业的现状,主动拥抱变化。

(3) 跨界思维　将其他领域的商业模式结合本行业的特性,移花接木进行探索与运用。

2) 需具备的技能

2014年,互联网时代的中国物流界,单单懂物流的人才是不具备竞争力的,市场欢迎的是那些既有综合素养,又有竞争实力的复合型物流人才,他们应当具备:

(1) 懂物流+懂项目管理　物流的每一项工作都离不开项目管理,学好项目管理,物流职业生涯就能驾轻就熟。

(2) 懂物流+懂财务或管理会计　物流与商流、资金流、信息流永远是一体的,每一项物流管理都与成本密切相关。懂物流的人,如果对财务和管理会计精通,就能用成本控制法更好地管理物流。

(3) 懂物流+懂互联网营销　新时代的物流人才,必须能充分利用互联网。如果你懂物流,能驾驭互联网营销,每一家企业都会青睐你。因为这方面的人才将是近期中国物流最奇缺的人才。

(4) 懂物流＋懂供应链＋敢于在一线沉淀　有物流供应链理论知识是就业的基础,如果你不沉到行业里去,那你永远干不了实务。如果你拥有专业知识,再沉淀在物流一线历练,下一拨你将是最抢手的人才。

(5) 懂物流＋会数据挖掘与数据分析　2014年,大数据驱动整个物流行业,未来3～5年,物流领域的数据价值是一座金矿,阿里菜鸟、亚马逊、京东、顺丰等企业,全面重视数据在物流领域的商业价值。这是未来3～5年最抢手的人才。

(6) 懂物流＋擅长PPT及PS技术等　过去的物流行业是粗放式管理的行业,随着进入互联网时代,企业需要随时创新和整合,企业需要随时借助互联网的开放空间去展现经营变革、管理创新,同时需要用开放的思维去影响和推动资源整合。所以懂物流,擅长PPT及PS等技术的人才,在物流企业一定是必需的。

(7) 懂物流＋懂金融　金融是物流的孪生兄弟,未来物流、供应链金融拥有足够的发展空间。当今懂物流的人不懂金融,懂金融的人不懂物流,因此双核驱动的跨界人才是奇缺的。

(8) 懂物流＋会应用移动互联网　今天,所有的物流企业都在移动互联化,物流行业移动互联技术的人才奇缺,每一个运营终端、每一个作业细节、每一项成本管理都离不开移动互联,特别是物流平台化的企业,这样的人才是奇缺的。

(9) 懂物流＋有敏锐商业嗅觉＋善于总结和分析　新型的商业时代,需要的人才不仅仅是会干活,还要懂商业,特别是敏锐的商业嗅觉,同时对于获取的信息会进行筛选、加工、分析,最后得出有指导意义的信息。这是所有物流企业都缺乏的人才。

(10) 懂物流＋擅长交流＋懂心理学＋善于分享　互联网是分享经济,能够在微博、微信中主动交流,善于分享,能读懂每一个人需求的人才会赢得非常多的发展机会。

当今时代是互联网时代。时代的发展,拉动着对物流10类复合型人才的需求。

如果你要成为物流行业的新锐人才,不仅要善于学习,而且要学会跨界学习和思考;同时,还要培养良好的职业道德、职业素养,拥有良好的心态。

在竞争激烈、互联互通的信息时代,多一点知识、多一项技能,你就会多10个发展机会。

10.2.1　思考题

(1) 互联网时代的物流人才有何特点?

(2) 互联网时代,你对"跨界"学习与思维有何认识?

(3) 互联互通的信息时代,你对你的职业生涯有何规划?

10.3 博士与老板联手,共创第三方物流企业盈利模式

10.3.1 案例介绍

某高校博士教师潘先生带学生在一家企业做实习咨询,没想到企业老板被潘博士的一个计划给吸引了,二话不说,"土豪"老板决定将博士"打劫"到企业来。出乎很多人的意料,博士心甘情愿放弃象牙塔的教书工作,毅然来到这家还在创业期的企业。这一切,都源自博士教师研究的一个第三方物流平台项目。

1) 一拍即合的相遇,土豪老板和博士青春虽过但都很"冲动"

潘博士在湘潭某高校物流专业教书,由于丰富的教学经验,深受学生们的喜爱。他不仅理论精通,而且相当重视学生动手能力的培养。为此,博士经常会带学生到一些企业去实习锻炼,有针对性地开展实践教学。

2012年秋,博士带着学生去株洲一家主要经营水泥配送业务的物流公司做咨询,这家物流企业老板姓罗。对于博士和学生们的到来,罗老板很高兴。其实罗老板是带着问题来接待博士的,因为他早就耳闻博士的理论工夫不错,这次有机会交流,罗老板想看看博士是否真正有本事解决自己的"麻烦"。

罗老板是从水泥搅拌站基层一级一级地摸爬滚打上来的,对于行业相当熟悉。自从当了老板后,他最头痛的是水泥搅拌站的产能和货物运输的协调问题,"往往是水泥生产多了,却不能保障足够的运力,掉单现象严重;而购置车辆多了,没有足够的订单量,挣的钱连购置的散装水泥车折旧费都不够,种种原因会造成企业生产成本极大的浪费。"

针对罗老板的企业状况,结合现代物流技术,博士创造性地开发了一个第三方物流信息平台。这个平台主要利用我国北斗定位系统,结合统筹技术,可以做到科学的运营管理。简单地说,就是在这个信息平台上,可以随时监控每台车的位置和行车状况,保障不掉单;可以根据业务订单来制订车辆配给,保障运力不浪费;每个司机通过手机,可以随时掌握自己的业务订单,随时了解自己的油耗及月利润额。按照罗老板的调研,省内在这样的第三方物流信息平台建设上还是一片空白,此项目拥有广阔的市场前景。

在明白博士第三方物流平台的精髓后,罗老板当即就发出盛情邀请,希望博士能到公司来任职,把这套理论运用到公司经营当中去。为此,他多次赶赴博士任职的大学,找博士谈心。对于罗老板的诚挚邀请,博士考虑再三也动心了。

2) 理论离实践的距离很远,第三方物流平台走得很"辛苦"

大学教师到企业任职,潘博士成了企业的潘总经理。"新官上任三把火",博士

总经理上任后针对企业状况，有计划地构建了第三方物流企业盈利模式。第一，联系有货源订单的搅拌站，从他们那里得到足够的订单，第三方物流企业承担订单方的货运；第二，启动政府支持的小额投资创业项目，即通过广泛的宣传，动员驾驶员加盟企业，驾驶员只需首付8万元就可以直接拥有一台价值50万元左右的散装水泥车，第三方物流企业为驾驶员提供货运订单和行车路线，精确地计算出油耗及各项成本，月底共同分红。

平台是搭建好了，关键是市场是否接受。差不多有半年多时间，博士总经理与公司员工在省内外四处拜访客户，动员客户加盟。湘潭某搅拌站袁老板最初对第三方物流平台还是半信半疑，最后经不住潘总的"穷追猛打"，决定先试试看，将搅拌站的部分运输业务打包给第三方物流公司来运输。虽然是试试，但精明的袁老板一点也不含糊，在合同里针对他担心的"掉单"问题提出了最苛刻的条款。合同签署后很快进入运行，在经过几次紧张的业务合作后，袁老板终于放下心中的"大石"，第三方物流没有出现过掉单问题。在年底的时候，让袁老板更加惊喜的是，搅拌站自从采用第三方物流后，再也没有出现过去有货物没有运力的尴尬，各项成本控制得很好，远远低于过去的平均水平。随后袁老板痛快地签订了下个年度的第三方物流合同。

在众多加盟的驾驶员中，一个绰号叫"强哥"的驾驶员是首批加盟公司合作平台。强哥自从了解第三方物流公司这套运作模式后，毅然从亲戚朋友那里凑足首付款，签订合同后，他如愿以偿得到自己心仪的散装水泥车。他每天按照公司安排的线路规范运输，路上出现大小事情随时报告给公司来处理，他专心跑好自己的运输。这样，每个月他不仅拿到一份不菲的工资收入，年底的时候，作为首批分红代表，他一次性从潘总这里领到近20万元的奖金时，他高兴极了。经过一年多的发展，首批加盟的驾驶员已经达到近百位。

现代物流是国民经济的重要组成部分，被喻为促进经济增长的"加速器"和"第三利润源泉"。虽然，江西省在物流的发展上取得不少成绩，但传统物流与现代物流发展存在一定的差距，这主要表现在信息化的应用上。随着一批有文化、懂技术的有志之士加入到这个行业以来，经过一年多的打拼，第三方物流的发展已经势不可挡。

在博士的心中有一个更大的目标，他希望能有更多的驾驶员来共同创业，带来一个个充满生机的发展平台，青春入梦，梦想就在这方土地起航。

10.3.2 案例点评

人才为企业带来了经济效益，企业为博士搭建了才华展示的平台。

本案例的土豪老板与博士教师，他们是经营管理人才与技术创新人才，他们从碰撞产生火花到欣赏与牵手合作，最终产生了"1＋1＞2"的经济效益和社会效益。

科技是第一生产力,而人是科技创新的第一要素,也是关键要素。

10.3.3 思考题

(1) 综合案例,谈谈你对"物流人才"的认识。

(2) 本案例中信息平台是怎样运作与管理的?

(3) 通过本案例学习,您对企业重视人才、挖掘人才、运用人才有何体会和感想?

10.4 顺丰速运和FedEx员工管理文化比较

10.4.1 案例介绍

作为国内民营速递业的代表之一顺丰速运以及国际速递企业代表FedEx,两者在员工管理上各坚持了自己的理念,皆得到了很好的贯彻,极大地推动了企业的发展。两者对员工管理的特色是什么,管理文化的异同又如何?

顺丰速运(集团)有限公司(以下简称顺丰)成立于1993年,总部设在深圳,主要经营国内、国际快递及相关业务。截至2014年7月,顺丰已拥有近29万名员工,1.2万多台运输车辆,15架自有全货机及遍布中国大陆、海外的9 100多个营业网点。

21年来,顺丰持续加强基础建设,积极研发和引进具有高科技含量的信息技术与设备,不断提升作业自动化水平,不断优化网络建设,实现了对快件产品流转全过程、全环节的信息监控、跟踪、查询及资源调度工作,确保了服务质量的稳步提升。

顺丰还力求塑造"知行合一"的价值观,让价值观的内涵通过员工的所想、所行体现出来,形成一股精神的力量。

FedEx是全球最具规模的快递运输公司,为全球220多个国家及地区提供快捷、可靠的快递服务。FedEx设有环球航空及陆运网络,通常只需1~2个工作日,就能迅速运送时限紧迫的货件,而且确保准时送达,为遍及全球的客户和企业提供涵盖运输、电子商务和商业运作等一系列的全面服务。作为一个久负盛名的企业品牌,FedEx集团通过相互竞争和协调管理的运营模式,提供了一套综合的商务应用解决方案,使其年收入高达320亿美元。FedEx集团要求旗下超过26万名员工和承包商高度关注安全问题,恪守品行道德和职业操守的最高标准,并最大限度地满足客户和社会的需求,屡次被评为全球最受尊敬和最可信赖的雇主。

1) 顺丰的员工管理文化

顺丰在2002年前,多数是采用合作加盟形式,无所谓员工管理规范,只求业绩。这种经营模式下，整体服务能力参差不齐，很难保证统一品牌下的统一服务水平，甚至有可能出现对品牌的负面影响，促成了顺丰逐步向直营化的转变。区别于此前的承包制，所有收派员都由顺丰总部统一管理。在此基础上，顺丰对员工进行了规范统一的管理。其员工管理文化主要有以下特点：

（1）为追求上进的员工提供不断发展的平台，帮助员工实现和提升自身价值。顺丰为员工提供了广阔、自由、公开的职业发展平台和 E-Learning 学习平台，鼓励并协助员工在企业内得到自我的全面发展。

主要资源有：完善的内部信息办公系统，这是新员工学习的主要资源；公司完善的培训体系，包括企业文化与制度培训、管理培训和专业培训等。

员工可以根据自身特点，结合业务发展选择职业发展通道，并通过不断提升自身工作能力，逐步实现职业发展规划。公司为员工提供以下两种职业发展通道：

① 管理发展通道：通过带领和管理团队职务的轮换或晋升取得自身的发展。在管理晋升方面，主要通过提前储备选拔管理人员并对其进行专项培养，在其能力提升后晋升到新管理职位。

② 专业发展通道：指在某类专业领域内，持续深入发展，追求专业技能的提升，员工通过专业等级的晋升取得的一种发展。

（2）公开、公平、公正的用人机制，为员工提供具有市场竞争力的薪酬福利。顺丰员工绩效管理以工作业绩为基础，根据岗位性质特征，分别采取月度、季度、半年度、年度考核，总部一年一度对各分公司经理进行干部考核，由高层考评其一年的工作绩效。被考核人的上司根据其业绩情况、个人表现等对被考核人进行全面评价，确定被考核人的绩效等级。为保证评价的客观公正性，对业绩表现突出者（最佳或最差者），严格实行三级评价机制，即员工自评、一线经理评价、二线经理评价。考评结束后，确定晋级、降级或"出局"，能者上、庸者下。

（3）建立工作联络指导员制度，协助新员工融入团队。对于新入职员工，顺丰除了委派相关工作人员向新员工介绍公司具体工作情况外，同时针对新老员工不兼容这一问题，指派经验丰富的老员工成为新员工的工作联络指导员，在工作、生活等各方面为新员工提供帮助，从而改善工作氛围，使新老员工相处融洽。

（4）建立顺丰员工关怀平台。国内快递行业竞争激烈，从业人员，特别是一线员工工作辛苦、压力大，为疏解员工工作压力，顺风提供预防性的咨询服务，协助员工解决困难；顺风还提供职业场所人文关怀，帮助员工提高生产率、提高工作绩效。

（5）培养具有传统特色的企业员工价值观。快递企业的人员组成复杂，工作地分散，能力存在差异，在价值观、文化等方面的冲突也必然存在。针对这种情况，顺丰建立了公司独特的人才观，如德才兼备，品德优先，共同成长等。

另外全体员工还必须做到以下几点：诚信敬业、安全高效、积极进取、谦虚务实、心系客户、勇于承担。

顺丰力求塑造"知行合一"的价值观,让价值观的内涵通过员工的所思、所行体现出来,形成一股精神的力量,增强员工对企业的归属感,提高其主人翁意识。

2) FedEx 的员工管理文化

FedEx 连续多年被《财富》杂志评选为"100 家最优秀雇主",连续 3 年被选为"美国十家最受推崇公司",连续多年在翰威特公司组织的"亚洲十佳雇主"评选中名列前茅。这一切与其公司独特的员工管理文化是分不开的。

(1) 员工—服务—利润　FedEx 视员工为公司最重要的资源,公司视最大的挑战来自如何帮助员工满足客户不断增加的要求。在这样的经营理念下,对员工进行管理,使其热爱工作,在工作中实现自我价值,为客户提供优质服务,做到"使命必达"。FedEx 在全球超过 26 万员工,在亚太亦超万名员工,目前近 70% 的总监和管理人员达到了本土化。管理这支庞大的、有着不同文化背景的员工队伍,考虑语言、文化习惯、工作理念等差异无疑非常重要,"员工—服务—利润"的本质是平稳消除全球员工的文化差异。

(2) 沟通无障碍　在交流沟通方面,FedEx 提倡开放式和双向交流,亚太区总裁大卫·坎宁安(David Cunninghan)说:"我们的人力资源管理理念由许多不同的方面组成,沟通是其中最重要的"。FedEx 管理者认为需要倾听来自员工的声音,并做出反应及时传达给员工,FedEx 通过体系和制度保障实现这种沟通的有效性。

调查—反馈—行动(Survey-Feedback-Action),这样的制度目前在行业中是独有的。公平对待程序(Guaranteed Fair Treatment),投诉机制,员工有不满可向上级投诉,还不满意可越级投诉,员工和经理们的纠纷可直达公司高层,从而在最大程度上避免了因纠纷引起的不和与内耗。

此外还有开门政策、一对一的不考虑级别的例会等措施来促进管理者与普通员工间的双向沟通交流。FedEx 每年要在全公司范围内搞一次自我批评,还对每位员工进行不记名调查,以评估员工对管理层的管理能力、本人的工资、工作条件以及对公司的总体满意度等。

FedEx 还有一个内部卫星电视网,每天向全球各网点播报公司的最新动态,加深员工对公司的了解。

应该说,FedEx 创造了一个民主、宽松的沟通、交流环境,使每个员工能开心工作,更好地服务客户,极大提高了员工的积极性。

(3) 职业发展无界限　"职业发展无界限"及"内部提拔"是 FedEx 员工管理战略的两大方面。FedEx 为员工提供"终生学习环境",譬如 FedEx 的每位员工每年总共能获得 2 500 美金的奖学金用于在职培训。FedEx 鼓励他们获得职业进步,为员工提供大量培训机会。例如,在入职培训阶段,FedEx 至少要为递送员提供 40 h 的上岗培训,为所有与客户接触的员工提供 6 周的新员工技巧培训,并且为员工提供其他各类培训,如操作培训、海外培训、在线培训等。每位员工每年能获得大约50 h的培训,众多的培训是FedEx留住人才的重要做法。

当公司内部出现职位空缺时,优先考虑内部职工是FedEx的一贯宗旨,为配合"内部提拔"机制,FedEx公司设计了一套程序,旨在把普通员工培养成富于创造力和关心细节的中高层管理人员。公司确定了成为管理人员的9种品质,凡认为自己已具备条件的员工,皆可进入该管理人员筛选程序,每年参加筛选的员工达到3 000多名。

(4) 激励制度 在FedEx整体员工报酬中,接近50%的支出用于员工薪酬及福利,员工报酬的确定在于认同个人的努力、刺激新的构想、激励出色的表现及推广团队的合作。2003年9月份来,FedEx启动了"真心大使"项目,旨在通过客户对员工表现的反馈来评选和激励员工不断提高能力、提高工作目标。

公司还开展了"每月最佳递送员"、"微笑奖"等计划,表彰那些杰出的、为客户提供优质服务的员工。在FedEx推行的这些奖励报酬系统中,既有国家层面的,也有地区层面的,员工所收获的不仅是物质奖励,还有公司对其工作的认可。

FedEx为员工提供人身保险、退休金、进修资助、带薪休假、医疗保险等,这也是外界认为FedEx是最佳雇主的原因之一。

FedEx重视创新、诚信,通过不同的政策、程序,确保公司员工无论在个人或团队方面都做到最好。

3) 顺丰与FedEx员工管理文化比较

通过上述可以看出两者的员工管理文化既有相似之处,又各有不同。

(1) 类似的是两者的管理皆采取了本土化,都非常注重管理沟通,注重建立良好的企业文化和良好的激励措施。

(2) FedEx深受西方文化影响,采取比较民主的管理机制,关注员工满意度、员工的个人发展,一线员工对企业决策也有不小的发言权,企业的沟通是多层次和全方位的,对管理人才提供良好的发展空间和较高的薪酬。

而顺丰采取的是比较专权的管理模式,注重业绩和效率,由上级进行绩效考评,内部分配差异极大,基层人员的薪酬竞争力比较差。虽然也给基层员工一定的发言权,但在根本上仍是集权控制模式。

10.4.2 案例点评

两家企业处在不同的地域、不同的发展阶段,有着不同的行业地位、企业文化及竞争水平,致使两者执行了不同的员工管理制度。但总体上应该说类似FedEx这样的国际大公司,有着诸多的先进管理理念值得国内快递企业学习和借鉴。我们的快递公司只有以品牌企业为标杆,努力缩小差距,才能迎头赶上。

10.4.3 思考题

(1) 简述顺丰的员工管理方法。

(2) 简述 FedEx 的员工管理方法。

(3) 你认为哪一种员工管理模式更有利于留住人才？为什么？

10.5 员工素养的培养——5S 管理

10.5.1 案例介绍

日本的工厂向以整齐、清洁闻名于世,这都得感谢所谓 5S 的管理技巧,可以用来培养现场工人的良好工作习惯,5S 运动背后所蕴含的理念是:整齐、清洁与纪律化的工作现场乃是制造高品质产品、杜绝浪费以及维持高生产能力的必要条件。

5S 代表五个日本单字：SEIRI(整理)、SEITON(整顿)、SEISO(清扫)、SEIKETSU(标准)以及 SHITSUKE(教养)。

1) 推行中的 5S

在推行 5S 运动前,第一件事就是先到工厂现场周围环境拍照存证,将来推行 5S 运动后,再拍照比较,可以立即看出推行的成效。

(1) 整理环境(Clear up the Area)　在任何工厂里都有废弃或不需要的物品,这些物品目前生产用不着,应以红色标签区别,任何人见到都知道应予搬移或抛弃,不过,厂区应先确定不需要之标准以避免争端,然后指派第三者(通常为管理部门)着手上标签。

(2) 整理储藏所(Organize Storage Places)　环境清洁后,应再整理储藏所,并以文字或数字、颜色等明显标示各项物品存放位置。整理储藏所时,应牢记三个关键因素:何地(Where)、何物(What)以及多少数量(How Many),标示应清楚明白并易于识别,应采用开放式储藏系统,否则各项工具不易保持整齐。

(3) 全面清扫(Consolidate Clearing Procedure)　厂区清扫涵盖三大范围:仓储区、设备与环境。应先划分责任区域,并将清扫的责任分派给现场工作人员。在共同责任区内,可以采用轮班制度。最好将个人责任归属与清扫项目制表公布于现场,张贴在每一个人都看得见的地方,让每一位员工都养成每天清扫 5 min 的习惯,5 min 听起来很短,但如果持之以恒,效果是十分惊人的。

把整洁的工作现场当做一项标准来追求,只要每人付出一点小小的努力,现场就永远保持整洁,秘诀在于牢记三个没有(No)的原则:没有不需要的物品,没有杂乱,没有肮脏。在达成这一标准前,应派人定期检查评分。

(4) 执行视觉管制(Implement Visual Control)　有批评才有进步。5S 运动

也是一样,理想的工作现场应该是一望即知问题所在,解决问题也就容易地多,经过一段时间后,现场的外貌也许有了很大的改变,请你再照一些照片,然后与 5S 运动实施前的照片比较。最好办一次照片展览,这是对现场员工最好的教育,此外,也不要忘记了对执行 5S 具有成效的现场单位或员工给予适当的奖励。

2) 5S 的成效

现在你的工厂看起来整洁多了,但这只是 5S 运动的开始而已,千万不要松懈,下一个目标是潜移默化,把 5S 变成工厂的习惯。

(1) 管制存货水平(Control Stock Levels) 在不影响生产的前提下,应设法逐步降低存货水平。做法很简单:利用红色(红线或标签)表示存货之最高水平,黄色标示最低水平,慢慢降低红色标签的位置,如此即可加强存货管制,减少积压存货。

(2) 容易取用,容易归位(Easy to Pick, Easy to Return) 各种夹具、工具与备品放置的位置,应标示名称和编号,最好画出工具的形状,精确标示位置所在。理想的工具位置,应该临近相关的机器设备,才能随取随用,用后立即归位。还可以利用不同颜色区别不同工具或原料备品,令使用者更易于识别。

(3) 随时清理与清点(Alway Sclean and Check) 在现场随时清理与清点,目的是要做到零故障、零错误以及零中断。每一个与生产流程相关的环节都应该随时清理与清点,划分责任区域,指派清理与清点工作人员。设定清点项目与清理顺序,并列入日常工作之一环。工厂的维护应该由现场人员自己来做。

(4) 维持整洁的工作现场(Maintain A Spotless Workplace) 前面提到的三个整理重点——何地、何物以及多少数量是否都已做到?是否已经设定标准,杜绝现场及仓储中不需要的物品?假如现场有不需要的物品,由谁来负责搬运?所有的工具是否已经归还原位?如有肮脏是否立即清扫?员工每天清扫是否已经习惯?这些应该安排人定期及不定期检查。

(5) 全公司维持相同的水平(Maintain Standards Throughout the Company)

教养应该着手于严格的要求,各级主管应该放宽胸怀,可以批评别人,也要接受批评,所谓"预防胜于治疗",使事故防患于未然。工人缺乏教养,主管应该批评的是领班、组长,而不是工人。领班、组长应负责教导工人,并创造活泼明朗的工作环境。

3) 预防性的 5S

当 5S 经过潜移默化,逐渐根栖于你的工厂,你的下一个目标就是加入世界一流公司的行列,为了达成此一目标,还要加倍努力才行。

(1) 去除不需要的物品(Avoid Unnecessary Items) 如果不需要的物品在你清理时一再出现,请赶快找出一再出现的原因。与其事后处理,不如事先防范。防范的最佳手段就是维持并降低库存水平。

(2) 避免杂乱(Avoid Disorganization) 关于工具的使用,可能你的工人已经知道用毕归位,并加以整理,但现场还是相当杂乱,要解决问题,不能只看到杂乱的现象,却不知道杂乱的原因。可能原因如下:储藏所并非固定,或未明显地标志放置位置;工人教养或训练不足;堆放之物品超过正常需要量。

(3) 清扫后不再肮脏(Cleaning Without Getting Dirty Again) 肮脏在被注意到以前往往已经在工厂散布开来,散布的媒介包括风、水、油、工人制服、鞋底、轮胎(如堆高机)等。除非消除脏乱之源,否则清不胜清,扫不胜扫,脏乱永远存在。想要清扫后不再肮脏,就必须找出原因,对症下药,更应该避免工作本身制造肮脏(例如加油时油洒落地面,或是运货卡车经过,轮胎将大量污泥带进工厂)。

(4) 预防环境退化(Prevent Degradation of the Environment) 整齐与清洁是效率的表征,一个肮脏的工厂要谈品质和效率,无异于缘木求鱼。为了防止环境之退化,我们不但要推行5S,还要推行预防性的5S,亦即预防性的清理、整顿与清扫。你应该十分清楚自己工厂的缺点,掌握5S的要点,致力改进,提高标准,这样你已经朝向5S模范工厂迈进中。

(5) 有计划的训练(Systematize Training) 应让现场工人自动自发、承担责任、解决问题。建设性批评虽然有效,不过一旦灾害发生,仍然于事无补。只要不断加强员工教育训练,人为的意外或灾害必可减少。

一家公司在一年中,至少应该拨出几个月来推行5S运动,活动内容包括5S研讨会、5S竞赛等。公司高级主管每月至少巡视工厂一次检视5S成效。

另一有效的办法是辑印5S简讯,供员工阅读,这是教育现场工人的有效方法,此外,也可以在晨间上班前,或在晚间下班后安排5 min的简短会议,检讨实行5S的成效。

一旦5S在你的工厂里根深蒂固、潜移默化,你的工厂就已经进入世界一流工厂的行列。

10.5.2 案例点评

1986年,首部5S著作问世,从而对整个现场管理模式起到了巨大的冲击作用,并由此掀起5S热潮。日式企业将5S运动作为工作管理的基础,推行各种质量管理手法,二战后产品质量得以迅猛提升,奠定了日本经济大国的地位。而在日本最有名的就是丰田汽车公司倡导推行的5S活动,由于5S对塑造企业形象、降低成本、准时交货、安全生产、高度标准化、创造令人心怡的工作场所等现场改善方面的巨大作用,逐渐被各国管理界所认同。随着世界经济的发展,5S现已成为工厂管理的一股新潮流。

5S间有着内在的逻辑关系,前三个S直接针对现场,其要点分别是:整理(SEIRI):将不用物品从现场清除;整顿(SEITON):将有用物品定置存放;清扫

(SEISO):对现场清扫检查保持清洁。清洁(SETKETSU)和素养(SHITSUKE)则从规范化和人的素养高度巩固5S活动效果。通过规范现场、现物,营造一目了然的工作环境,培养员工良好的工作习惯,其最终目的是提升人的品质,养成良好的工作习惯。

5S有很多种说法,西方国家一般将5S定义为分类、定位、刷洗、制度化和标准化,这5个英语单词的首个字母也都是S。此外,5S加上安全就变成了6S,加上节约就变成7S,加上服务就变成8S,再加上客户满意就变成了9S。5S是现场管理的利器,不管是哪个国家,对于5S的说法虽然存在差异,但其内涵都是一致的。

10.5.3　思考题

(1) 何谓5S?
(2) 通过本案例学习,谈谈5S在企业管理中的意义。
(3) 良好习惯在于平时的培养,如何在你学习、工作、生活中培养5S习惯?

10.6　校企协同共创物流人才培养新模式

10.6.1　案例介绍

2010年,江苏海事职业技术学院与苏宁云商集团股份有限公司(以下简称苏宁)开展校企合作,签署了长期战略合作协议,共建了"合作育人基地",共创了"三进三促"合作育人的模式,互聘了合作育人的师资,开发了合作育人的课程。校企合作为社会、企业培养了一大批优秀的高级技能型人才。

1) 合作宗旨

教育是为社会和生产实践服务的。根据国家高等(职业)教育改革与发展"合作办学、合作育人、合作就业、合作发展"的精神,江苏海事职业技术学院在人才培养方面加强与行业特色的龙头企业合作,在课程设置上做到"以需促教、学以致用"。努力把学生培养成德、智、体、美、劳全面发展、综合素质高、应用能力强、为企业所需的实用型、高技能创新人才。

2) 合作企业

我们选择的目标合作企业,不仅要有显著的行业特色、前瞻性的发展眼光、创新的经营模式,而且还要有合作共赢的理念、合作育人的资源和合作育人的举措。

苏宁是一家做电器销售起家的高速成长型民营企业。2013年2月,企业正式转型为苏宁云商,云商的经营模式是"店商+电商+零售服务商",即以云技术为基础,整合前台与后台的资源,融合线上与线下业务,服务于整条产业链,服务于所有的客户群。

苏宁的物流主要是采取自营的模式,因此随之配套发展的便是"物流云"项目。苏宁计划到 2015 年,将在全国建成 60 个物流基地和 12 个自动化仓库。目前,坐落在南京雨花区的苏宁基地,建有第四代物流配送中心,其中一座 24 m 高的自动化立体仓库,仓储量可以支持 60 亿的销售规模。

随着企业销售利润节节攀升,业务持续扩张与拓展,苏宁高层管理者深知,市场竞争最终归结于人才竞争,谁最先、最多地拥有自己所需要的人才,谁就能在市场竞争中占有较大的份额。因此,公司顶层设计了"1200 人才培养战略计划",这一计划涉及公司各层次的人才培养,也包括高技能人才的培养。

3) 合作模式

根据高职物流管理专业人才培养目标和培养方案,我们与苏宁主要采取"三进、三促、三赢"的合作模式。苏宁为学生提供专项实习的技术岗位,同时学生以拥有的专业知识与技能为苏宁提供技术服务。

(1) 一进一促,岗位认知实习　学生入学的第二学期,去苏宁呼叫中心完成 4 周"岗位认知实习"。其主要目的是:理解第三产业的特点,树立良好的服务意识;熟悉企业和企业管理,熟悉技能岗位及其所需的知识与技术,践行劳动生产纪律;同时在生产实习中培养学生的职业道德、职业素养、职业技能,为后续的专业课程学习奠定坚实的基础。

上岗前,苏宁安排一周的岗前专项培训,由互聘的实习讲师承担培训任务,培训的内容:一是走进苏宁,主要是讲解苏宁的发展历史、企业现状、主要业务、企业发展规划与远景。二是业务培训,接听电话要求、客户投诉处理、工作回访内容以及软件操作。三是评价体系,明确实习期间的劳动纪律要求、工作绩效量化考核的指标,实习结束将对学生作综合实习评价,并且评选优秀实习生,予以表彰。

(2) 二进二促,物流综合实习　物流管理专业的学生,在第二学年完成了专业基础课、部分专业课和专项技能训练后,去苏宁配送中心完成 4 周的物流综合实训。配送中心实习的岗位有立体仓库的出入库管理、拣货、扫码、包装、订单处理、票据处理、SAP 信息系统管理、托盘叉车作业。这些岗位会随着工作的需要进行调整或轮岗。

通过实习,学生对配送中心构造、配送流程、配送中心作业与管理、配送设备的性能与操作、仓储管理软件使用有了深刻地认识,达到了理论与实践相结合、学与用结合、用脑与动手相结合、课堂与工厂相融合的良好效果,为学生后期毕业实习和顺利地走上工作岗位并独当一面打下了良好的基础。

(3) 三进三促,毕业实习　在我院每年举办的双选会上,苏宁会录取我院 30 名左右的学生。在苏宁实习中评为优秀学员的学生,人力资源部会优先录取。录取的学生在苏宁完成第六学期为期 20 周的顶岗实习。

对物流管理专业的学生来说,校企合作不仅解决了就业难和工作岗位专业对口的问题,而且随着苏宁的高速成长、业务扩张、经营模式的转型、产业结构的调整和升级,这些机遇给每一位苏宁人提供了一个良好的发展平台和发展空间。

4) 合作成果

(1) 素养培养　在呼叫中心实习,增强了学生的服务意识。面对客户的问题,他们做耐心细致、有条不紊、文明礼貌的解说,也能熟练地处理客户投诉。

在配送中心实习,有的学生平时比较自由散漫,但是一旦进入苏宁,就是苏宁的员工,他们做到严格执行企业的上下班考勤制度,遵守企业的一切规章制度,工作中做到一丝不苟,服从部门长的工作安排和岗位调整,服从企业"5S 管理",上班时不偷懒、不串岗、不上网聊天。实习结束了,有的学生对苏宁、对师傅、对工作岗位还恋恋不舍。

(2) 文化交流　学生在苏宁不仅完成了实习的任务,还是校企文化交流的使者。他们积极参加苏宁举办的篮球、乒乓球、拔河、诗歌等比赛,在"五一"、"圣诞"等节日期间参加企业的庆祝活动,他们与师傅们打成一片,把校园文化、学生的朝气、锐气、活泼性带入企业,同时自己也融入企业。

(3) 评价体系　每批实习结束时,苏宁会及时召开实习总结大会,他们广泛的与学生做交流,认真听取学生的意见和建议,以便为后期的合作做改进。他们根据学生实习期间的工作态度、工作表现、工作纪律、工作绩效,由带教师傅、部门领导、带队老师共同评议,给出学生实习的量化成绩及综合评语,并且评选出 10% 的优秀实习生,颁发荣誉证书。

激励机制使学生在实习期间有目标、有行动、有收获、有成就。苏宁不仅接收我院的学生,还接收其他院校的学生实习,但是对我院实习生一致评价较高,赞扬他们敬业爱岗、业务上手快、劳动纪律性强、融合性好。

(4) 示范效应　在与苏宁合作取得成效的基础上,我们还与其他的企业,如长安住久物流公司、顺丰速运公司、航姆货代公司等签署了校企合作协议,共建了实习基地,拓展了合作的领域。如长安住久物流公司在我院设立"订单班",我们按照企业的业务流程和岗位需求共同研讨,制定了人才培养方案,设置了专业课程,双方共同承担课程的教学任务。又如顺丰速运公司在我院开设校企共建、共管的快递网点,网点的资源有助于我们开展实践教学,顺丰的业务链及其经营管理模式对学生就业、创业起着激励和示范作用。

5) 显著成果

(1) 获省物流技能大赛一等奖　校企合作构建的"三进三促"人才培养模式,使学生在学院完成了扎实的专业理论知识学习和仿真的专项技能训练的基础上,又去企业经历了上岗专项业务培训和技能操作锻炼。2013 年,在江苏省教育厅举办的职业技能大赛上,我院代表队在省属33所高职院校"现代物流技能大赛"中脱颖而出,荣获"一等奖"。

大赛分"方案设计、职业能力测评、方案实施"三大部分,同学们在赛场上沉着应战、配合默契、技能娴熟,顺利地完成了大赛规定的项目,同时还取得"技能操作"第一名的好成绩。

(2) 物流优秀人才层出不穷　校企合作育人的模式培养了学生敬业爱岗和乐于奉献的精神,提升了他们的综合素养和业务能力,历练了他们良好的心态和精益求精的工作作风,缩短了他们走上工作岗位角色的转换期,为他们后续职业生涯发展奠定了坚实的基础。毕业生调查显示,我们培养的学生,他们有的担任了公司区域副总经理,有的担任了公司物流总监,有的担任了仓储、运输部门经理,还有的创建了自己的公司,还培养了闻名全国的"12345优秀话务员"陈努,流传着广为人知的"四劝崔永元别着急"的佳话。

6) 绩效评价

(1) 学院的收获　校企合作,我们共享了企业的优质资源,如实习师资、场所、设备、技术、信息、文化等,达到了人才培养与企业需求相结合、理论与实践相结合、学生所学的知识与技能在生产实践中接受检验和发展的目的。

教师在企业管理学生,对自己也是一个学习、提升和发展的过程。他们不管是在呼叫中心还是在配送中心,通过参与生产一线的实践活动,熟悉了现代企业经营管理的理念与方法,熟悉企业生产技术与流程,熟悉苏宁最新的物流配送设备和操作方法,熟悉企业管理软件SAP模块的功能与应用。

(2) 学生的收获　通过在企业实习,一是加强了职业道德、职业素养、职业技能的培养,明确了学习的重要性,激发了学习的热情,调动了学习的积极性;二是在生产实践中检验了所学知识与技能,获得了举一反三的放大效应;三是认识了现代企业及企业经营管理方法,认识了技能岗位,可以规避将来就业的好高骛远;四是学生在苏宁实习,苏宁提供一定的实习报酬,既让学生从劳动中获得成就感,又让学生体验到父母挣钱的不容易,更懂得孝敬父母,培养勤俭节约的良好习惯。

(3) 企业的收获　既解决了在生产经营过程中,周期性的业务扩张和促销活动导致的技术员工匮乏的矛盾,又实现了企业生产经营成本最低的效益,更重要的是学生在苏宁实习,对苏宁来说不仅做了现场人才招聘广告,而且有利于苏宁发现人才、招聘人才、储备人才。苏宁选择与高校结盟,也使高职院校的人才培养更加适应苏宁工作岗位的需要,更加适应苏宁发展的需要。

10.6.2　案例点评

本案例是贯彻国家高等(职业)教育"合作办学、合作育人、合作就业、合作发展"的精神,落实教育为社会生产实践服务的宗旨,探索校企合作育人的新模式。

实践证明,"三进三促"校企合作育人,对学院,达到人才培养与企业需求无缝对接和共享企业优质资源的目的;对学生,加强了职业道德、职业素养和职业技能的培养;对企业,既解决了周期性业务扩张与员工匮乏的矛盾,又有利于企业发现人才、招聘人才、储备人才和可持续发展。

10.6.3 思考题

(1) 简述本案例校企合作的模式。
(2) 结合本文谈谈校企合作共享了哪些资源。
(3) 结合你在企业的实习,谈谈你的实习收获及感想。

10.7 Nike:最好的品牌需要最优秀的人才

10.7.1 案例介绍

世界著名的运动品牌公司 Nike(耐克),其创始人为菲利普·耐特。1964 年,菲利普·耐特与比尔·鲍尔曼一起,各出资 500 美元,创建了蓝绶带运动鞋公司,运动鞋由美方设计、经销,在日本制造。

1972 年更名为耐克(Nike)是希腊语"胜利"之意。耐特担任公司 CEO、董事长。

它的商标标志"飞天勾勾"称之为"飕飕声",是速度、年轻、时尚、品质、运动的象征。那么在光彩背后的制造者又是怎样的呢?Nike 公司上海联络处人力资源经理肖月览坦言了 Nike 人才培养与管理的些许谜底。

1) 用品牌魅力吸引优秀人才

当大部分 HR 都强调招聘最合适的人、而不是最优秀的人的时候,Nike 招聘的原则就是要招聘最优秀的人才。因为 Nike 公司生产世界上最好的运动品牌,所以要招最优秀的人才。来自同行业的竞争,对 Nike 是不会构成威胁的。招聘中,除了 Nike 这个品牌本身具有非常大的吸引力外,还有他的独一无二的企业文化、良好的工作氛围和发展最好的人才、锁住最好的人才的人才策略也同样诱人。

2) 给最优秀人才最好的环境

Nike 提供的薪酬待遇有相当的竞争力,一般高于同行业的平均水平。但是对最优秀的人才来说,这肯定是不够的。Nike 作为一个发展历史并不是很悠久的品牌,从创办开始到超越各路竞争对手,一跃成为全球第一大运动品牌,一定是个非常优秀的公司,优秀的公司一定有非常好的企业文化,让员工感觉到只有深入其境,才能领悟和学习到其有价值的东西。

对一个优秀的人才来说,自然希望把有限的精力投入到做实事中和提升自我上,人与人之间互相给予信任,而不是浪费在处理复杂的人际关系、应付人为的繁琐的流程报告上。

一直以来,Nike 的员工流失率非常低,当你问很多在 Nike 工作十几年、二十几年的员工,为什么能在 Nike 干这么久?回答都是企业文化独特,我喜欢!尽管有的员工可能在同一个职位上干了好几年,但是并不感到厌倦,因为总有新的东西可以让你学习,让员工充满新鲜感。

3)倡导工作与生活平衡

良好的企业文化造就了良好的工作环境,体现在日常工作中的点点滴滴中,如"弹性工作制"。作为一家运动公司,Nike 希望自己的员工健康,倡导的是工作与生活的平衡,不提倡加班。如果员工总是加班,说明公司的管理层在是否用对人、人员配置上和工作量的把握上出了问题。Nike 希望员工能自我调节,很好地平衡工作与生活。作为大老板,一下班就带头回家,很少留在办公室加班。虽然有些时候,他可能把工作带回家去做了,但是他一下班就离开办公室的做法,就是告诉员工,公司不要你们牺牲生活提供服务。其实绝大部分员工心里非常反感加班,很多应聘者就表示,Nike 对加班的看法绝对人性化。

4)提倡用最简单的方法做最正确的事

"Simplify and go"和"Do the right thing"是 Nike 两大理念。用最简单的方法做最正确的事,并达成目标是 Nike 人的追求。有时候,一件事情涉及好几个部门,每个部门都有各自的意见,几个来回的讨论都无法达成共识,这时候,Nike 人习惯于在往来的邮件签名下方附上上述简短的小句子,提醒自己和别人不要纠缠在不同意见中,赶紧求大同、存小异。这种自觉的意识帮助 Nike 提高了工作效率。因为生命太短暂,竞争太激烈,没时间也没必要去做毫无意义的争辩。

再比如,Nike 所偏好的面试,不像其他公司分成几轮,HR 把关看素质,业务部门经理看专业能力,而是一次完成。当然,为了保证客观全面,面试官由 HR、业务主管、该部门员工、老板组成。

做正确的事,则体现了 Nike 给员工发挥创造力的最大空间。在 Nike,不会有人说:你不在这个位置上,这事你不要做。只要有员工认为这件事是正确的,那么他就可以大胆提出建议,积极参与和承担责任。在 Nike 你会感觉到,你的四周充满了机会,每天都会有新的想法可以附之实践。

Nike 关注员工卓越的想法和实践,鼓励员工自己做决定,激发其创造性和发挥潜能。这点可能在市场部门和销售部门更为显著。Nike 的上级在给下级布置任务后,不会过分干预或监督员工做事,下属大可发挥主动性、独辟蹊径地去完成,甚至提出意见,找到更好的途径、获得更佳的结果。而上级也会在适当的时候提供支持和帮助。

5）给员工一个"探险旅程"

在 Nike,有一名为"探险旅程"的新鲜词汇。每年年初,员工和他的上司找机会,坐下来面对面谈未来发展,设定年度目标;年中,主管会和下属一起作回顾,对员工的表现给予指导和反馈;年终,主管再和员工一起做 Review(回顾),憧憬来年发展目标。

"探险旅程"的主要目的不单单是考核员工的业绩,而是希望给员工不断提高自我、充分发挥才能的机会,这个过程就像探险队员接受挑战,知难而上,充分享受探险途中的无穷乐趣一样,所以用"探险"来形容。公司的各项规章和政策则是"探险"应遵守的游戏规则。"探险"过程中,主管对下属的 Coaching(辅导)不仅仅是年初、年中、年终三次,而是贯穿始终。Nike 希望这样一个"探险"过程,有助于员工与公司共同发展。

主管要针对员工的特点,不断地 Coaching 下属,给他们 Feedback(反馈)。在 Nike,绝对不会设定一个目标后就把员工搁在一边,而是不断关注你,帮助你成长。为此,Nike 专门给主管进行各种管理培训,如"情景领导培训",告诉主管用不同的方法 Coaching 员工。什么样的员工用 Support(支持)的方法、什么样的员工用 Direct(指导)的方法。例如:经验丰富的员工应该用支持的方法,刚毕业的大学生用指导的方法则更合适。

6）寻有想象力和创造力员工

Nike 的人员构成以及招聘时的偏好可以说是"多元化"。Nike 希望员工的组成能够多元化,员工的年龄层次不同、背景不同、有不同的工作经历、来自不同的地方。唯有多元化才能富有生命力。尽管其品牌给人的感觉很年轻、很时尚,但 Nike 并不排斥年长的员工,他们的丰富经验和稳妥的处事能力是公司的宝贵财富;Nike 更不会因为缺乏经验和社会关系而忽略大学毕业生,大学生的创新能力、想象力、热情等特征都是 Nike 看重的,而且他们有很强的学习能力和极大的可塑性。

招聘多元化并不意味着什么样的人都能进 Nike,千万别忘记"最优秀"3 个字。首先,要有专业素质。以面料开发员这个职位的招聘为例,就有 4 点要求:

（1）若干年的专业经验;

（2）纺织专业毕业的学历背景,对面料有一定认识;

（3）外资企业工作经验;

（4）良好的语言沟通能力,尤其是英语。

其次,招聘的人才还得符合 Nike 的价值观。作为运动公司,热爱运动也是不可缺少的条件。Nike 崇尚变革和创新,所以我们需要的员工一定要有丰富的想象力和创造力,同时充满激情。当然,团队合作精神,有效率地沟通和工作,在压力下能发挥自己的工作能量,对自己永不满足,勇于承担责任等等都是 Nike 用来衡量人才潜质的标准。

10.7.2 案例点评

(1) 吸引人才仅靠提高薪酬待遇,这肯定是不够的。Nike 吸引人才是靠品牌,更重要的是以良好的工作环境和独一无二的企业文化,做到发展最好的人才、锁住最好的人才。Nike 强调:生命太短暂了,竞争太激烈了,人与人之间应当是互相信任,而不是浪费在处理复杂的人际关系。

(2) Nike 公司除了产品具有优良的品质、精心的广告宣传、公司创建者耐特的现代商业意识和开拓精神之外,还有其虚拟的生产经营方式也是重要的因素。Nike 公司不需要购进原材料,不需要庞大的运输车队,没有厂房、生产线和生产工人这些"实"的东西,其自身价值就在于它非凡的品牌、卓越的设计能力、合理的市场定位以及广阔的营销网络等"虚"的东西。它可以选择市场上最好的制鞋厂家作为供应商,按照其总部的设计和要求生产 Nike 运动鞋,并可以根据市场环境和公司的商业战略需要随时转换生产基地。Nike 每年能够推出 12 万种新产品。

10.7.3 思考题

(1) Nike 提倡招聘最好的人才,为什么?
(2) Nike 的企业文化是什么?
(3) Nike 是怎样给新老员工提供发展机会的?

10.8 松下的 70 分人才观及其管理之道

10.8.1 案例介绍

1) 人才观

松下电器公司的创始人松下幸之助被尊为"经营之神",他的公司之所以长期屹立于世界企业之巅,是因为他把人的开发看做是头等大事。他说:"松下电器公司是培养人才的公司,并且兼作电器制品。"松下幸之助先生在人才管理方面有其丰富而独到的见解,松下公司的人才管理正是以这些思想为准则的。具体说,松下在用人方面有"七招":

(1) 寻求 70 分人才。松下幸之助认为,人才的雇佣以适用于公司的程度为好。程度过高,不见得一定有用。当然,水准较高的人,认真工作的也不少,可是很多人却会说:"在这种烂公司工作,真倒霉"。如果换成一个普通人,他却会很感激地说"这个公司蛮不错的",从而尽心竭力地为公司工作。这不是很好吗?所以招募过高水准的人是不适宜的。"适用"这两个字很要紧,适当的公司,适当的商店,招募适用的人才,如果认真求才,应该没有问题的,虽然不能寻到100分的人才,但寻到70分的人才是不成问题的,而且70分的人才有时候反而会更好。

(2) 人才不是"捡"来的,必须着意去培养。优秀的人才很难"捡到",也很难"控制",最好自己用心去培养。每个人都要经过训练,才能成为优秀人才,犹如在运动场上驰骋的健将们一个个大显身手,他们之所以有惊人的体魄和技术,并不是凭空得来的,是因为他们经过严格训练的结果。不但是在生理上,甚至在精神上也要接受严格的训练。又如,禅宗的戒律非常严格,一般人都吃不消,可是修行很好的和尚却一点也不以为苦,仍然能够泰然处之。所以,只有在人心甘情愿接受严格训练时,才能达到理想的目标。相反,若一个人有再好的天赋资质,但不肯接受训练,那么他的素质也就无法发挥。一个领导者想使自己的部下发挥与生俱来的良好素质,就必须实施严格的训练。但还要留意训练方法,如果把古时候的方法运用到现在,恐怕就会得到相反的效果。因此,考虑到方法的适用,也是领导者的责任。

(3) 培养人才最重要的是确立"企业目标和经营方针"。经营者如何培养人才呢?当然有种种具体的方法,但最重要的是确立"企业的目标和经营方针"这样一些基本原则,也就是必须有正确的经营理念和使命感。公司的经营理念如果明确,经营者和管理者就能基于这种理念和方针达成有效率的领导,员工也遵照这种理念和方针来判断是非,人才自然容易培养。如果没有经营理念和方针,领导者的政策缺乏一贯性,易于被热情和感情左右,当然不容易培养出真正的人才。

经营者还应该经常向他的员工解释他的经营理念和目标,使他们能够彻底了解。如果经营理念只是纸上文章,那就毫无价值;必须使它存在于每位员工心中,与他们融为一体,才会产生效果。因此,利用各种机会向他们反复说明是十分必要的。同时,还要让员工有实际了解经营的机会,也就是说,经营者必须以身作则,借助日常作业逐渐启发员工对经营理念的认识。

另外一件更为重要的事情是,经营者应该充分授权给员工,使其能够在自己的责任和权限内,主动进取、勇于负责。培养人才的目的,不外乎造就经营人才,所以不要只是发号施令,这样只能培养一些只会听从吩咐而工作的庸才,无法激发员工和部属的管理能力。

(4) 训练人才重在启发独立。事情交给部属,难免会因考虑不周或技巧不够,而造成一些缺憾。在这种情况下,上司总会习惯地指示部属应该如何去做。当然在遇到一些重大问题的处理上,是绝对有必要给予具体的指示或依循的原则。但问题是,如果指示过于详尽,可能使部属养成习惯,形成依赖心理,唯命是从,不愿开动脑筋。一个命令一个行动,只是机械性地工作着。

训练人才最重要的事是要让他们多动脑筋,多思考,然后自己制订计划和策略,付诸实行。能独立自主,才能独当一面。一位领导者最重要的工作就是要启发部属自主的能力,使每个人都能独立作业,而不是变成唯命是从的傀儡。

（5）不景气的时候正是育人的大好时机。显然，遇到不景气的时候，货物很难销售出去，货款很难收进来，公司的经营也陷入困境。但是，若反过来想，景气何尝不是不景气的前兆？在不景气时，不能只是干着急，应以积极的态度去处理，可以用人为的力量使景气恢复，最起码这是一个教育员工和强化公司体制的大好机会。

（6）不可雇佣朋友。想要你的朋友来公司工作或者帮忙，最好先问问他："你到我的公司来，是否有员工意识？如果有，欢迎你；否则的话，你最好不要进公司来，在外面帮帮忙就可以了"。如果不是事先有言在先，他就会成为你公司"内部的朋友"，而不是你的员工。一旦出现这种情况，当彼此的意见对立时，因为你要顾及到朋友之道，本该严肃处理的事情也无法严肃处理了，甚至你决断的时候，他会不同意，进而产生对立，这样的对立比一般同事的对立更容易涣散人心，影响士气。

（7）不要挖墙脚。松下幸之助从来不挖别人的墙脚。挖墙脚可以挖到人才，可是反过来细想，如果你也被挖了墙脚，该作何感想？因此松下幸之助始终反对这种做法。在松下公司几万名员工中，当然有辞去别的公司职位自愿来松下工作的，可是公司一向都不主动去挖墙脚。其中的一个原因是挖墙脚挖来的人，不一定全部都是优秀人才，虽然可以信任的的确不少，可是还是有些不可靠。

这七招集中反映了松下幸之助的人才观，为日本松下所信奉，也成为松下在华企业的人力资源管理指导思想。

以引进人才为例，北京松下彩管有限公司的人事总务部负责人对松下幸之助的70%人才法作了阐释。他说："所谓人才，不一定就是指学历高、职称高的那类人。受过教育的当然好，不过我们要视岗位而定，我们的150位管理人员，知识结构高一些，95%以上都是大学本科以上学历。其他岗位如全自动设备的维修，也需要高学历，起码要有大学本科毕业的文化程度，否则是难以胜任的。人才是否优秀，要看他是否有发展的潜力，是否能适应企业的发展要求，松下幸之助特别强调的是'适用'人才。"

另一家松下在华合资企业，1993年成立，当时只有5名筹建骨干人员，后来的人员都是通过招聘进来。最初通过报纸广告的形式向社会公开招聘，择优录用了一批员工，使企业有了基本员工，然后针对个别空缺，以参加人才交流市场、大型人才交流会及网络查询等方式单独招聘。这些人员首先必须清楚和接受公司确立的企业文化（机会均等，全面参与，竞争原理，公正评价）和企业精神（工业报国，光明正大，团结合作，卓越创新，礼貌谦让，实事求是，尊重服务，自觉守纪），以此来要求、鞭策自己，形成良好的习惯。"这样，我们逐渐拥有了一批优秀的人才"。首先让员工执行明确的企业文化和企业精神，这又是松下幸之助的真传。

2）在职培训

松下人才七招中有四个是有关人才培养和培训的，而且松下极力主张不要挖他人的墙脚，因此松下理所当然的担负起了培训员工的重任。松下的培训，尤其是对公司员工的在职培训是十分受到重视并且相当发达的。松下公司的在职培训可以用5个目标、6个要点、3个阶段来概括：

（1）5个目标。把完成业务目标的重点具体化，诱导每一位员工的日常行为不断进步；把员工培养成"内省思考的人"；让员工自动设定目标，促进自我启发的意识；员工的培养是长期的；向公司总目标的完成迈进，确立强有力的统一机制。

（2）6个要点。不怕权限的委让，尽可能放权；让员工参与计划；不是训练，而是沟通；互相信赖的风气；真正的团队不仅是和谐的集团，集团中的员工除了要和睦之外，还要充满活力，积极进取；以现实的尺度决定训练基准。

（3）3个阶段。松下公司的员工在职训练一般经过计划、实施、检查3个阶段。

第一阶段：计划拟定阶段

这一阶段要让员工树立起积极工作以获得成长的信念，让员工了解自己努力的重点，给员工提供发挥全部才能完成工作的机会和环境。为了能够拟定正确的训练要点，松下公司特别注意以下问题：

① 为了确实掌握员工的职责，要把工作一件件列出来；

② 将完成工作所需的标准知识和技能，具体地写出来，即设定指导标准；

③ 针对第二项，将目前的工作情形、工作成果、完成程度，加以检查，同时假定他从事高一层次的工作还缺乏什么，并指出需要指导的地方；

④ 对既定的需要项目，确定哪些在职训练即可，哪些需要在外研讨；

⑤ 准备个别谈话，了解员工的意向，并促使他们提出改善工作的方案和疑问；

⑥ 个别谈话，确立员工的业务目标及自我开发计划和在职训练计划；

⑦ 训练安排一定要适合员工的能力水准。具体说，对进入公司2~3年的，不能独立完成工作的，要设法找出他的专长，拟定从辅助工作到独立工作的计划；对于5~6年，能独当一面的中坚分子，着重指导他如何完成业务目标；对于候补主管或工作老手，除了让他们完成好现有的工作外，还要进行专业研修。

第二阶段：实施计划阶段

在职培训的核心是"日常管理就是训练"，所以实施均以此为基准，具体的指导方法有：

① 以身作则；

② 有效的教育方法，分为四个阶段：让员工做学习的准备；说明工作以使员工了解计划；让他们自己做；观看他们的工作结果；

③ 员工在工作上所犯的小过错应该放过，不再提起；

④ 为了工作的顺利进行，应给员工多留一些自主的余地；

⑤ 在培训期间相互检查目标完成的程度。

第三阶段：检查总结阶段

在职训练的最后阶段，是由指导训练的主管对训练工作进行检查总结，其步骤和方法为：
① 让受训人员自我评价受训期间的业务成果；
② 主管做出评价；
③ 根据签署的资料准备与员工的面谈；
④ 针对指导和评价与员工面谈。
（4）三种自我开发训练。
① 以个性为基础的无意识自我开发；
② 为了解自己缺点、弥补不足而进行有意识的自我开发；
③ 为了完成较高层次的目标、自行选定必要的开发课题、有目标依据的自我开发等。自我开发会得到上司的指导、关心和公司的制度保障。

对此，松下某合资企业人事主管说："培训是人才开发的手段之一，通过培训，可以改变员工的工作态度，更新技能，改善知识结构，从而激发他们的创造力和潜能。具体说来，我们采取'送出去，请进来'的办法进行培训，公司每年定期选送一批员工参加出国培训，现在管理人员中已有近1/3的人去过日本进修和培训；二是请进来，即在公司内进行培训。培训的内容包括熟知企业精神、企业宗旨、产品知识、消费心理、行为举止、说话艺术等等。我们之所以要不断地分期、分批地组织员工培训，就是要培养全体员工的责任感、使命感和归属感；不断地给他们创造发展机会，使他们形成与企业同舟共济的价值观，在合适的岗位上发现自我，表现自我。从公司未来发展的角度看，教育和培训跟上了，人才就具有了连续性，企业就有了希望，而且凝聚力也会大大加强。"

3）激励机制

松下中国有限公司的人事部门认为，良好的激励机制是人才管理中最为重要的。松下许多在华合资企业，创建之初制度不够完善，无法调动员工积极性。后来，松下公司在这些公司中采取了相应的激励措施：工资与能力挂钩，津贴与特殊岗位相联系，奖金针对贡献大小而定。

人事部门发现，奖金的杠杆作用尤其不可小视。在实际操作中，奖金发放遵循下列原则：首先，奖金的发放与职位高低没关系，干得好的多拿，干不好的不拿，为的是使大家明白，要想多拿奖金，不是靠提高职位，而是要多创佳绩。其次，做到及时奖励，充分显示奖金的激励作用，事实表明，奖金发放及时与否，作用是大不一样的，迟到的奖励与不奖励没有太大的分别。第三，奖金不固定，随员工贡献的多少随时调整。第四，奖励公开，以此激励后进，真正发挥奖金的作用。

4）人才政策

在日本，由于企业是社区型的，企业根本不知道"跳槽"为何物，但是到了中国，各国在华企业并存，各种人事制度和企业制度并存，人才可选择的余地很大，纯粹日本式的人才管理已经行不通了，在经过最初的迷茫之后，松下已经习惯了中国的经营环境,开始接受人才流动性高的现实,并采取措施留住人才。

对于留人之道,松下(中国)有限公司认为,高薪是重要的一个方面,但不是全部,企业凝聚力和给员工更多的发展空间更重要。还有,要创造一个良好的工作环境,包括:提供良好的福利待遇,如住房、保险等;提供出国深造或培训的机会等。"管理是企业的核心,而人的管理又是所有管理的核心。人才是公司的'软件',必须不断改善软件和软件运行的环境,增强其功能,才能让企业这部机器运转得更为顺利"。

10.8.2 案例点评

所谓人才,不一定就是指学历高、职称高的那类人。人才是否优秀,要看他是否有发展的潜力,是否能适应企业的发展要求。松下公司认为适当的公司,就得招募适用的人才。如果你认真求才,有时不能寻到 100 分的人才,但 70 分的人才有时候反而会更好。

培训是人才开发的重要手段之一,通过培训,可以改变员工的工作态度,更新技能,改善知识结构,激发他们的创造力和潜能。适时的激励和营造良好的工作环境,既是激励人才创新,又是留住人才的措施。

10.8.3 思考题

(1) 面对用人单位的招聘,你是怎样理解用人单位招聘"适用"的人才的做法?

(2) 人才,不一定就是指学历高、职称高的那类人。这对企业的人才培养有何意义?

(3) 松下公司对员工培训的内容有哪些?

10.9 物流从业人员应具备的素质

10.9.1 案例介绍

高职院校培养的人才是面向企业的,满足企业需求的人才,就是最好的人才。如何做到高职院校培养的学生与企业的人才需求实现无缝对接?江苏海事职业技术学院聘请了北京德利得物流有限总公司营运总监恽绵先生,作为校企联合办学专家委员的专家和客座教授,请他从物流企业的角度,对物流人才需求提一些建设性的意见:

1) 树立物流是以服务为核心的基本理念

物流就是为客户提供服务的。在物流市场上,客户、货主就是上帝,他们在业务外包和服务价格上掌握着主导权,对物流协作单位有舍取权。物流业务的复杂性、物流指令的多变性、物流服务的高期望值、服务态度的高要求都会将各种压力转移到物流一线作业员工,物流企业的一线员工经常会受到一些不公正的待遇。作为企业的领导经常与客户、货主加强沟通,增进双方的理解和支持是重要的;但是更重要的是员工自己要持有一种平常的心态和宽容之心;能作出说明的,要以正当的理由作出委婉的解释,无法解释的请求上司出面协调。但无论如何都要按照作业要求,确保服务质量,以此赢得客户、货主的尊重与理解。

2)具有高度责任心和敬业精神

物流一线,一般是指仓库、码头、堆场、机场等地方。作业人员成天与货物打交道,点数、记数、账务、统计、搬运、数据录入等,工作相对单调、枯燥,有时见货难见人。因此有的年轻人,可能会借故串岗、离岗,或发生摔货、发错货等事故。工作中有这种现象,你的岗位必然难保。既然你选择物流这个行业,就要有足够的思想准备,该玩的时候就玩,该放松的时候就放松。一旦到了工作岗位上,就要专心致志,坚守岗位,聚精会神,把件数点清,把数字记清,不出差错。为企业尽责,向客户负责,同时也是对自己负责。

3)善于协作、协调与沟通

物流是多环节的链状服务结构,必须多岗位、多人配合才能完成,所以物流服务必须有严密的配合。物流一线,就是服务场所,表面上看,工作紧紧张张、忙忙碌碌,其实人际关系也同样复杂,有矛盾也很正常。比如工作上斤斤计较、厚此薄彼、感情用事、出了差错推诿扯皮等等。这些问题,如果不能正确地认识、正确地处理,很容易把彼此间的关系搞得复杂化、僵化;既影响到工作的心情,又影响到工作效率。正确的态度和做法是:遇事从全局出发、从整体出发,加强理解与沟通,真诚对人、乐观向上。一句话,就是要把自己的精力用到业务钻研上,做好本职工作,这才是最重要的。

4)扎扎实实苦练基本功

近几年来,物流人才的需求成了大热门,几十万年薪的待遇很吸引人。何谓物流人才?在物流供应链上某一环节或多个环节有运作经历、有较强的系统设计、信息处理、客户服务、资源整合、市场研发和开拓能力、有良好的经营管理业绩者,理所当然是物流人才。可是作为有如此阅历的物流人才,不但要有一定的学历和专业知识,更重要的是要有丰富的实践经验和日积月累的管理经验作支撑,也就是说物流人才是在实践中磨砺、摔打成长起来的。而物流一线作业场所,就是物流人才成长的理想摇篮。要想成为物流人才,你就得从一线干起,在一线实践中增长才干。只有底层的墙基夯实了,你才能拥有致密的思路、开拓的创举、惊人的才华,你才能创造出骄人的业绩。

5)学会一专多能

物流行业竞争激烈,分工过细,用人太多,会加大企业的成本支出。因此,企业领导,人事经理不得不在用人成本上动脑筋,想办法。现在,一专多能的复合型的操作工、业务员已经成为物流单位招聘首选对象。写字楼里的白领,不管是做进口还是出口的,不论是做海运还是做空运的,都应当会报关、报检、报验,还要会上下游及相关岗位的操作,那就显示出了价值。连最简单的仓库工作也是这样,过去的工作分工很细,管收货的不管出货,管备货的不管保管,理货的与车不搭界。还有的运输驾驶员把交单与送货、搬运看做是两码事。现在就不一样了,要求一个人熟悉、会做、能做几个人的活儿。因此,从业人员必须刻苦学习,掌握多项本领,特别是掌握做物流所必备的相关计算机操作技能,只有这样的人才,才是企业欢迎的人才。

6)**加强安全责任意识**

作为企业应当把一线员工的人身安全放在高于一切的位置上,采取切实可行的防范措施,同时购买人身、设备和货物保险。作为一线操作员工,既不能人人自危,临场胆怯,更不能掉以轻心,盲目乱干。只要心中时刻想着安全,处处加以防范,严格遵守规章制度和操作规则,各类事故完全是可以避免和杜绝的。

10.9.2　案例点评

物流从业人员应当具备良好的思想品德、吃苦耐劳的敬业精神、强烈的社会责任感,任劳任怨的服务态度,同时掌握一定的物流知识和相关的物流技能。

要想成为物流人才,就得脚踏实地的从一线做起,从基层增长才干。只有一线工作的基础夯实了,将来你才会拥有战略的眼光、运筹帷幄的能力、游刃有余的举措,才能创造出骄人的业绩、显示出卓越的才华。

10.9.3　思考题

(1)你对物流人才是怎样认识的?

(2)你对将来的从业定位有何看法和思想准备?

(3)结合物流人才的结构层次,谈谈你对"要想成为将军,必须从士兵做起"的理解。

11 物流服务管理

【本章综述】

物流服务是物流企业为具有物流需求的企业提供的一切物流活动。它是以货主的委托为基础所进行的独立的物流业务活动。也可以说,物流服务是按照货主的要求,为克服货物在空间和时间上间隔而进行的活动。而且无论是在服务量上还是质上都要使货主满意。在量上满足货主的需求主要表现在适量性、多批次、广泛性(场所分散);在质上满足货主的需求主要表现在安全、准确、迅速、经济等。

物流服务的基本内容应包括:运输、配送、保管、装卸、搬运、包装、流通加工等以及与其相联系的物流信息。总的来说,物流服务即是在备货、输送和品质三个方面为商品利用的可能性提供保证。

物流服务管理是物流管理中的重要内容,是以客户满意为最终目标的,其本质在于满足客户需求。在许多发达国家,现代的物流管理已经不仅仅是局限在降低物流成本上,而是通过提供最适宜的物流服务实现企业效益的最大化。物流服务已成为企业打造核心竞争力,实现经营和发展战略目标的重要手段。物流服务管理的主要内容包括以下几个方面:

① 物流服务的战略管理。
② 物流服务的营销管理。
③ 物流服务的客户管理。
④ 物流系统与物流中心设计服务管理。
⑤ 运输与配送服务管理。
⑥ 仓储与库存服务管理。
⑦ 包装与流通加工服务管理。
⑧ 物流信息服务管理。
⑨ 物流服务组织与合同管理。
⑩ 物流服务质量与绩效管理。

11.1 TNT运输保障服务管理

11.1.1 案例介绍

像所有其他行业一样,运输也需要后勤保障服务。运输后勤服务对运输经营的重要支持,体现在提高运输系统功能和降低运输成本等方面。

TNT澳大利亚公司所属的各个从事货物运输的公司一般都不拥有自己的运输车辆,所使用的运输车辆和主要设备都是采用租用方式获得的。运输公司(货运站)使用的运输车辆可以是转包合同司机的车辆,也可以是租TNT车辆管理公司的车辆,如小轿车运输的车架等。

专用设备也是从TNT车辆管理公司租用的,货运站装卸搬运各种型号的叉车是从TNT叉车公司租用的。货物运输用的平托盘、箱式托盘、笼式托盘等专用运输装置是从TNT搬运器具公司(Material Handling)租用的。

TNT澳大利亚公司的车辆管理公司的主要职责是:负责购买和处置所有道路运输设备;在标准费用条件下,为所有车辆进行维护。TNT车辆管理经理负责所有车辆维护的作业,以确保运输服务质量。

公司有统一的车辆使用要求,并确保车辆使用的全部时间内保持良好的公司形象。

1) 车辆管理服务

TNT澳大利亚公司车辆管理由TNT车辆管理公司负责(TNT Fleet Management)。该公司始建于1963年6月,主要为TNT和ANSETT(道路运输部分)提供车辆、设备管理服务。1991年在澳大利亚,由270多名雇员和专家组成了不同领域的车辆管理实体,可以帮助和指导用户解决有关汽车运输车辆、设备的各种问题。

(1) 车辆购买与处理 该公司集中负责车辆购买,根据所掌握的车辆技术性能、经济性、适用性等信息资料进行车辆选型;根据所掌握的市场行情商谈车辆的购置与处理业务。

(2) 车辆运用工程(车辆综合管理) 一般称设备综合管理(学),即用系统学的思想进行设备管理,不但要管设备的后半生还要管设备的前半生。根据用户(TNT或其他部门)的需要,在对用户特殊经营条件进行深入调查研究的基础上,提供道路运输设备和设计特种设备(该公司设计的一些设备模型已经被制造厂家作为标准设备采纳)。车辆设备的综合管理使企业能以最低的车辆寿命周期成本实现企业的经营目标。

(3) 车辆维护和修理服务 在澳大利亚本土建立10多个维修服务中心并形

成了服务网络。维修中心的设备一天可工作 18 h,提供野外作业车辆运行中的维修服务,这些设备可用于长途牵引车、大型货车和轻型商业车,从标准设备到特殊牵引设备、起重设备、液压设备的维护修理。

(4) 车辆出租 车辆出租是该公司的一项主要业务,能以非常有竞争力的价格向用户提供车辆短期和长期出租。它作为澳洲第一个在车辆管理中应用计算机的组织,不断地适时更新,以适应用户需求的变化,以计算机联网遍及澳大利亚各地的车辆管理服务中心,从而能实现最低成本、最有效的车辆运用与管理。

(5) 车辆的零配件管理 该公司业务覆盖在零件制造、铸模等方面,以确保最小停工损失的总成互换和经济修理等方式提供服务。由于具有一定规模,拥有最完备的库存能力,它是澳洲最大的机动车辆零件购买者,可以以非常具有竞争力的价格得到所需配件,并能提供零件、喷漆、润滑等服务。

(6) 机动车辆辅助服务 例如,提供从轿车、商用车到维修中心车辆的清洗,并可以完成达到零售标准的详细服务。

2) 叉车购买、出租、维修及零配件销售服务

叉车是运输过程中平托盘、箱式托盘、笼式托盘、集装箱装卸搬运必不可少的设备,是集装化运输的重要设备,在货运站、港口、机场、仓库等处使用叉车的数量很大。和车辆管理相似,叉车的集中经营管理也有诸多优点,在经营中处于优势地位。TNT 叉车公司从事最大范围内的材料搬运车辆的购买、出租、维护、修理和零配件销售。

(1) 服务范围 包括手动托盘叉车,以汽油、柴油、液化气、电瓶等为动力的叉车,操作吨位 1~30 t。

(2) 叉车出租服务 叉车的出租可分为天、周、月租用,以短期出租为例,清晨客户只需一个电话,就可以以最高效率使用叉车完成当天的经营业务。叉车出租服务减少了不经常使用叉车的用户自己购买叉车利用率低的损失以及没有专业维修和万一设备损坏时的误工损失等。

(3) 叉车系列服务 TNT 叉车公司在全国各地有自己的库存系统,形成了叉车零配件采购、库存、零售及修理的一套系统。叉车主要来自日本、英国、德国等国家,全部库存采用计算网络管理。由于进口订货到货物进库一般需 3 个月,利用计算机进行库存控制,可以以最低库存费用确保维修、销售零配件的需要。例如,2 万个零配件品种可以在 24 h 之内送到澳大利亚任何地方。

3) TNT 车辆(包括叉车)管理取得的主要成就

车辆费用在运输成本中占很大的部分,加强相关的后勤管理的思想、方法和业务等都有许多值得借鉴的地方:

(1) 持续不断地完善计算机记录,可提供全部的车辆技术和历史档案。

(2) 能与授权修理者就车辆的服务、修理和零部件价格进行特别协商而确定。

(3) 通过澳大利亚最大卡车服务中心,提供商用车辆服务和修理。
(4) 与供应商就保证条款进行谈判。
(5) 车辆修理前的审批,消除不必要的服务、无效的修理程序。
(6) 计算机每月报告每一辆车运行的所有方面的详细分析结果和运行中非正常成本的例外报告。
(7) 专家有效管理用户的车辆,提供修理工和驾驶员的信息。
(8) 持续地关注特殊车辆的使用,了解制造商的政策、车辆管理技术的发展和变化,提高车辆管理专业化水平。

11.1.2 案例点评

运输后勤服务是对运输经营的重要支持,它既要降低运输成本,又要提高运输系统功能。TNT澳大利亚公司的车辆管理公司主要经营汽车和叉车的购买、租赁、维修等业务,并且帮助和指导用户解决有关汽车运输车辆、设备的各种问题。

(1) 租赁服务　运输车辆、各类叉车、平托盘、箱式托盘、笼式托盘出租,是该公司的一项主要业务,车辆及设备有短期出租和长期出租的形式。

(2) 维修服务　公司在澳大利亚本土建立10多个维修服务中心,并形成了服务网络。维修中心的设备一天工作18 h,还提供野外作业车辆运行中的维修服务。

(3) 供应链管理　运用信息系统,对汽车、叉车零部件实施供应链管理,降低采购成本,控制库存,保证各种车辆零配件在24 h之内送到澳大利亚任何地方。

11.1.3 思考题

(1) TNT澳大利亚公司的车辆管理公司主要服务内容是什么?
(2) 该公司是如何提供柔性化的车辆、设备维修服务的?
(3) TNT运输保障服务管理对我国运输企业的经营管理有何启示?

11.2　企业物流外包后的质量管理

11.2.1 案例介绍

经济全球化和多变的市场,使得物流服务提供商很难满足客户的动态需求。面对国际化的物流大趋势,具有不同核心技能的服务商,采用分工的方式进行运作是比较理想的选择。但是在这样的服务模式和新的环境下,出现了另外一个问题:物流服务中不可避免会产生利益冲突。针对这一矛盾,采取相应的应对策略是很有必要的。

1) 物流运作的质量,需要监督保证机制

目前的动态环境使物流运作和管理复杂化,一种可选方案是将物流系统分解成若干自动运行的子系统,按分工理论为客户提供服务。为了覆盖更远距离的服务,需要采用很多不同的物流服务体系共同来完成服务目标。这样可将物流服务的操作分为若干小块,需要在正确的时间选择合适的服务提供商,分工越细,可选范围则越广。这种服务方式进一步推动了物流专业化和功能化的进程。

但客户服务是作为一个整体出现的,由于各成员分别提供固定的物流服务,缺少整体性。因此,这种分工服务方式有可能导致物流网络中各成员之间产生利益冲突:

① 物流服务提供商个体和服务整体之间的利益冲突。由于大范围地域和行业的物流运作,单个物流服务商为了实现自身利益最大化,而不考虑其他服务商的运作时间和进程,很难与整个物流网络的计划和步调保持一致。那么,谁来保证整体服务质量?这主要取决于各成员的友好合作程度。

② 物流服务提供商和客户服务之间的利益冲突。这主要体现在服务时间和服务规模上。通常,客户服务需要产品配送立即进行,尽可能快速和准时,他们并不考虑其他的服务。例如,一个包裹需要递送,卡车需要在包裹装卸的精确时刻到达。相反,物流运营者通过运输工具的使用而获得利润,为了追求规模经济,一般要收集很多货物,等达到他们的运载能力极限时才开始启动,他们并不考虑所有其他服务,这样包裹运输会延迟直到卡车装满时才进行。

当服务商在很大地域范围和需求变化的市场环境下提供物流服务时,这些矛盾成了服务质量保证的主要障碍。

2) 可行的解决方案:柔性+信息共享+4PL+标杆管理

为了解决物流分工带来的利益冲突,基于服务控制的敏捷物流(Service Controlled Agile Logistics,SCAL)系统应运而生。SCAL是服务驱动的后勤系统,是以整体服务效益为核心,通过协商的方式使多方利益最大化的一种有效物流模式。在这个模型系统中,每一个需求服务被看做单个实体,让物流服务自身控制物流,即高度自治的服务体。

敏捷性的合理运用可缓解、消除服务中存在的矛盾和冲突。实际操作中主要从以下几个方面入手:

(1) 建立SCAL柔性化组织 "柔性"是衡量企业应变市场变化能力的很重要的一个标志。柔性企业包括企业外在柔性、均衡性、企业内在柔性以及界面柔性,还有供应链企业间的界面柔性和企业与客户间的界面柔性。为了实施敏捷物流系统,需强调企业间的界面柔性,即在研究人们心理和行为规律的基础上采用非强制方式,在敏捷物流网络各成员中产生一种潜在的说服力。运用柔性管理的原则,对各管理对象(如服务商和客户)施加软控制,通过提高企业各种资源的柔性,实现灵活、敏捷的经营机制。

（2）实施信息共享管理　在物流网络系统中，各企业间以及企业内部各子系统之间采用信息共享管理是敏捷物流实施的前提。敏捷物流系统的控制应是完全基于信息驱动的过程，具有快速响应外部变化的能力。敏捷物流系统的各个组成部分都必须成为内部高度自治，外部具有标准物流和逻辑接口的组织实体，为物流信息系统整体的递进、开发提供一个规范化的框架及标准，使整个系统具有标准性、开放性及相当的柔性，确保各类参与者在物流信息平台的构建中保持规范性前提下具有某种灵活性。同时，在信息共享管理的前提下，可建立面向客户关系管理的综合决策支持系统，要求物流服务企业实现以客户为中心的战略目标。

（3）选择合适的第四方物流（4PL）提供者　4PL是客户和物流服务商之间的协调平台。其提供商同时参与客户和物流服务商的计划与安排，使服务和需求得到更好地融合，解决了客户和服务商之间的运行和管理分歧。另一方面，能更好地配置物流资源、协调服务商个体之间的问题，使之朝正常健康方向发展。通过整合客户服务和物流网络，以最大利益为原则，可以有效地控制和解决各种利益冲突问题。

谁适合提供4PL？是客户、第三方物流还是其他中介机构？作为4PL，主要有以下几条标准：① 拥有高度发达的电子信息系统；② 对客户企业有足够的了解；③ 拥有企业的高度信任；④ 具有极强的凝聚力。目前，很多学者建议基本符合以上要求的行业协会承担提供4PL的服务。

（4）共同建立标杆管理　在标杆管理的环境下，建立有效的物流绩效衡量和控制，实施对资源的监督和配置是非常必要的。建立一套正式、科学的绩效评价体系，包括客户服务的绩效评价、物流计划的绩效评价、运营计划的绩效评价等。使公司在作业设计、物流运营、协调运作等方面起突破性的改进与激励作用。使敏捷物流网络中的每一成员在基于整体服务利益的前提下达到最佳状态，越过可能存在的利益冲突，实现集成化的运营和管理。

随着物流服务的扩大化，使得参与物流活动的机构成员数量增加，为了追求经济效益，各服务商在自己的服务范围内做出很大努力和改善，这是近年来物流服务进步的一面。但是在供应链管理时代，这样的服务方式存在不协调与缺乏整合性的问题，这样在服务商与客户之间以及各服务商之间存在利益冲突也是自然而然的事。SCAL能提供柔性的体系，使冲突在协商和友好合作的方式下得到解决。

因此，为了使系统高效运行，选择合适的4PL提供者是一种明智抉择。

11.2.2　案例点评

所谓物流外包，即制造企业或销售等企业为集中资源、节省管理费用、增强核心竞争能力，将其物流业务以合同的方式委托给专业的物流公司（第三方物流，

3PL)运作。外包是一种长期的、战略的、相互渗透的、互利互惠的业务委托和合约执行方式。

物流外包是企业业务外包的一种主要形式,也是供应链管理环境下企业物流资源配置的一种新形式,完全不同于传统意义上的外委、外协,其目的是通过合理的资源配置,发展供应链,提高企业的核心竞争力。

物流外包作为一种提高物资流通速度、节省物流费用和减少在途资金积压的有效手段,确实能够给供需双方带来较多的收益。尽管供需双方均有信心和诚意,但在实践的过程中,物流外包也举步维艰,常常出现中断,甚至失败。

因此,如何控制外包风险,提高外包服务质量,加强外包监管是经济界、物流界积极探索的热门话题。

11.2.3 思考题

(1) 何谓物流外包?
(2) 何谓第四方物流?
(3) 物流外包中产生的利益冲突主要表现形式是什么?
(4) 简述本案例"企业物流外包后的质量管理"的对策。

11.3 德国本土 DHL 一流的物流服务管理

11.3.1 案例介绍

1969 年,Adrian Dalsey、Larry Hillblom 和 Robert Lynn 共同创立了这个世界物流巨头之一的"红黄"品牌——DHL(敦豪)。新的国际航空快递理念,运用飞机快速运送文件和货物,也正是由 DHL 的创始人所创造出来,这项创举大大缩短了运输时间。

2002 年,DHL 已经 100% 的是德国邮政全球网络的拥有者。旗下的主要业务有快递、全球转运和货运、供应链、全球邮递。DHL 一贯的服务宗旨是帮助人们联系和改善他们的生活。

今天,DHL 的员工超过 285 000 人,办公地点约 6 500 个,转运中心、仓库和集散站超过 450 个,口岸 240 个,飞机 420 架,作业车辆 76 200 部,业务分布的国家和地区超过 220 个,所覆盖的目的地 120 000 个,每年送件量超过 15 亿。

很多朋友都有过网购的经历,可能也有过收到包裹时,包裹内物品丢失或包裹损坏严重的现象,这是因为国内快递公司的包裹运费极低,恶性竞争往往是以牺牲服务质量作为代价。那么德国本土 DHL 是怎样以客户满意为第一目标,做到高效、一流、优质、现代化的物流服务和战略管理的呢?

1) 服务:让体验成为享受

从一名在德国本土网购过的消费者的角度看DHL的服务,最大的感受是体验到了DHL服务里有微笑、便捷、负责和多样化的元素。

每次收包裹的时候,DHL快递员都会对你礼貌地问好,并且送上祝福语。微笑也是让人最为直观的感受,DHL没有一名快递员对收件人以一种责备或显示不耐烦的态度。

在德国,你也可以根据自己的时间选择收件时间和地点。可以选择全天中某一个时间段收件,也可选择某一个收件地点自取,比如附近的便利店、DHL包裹门店或是自动收发站Packstation。

收件人不在家的时候,包裹到了怎么办?通常会由好心的邻居代收或代签,你回到家发现包裹就放在门口;或是在邮箱中收到取货凭证,让你去附近的包裹门店或自动收发站自取;或是收到一张再次配送的时间通知。

有朋友问,会不会出现包裹寄丢或寄错的现象,这个肯定会有。但可以凭借DHL包裹单在网站跟踪、查询,很容易辨别包裹究竟是寄到了哪里,查到代收件人的姓名等。

最重要的是配送时间,如果没有特殊事件发生,比如罢工等情况,由于德国领土不大,DHL基本上本土的配送时间都能在两天内完成。

DHL的配送方式也是多种多样,除了传统的飞机、轮船、汽车外,在威尼斯,DHL无比接地气地用上小船,当然还有很多环保配送工具,比如自行车等。

2) 设施:速度与安全同行

其实硬件设施的完善在很大程度上帮助了DHL在服务上的尽善尽美,小到快递员手中的条形码扫描机、社区自动收发站,大到DHL自己的飞机和配送中心。

每一个DHL快递员都有一个条形码扫描机,这个机器不仅可以识别、记录和打印快件的信息,同时可以记录、跟踪、传送快递员的业务信息。

DHL的配送车辆内都安装了GPS导航系统,这个系统可以更好地跟踪、调配配送车辆,使车辆的运送效率大大提高。

此外,每一个居民社区内都有一个Packstation自动收发站,用户只需扫一下包裹或单据上的条形码,就可以在这个收发站完成自取或投递的业务。

DHL有420架飞机,主要机型是波音757SF/PF和空中客车A300B4,专门用于全球配送服务,提高了配送速度。

DHL配送中心所在地,一般都建有机场。如莱比锡、布鲁塞尔、巴林、威尔明顿、香港等。配送中心不仅装有大型的传送装置、地面滚轴,进行最快的包裹分拣、传送功能,以避免人为对包裹造成的损失,还安装有多功能室内控制系统,对室内的环境、温度、能源进行最优效的调节和分配。

3) 科技：引领未来

DHL已经将传统的运输方式进行了升级，这不仅是为了降低运输成本，同时也是在用更为环保的方式来提升品牌形象。DHL从RFID和3D打印到电动车、再到无人机配送，无一不是在对物流行业进行革新。

虽然，RFID和3D打印今已不是什么新鲜事物，但是DHL正在逐步将RFID技术普遍运用在整个物流过程当中。DHL也正在研发自己的3D打印技术，将运用到业务当中去。

德国邮政（Deutsche Post）已经引进了德国电动汽车Street Scooter，并已用于在波恩的包裹配送业务当中。今后，DHL在公路运输中将会更加环保，由配送引起的污染将会下降为零。

除了电动车外，DHL还研发出无人机配送Paketkopter，该机飞行距离1 km、飞行高度50 m，虽然配送属性还有待进一步提高，但是这项作业不仅成功地省掉了人工，还提高了配送效率。德国人始终相信机器比人更少出现错误。

4) 理念：社会责任

DHL的物流服务战略，不再是简单地如何提高配送效率和如何让用户拥有更便捷的体验。他已经将服务战略升级到了环境保护（GoGreen）、灾害管理（GoHelp）和教育计划（GoTeach）。

DHL的GoGreen计划，是为了减少经营过程中对环境所造成的影响，比如使用清洁能源（电能、太阳能等），减少二氧化碳的排放。

DHL的GoHelp计划，是为联合国灾害救援活动提供支持，比如DHL拥有的专业灾害救援团队能提供任何与物流有关的服务，并且在72 h内做好一切准备工作。

DHL的GoTeach计划，是关注社会，为青年人提供更多的学习机会，以提升他们的竞争能力。

11.3.2 案例点评

（1）"DHL"这个名称来自于三位公司创始人姓氏的首个字母，他们是Adrian Dalsey、Larry Hillblom和Robert Lynn。DHL是一家创立于美国，目前为德国邮政集团100%持股的快递货运公司，它已经独占全球航空快递业约40%的市场份额，成为全球国际快递与物流服务的品牌企业和领导者。

（2）物流服务管理是物流管理中的重要内容，以客户满意为第一目标。在许多发达国家，提升物流服务水平已成为企业打造核心竞争力、实现经营战略和发展战略的重要手段。

而今在客户经济时代，DHL秉承为客户提供最佳的物流服务，创造以客户为中心的创新价值战略。DHL不仅以快速、便捷、高效、优质的服务宗旨，为客户提供门到门的快递服务,而且向客户提供个性化的电子商务解决方案和量身定做的物流解决方案,同时作为世界一流的品牌企业,公司还具有高度的社会责任感。

11.3.3 思考题

(1) 案例中 DHL 是如何发展绿色物流的?
(2) 简述德国本土 DHL 是怎样做到以客户满意为第一目标的。
(3) 比较分析我国物流服务与 DHL 物流服务的差距及原因。

11.4 物流服务创新与物流服务一体化

11.4.1 案例介绍

目前,中邮物流公司和各省市子公司都在致力于一体化物流开拓,并且在手机、医药、化妆品、汽车零配件等行业有所突破。但总的来看,一体化物流业务收入占全部物流业务收入的比重还比较小,不少地方还没有开发出一体化物流项目。要改变这种状况,一项重要的工作就是要超越传统物流服务模式,在服务理念、服务内容和服务方式上实现创新。

1) 服务理念的创新

邮政发展物流,是从同城配送和直接递送等功能性物流服务切入的。要发展一体化物流,首先要认清一体化物流与功能性服务性质、服务目标和客户关系的本质区别,树立全新的服务理念。

(1) 一体化物流服务不是两个以上功能服务的简单组合,而是提供综合管理多个功能的解决方案。一体化物流业务的市场竞争,实际上是物流解决方案合理性的竞争。在开发一体化物流项目时,必须对目标客户的经营状况、物流运作以及竞争对手的情况等有透彻的了解,根据中邮物流的优势提出客户物流服务可以改进之处,为客户定制物流解决方案。而要做到这些,中邮物流必须不断研究目标市场行业的物流特点和发展趋势,成为这些行业的物流服务专家。

(2) 一体化物流服务的目标,不仅仅是降低客户物流成本,而是全面提升客户价值。据美国抽样调查,在过去两年里,第三方物流企业的客户物流成本平均下降 11.8%,物流资产下降 24.6%,订货周期从 7.1 天下降到 3.9 天,库存总量下降 8.2%,说明一体化物流服务不要简单地与客户或竞争对手比服务价格,而是要让客户全面了解中邮物流服务带来的价值。比如中邮物流为客户提供一体化物流服务,通过将按省仓储改为按区域仓储,减少了仓库数量,加快了库存周转,降低了客户物流费用;通过改自提为配送,使客户销售人员专注市场开拓,促进了销售增长;通过网上代收货款,加快了客户的资金回收。这些服务综合起来,就从整体上提高了客户经济效益。

（3）一体化物流服务的客户关系,不是此消彼长的价格博弈关系,而是双赢的合作伙伴关系。既然一体化物流服务是管理的服务,目标是全面提升客户价值,那么一体化物流服务的收益主不应仅仅来自功能性服务收费,而应该与客户分享物流合理化所产生的价值。

2）服务内容的创新

中邮物流要在一体化物流服务市场的激烈竞争中取得优势,就必须以客户为中心,充分发挥邮政"两网三流"的优势,在运输、仓储、配送等功能性服务基础上不断创新服务内容,为客户提供差异化、个性化物流服务。

（1）由物流基本服务向增值服务延伸。传统物流服务是通过运输、仓储、配送等功能实现物品空间与时间转移,是许多物流服务商都能提供的基本服务,难以体现相同服务商之间的差异,也不容易提高服务收益。一体化物流服务则应根据客户需求,在各项功能的基本服务基础上延伸出增值服务,以个性经服务内容表现出与市场竞争者的差异性。

（2）由物流功能服务向管理服务延伸。一体化物流服务不是在客户的管理下完成多个物流功能,而是通过参与客户的物流管理,将各个物流功能有机衔接起来,实现高效的物流系统运作,帮助客户提高物流管理水平的控制能力,为采购、生产和销售提供有效支撑。因此,在开发一体化物流项目时,要在物流管理层面的服务内容上做文章,包括客户物流系统优化、物流业务流程再造、订单管理、库存管理、供应商协调、客户服务等,从而为客户提供一体化物流解决方案,实现对客户的"一站式"服务。

（3）由实物服务向信息流、资金流服务延伸。物流管理的基础是物流信息,是用信息流来控制实物流,因而一体化物流服务必须在提供物流服务的同时,提供信息流服务,否则还是物流功能承担者,而不是物流管理者。物流信息服务包括预先发货通知、签收反馈、订单跟踪查询、库存状态查询、货物在途跟踪、运行绩效监测、管理报告等内容。比如中邮物流为客户提供信息监控,使客户能及时掌握区域销售情况,有效进行销售经营管理,是信息服务的增值作用。一体化物流服务商要与客户形成战略伙伴关系,参与客户的供应链管理,实现货物流、信息流与资金流的协同运作,因此为客户提供代收货款、垫付货款等资金流服务,是物流市场竞争的最新焦点。从依托绿卡系统和支付网关为雅芳提供网上代收货款服务的成功案例来看,中邮物流在"三流合一"的供应链服务领域具有得天独厚的竞争优势。

3）服务方式的创新

与功能性物流单一的交易服务方式相比,一体化物流在服务方式上更具灵活性。在开发一体化物流项目时,要根据客户需求,结合中邮物流自身优势和发展战略,与客户共同商定最佳服务方式。

(1) 从短期交易服务到长期合同服务。功能性物流服务通常采用与客户"一单一结"拣选交易服务方式,而一体化物流服务一般需要与客户签订一定期限的服务合同,按照项目管理模式进行运作。

(2) 从完成客户指令到与客户协同工作。功能性物流是作业层面的服务,通常只需要单纯地按照客户指令完成服务功能。而一体化物流服务由于要参与客户的物流管理和运作,与客户共同制定物流解决方案,因而需要自始至终与客户建立有效的沟通渠道,协同完成物流运作。不少物流企业建立与客户双方物流人员联合办公制度,或成立由双方物流人员联合组成的运作团队,以及时处理日常运作中的问题。中邮物流倡导的大客户派驻制,就体现了与客户协同工作的特点。

(3) 从提供物流服务到进行物流合作。对于自身拥有物流系统或具有战略价值的客户,可采取灵活的方式进行合作。如果物流公司在某地区需要建立物流系统,则可以系统接管客户在该地区的车辆、仓库、设备乃至接受其员工,或与客户签订物流系统管理合同,在为客户服务的同时,利用其物流系统为其他客户服务,以提高利用率并分担管理成本。

11.4.2 案例点评

该案例是关于物流一体化创新的优秀实践,要实现降低成本的同时实现较高的物流服务水准的理想状态,必须在加强成本管理的同时,明确相应的服务水准,把握物流服务管理的基本准则,强化物流服务管理的理念,从而保持成本与服务之间的一种均衡关系。一体化物流服务是管理的服务,目标是全面提升客户价值,那么一体化物流服务的收益主不应仅仅来自功能性服务收费,而应该与客户分享物流合理化所产生的价值。

(1) 一体化物流服务不是两个以上功能服务的简单组合,而是提供综合管理多个功能的解决方案。

(2) 一体化物流服务的目标,不仅仅是降低客户物流成本,而是全面提升客户价值。

(3) 一体化物流服务的客户关系,不是此消彼长的价格博弈关系,而是双赢的合作伙伴关系。

当然,中邮物流公司在物流一体化道路上的探索不仅仅是服务观念上的转变,同时,在服务内容和服务方式上都有了一定的创新。

从服务内容上看,中邮物流以客户为中心,充分发挥邮政"两网三流"的优势,在运输、仓储、配送等功能性服务基础上不断创新服务内容,为客户提供差异化、个性化物流服务,实现了由物流基本服务向增值服务延伸,由物流功能服务向管理服务延伸和由实物服务向信息流、资金流服务延伸。

从服务方式上看,与功能性物流单一的交易服务方式相比,一体化物流在服务方式上更具灵活性。在开发一体化物流项目时,要根据客户需求,结合中邮物流自身优势和发展战略,与客户共同商定最佳服务方式。从短期交易服务到长期合同服务,从完成客户指令到与客户协同工作,从提供物流服务到进行物流合作都是完善物流服务方式的有益经验,值得学习与借鉴。

11.4.3 思考题

(1) 根据案例理解什么是物流一体化。
(2) 中邮公司的物流一体化有哪些有益的经验?
(3) 分析物流一体化与降低物流成本、提高物流质量的关系。

11.5 联邦快递企业客户关系管理

11.5.1 案例介绍

联邦快递公司是目前世界上,能在200多个国家和地区有网络并能作业的6家快递公司之一。联邦快递是典型的美国公司,靠国内快递起家,美国的国内快件,80%以上由该公司运作。现在它兼营国际快件,业务重点在亚洲和美洲之间。联邦快递公司曾荣获有CARGONEWS ASIA发起的在新加坡举行的第16届亚洲货运业颁发的四项大奖:北美洲最佳航空货运公司、最佳货运公司、亚洲最佳公路运输公司和最佳物流管理公司。

在联邦快递,CRM被称之为ECRM(企业客户关系管理)。这种说法初听起来有点语言游戏的感觉,对联邦快递中国区市场总监陆文娟的采访就是从对这个名称的疑问开始的。

"我们之所以称之为ECRM,是强调客户关系管理不仅仅是客户服务部门专用的方法,也不仅仅是简单的跨部门小组(CFT)协作,而是依靠公司的整体合作来服务客户的一种方法"。陆文娟认为客户关系管理是涉及公司整体战略层面的从上而下的一种策略。

联邦快递实施CRM的五项方针是员工、客户、流程、技术和项目。和Great China CRM提出的实施CRM的五项方针客户、策略、人、流程和技术相比,人的位置被放在了第一位,而且少了策略方针,多了项目方针。

陆文娟认为这种不同反映了联邦快递的经营哲学和实施CRM的特点:"在联邦快递的经营哲学里面,员工是第一位的。而策略则是我们贯穿所有CRM实施过程中的一项原则,它超乎其他几项方针之上。"

1) 员工第一,客户第二

只有优秀的员工才会为客户提供优秀的服务,针对不同的客户需求提供不同的客户服务,可以看作联邦快递客户关系管理的两条主线。

"在联邦快递,员工(People)、服务(Service)和利润(Profit)是三位一体的,这也是联邦快递自1973年创立时就确定的经营哲学,我们称之为PSP理念。"陆文娟说。

员工、服务和利润这三个要素彼此推动,构成了一个封闭的循环圈,这也是联邦快递实施客户关系管理的指导方针。公司关注并善待自己的员工,他们就会依照客户的要求提供完美的服务,客户满意度的提升就会为公司带来利润,而利润是维持工作正常运作的命脉,员工工资福利的增长和工作环境的改善都依赖利润的改善。

在实施CRM项目上,联邦快递在人员选取、人员发展和人员激励方面也是毫不含糊。尤其在员工培训方面,联邦快递投入了很多资源。每个员工不论级别高低,每年都有2 500美元的预算用于培训,公司鼓励员工进修并辅助员工进行职业规划。

公司还制定了各种奖励制度,以激励员工更好地为客户服务,并积极参与社会公益活动。

2003年9月,联邦快递开始的"真心大使"计划。这个计划借助客户对联邦快递服务所给予的意见,表扬有突出表现的一线员工,从而鼓励他们迈向更高的服务水平。这个计划不仅加强了一线员工和客户之间的联系,而且让员工得到一种受尊重的感觉,从而提供更出色的服务。

客户的每一次交易记录都会记录在客户关系管理系统中。联邦快递分析这些数据,并根据需求和行为方式对客户进行细分,对不同的客户采用不同的营销方式,向不同的客户群体提供不同的服务。

2) 客户关系管理与流程

作为一个服务性的企业,从客户开始和联邦快递接触的那一刻起,客户服务管理就体现出来了。

当客户打电话给联邦快递的时候,只要报出发件人的姓名和公司的名称,该客户的一些基本资料和以往的交易记录就会显示出来。当客户提出寄送某种类型的物品时,联邦快递会根据物品性质向客户提醒寄达地海关的一些规定和要求,并提醒客户准备必要的文件。在售前阶段联邦快递就已经为客户提供了一些必要的支持,以减少服务过程中的障碍。

联邦快递的速递员上门收货时,采用手提追踪器(Super Tracker)扫描货件上的条形码,而这些条形码是从FedEx Power Ship自动化系统或FedEx Ship软件编制,说明服务类别、送货时间及地点。所有包裹在物流管理的周期内,至少在货件分类点扫描六次,而每次扫描后的资料将传送到孟菲斯总部的中央主机系统。客户或客户服务人员可利用FedEx Power Ship自动化系统及FedEx Ship软件发出电子邮件或查看互联网上联邦快递的网页,及时得到有关货件的行踪资料。这项技术不仅方便公司的内部管理,而且大大提升客户满意度和忠诚度。

售后服务主要包括两部分,一方面解决客户遇到的问题,一方面调查客户的满意度,寻找内部改进的办法,"真心大使"就是生动的例子。值得指出的是,售前、售中、售后服务这三个阶段不是截然分开的,在对客户服务过程中,这三者是一个不断往复的环节。

3) 客户关系管理与部门

客户关系管理不仅贯穿到服务的每一个流程环节,而且也与公司内部的大多数部门有关,并体现在员工的绩效考核指标中。

在联邦快递,直接和客户打交道的人是快递员,但在整个服务过程中,还涉及客户服务人员和清关部文件人员。除此之外,销售部门和市场部门的活动也会在很大程度影响客户的满意度。

"配合服务"是联邦快递内部协作的一条准则,每一个环节的工作人员都承担着了解并满足客户需求的任务,这种多渠道的客户关系管理策略被陆文娟称之为"无缝互动"。

当这一切都配合得非常完好的时候,在很大程度上来说,客户关系管理已经开始发挥效力。在此基础上的客户关系管理软件不过是在技术上使得大规模的客户关系管理高效运行。

相应地,联邦快递的大多数部门的绩效考核指标都分为两类:一个是反映运行效率的内部指标,一个是反映客户满意度的外部指标。以陆文娟所在的市场部门为例,与客户满意度有关的指标在绩效考核中间的比重超过了50%。

可以说,联邦快递的客户关系管理已经体现在他的组织制度和人力资源政策方面。正是依靠公司的整体协作,使得客户关系管理能够成功实施并获得期望的效果。

联邦快递的客户关系管理提升了客户的满意度和忠诚度,并给公司带来了丰厚的利润。此外,客户关系管理对于公司的品牌推广也是一个积极的推动作用。

11.5.2 案例点评

该案例主要反映的是联邦快递公司在面对客户管理问题上的诸多实施层面和经营理念。物流服务管理是物流管理中的重要内容,是以客户满意为最终目标的,其本质在于满足客户需求。对现代企业来说,通过采取有效的措施、科学的方法改善物流服务的客户管理,是企业巩固客户、提高竞争力所必需的。客户是指企业所有的服务对象,包括股东、雇员、客户、合作公司的合作者、社区的居民、政府官员甚至是供应商等。充分、及时、准确地收集客户信息并加以整理是企业客户管理的基础,它们将有助于企业更加有针对性地开展物流服务,改善物流作业环节。在构成客户价值的诸多因素中,物流服务的生产成本以及客户获得服务的货币、时间、精力等成本的趋同,使得改善客户服务成为提升客户价值的最有效途径。但巩固现有的客户,提高客户的忠诚度往往被许多企业所忽视。巩固客户是一项长期、复杂的任务,物流服务企业可以采用如下几种方法巩固客户:

(1) 提高员工的忠诚度。只有忠诚的员工才能为客户提供最有效率的服务,才能提高客户的满意度。

(2) 塑造物流服务品牌。运用有效的手段赋予品牌新的活力、维护品牌的地位、提高品牌的知名度。

(3) 实施忠诚客户计划。通过长期相互影响的增加价值的关系,以确定、保持和增加来自最佳客户的产出。

(4) 开发新的物流服务产品。

11.5.3 思考题

(1) 如何理解"员工第一,客户第二"这句话?

(2) 结合案例分析物流客户服务有哪些环节,需要解决哪些问题。

(3) 如何理解"在联邦快递,员工(People)、服务(Service)和利润(Profit)是三位一体的,这也是联邦快递自1973年创立时就确定的经营哲学,我们称之为PSP理念"?

11.6 传统储运向现代物流转变,提高物流服务水平

11.6.1 案例介绍

中国物资储运总公司是具有45年历史的专业物流企业,公司提供全过程物流解决方案,组织全国性及区域性仓储、配送、加工、分销、现货交易市场、国际货运代理、进出口贸易、信息等综合物流服务,并充分利用其土地资源的优势,开展房地产、实业开发等多元化经营。

中国物资储运总公司在全国中心城市和重要港口设有子公司及控股公司70多个,凭借巨额的存量资产、完备的硬件设施、优质的服务品牌,形成了以分布在全国主要中心城市的63个大中型仓库为依托,以铁路、公路、水路、航空等运输方式为纽带,覆盖全国、辐射海内外的综合物流服务网络和全天候、全方位、全过程综合配套的多维立体服务体系,为客户选择合理的运输方式、便捷的运输路线、最低的物流成本,提供最佳的物流服务。

中国物资储运总公司总资产60亿元,占地面积1 000万 m^2,货场面积

300万 m^2,库房面积150多万 m^2,储存各类生产、生活资料。年吞吐货物5 300万 t,年平均库存300万 t。各物流中心均有铁路专用线,共90条,总长80 km。载重汽车3 000辆。

1) 拓展增值服务,把基础物流做深、做细

计划经济时期,中储是单一的仓储服务提供商,仓库是一个个封闭、表态的据点。经过多年的发展,顺应市场需求的变化,中储的大部分仓库已变成开放、动态的,集商流、物流、信息流于一体的综合物流中心,成为提供专业化物流服务的公共物流平台。除了提供仓储、运输、装卸等基础物流服务以外,增值服务水平也不断提高。

(1) 开发客户商源,物流中心变市场。目前,许多物流园区虽然是精心规划,现代化程度很高,但建成后冷冷清清,无货可流。与此形成鲜明对比的是,中储的大部分物流中心车水马龙,商家云集,因为商流是物流的源头。中储从20世纪90年代初开办第一个生产资料市场以来,目前已建成金属材料、建筑材料、汽车、木材、塑料、闲置设备、农副产品、化肥、日用百货等市场近30个,其中大型金属材料市场11个,年交易额五百多亿元。中储为市场的客户提供仓储、货代、配送、销售、加工、信息、物流方案设计、金融服务等综合物流服务。

(2) 利用中储的商誉,开展金融服务。在当前全社会信用体系还不完备,信用危机频频出现的情况下,物流中心协助银行控制金融风险的价值开始显现。目前中储的南京、上海、成都、天津、沈阳、无锡等十几家物流中心与多家商业银行合作,为有存货又急需资金的客户提供质押融资服务。利用物流中心的信誉和现代化信息手段,为银行降低金融风险,为客户融资,受信额度已达10亿元,质押产品涉及黑色金属、有色金属、家电、纸张、化工等五大类,实现了银行、客户与物流中心"三赢"。

(3) 分析货物商情,提供采购、销售服务。仓库有贴近用户的特点,生产企业为了加速其产品走向市场,增强核心竞争力,已将物流企业纳入其分销渠道。中储目前已成为众多钢厂、汽车厂、纸品厂的代理分销商和大型工程的材料供应商,将传统意义的物流功能向上下游延伸,形成了供应物流和分销物流模式。

(4) 降低客户成本,开展加工配送服务。物流中心开展加工业务,可满足客户小批量、多批次的需求,大大降低物流成本。近年,中储的加工业务每年以40%以上的速度增长,主要服务有金属材料的剪切、拉直及产成品的分类包装等。为减少货物返程空载,中储在网站上建立了货物信息交流平台,城市配送网络体系已初步形成。采取门到门、店到店、多点式配送和少批量配送及大批量多车次配送等不同的配送形式,满足了客户的不同层次的需求。

2) 整合内外资源,提供一体化的物流服务

依托全国物流中心网络平台,整合社会资源,中储形成了独特的全程物流服务模式。

（1）商贸物流。以总部或区域物流中心为主,高尔夫球进出口代理、金属材料和汽车分销等商流活动与仓储、加工、配送等物流活动相结合的运营模式。如南京分公司为南京地铁、扬子石化等大工程提供工程建设不同材料的采购、配送的一条龙服务。

（2）项目物流。以中储货代公司为龙头,以国家重点工程项目为主要服务对象,利用系统的物流配送网络和社会资源,在全球范围内开展跨国的多次联运业务、货运代理业务、报关等业务。目前已成功地为小浪底水利枢纽工程、来宾电厂、首都国际机场改扩建工程等进行全过程货运代理服务。

（3）全程物流。以中储总部为龙头,以一地生产、全国销售的知名品牌的家电、服装、日用消费品生产企业为服务对象,提供一票到底的全程物流服务。利用中储品牌的影响力,目前已与遍布全国各省市的近百个物流企业建立了战略伙伴关系,可支配社会车辆已有三千多辆,为蓝天、柯达、陶氏化工、芬欧汇川、雀巢等大批国内外客户提供全过程物流解决方案并组织实施。

3）调整战略结构,改造和建设一批现代化的物流中心

为适应中国加入WTO后,与国外物流企业竞争的需要,中储不断创造条件,提升硬件设施水平。利用中储股份上市,募集社会资金,在青岛黄岛、天津新港、上海、南京、无锡改造建设了一批高标准的物流中心;通过盘活存量资源,在万都、石家庄、上海浦东新建现代化的物流中心;吸收外资提升物流设施和管理水平,中储与天津天保控股有限公司,日本冈谷钢机株式会社三方组建了合资物流公司,首期已建成3.3万平方米大型现代化物流中心。三方通过优势互补,利用天津保税区的区位优势和良好的国际物流环境,借助中储全国的物流网络资源和管理经验,引进外方现代管理技术和产业运营经验,共同找寻国际物流平台,这些物流中心的改造和新建及信息化系统的应用,不仅使物流技术和设施水平大幅提高,也推动了企业物流业务的全面创新。如成才物流中心已被海关确定为公共保税库,香港中华药业等国外知名企业已在该中心落户。目前,中储的许多企业成为当地的物流示范企业,并纳入城市整体物流规划。如中储股份青岛物流中心被青岛列为国际物流园的"启动项目"。

4）加强信息化、标准化建设,提升供应链管理水平

为全面实施信息化,中储对物流中心业务流程进行全面再造,建立了标准化的业务流程。同时,在全系统推行ISO9000系列质量认证,确立了物流质量管理的关键要素,不断提升服务质量。在此基础上开发的数码仓库应用系统管理软件已在中储的20多个仓库推行。该管理系统的全面应用,将解决客户对物流全过程的适时、可控管理;也为中储系统开展跨区域物流业务,与客户建立供应链上的战略伙伴关系提供技术保障。

作为具有多年从业经验的专业物流公司,中储积极参与国家物流标准的制定。

受中国物流与采购联合会委托,由中储制定的国家标准《数码仓库应用系统规范》、《大宗商品电子交易规范》已经国家技术监督局核准正式颁布实施。《物流业仓储业务服务规范》、《物资银行业务服务标准》正在制定中。

5）培养物流人才,提高资源整合的能力

现代物流业的发展关键是人才和信息技术。中储近几年举办多期物流高级培训班,聘请高校知名专家授课,主要培养金融、外贸、保障、运输等多方面的复合型人才和操作型人才。近年中共有五百多名中层骨干得到专业培训,其中一百多人参加国外培训,一些年轻干部已充实到领导岗位,为中储开拓全程物流组织等业务起到了重要作用。

为了实现成为具有竞争力、国际知名的物流企业的战略目标,中储将进一步深化企业改革,推进科学管理,优化资源配置,以现有物流节点为依托,拓展功能,夯实基础,加速建成一批适应现代物流需求的物流中心,建立一支团结、精干的经营者和员工队伍,树立诚信、高效的中储物流品牌形象。利用国内外两个市场资源,开展广泛的合作、结盟与购并,实施整合与扩张,构建覆盖全国、布局全球、统一运营的物流网络。以世界领先物流企业为标杆,在巩固基于资产的物流实体运营能力及优势的基础上,探索基于现代物流技术与管理能力的路子,逐步形成为主导行业及重点客户提供多功能、一体化、综合性物流服务的业务运营模式和盈利模式,激发现有网络资源潜能,培育公司核心业务和竞争优势,实现从资产物流提供商向综合物流服务商的转变。

11.6.2 案例点评

物流服务水准是根据市场形势、竞争企业的状况、商品特性以及季节的变化而变化。同时,物流服务水平的提高也是综合各方面因素共同作用的结果。所以,在物流部门建立能把握市场环境变化的物流服务管理体制十分必要。在欧美,由于客户服务中包含了物流服务,因此相应的管理责任也是由客户服务部门承担。对于我国来讲,在企业中确立能收集物流服务的相关信息,提供客户满意的物流服务并不断发展提高的管理组织与责任体制等方面显得尤为迫切。当然,根据发达国家实践的经验,物流服务的管理仅由物流部门单独进行,往往失败的可能性较大,有效的体制应该是包括生产、销售、物流的综合管理体制。

1）转变服务观念

（1）从产品导向向市场导向转变。

（2）转向一般消费者群。

2）制定多种物流服务组合

一般来讲,根据客户经营规模、类型和对本企业贡献度来划分,可以采用支援型、维持型、受动型的物流服务战略。

3）开发对比性物流服务

保证服务的差别化，与其他企业物流服务相比有鲜明的特色，这是保证高服务质量的基础，也是物流服务战略的重要特征。

4）注重物流服务的发展性

客户服务的变化往往会产生新的物流服务需求，所以在物流服务管理中，就应当充分重视研究物流服务的发展方向和趋势。

5）重视物流服务与社会系统的吻合

物流服务除了要考虑到达物流、企业内物流、销售物流外，还要认真研究保护环境、节省能源、资源的废弃物回收物流。

6）建立合适的服务管理体制

这种体制建立的要求是建立能把握市场环境变化的物流服务管理体制。

7）建设与完善物流中心

物流中心的功能表现为通过集中管理订货频度较高的商品使进货时期正确化，提高在库服务率，同时由于缩短商品在库期间，提高在库周转率。

8）构筑信息系统

这种信息系统的机能除了接受订货、迅速、完好地向客户传递商品外，更重要的是通过送货期回复、商品物流周转期缩短、备货保证、信息处理时间缩短、货物追踪等各种机能确保不亚于竞争对手的物流服务。

案例中，中国物资储运总公司从资产物流提供商到综合物流服务商的转变过程中，从传统到现代，从单一到综合，从内向到外向的转变，精心打造"优质、高效、便捷、周到"的中储品牌，取得了一定成效。公司开展增值物流业务，提供一体化的物流服务，战略结构调整、改造、建设一批现代化的物流中心，加强信息化、标准化建设，提升供应链管理水平，培养物流人才，提高整合资源能力。这些都对综合物流服务能力的增强起到积极的促进作用。为实现从资产物流提供商向综合物流服务商的转变奠定良好基础。如果能够在企业联盟和开发合作伙伴关系方面进一步探索，寻找合作契机，实现相关企业的优势互补和市场合作，壮大企业实力，同时加大对物流技术研发的重视，将更有利于综合物流企业的快速发展。

11.6.3 思考题

（1）中国物资储运总公司从资产物流提供商到综合物流服务商的转变过程中做了哪些努力？

（2）结合案例简单描述综合物流服务商的特征。

（3）思考中国物资储运总公司，精心打造"优质、高效、便捷、周到"的中储品牌，对于公司综合物流服务能力有何影响。

11.7 物流信息系统的服务管理

11.7.1 案例介绍

1) 材料一

Amazon 的成功不仅仅是因为它捷足先登,更关键的是它近乎完美无缺的在线销售艺术。Amazon 重新定义了零售业,赋予了它新的内涵。

让我们看一下 Amazon 全新的服务流程:

(1) 当你在 Amazon.com 选定所要的 3 种物品,设在西雅图的 Amazon 公司总部会电脑确认你的订购,并将信息传送给设在美国各地的 7 个分发中心中最便利的一个(这 7 个分发中心有 55 个是 1999 年开办的)。

(2) 当分发中心接到订购的信息,被订购的物品的红色指示灯就会亮起来,工人们在成排的货架间穿梭往来,从货架上取货品,关掉红灯。总控电脑决定工人的取货方向和路线。

(3) 绿色装货箱传送到终点时,工作人员核实订购单,将你的 3 种物品通过一个斜槽装到一个纸箱里,并在纸箱上打上一个新的编码。

(4) 工人们将你的物品包装成礼物样,所有客户的物品都是手工包装的,每一个工人包装一个货包(礼包)的时间是两分钟,达不到这个要求就得"转岗"。

(5) 货包在称重后也在库房装车,货车将货包送往附近的邮递公司,大件物品和超重物品需要特别邮递。一周到 3 周内,你所订购的物品就送上门来了。

毫无疑问,Amazon 的网络营销与传统市场相比有明显不同:首先,信息流(数据流)绝大部分地取代了资金流、物流;其次,电子屏幕取代面对面的交流;最后,电脑、网络通讯技术取代了物理性场景。在这个信息化空间内,相应的消费者了解产品的方式、购买和发货的方式也改变了,甚至消费者分配自己忠诚度的方式也有所不同。

2) 材料二

惠尔曾是一家传统的运输公司,他们的目标是转型为 3PL 公司,开展以储运一体化为主要内容的物流服务。同时,惠尔制定了"通过物流分发网络的快速扩张、大幅缩短客户响应时间,以及电子商务来拓展市场"的战略。要实现这些美好的"蓝图",惠尔的领导把希望寄托于物流信息管理系统。因为物流公司不是比有多少车,而是拼服务,也就是看物流公司能否提供准确的报表反馈,以保证单据处理的及时和准确。基于这种认识,惠尔的整体物流系统建设把仓储管理系统摆在了首位,同时兼顾运输管理系统、客户关系管理系统、电子商务系统等。

据了解,与同行业相比,惠尔建这样一套物流信息管理系统,投资额度还达不到中等水平。惠尔最终选择了招商迪辰软件系统有限公司来开发这套系统,是因为迪辰的物流信息管理系统拥有较好的 DAP 平台,能满足惠尔目前的需求及客户在线随时查询的需求。根据第三方物流服务网点化和核心仓储管理的特点,迪辰首先使系统做到集中化,即集中中央数据库、集中统一接单、集中统一动态管理,这些集中式管理不是记账式管理,而是由系统控制的主动管理。同时,在仓库管理系统和运输管理系统之间,增加了一个订单处理模块,将两大系统协同起来,避免了重复劳动。此外,迪辰还使整个系统实现流程化,按照严格的流程图,一步一步按图操作,完全贯彻了集中化、协同化、流程化的思路。

目前,惠尔各地的分发中心借助因特网,随时可与客户系统进行连接和数据交换,公司的 3PL 服务得以顺利实施。

11.7.2 案例点评

物流服务管理必须具备规划物流系统和设计物流中心的职能。不合理的物流系统可能导致物流服务水平下降、成本上升以及物流活动管理困难。如何规划完善的物流系统,是一个具有战略意义的问题。

要实现高度的物流服务,必须建立完善的信息系统,这种信息系统的机能除了接受订货、迅速、完好地向客户传递商品外,更重要的是通过送货期回复、商品物流周转期缩短、备货保证、信息处理时间缩短、货物追踪等各种机能确保不亚于竞争对手的物流服务。

从企业整体的角度进行物流系统规划,将物流活动从无序状态调整为有序状态,实现物流的合理化和效率化,提高物流服务水平、降低物流成本是物流服务管理的重要职能。对物流系统进行规划必须明确规划重点和把握规划原则。企业物流系统包含着八个相互关联又彼此独立的环节,其中每一个环节都要与其他的系统组成部分相协调。

在材料一,Amazon 的物流服务系统中,首先,信息流(数据流)绝大部分地取代了货币流、物流;其次,电子屏幕取代面对面的交流;最后,电脑、网络通讯技术取代了物理性场景。在这个信息化空间内,相应的消费者了解产品的方式、购买和发货的方式也改变了,甚至消费者分配自己忠诚度的方式也有所不同。因此,Amazon 公司的成功之处就是他将现代的信息手段运用于物流服务中,优化物流服务系统,改进物流服务流程,使每个环节的衔接时间最短,效率最好,确保质量,从而为客户提供优质的物流服务。

而材料二,惠尔的物流管理信息系统中,由于开发的 DAP 平台,能满足惠尔目前的需求及客户在线随时查询的需求,完全贯彻了物流管理信息系统集中化、协同化、流程化的思路,完善了公司与客户网上的信息交互平台,提高了物流服务质量,从而实现了公司良好的 3PL 服务远景。

11.7.3 思考题

(1) 简述优化使用物流信息系统对提高物流服务管理水平的积极意义。
(2) 分析物流信息系统与物流服务成本的关系。
(3) 列举物流信息系统中应包含哪些物流服务环节的设计。

参考文献及网站

1. 沈默.现代物流管理.北京:北京大学出版社,2007.
2. 黄河.物流运输实务.北京:北京大学出版社,2012.
3. 贾争现.物流配送中心规划与设计.北京:机械工业出版社,2013.
4. 范丽君,郭淑红,王宁.物流与供应链管理.北京:清华大学出版社,2011.
5. 戴恩勇.物流绩效管理.北京:清华大学出版社,2012.
6. 何炳华.物流系统规划设计与软件应用.北京:清华大学出版社,2012.
7. 赖焕俊.物流与运输法规.南京:东南大学出版社,2008.
8. 张谦.现代物流与自动识别技术.北京:中国铁道出版社,2008.
9. 阎叶琛.物流客户服务.北京:人民交通出版社,2012.
10. 翟光明,郭淑红.采购与供应商管理操作实务.北京:中国物资出版社,2011.
11. 徐海东,魏曦初.物流中心规划与运作管理.大连:大连理工大学出版社,2010.
12. 方轮.物流信息化管理与技能.大连:大连理工大学出版社,2011.
13. 刘华琼.物流优化技术.北京:清华大学出版社,2011.
14. 赵晓柠.配送中心规划与设计.西安:西南交通大学出版社,2011.
15. 裴斐.物流业务法规教程.北京:中国水利出版社,2011.
16. 国家发展和改革委员会南开大学物流研究中心.中国现代物流发展报告.北京:中国物资出版社,2012.
17. 鲁晓春,林正章.物流管理案例与实训.北京:清华大学出版社,北京交通大学出版社,2005.
18. 刘胜春,李严锋.第三方物流.大连:东北财经大学出版社,2006.
19. 王淑云,孟祥茹.物流外包与管理.大连:东北财经大学出版社,2005.
20. 张理.现代物流案例分析.北京:中国水电出版社,2005.
21. 苗雨.世界500强企业管理之道.北京:地质出版社,2005.
22. 加里·德斯勒.人力资源管理.北京:中国人民大学出版社,2005.
23. 蒋长兵.现代物流管理案例集.北京:中国物资出版社,2005.
24. [美]道格拉斯·兰伯特,詹姆士·斯托克,莉萨·埃拉姆著;张文杰,叶龙,刘秉镰译.物流管理.北京:电子工业出版社,2003.
25. 威廉.J.史蒂文森著;张群,张杰等译.生产与运作管理.北京:机械工业出版社,2000.

26. 纽森.电子商务案例.北京:机械工业出版社,2005.
27. 戴维.J.布隆伯格.综合物流管理入门.北京:机械工业出版社,2006.
28. 何倩茵.物流案例与实训.北京:机械工业出版社,2004.
29. 赵刚.供应链管理.北京:电子工业出版社,2004.
30. 中国经济信息网：http://www.cei.gov.cn
31. 中国外运股份有限公司：http://www.sinotrans.com
32. 联合包裹递送服务公司：http://www.ups.com
33. 中国物流设备网：http://www.56en.com
34. 沃尔玛中国：http://www.wal-mart china.com
35. 安利中国：http://www.amway.com.cn
36. 中国人力资源开发网：http://www.chinahrd.net
37. 中国物资储运总公司：http://www.cmst.com.cn
38. 广州博众企业管理咨询有限公司：http://www.bozhong.cc
39. 中国物流招标投标网：http://www.ztb.org.cn
40. 财经纵横_新浪网：http://finance.sina.com.cn
41. 物流门户网：http://www.56abc.com
42. 好汉网：http://www.heyunfeng.com
43. 商务资源网：http://www.35data.com.cn
44. 上海电视大学：http://202.121.80.13：8080/netcourse
45. 锦程物流网：http://info.jctrans.com
46. 电子商务网：http://www.eyesom.com.cn
47. 天极网：http://tom.yesky.com/
48. 中国海事审判网：http://www.ccmt.org.cn
49. 中国法院网：http://www.chinacourt.org
50. 全球品牌网：http://www.globrand.com